MICHAEL COLLINS PIPER

EL ENEMIGO INTERIOR - LAS CABRAS DE JUDÁ

La espeluznante y desconocida historia de la infiltración y subversión del movimiento nacionalista estadounidense

MICHAEL COLLINS PIPER

Michael Collins Piper fue un escritor político y presentador de radio estadounidense. Nació en 1960 en Pensilvania, Estados Unidos. Fue colaborador habitual de The Spotlight y su sucesor, American Free Press, periódicos apoyados por Willis Carto. Falleció en 2015 en Coeur d'Alene, Idaho, Estados Unidos.

El enemigo interior - Las cabras de Judá

La espeluznante y nunca contada historia de la infiltración y subversión del movimiento nacionalista estadounidense

The Judas Goat – The enemy within

The shocking never-before-told story of the infiltration and subversion of the American nationalist movement

Primera edición en Estados Unidos: junio de 2006 American Free Press

Traducido y publicado por
Omnia Veritas Limited

OMNIA VERITAS.

www.omnia-veritas.com

© Omnia Veritas Ltd - 2025

Reservados todos los derechos. Ninguna parte de esta publicación puede ser reproducida, distribuida o transmitida en forma alguna ni por ningún medio, incluidos el fotocopiado, la grabación u otros medios electrónicos o mecánicos, sin el permiso previo por escrito del editor, salvo breves citas en reseñas críticas y otros usos no comerciales permitidos por la legislación sobre derechos de autor.

DEDICADOR 19
    A Leonard Joseph Snyder, Jr. 19
    A la Honorable Cynthia McKinney Congresista demócrata de Georgia 19
    Al honorable Jim Traficant Ex congresista demócrata de Ohio 19
    Los amos necesitan siervos 23

EL OBJETIVO DE ESTE LIBRO... 25

UNA NOTA MUY PERSONAL DEL AUTOR... 26

UN PREFACIO... 29
    EL QUIÉN, QUÉ, CUÁNDO, DÓNDE, POR QUÉ Y CÓMO DE LAS FUERZAS SUBVERSIVAS QUE HAN LLEVADO A ESTADOS UNIDOS A DONDE ESTÁ HOY 29

PRÓLOGO... 32
    EL EXTRAÑO MUNDO DE LAS CABRAS DE JUDA - EL ENEMIGO INTERIOR 32

A MODO DE INTRODUCCIÓN: 37
    NACIONALISMO: LA OLA DEL FUTURO - EL PRINCIPAL OBJETIVO DE LAS FUERZAS GLOBALES DEL SIONISMO Y EL INTERNACIONALISMO 37

INTRODUCCIÓN A LA PRIMERA PARTE 50
    UN POCO DE HISTORIA... UNA HISTORIA VERGONZOSA Y SÓRDIDA 50

CAPÍTULO I 51
    EL REGRESO DE COINTELPRO: UN RECORDATORIO DE LA IGNOMINIOSA HISTORIA DE INFILTRACIÓN Y SUBVERSIÓN QUE VUELVE A REINAR EN SUELO ESTADOUNIDENSE 51

        El asesinato de la maestra de escuela Kathy Ainsworth por la ADL y el FBI: COINTELPRO en su máxima expresión 64

        GARY THOMAS ROWE: otro "hombre del Klan" de COINTELPRO 66

        JAMES MITCHELL ROSENBERG: El "nazi" judío favorito de la ADL 68

        MORDECHAI LEVY: otro de los "nazis" judíos de la ADL 68

        El delator laborista convertido en informante de la CIA: una pieza en el plan para "atrapar" a Lyndon LaRouche 69

        El hombre del FBI en el movimiento skinhead 70

        DELMAR DENNIS La querida cabra de Judas de la Sociedad John Birch dentro del KKK 71

BILL WILKINSON Líder del Ku Klux Klan expuesto como informante del FBI 72

CAPÍTULO II 75

"OPOSICIÓN CONTROLADA" - EL MODELO SOVIÉTICO DE "CONFIANZA" PARA INFILTRAR Y MANIPULAR -INCLUSO CREAR- FUERZAS DE OPOSICIÓN: UTILIZADO HOY EN AMÉRICA POR EL ENEMIGO INTERNO. 75

CAPÍTULO III 79

J. EDGAR HOOVER, EL FBI Y EL ENEMIGO INTERIOR. 79

CAPÍTULO IV 85

JOHN ROY CARLSON - EL GRAN VIEJO DE LOS ENEMIGOS DOMÉSTICOS: EL PRIMER NOTORIO CHIVO JUDÍO DEL SIGLO XX 85

CAPÍTULO V 91

EL GRAN JUICIO POR SEDICIÓN DE 1944: LOS INICIOS DE LA COLABORACIÓN ENTRE LA ADL Y EL FBI - CÓMO EL ENEMIGO INTERIOR ACUSA A LOS PATRIOTAS DE "TRAIDORES". 91

CAPÍTULO VI 115

WALTER WINCHELL Y EL ENEMIGO INTERIOR: CÓMO UN PODEROSO LOCUTOR Y COLUMNISTA DE PRENSA SIRVIÓ DE FACHADA A LOS INTERESES SIONISTAS Y BRITÁNICOS 115

CAPÍTULO VII 122

LA CABRA DE JUDAS DEL CAPITOLIO: UN ESPÍA SIONISTA **QUE TRABAJA PARA** EL SERVICIO SECRETO SOVIÉTICO DENTRO DEL CONGRESO DE EEUU 122

CAPÍTULO VIII 125

EL PAPEL SECRETO DE LA ADL A LA HORA DE DETERMINAR A QUIÉN CONTRATAN LAS AGENCIAS FEDERALES DE EE.UU. 125

CAPÍTULO IX 129

LA LIGA ANTIDIFAMACIÓN: UN LOBBY EXTRANJERO PARA ISRAEL Y UNA AGENCIA PRIVADA DE ESPIONAJE PARA EL ENEMIGO INTERIOR 129

CAPÍTULO X 136

"ENCANTADOR, HÁBIL Y ASTUTO" - ENCUENTROS DIRECTOS CON EL ESPÍA NÚMERO UNO DE LA ADL: ROY BULLOCK 136

CAPÍTULO XI 146

TERREMOTO EN SAN FRANCISCO: EL ESCÁNDALO DE ESPIONAJE DE LA ADL DESENMASCARA AL ENEMIGO INTERIOR 146

DANDO UN PASO ATRÁS EN EL TIEMPO... 163

INTRODUCCIÓN A LA SEGUNDA PARTE 163

Intriga de la Guerra Fría 163

Cómo el conflicto entre Stalin y los trotskistas condujo a la aparición de las cabras de Judas - El enemigo interior en suelo estadounidense 163

CAPÍTULO XII 164

LA LUCHA ENTRE EL COMUNISMO SOVIÉTICO DE LA ERA ESTALINISTA Y EL SIONISMO: UN FENÓMENO POLÍTICO POCO CONOCIDO QUE CONTRIBUYE A NUESTRA COMPRENSIÓN DE LOS ENEMIGOS INTERNOS TAL Y COMO EXISTEN HOY EN DÍA. 164

CAPÍTULO XIII 175

LA INFILTRACIÓN SIONISTA EN EL KGB SOVIÉTICO Y SU IMPACTO EN LOS SERVICIOS DE INTELIGENCIA ESTADOUNIDENSES: LA BASE POCO CONOCIDA DEL NACIMIENTO DEL NEOCONSERVADURISMO EN AMÉRICA................................. 175

CAPÍTULO XIV 180

EL COMUNISMO TROTSKISTA -AHORA LLAMADO "NEOCONSERVADURISMO"- Y LA HISTORIA DEL SENADOR JOSEPH R. MCCARTHY 180

CAPÍTULO XV 194

EL FBI Y EL PARTIDO COMUNISTA DE EE.UU.: LA VERDAD SOBRE LA "AMENAZA COMUNISTA.. 194

CAPÍTULO XVI 199

LA GUERRA FRÍA Y LOS PRIMEROS ORÍGENES DE LOS "NEOCONSERVADORES" TROTSKISTAS COMO VANGUARDIA SIONISTA DEL ENEMIGO INTERIOR............. 199

UN INTERLUDIO... 203

INTRODUCCIÓN A LA PARTE III 203

El auge de los "conservadores responsables... 203

La subversión del movimiento nacionalista estadounidense en la época de la Guerra Fría.. 203

CAPÍTULO XVII... 206

LA TEMPRANA CORRUPCIÓN DE LA CAUSA NACIONALISTA Y ANTICOMUNISTA ESTADOUNIDENSE POR LOS SIONISTAS.. 206

CAPÍTULO XVIII 211

WILLIAM F. BUCKLEY, JR. AUTOPROCLAMADO "CONSERVADOR RESPONSABLE" Y PORTAVOZ DURANTE MUCHO TIEMPO DEL ENEMIGO INTERIOR..................... 211

CAPÍTULO XIX **215**

EL ENEMIGO INTERIOR DEL VATICANO: EL PAPEL SECRETO DE MALACHI MARTIN, SOCIO DE BUCKLEY, COMO SUBVERSIVO QUE ACTÚA EN NOMBRE DE LOS INTERESES SIONISTAS. 215

CAPÍTULO XX **220**

EL CHANCHULLO DE LA RECAUDACIÓN DE FONDOS "CONSERVADORA": SAQUEAR A LOS PATRIOTAS ESTADOUNIDENSES EN NOMBRE DEL ENEMIGO INTERIOR 220

CAPÍTULO XXI **223**

CÓMO EL ENEMIGO INTERIOR MANIPULA LA CAUSA "ANTICOMUNISTA" PARA FAVORECER LA AGENDA SIONISTA 223

CAPÍTULO XXII **227**

LA EMPRESA JOHN BIRCH: UN ESTUDIO INICIAL DEL CASO DE LA CABRA DE JUDÁ 227

CAPÍTULO XXIII **235**

AUGE Y CAÍDA DE *HUMAN EVENTS:* LOS AUTOPROCLAMADOS "CONSERVADORES RESPONSABLES" QUE AYUDARON A DESTRUIR EL CONSERVADURISMO TRADICIONAL DE EE.UU. 235

COMO APUNTE... .... **241**

INTRODUCCIÓN A LA CUARTA PARTE 241

El papel de la CIA como mecanismo destructor al servicio del enemigo interior 241

CAPÍTULO XXIV **242**

LA MANIPULACIÓN POR LOS SERVICIOS DE INTELIGENCIA DE LA CIENCIA DEL CONTROL MENTAL Y LA EXPLOTACIÓN DEL FENÓMENO SECTARIO: UNA TÁCTICA MUY REAL DEL ENEMIGO INTERIOR 242

CAPÍTULO XXV **250**

EL LÍDER DE LA SECTA COREANA SUN MYUNG MOON: TESTAFERRO DEL IMPERIO ROCKEFELLER Y BOLSA DE DINERO DE LA RED SIONISTA DENTRO DEL MOVIMIENTO "CONSERVADOR" ESTADOUNIDENSE 250

CAPÍTULO XXVI **255**

UN GRAN MEDIO DE COMUNICACIÓN ESTADOUNIDENSE: UNA HERRAMIENTA DE PROPAGANDA PARA EL ENEMIGO INTERIOR 255

CAPÍTULO XXVII **259**

DREW PEARSON Y JACK ANDERSON - MEDIADORES DE LA LIGA ANTIDIFAMACIÓN: PROPAGANDISTAS DEL ENEMIGO INTERIOR 259

CAPÍTULO XXVIII **263**

UN ESCALOFRIANTE RELATO DE PRIMERA MANO: CÓMO EL ENEMIGO INTERIOR RECLUTA "DERECHISTAS" PARA ASESINATOS POLÍTICOS 263

CAPÍTULO XXIX **266**

LA INFILTRACIÓN DE LA CIA EN EL MOVIMIENTO ANTIBELICISTA DURANTE LA GUERRA DE VIETNAM: BILL Y HILLARY CLINTON Y JOHN KERRY COMO CHIVOS EXPIATORIOS DEL ENEMIGO INTERNO. 266

CAPÍTULO XXX **275**

CÓMO LOS JUDAS SIONISTAS LLEVARON AL PARTIDO REPUBLICANO A LA DERROTA EN 1940 Y A LOS DEMÓCRATAS A LA DERROTA EN 2004 275

¿ERAN CORDEROS O CABRAS DE JUDÁ? **281**

INTRODUCCIÓN A LA PARTE V DOS GRANDES NOMBRES, DOS MALOS DISCOS: LAS PIEZAS CAEN DONDE CAEN 281

CAPÍTULO XXXI **282**

LA TRISTE HISTORIA DE JESSE HELMS: CÓMO UN PATRIOTA AMERICANO SE CONVIRTIÓ EN LA CABRA DE JUDÁ PARA EL ENEMIGO INTERIOR 282

CAPÍTULO XXXII **289**

LA CABRA DE JUDAH DESDE EL PRINCIPIO: NEWT GINGRICH: LA VOZ DEL CONSERVADURISMO CORRUPTO - EL REPUBLICANO FAVORITO DEL ENEMIGO INTERIOR 289

LA HISTORIA MÁS RECIENTE TIENE LUGAR... ....**295**

INTRODUCCIÓN A LA PARTE VI 295

ACONTECIMIENTOS EXPLOSIVOS... .... *295*

CAPÍTULO XXXIII **296**

EL VÍNCULO ENTRE EL FBI, LA ADL Y EL MOSSAD DURANTE EL PRIMER ATENTADO CONTRA EL WORLD TRADE CENTER: LA HISTORIA POCO CONOCIDA (Y ATERRADORA) 296

CAPÍTULO XXXIV **302**

EL VÍNCULO ENTRE EL FBI Y LA ADL QUE CAUSÓ EL HOLOCAUSTO DE WACO 302

CAPÍTULO XXXV **307**

DESFILE DE CABRAS DE JUDÁ: ANDREAS STRASSMEIR, KIRK LYONS Y UNA SÓRDIDA SERIE DE ENEMIGOS INTERNOS VINCULADOS AL ATENTADO DE OKLAHOMA CITY. 307

CAPÍTULO XXXVI **316**

TIMOTHY MCVEIGH Y LA ADL: UNA HISTORIA JAMÁS CONTADA 316

CAPÍTULO XXXVII 321

DESINFORMACIÓN CENTRAL: PROPAGANDA NEOCONSERVADORA SIONISTA SOBRE EL ATENTADO DE OKLAHOMA CITY 321

CAPÍTULO XXXVIII 327

¿QUÉ OCURRIÓ REALMENTE EN OKLAHOMA CITY? UN ESCENARIO QUE TIENE SENTIDO 327

CAPÍTULO XXXIX 337

JUSTICIA TALMÚDICA... LAS FECHORÍAS CRIMINALES DE MICHAEL CHERTOFF: JEFE TÁCTICO DE LA CAMPAÑA SIONISTA PARA CRUCIFICAR A JIM TRAFICANT Y DAVID DUKE 337

Y ASÍ SUCESIVAMENTE... 347

INTRODUCCIÓN A LA PARTE VII 347

Lo que nos espera *347*

CAPÍTULO XL 348

EL FENÓMENO FOX NEWS: CÓMO LOS PLUTÓCRATAS SIONISTAS CREARON UN "MEDIO DE COMUNICACIÓN ALTERNATIVO" 348

CAPÍTULO XLI 353

LA AGENDA PASADA, PRESENTE Y FUTURA DEL ENEMIGO INTERIOR: DECLARAR QUE LOS PATRIOTAS ESTADOUNIDENSES SON EL "VERDADERO" ENEMIGO INTERIOR 353

CAPÍTULO XLII 359

LA MODERNA "POLICÍA DEL PENSAMIENTO" SE HA CONJURADO PARA CENSURAR LAS CRÍTICAS A ISRAEL Y AL SIONISMO EN LOS CAMPUS UNIVERSITARIOS: DOS "CONSERVADORES" AL SERVICIO DE LA CAUSA SIONISTA 359

CAPÍTULO XLIII 365

EL CONTROL Y LA MANIPULACIÓN SIONISTAS DE LAS FUERZAS DE SEGURIDAD LOCALES EN ESTADOS UNIDOS: UTILIZACIÓN DEL PODER POLICIAL PARA MASACRAR A LOS PATRIOTAS ESTADOUNIDENSES 365

CAPÍTULO XLIV 370

"SI PARECE UN PATO Y PARLOTEA COMO UN PATO...." JARED TAYLOR Y EL NUEVO 'NACIONALISMO AMIGO DE LOS SIONISTAS'" 370

CONCLUSIÓN 375

LA "ISRAELIZACIÓN" DE AMÉRICA 375

LA INICIATIVA DE KUALA LUMPUR PARA CRIMINALIZAR LA GUERRA.. *390*
UNA ÚLTIMA PALABRA... ....**393**
"EL NACIONALISMO ES LA OLA DEL FUTURO Y NO HAY FORMA DE DETENERLO. 393
ACERCA DE LAS FUENTES... ....**399**
UNA BIBLIOGRAFÍA SIN IGUAL 399
Muchas gracias - si me sigues... *400*
SECCIÓN DE FOTOGRAFÍAS... *403*
OTROS TITULOS...**423**

Por UNA WOODRUFF

"El enemigo declarado [de los Estados Unidos de América] debe ser considerado como una Pandora cuya caja ha sido abierta, y el enemigo disfrazado como una serpiente que se desliza con sus artimañas hasta el Paraíso.

-Presidente James Madison, "Consejos a mi país

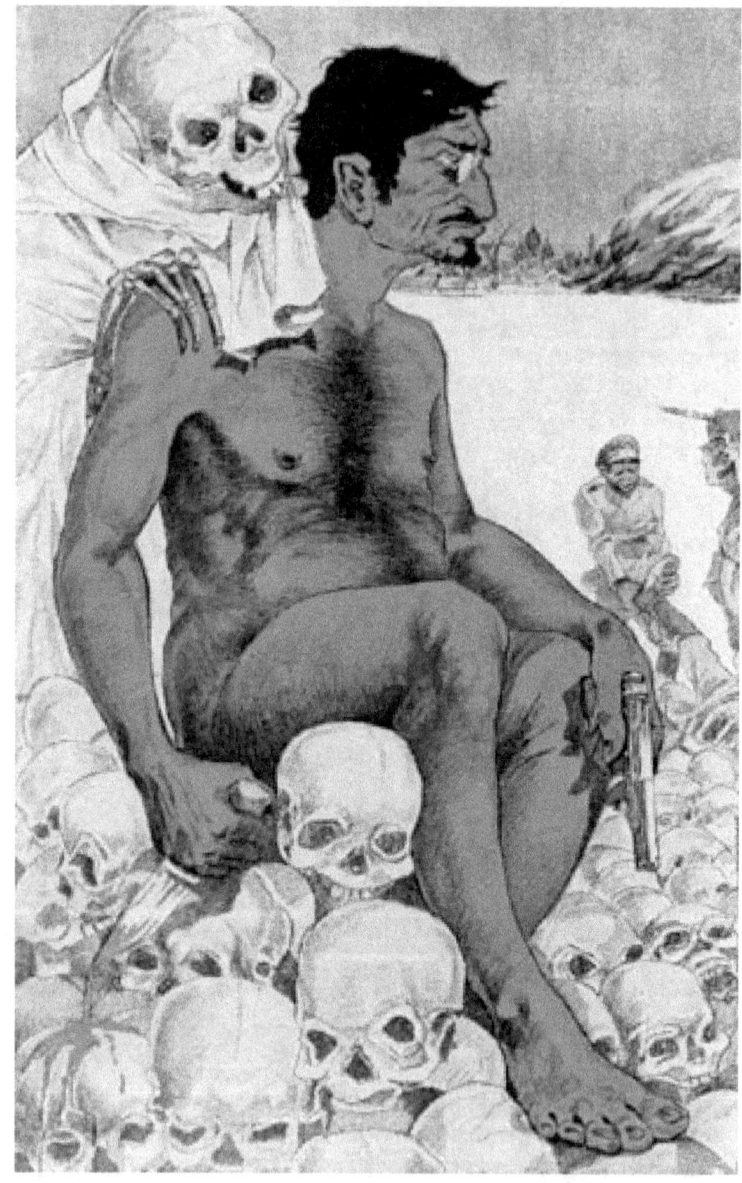

Es una representación grotesca pero exacta del vil, feo y brutal revolucionario bolchevique León Trotsky, cuyos discípulos intelectuales se han convertido en la élite dirigente de los círculos sionistas "neoconservadores" de Estados Unidos en la actualidad. La forma en que elementos trotskistas de "izquierdas" llegaron al poder en Estados Unidos infiltrándose en la "derecha" -al tiempo que trabajaban para eviscerar el nacionalismo tradicional estadounidense- forma parte del asombroso panorama descrito en *Las cabras de Judá*.

Conoce a las cabras de Judá... *

Los de dos patas son mucho peores que los de cuatro...

"Cabra de Judá" es un término utilizado para describir una cabra adiestrada utilizada en un matadero y en la cría de animales en general. La cabra de Judá está entrenada para asociarse con ovejas o ganado y conducirlos a un destino específico.

"En los corrales, una cabra de Judea conduce a las ovejas al matadero, mientras se le perdona la vida. Las cabras de Judá también se utilizan para conducir a otros animales a corrales específicos y a camiones. El término "cabra de Judá" procede de una referencia bíblica a Judá Iscariote [que traicionó a Jesucristo ante los fariseos].

"La expresión también se ha utilizado para describir a una cabra que se utiliza para encontrar cabras salvajes que son objeto de erradicación. A la cabra de Judea se le coloca un transmisor, se pinta de rojo y se suelta. La cabra encuentra entonces los últimos rebaños de cabras salvajes, lo que permite a los cazadores exterminarlos.

-Extracto de Wikipedia, la enciclopedia de Internet.

"... Los corderos eran conducidos por la rampa por una cabra de Judea. Dos trabajadores, de pie al final, sacudían a los animales con electricidad suficiente para provocarles muerte cerebral. En un instante, los pinchos en los cerebros de las ovejas y en el vellón cerca de sus corazones les daban una descarga eléctrica que las hacía desplomarse, tras lo cual eran trasladadas... al piso de matanza. Las cabras de Judá... fueron devueltas a los corrales, donde recogieron otro lote de ovejas".

-Extracto: "A Slaughter House Tour" en karlschatz.com

* El autor, que ama a todos los animales de cuatro patas, incluidos los machos cabríos, pide disculpas a los machos cabríos de cuatro patas por utilizar este término tan apropiado en el título de este libro, que trata de los machos cabríos de dos patas de Judá.

DEDICACIÓN

A Leonard Joseph Snyder, Jr.

Uno de los 3.000 estadounidenses que murieron el 11 de septiembre de 2001, todos ellos víctimas en última instancia de complots sionistas que nada tenían que ver con los intereses de Estados Unidos. La versión "oficial" de "lo que ocurrió" ese día es una gran mentira. Durante el resto de mi vida (si Dios quiere), lucharé para vengar su muerte y llevar a los *verdaderos* responsables ante la justicia.

A la Honorable Cynthia McKinney Congresista demócrata de Georgia

Por atreverse a hablar y plantear cuestiones sobre lo que realmente ocurrió el 11 de septiembre y la peligrosa política de Estados Unidos hacia Israel y el mundo árabe -una política que le ha granjeado a Estados Unidos muchos enemigos en todo el mundo-,ynthia McKinney fue expulsada del Congreso estadounidense en 2002.

Una cabra de Judah -un ex republicano, nada menos- fue reclutada para presentarse contra la Srta. McKinney en las primarias demócratas. Los organizadores del GOP se trasladaron al Partido Demócrata para ayudar a la cabra de Judah. Toneladas de dinero sionista llegaron a Georgia para ayudar al contrincante de la Srta. McKinney. Al final, la Srta. McKinney fue derrotada.

Pero dos años más tarde, Cynthia McKinney ha vuelto a las andadas y ahora ocupa un escaño en el Congreso de los Estados Unidos: una voz a favor de una política sensata y una abierta defensora de la verdad. Mientras escribo estas líneas, lo están haciendo de nuevo. Su voz es la voz de todas las personas de bien. Querido Dios: ¡Que haya más gente como Cynthia McKinney

Al honorable Jim Traficant Ex congresista demócrata de Ohio

Mientras esto se escribe, Jim está sentado en una celda, encarcelado por fiscales federales corruptos por delitos que no cometió. El único delito de Jim fue decir la verdad. Comprometido con la honestidad, la integridad y la justicia, Jim pagó un alto precio y no vio honestidad, integridad ni justicia por parte de los criminales que le pusieron donde está hoy. Un verdadero populista, un hombre del pueblo en todos los sentidos de la palabra, Jim Traficant es otra víctima de las cabras de Judá: el enemigo interior.

Y a mi difunta madre, Gloria J. Piper

-MICHAEL COLLINS PIPER

MICHAEL MOORE   RUSH LIMBAUGH

Aquí están algunas de las cabras de Judá más obvias que operan en suelo americano hoy... Y hay muchos, muchos más...

Al igual que las cabras de Judea de cuatro patas a las que imitan (a cambio de grandes beneficios y notoriedad), la versión ostensiblemente "humana" de las cabras de Judea tiene todo tipo de formas y tamaños.

Algunos son grandes y ruidosos, como el rey de la grandilocuencia de la "derecha", Rush Limbaugh, y su homólogo de la "izquierda", Michael Moore.

Rush ha estado llevando a los conservadores estadounidenses de la corriente dominante -los pobres corderitos- al matadero desde que salió de la nada para convertirse en la voz más grande, más alta y más grande de la radio "conservadora" de todos los tiempos, y luego RUSH LIMBAUGH pasó a la televisión.

Cualquiera que llame al programa de Rush para tratar de abordar temas tabú como el sionismo, el monopolio monetario de la Reserva Federal o grupos de poder global como la Comisión Trilateral, el Consejo de Relaciones Exteriores o las reuniones de Bilderberg está seguro de ser objeto de burla, vilipendiado o expulsado de las ondas, si es que llega a salir al aire.

Y aunque sin duda consideraría a Rush Limbaugh "del otro bando", lo cierto es que Michael Moore es tan cabra de Judá como Rush. Moore estrenó su ahora infame película *Fahrenheit 9-11*, que ignoraba todas las cuestiones muy serias sobre la línea oficial del gobierno sobre lo que realmente sucedió en ese trágico día del 11 de septiembre de 2001 y presentaba al público una falsa "historia encubierta" que implicaba que la familia real saudí estaba en última instancia detrás del 11-S, tergiversando y distorsionando hechos muy reales y desviando la atención de dónde reside la culpabilidad última de este crimen. Moore no sólo es repugnante, su propaganda y desinformación también lo son.

Otras cabras de Judá son endemoniadamente guapas, aunque un poco pretenciosas, como Sean Hannity, Laura Ingraham y Anne Coulter, cuyas opiniones sobre los temas reflejan todas las del gordo Rush. Todos ellos son probados promotores del sionismo internacional y su agenda global.

Por su parte, Hannity se desvivió por llamar personalmente a la oficina nacional de *The Spotlight* para decirle al director, el también irlandés Vince Ryan, que odiaba absolutamente al semanario nacionalista. Hannity le dijo a Ryan: "Soy un gran partidario de Israel y no me gusta su periódico. Bórreme inmediatamente de su lista de suscriptores".

SEAN HANNITY LAURA INGRAHAM ANNE COULTER BILL O'REILLY

Hannity tiene un programa de entrevistas diario en 500 emisoras afiliadas a la cadena de radio ABC y un programa de televisión de una hora en Fox News, llegando a millones de personas cuatro horas al día con su mensaje prosionista. Ha sido galardonado con dos bestsellers *del New York Times*.

Laura Ingraham está en boca de todos, y tal vez no sea casualidad, dada la hermosa rubia que es. Y su ascenso a la fama quizá tampoco sea una coincidencia, teniendo en cuenta que empezó como abogada en el poderoso bufete de Wall Street Skadden, Arps, uno de cuyos socios principales era Kenneth Bialkin, durante mucho tiempo presidente de la Liga Antidifamación de B'nai B'rith, una de las principales fuerzas del lobby israelí en Estados Unidos.

Anne Coulter, a la que se le ha concedido el honor de ser columnista sindicada a nivel nacional, tiene en su haber cuatro bestsellers del *New York*

Times, lo que demuestra una vez más que los llamados escritores "conservadores" que sirven a la causa sionista no tienen ningún problema para que sus libros se publiquen y promocionen en los principales centros de distribución de libros.

Y luego está Bill O'Reilly -otra "cabeza parlante" promovida por la Fox News del multimillonario sionista Rupert Murdoch- cuyo "Factor O'Reilly" es un programa básico para muchos buenos patriotas estadounidenses que no saben que están siendo conducidos al matadero por una cabra de Judá.

O'Reilly tiene en su haber dos bestsellers del *New York Times*, lo que demuestra una vez más, como ya hemos dicho antes, que la industria editorial del establishment promoverá sin duda libros "conservadores" si se ajustan a la línea sionista en las cuestiones que realmente importan a quienes reinan en Estados Unidos.

Éstos son sólo algunos de los judaizantes modernos más evidentes. En *The Juda Goats - The Enemy* Within, nos encontramos con muchos más, incluyendo tipos más insidiosos que no hacen una demostración tan descarada de su lealtad a los poderes fácticos.

Y hay muchos, muchos otros...

"El elefante republicano y el burro demócrata se preguntan qué hacen aquí, mientras llegan a Wall Street para recoger las contribuciones que llegan a raudales de las arcas de los "Trusts" para alimentar los fondos de campaña de los dos grandes partidos políticos". Esta caricatura clásica de 1904 muestra que a principios de siglo, los intereses financieros internacionales -en particular los agentes de la dinastía bancaria Rothschild, con sede en Europa- ya habían tomado claramente el control del proceso político y económico estadounidense.

Los amos necesitan siervos

Los amos de la plantación global necesitan siervos dispuestos a renunciar a sus primogénitos para participar en diversas aventuras militares en el extranjero.

De lo contrario, el nacionalismo - que a menudo es una respuesta a la opresión, ya sea percibida o real - no puede suprimirse. Y eso significa que no se pueden explotar los mercados. Desde la guerra de Vietnam, no todo ha ido bien en la República.

Los ciudadanos de a pie observan cómo caen los beneficios reales, mientras Wall Street se regocija al ver cómo la reducción de las empresas dispara los precios de las acciones.

En esencia, están diciendo: "Perder tu trabajo es bueno para nosotros".

Incluso los milicianos de hoy saludan a los manifestantes contra la guerra de los años sesenta y lamentan no haberles escuchado entonces.

A falta de "comunistas", algunos de los que antes apoyaban los intereses globales de Wall Street donando a sus primogénitos se describen ahora como patriotas y populistas.

Muchos de ellos han echado un nuevo vistazo a la clase dirigente internacional y han revivido una larga pero difícil tradición de nacionalismo aislacionista y antisistema. Gran parte del pensamiento político de estos nuevos patriotas es inmaduro y carece de investigación y erudición.

A pesar de ello, describe el mundo mejor que lo que queda de la izquierda, con su insistencia interesada en el multiculturalismo y la corrección política.

Las teorías de la conspiración pregonadas por los patriotas tienen hoy más sentido objetivo que las razones aducidas para justificar nuestra participación en Vietnam en los años sesenta. Es una especie de progreso.

-Daniel Brandt
Noticias de NameBase
Julio-Septiembre 1995

EL OBJETIVO DE ESTE LIBRO...

Habrá quien lea este libro y siga diciendo...

Bueno, Sr. Piper, usted ha escrito un libro muy bueno, y creo que tiene toda la razón acerca de estas cabras de Judá que engañan a los americanos buenos y patriotas.

Sin embargo, en la página Doe, acusaste a Doe de ser una cabra de Judas, y creo que estás muy equivocado. Es uno de nuestros mejores patriotas. Leí su ensayo en la revista This-and-That y dijo cosas muy buenas.

Me cuesta creer que si fulanito fuera una cabra de Judea, hubiera escrito palabras tan maravillosas. De verdad, creo que te equivocas.

Los que dicen esas cosas son corderos maduros para el matadero.

Este no es un libro para los débiles de corazón.

Si lo que estás a punto de leer te perturba y no eres capaz de reconocer que muchos de los que consideras tus amigos y aliados son en realidad las cabras de Judá, el enemigo interior, *no sigas leyendo.*

Este libro es para quienes tienen una mente abierta, para quienes pueden asimilar conceptos difíciles, para quienes pueden reconocer que no todo es lo que parece, para quienes están preparados para la gran batalla que se avecina.

Y, con un poco de suerte, algunas personas que podrían haberse sentido inclinadas a dejarse engañar por The Juda Goats acabarán dándose cuenta de su error... antes de que sea demasiado tarde.

Una nota muy personal del autor...

Me cuesta admitirlo, pero he fracasado en dos de mis proyectos más importantes. Desde mi época escolar, he predicho en repetidas ocasiones que, debido a la sesgada política estadounidense en Oriente Próximo, que favorece al Israel imperial frente a los asediados Estados árabes y palestinos, nuestra nación acabaría siendo víctima de un atentado terrorista. El 11 de septiembre de 2001, finalmente ocurrió. Yo había trabajado incansablemente para reformar la política de Oriente Próximo, pero nadie hizo caso de mis advertencias y 3.000 estadounidenses murieron.

Durante años también intenté evitar que Estados Unidos se involucrara en una guerra sin sentido en Oriente Próximo en nombre de Israel. No veía ningún interés nacional en que nuestros hijos fueran masacrados en defensa de Israel. Sin embargo, Estados Unidos está ahora comprometido en Irak y es probable que enviemos a nuestros niños y niñas a luchar y morir contra otros Estados árabes y la República Islámica de Irán. Así que, una vez más, he fracasado.

Hoy, como resultado del disgusto con la política estadounidense (reconocida como dirigida por el poderoso lobby sionista), cada vez más personas en todo el mundo se están volviendo contra Estados Unidos. Mientras tanto, muchos de mis compatriotas estadounidenses - especialmente los seres queridos de nuestros soldados- se están dando cuenta de que fue la influencia sionista la que condujo a la implicación de Estados Unidos en Iraq.

Durante años se ha temido un levantamiento mundial contra el pueblo judío. Muchos han advertido del auge del "nuevo antisemitismo". Los estadounidenses y la gente de todo el mundo están enfadados con el poder de la rica élite sionista y su deseo de establecer un imperio internacional utilizando los recursos (y las vidas) estadounidenses para lograr su objetivo. Por lo tanto, es posible que se produzca una rebelión antijudía mundial.

Y si eso ocurre, quiero que se me recuerde como el "Schindler estadounidense" que salvó a los buenos judíos que se opusieron a las fechorías de Israel y a todas las intrigas sionistas. Y aquellos políticos corruptos y venales, periodistas, educadores y otros no judíos que apoyaron a Israel porque les pagaron para hacerlo, porque les chantajearon o porque era una "buena jugada profesional", agacharán la cabeza avergonzados.

En lugar de permitir que los judíos continúen con su peligroso enfoque racista y supremacista autodenominándose "el pueblo elegido de Dios", los estadounidenses deberían unirse a quienes trabajamos para integrar al pueblo judío en la comunidad de naciones.

Rompamos la espalda del lobby sionista. Cambiemos la política estadounidense. Espero tener un solo éxito, ¡aunque haya fracasado en otros aspectos! Este libro es un intento de prevenir la tragedia y espero que todas las personas de bien puedan aprender algo sobre los peligros muy reales que presentan las Cabras de Judá - El Enemigo Interior.

LAS CABRAS DE JUDÁ - EL ENEMIGO INTERIOR

El símbolo ocultista del Baphomet -una figura con cabeza de cabra demasiado familiar y utilizada a menudo en ritos satánicos- también se conoce como la Cabra de Judá. Aquí se representa a la Cabra de Judá como un icono que reina sobre una ceremonia de iniciación masónica del rito escocés del siglo XIX que parece deificar esta fuerza maligna.

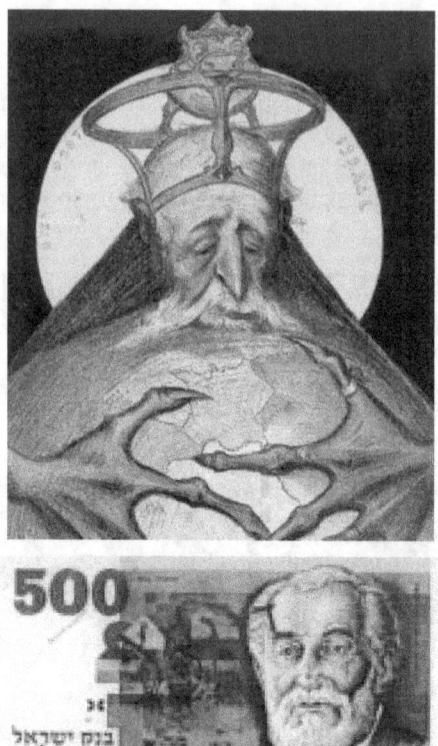

Esta caricatura francesa de 1898, que representa a Alphonse de Rothschild coronado como un codicioso depredador que agarra el globo en sus garras, es una ilustración perfecta de cómo la dinastía bancaria europea de los Rothschild extendió su hegemonía imperial. Hoy en día, en Estados Unidos, la influencia de los Rothschild -aunque primordial- está en gran medida oculta, y ciertas familias e instituciones financieras "respetadas" -no todas judías- actúan como "tapaderas" de los Rothschild. Los estadounidenses (y otros) que se atreven a desafiar al imperio Rothschild (y a la causa sionista) son objeto de puñaladas por la espalda, boicots económicos, acoso, persecución e incluso procesamiento penal.

Cuando los Rothschild reconocieron las ventajas de un Estado judío estratégicamente situado (en Palestina) como base para maquinaciones globales, se convirtieron en los mayores mecenas del sionismo. Edmond Rothschild, considerado hoy el "padre de Israel", aparece honrado en la moneda israelí.

Un prefacio...

El quién, qué, cuándo, dónde, por qué y cómo de las fuerzas subversivas que han llevado a Estados Unidos a donde está hoy...

Se ha dicho que la derrota de Napoleón propició el ascenso de la dinastía bancaria internacional de la Casa Rothschild. También es justo decir que la derrota de Hitler condujo no sólo a la consolidación del poder mundial de la Casa Rothschild, sino también al correspondiente declive del nacionalismo, con la notable excepción del nacionalismo judío -conocido como "sionismo"-, que recibió su mayor impulso en los días posteriores al final de la Segunda Guerra Mundial.

De hecho, desde la Segunda Guerra Mundial, el movimiento sionista ha intentado fervientemente destripar el movimiento nacionalista estadounidense y otras fuerzas nacionalistas de todo el mundo. La verdad es que, al menos en Estados Unidos, desde mediados del siglo XX, los que se han llamado a sí mismos "conservadores" han visto cómo el movimiento conservador (la base tradicional del nacionalismo estadounidense) era infiltrado y destruido desde dentro. El proceso tardó mucho tiempo en asentarse, pero acabó triunfando, como demuestran la historia reciente y los acontecimientos actuales.

Aunque muchos autores han explorado en profundidad los tentáculos del imperio Rothschild mientras rodeaba el planeta, causando (y beneficiándose de) guerras, devastación económica y revoluciones, nunca ha habido -hasta ahora- un examen exhaustivo de cómo esta dinastía (y el movimiento sionista que alimentó) se dedicó a destruir a los nacionalistas estadounidenses que se oponían a su objetivo final de lograr el imperio global -el llamado "Nuevo Orden Mundial".

En la actualidad, los autoproclamados "neoconservadores" -cuyos líderes son antiguos comunistas trotskistas que han adaptado su filosofía a las exigencias de la propaganda moderna- son la vanguardia del movimiento sionista internacional que domina los niveles más altos de la toma de decisiones políticas en Estados Unidos, la nación más poderosa del planeta.

Estas fuerzas sionistas mantienen un dominio absoluto sobre el Partido Republicano a través de su influencia en la administración de George W.

Bush, que les ha llevado a puestos de liderazgo, y a través de su dominio de fundaciones, think tanks y otras instituciones de orientación republicana que tienen un impacto en la política pública y en los asuntos del Partido Republicano.

Por supuesto, durante muchos años antes del ascenso de los "neoconservadores" de la era Bush, el sionismo (y la influencia de Rothschild) ya estaban bien arraigados en el Partido Demócrata desde mediados del siglo XIX, cuando el agente de Rothschild August Belmont fue presidente nacional del Partido Demócrata.

En cualquier caso, hoy en día, como resultado directo de este impío monopolio, el sionismo internacional reina supremo dentro (o mejor dicho, por encima) de los dos principales partidos políticos estadounidenses, por no mencionar su dominio sobre un gran número de otras entidades políticas, periódicos de opinión, think tanks y otras fuerzas de la escena pública.

Sólo un pequeño puñado de personas se atreve a plantear cuestiones sobre la dominación del sistema estadounidense por una fuerza extranjera que no tiene ningún interés en los intereses estadounidenses.

Sin embargo, el proceso de infiltración y destrucción del movimiento "conservador" -que históricamente, al menos hasta mediados del siglo XX, fue la base de la oposición estadounidense a las intrigas de la élite plutocrática internacional- implicó mucho más que la corrupción de la filosofía conservadora.

De hecho, este inglorioso escenario también incluía el uso de *agentes provocadores* pagados por el gobierno estadounidense, que actuaban en concierto con infiltrados profesionales y subversivos que trabajaban para agencias de inteligencia "independientes" (es decir, extranjeras) que operaban en suelo estadounidense.

Lo que ha ocurrido en realidad es un clásico escenario de "movimiento de pinza" que ha dejado al nacionalismo estadounidense tradicional destripado y eviscerado, poco más que un vestigio de una filosofía que fue articulada por primera vez por gigantes estadounidenses como George Washington, Thomas Jefferson, Andrew Jackson y una multitud de otros que siguieron sus pasos.

Este libro es el primer estudio de este tipo, que proporciona un marco para comprender las tácticas de las cabras de Judá, esos enemigos desde dentro, y cómo y por qué fueron capaces de hacer avanzar el sueño sionista de reclamar el dominio del sistema estadounidense y utilizarlo como su herramienta militar y económica para la conquista del mundo.

Así pues, aunque el movimiento "conservador" tradicional se ha subvertido y transformado en una fuerza internacionalista (por oposición a nacionalista), sigue habiendo nacionalistas comprometidos -incluidos los autodenominados "progresistas" y "liberales"- que continúan librando la buena batalla. Este volumen es un manual para todos los verdaderos nacionalistas que quieran conocer el camino hacia la democracia.

En última instancia, si hay algo que este libro debería dejar absolutamente claro es precisamente esto: hay que abandonar para siempre las viejas etiquetas de "izquierda" y "derecha", "liberal" y "conservador".

Estas etiquetas arcaicas no sólo son divisivas y problemáticas, sino que forman parte de un gran designio para dividir al pueblo estadounidense -y a los pueblos del mundo- y garantizar que el control de nuestra América -y de las naciones de este planeta- siga en manos de una plutocracia sionista global, codiciosa e interesada.

Prólogo...

El extraño mundo de las cabras de Judá - El enemigo interior

Incluso muchos estadounidenses políticamente astutos no entienden cómo las agencias de inteligencia del gobierno estadounidense y sus organizaciones de espionaje privadas aliadas no sólo infiltran agentes encubiertos en organizaciones "disidentes" de "izquierda" y "derecha", sino que incluso *crean* grupos "disidentes" para vigilar a los disidentes. La infiltración, manipulación y franca creación de movimientos políticos por parte del gobierno estadounidense tiene una larga y sórdida historia, que no comenzó en Estados Unidos.

Además, en un área algo diferente, aunque estrechamente relacionada, la infiltración, manipulación y creación directa de movimientos políticos en América por parte de fuerzas político-religiosas establecidas como el sionismo y sus aliados del bolchevismo trotskista han desempeñado un papel importante en la configuración de las realidades globales modernas, especialmente en lo que se refiere a su impacto en el sistema político estadounidense.

De hecho, no es exagerado decir que los elementos sionistas y trotskistas han tomado, a todos los efectos, durante un período de unos 50 años, el control de lo que una vez fue el elemento populista y nacionalista tradicional, históricamente conocido como el movimiento "conservador" en Estados Unidos.

La mayoría de las veces, como veremos, los elementos sionistas y trotskistas trabajaron mano a mano con los servicios federales de inteligencia y las fuerzas del orden como parte de un movimiento de "pinza" para contener las voces disidentes en Estados Unidos. A lo largo del siglo XX, estos elementos subversivos se infiltraron entre los responsables políticos, los servicios de inteligencia y las fuerzas del orden estadounidenses y los utilizaron para sus propios fines.

Este volumen es un amplio repaso histórico de estos insidiosos esfuerzos por controlar y/o destruir iniciativas políticas estadounidenses legítimas de base -en particular dentro de lo que podría describirse vagamente como el "movimiento nacionalista"- mediante el uso de CABRAS JUDA: falsos líderes, falsos profetas, codiciosos chantajistas y *agentes provocadores* enemigos, todos los cuales sirven a los intereses de sus manipuladores entre bastidores en los niveles más altos de la élite plutocrática internacional.

En última instancia, el papel largamente secreto de las fuerzas de alto nivel que manipulan las voces "disidentes" es una historia explosiva que los culpables prefieren no contar. Y es una historia que, francamente, asusta bastante a muchos estadounidenses, sobre todo a los de "derechas", que llevan mucho tiempo preocupados, con razón, por la posibilidad de que haya infiltrados entre ellos. Muchos estadounidenses han pasado más de una noche en vela preguntándose si el simpático hombre que siempre asiste a las reuniones del grupo "patriota" local es en realidad un informante de la ADL, el FBI o incluso la CIA.

A raíz del atentado de Oklahoma City, cada vez más gente se ha dado cuenta de la existencia de agentes gubernamentales dentro de la "derecha". Por ejemplo, quienes han investigado están plenamente convencidos de que el inmigrante alemán Andreas Strassmeir era un agente encubierto que operaba en torno a Timothy McVeigh, el terrorista convicto. También suscitó dudas sobre por qué el abogado autoproclamado "nacionalista" Kirk Lyons siguió defendiendo a Strassmeir, lo que llevó a muchos a concluir que Lyons también era un chivo expiatorio. (Examinaremos las intrigas Strassmeir-Lyons en estas páginas).

La idea es la siguiente: Los Judas, como "tapadera", suelen decir y hacer "lo correcto" para hacer amigos e influir en la gente. Los infiltrados y los informadores no están necesariamente ahí para desbaratar una organización. A veces, y más a menudo, su objetivo es averiguar qué hace la organización, con quién están en contacto sus líderes y vigilar su lista de correo y sus operaciones internas. A veces, los infiltrados son capaces de utilizar su influencia dentro de la organización A, por ejemplo, para utilizar sus recursos con el fin de atacar o desorganizar a la organización B.

Algunos de los mejores agentes contribuyen en gran medida al trabajo de la organización infiltrada, aportando ideas, información y otros servicios. Al fin y al cabo, ¿qué mejor manera de infiltrarse en una organización objetivo que ayudarla realmente

Los infiltrados hacen y dicen lo "correcto": no serían buenos infiltrados si no lo hicieran. Tienen que pasar desapercibidos. Tienen que dar la impresión de estar "en la misma onda" que las personas con las que trabajan. Tienen que parecer que comparten las mismas creencias. Lo último que quiere hacer un infiltrado es dar la impresión de ir en contra de la corriente o de oponerse al punto de vista del grupo al que se dirige.

A veces, los infiltrados hacen todo lo posible por parecer "extremistas" para convencer a sus objetivos de su sinceridad, y a veces van demasiado lejos, sugiriendo inadvertidamente a sus objetivos que las cosas pueden no ser lo que parecen. Los infiltrados suelen ser muy buenos y generosos contribuyentes financieros regulares de las organizaciones a las que se dirigen, haciéndose valiosos (en un sentido muy básico) para la organización.

De hecho, en la época de las primeras infiltraciones COINTELPRO del FBI, el viejo chiste era que los únicos miembros del KKK que pagaban puntualmente sus cuotas eran los informadores del FBI y la ADL dentro del Klan.

Por otra parte, como reveló el veterano nacionalista estadounidense Edward R. Fields en su popular periódico *The Thunderbolt*, cuando el FBI tenía agentes infiltrados en el KKK, instruyeron a sus informantes para que, si se les permitía hacer declaraciones públicas contra los negros, evitaran hacer comentarios contra los judíos, lo que constituye una interesante revelación.

Pero no nos equivoquemos sobre este importante punto: aunque nos centremos extensamente en las actividades del FBI, la CIA y la ADL en particular (precisamente porque estas entidades desempeñaron un papel fundamental en el trabajo de El enemigo interior), el problema de la infiltración, manipulación y destrucción de los movimientos nacionalistas y disidentes estadounidenses tiene profundos antecedentes históricos y filosóficos.

Arraigadas en los conflictos bizantinos entre los diversos elementos que promulgaron las fuerzas gemelas (aunque a menudo contradictorias) del sionismo y el bolchevismo, en particular su marca trotskista que sigue siendo tan influyente hoy en día, algunos argumentarían que estas fuerzas malignas son de naturaleza satánica, en la raíz misma del mal en nuestro mundo actual. En resumen, antiguas (y no tan antiguas) batallas libradas originalmente en suelo extranjero han acabado en el continente americano y se están reproduciendo hoy en (y alrededor de) el tradicional movimiento nacionalista americano.

Dicho esto, hay que señalar que, a efectos del estudio panorámico que vamos a emprender, los "*Juda Goats - The Enemy Within*" no son simplemente los infiltrados e informadores de un surtido de agencias de inteligencia privadas y públicas.

El enemigo interior también infesta los medios de comunicación (periódicos y emisoras). Algunos de los llamados "periodistas" hacen el trabajo sucio de propaganda para la ADL y otros bloques de poder de alto nivel en el mundo actual. En estas páginas conoceremos a algunos escritores comprados y pagados que han hecho lucrativas carreras tratando de perturbar y destruir la disidencia política en Estados Unidos. Algunos de ellos se han hecho pasar por "conservadores", otros no, pero todos tienen algo en común: son testaferros mediáticos de sus patrocinadores sionistas.

Además, también definimos al enemigo interior como aquellas fuerzas ideológicas subversivas que han corrompido, retorcido y remodelado, para sus propios fines insidiosos, el movimiento "conservador" tradicional en Estados Unidos. Específicamente, por supuesto, nos referimos a los llamados "neoconservadores" de hoy, que no son más que comunistas trotskistas de la vieja escuela que han retocado y reconfigurado su propia filosofía para adaptarla a las necesidades de la era moderna.

En resumen, el comunismo trotskista -el "neoconservadurismo"- es hoy la principal corriente filosófica del pensamiento sionista mundial, o al menos sin duda la más influyente, debido a su poder actual en Estados Unidos.

Con todo esto en mente, adentrémonos en el extraño mundo de las cabras de Juda: el enemigo interior.

El intransigente nacionalista judío de origen ruso Vladimir "Ze'ev" Jabotinsky (1880-1940), a menudo llamado "el fascista judío", es venerado por los "neoconservadores" trotskistas que hoy constituyen las fuerzas más importantes del sionismo global, aprovechando el poderío militar de Estados Unidos en la búsqueda del imperio planetario: el Nuevo Orden Mundial. En la década de 1920, Jabotinsky se estableció como uno de los líderes sionistas más populares e influyentes; hoy se le conmemora en la moneda israelí (véase el recuadro). Muchos jóvenes graduados de las brigadas militaristas Betar de Jabotinsky (arriba) se convirtieron en miembros del tristemente célebre Irgun, pionero del terrorismo moderno al llevar a cabo brutales ataques contra las fuerzas británicas y los civiles árabes en Palestina. Más tarde, el Irgun y sus aliados se convirtieron en la base de la actual facción "derechista" del Likud en Israel. Aunque los medios de comunicación estadounidenses glorifican el nacionalismo judío, *todas las demás formas de nacionalismo son vilipendiadas como causa de guerra y opresión.*

A modo de introducción

Nacionalismo: La ola del futuro - El principal objetivo de las fuerzas globales del sionismo y el internacionalismo

THE JUDA GOATS-THE ENEMY WITHIN examina cómo las fuerzas internacionalistas trabajaron para apoderarse y/o destruir los movimientos nacionalistas legítimos, auténticos y tradicionales en Estados Unidos durante el siglo XX. Como tal, parece apropiado comenzar nuestro viaje a este mundo subterráneo de espías y subversión definiendo primero con precisión qué constituye el "nacionalismo" en el sentido estadounidense del término.

El nacionalismo -en sus diversas encarnaciones a lo largo de la historia y en todo el mundo- siempre ha sido y sin duda siempre será un factor importante a la hora de dictar el curso de la humanidad.

El nacionalismo y el contrapoder del internacionalismo forman juntos el eje en torno al cual giran los acontecimientos de nuestro mundo actual. Apenas existe un conflicto en el planeta que no esté vinculado a la lucha entre nacionalismo e internacionalismo. ¿Qué es el nacionalismo

Sólo en Estados Unidos, la palabra "nacionalismo" tiene significados muy diferentes para muchas personas, incluidas las que se consideran nacionalistas o se clasifican en el "movimiento nacionalista".

El "movimiento nacionalista" en Estados Unidos siempre ha sido tan pendenciero internamente, a veces tan desarticulado filosóficamente, que parece casi erróneo atreverse a describir el fenómeno como "nacionalista" o como un "movimiento" en absoluto.

Hay un montón de clásicos (aunque ingenuos) "republicanos de la tribu del rock" que se llamarían a sí mismos nacionalistas -aunque sea inapropiadamente- remontándose a la filosofía del "Big Stick" de Theodore Roosevelt, deleitándose en la idea de que el Tío Sam debe hacer sentir su presencia y su considerable poder militar en todo el mundo -tanto si Estados Unidos tiene razón como si no. Para esta gente, esto es "nacionalismo" - pero, por supuesto, no lo es, aunque los modernos "neoconservadores" que se deleitan con la idea de utilizar a Estados Unidos para hacer avanzar la agenda sionista global han estado bastante dispuestos a explotar a "TR" como si fuera casi uno de los suyos.

En contraste con estos "neoconservadores", muchos otros estadounidenses -que son verdaderamente nacionalistas en el sentido clásico de la palabra- cuestionan la idea misma de que Estados Unidos deba desempeñar el papel de policía mundial, librando guerras de brocha gorda y promoviendo un sueño indefinido de "democracia", que ahora se ha convertido en el grito de guerra de los intrigantes neoconservadores (es decir, sionistas-trotskistas).

De hecho, los verdaderos nacionalistas estadounidenses, a diferencia de los "neoconservadores" (que son auténticos "imbéciles" en todos los sentidos de la palabra), son los herederos modernos de una filosofía estadounidense tradicional (e, irónicamente, de base mayoritariamente republicana) anunciada por el difunto senador Arthur Vandenberg (republicano de Michigan) cuando dijo: "El nacionalismo -no el internacionalismo- es el baluarte indispensable de la independencia estadounidense".

En su libro, ahora olvidado pero aún relevante, *The Trail of a Tradition* (*El rastro de una tradición*, G. P. Putnam's Sons, Nueva York, 1926), Vandenberg trató de definir la tradición nacionalista estadounidense en el contexto del compromiso de Estados Unidos con el mundo desde la época de nuestros Padres Fundadores hasta la era de Woodrow Wilson y el intento fallido de imponer el dominio mundial a través de la Sociedad de Naciones.

Con el tiempo, por supuesto, el propio Vandenberg experimentó una notable transformación -en gran parte, al parecer, porque fue chantajeado e "influenciado" de otro modo por agentes de los servicios de inteligencia británicos- y se pasó al bando internacionalista, convirtiéndose en un abierto defensor de la participación sin trabas de Estados Unidos en los asuntos mundiales. Sin embargo, en sus primeros años, Vandenberg formó parte de lo que podría llamarse el verdadero bando "nacionalista", que ocupaba gran parte del territorio del pensamiento político estadounidense.

Otro ámbito en el que los autodenominados "nacionalistas" parecen separarse es en la siempre importante cuestión del comercio. El conflicto entre el verdadero nacionalismo y la perversión internacionalista e imperialista del "nacionalismo" es una parte esencial del debate. El libre comercio frente al proteccionismo (tal y como lo defienden los nacionalistas tradicionales) plantea un dilema muy real para los autoproclamados "conservadores" en las filas del Partido Republicano, por ejemplo, que por un lado se ven a sí mismos como "nacionalistas" y afirman estar a favor de America First, pero que en el altar del libre comercio están trabajando de hecho para sacrificar la soberanía estadounidense a las organizaciones comerciales multinacionales y a los conglomerados financieros mundiales. Existe, pues, una divergencia fundamental entre libre comercio y soberanía nacional.

El hecho es que el libre comercio tiene vínculos históricos no sólo con el imperialismo británico y el supercapitalismo global, sino también con la gran bête noire de los conservadores estadounidenses: el propio comunismo. En 1848, Karl Marx, el padre del comunismo, abogaba por el libre comercio porque, decía, "rompe las viejas nacionalidades y lleva los antagonismos del proletariado [trabajadores] y la burguesía [pequeños empresarios] a un punto culminante".

Según Marx, "el sistema de libre comercio acelera la revolución social". En resumen, los conservadores modernos que apoyan el libre comercio están de hecho apoyando un principio central del marxismo. Entonces, ¿son estos "conservadores" realmente "nacionalistas" en el sentido clásico de la palabra? Parece que no.

Lo que nos lleva a la definición de nacionalismo...

La palabra "nacionalismo" -y el conocimiento general de la historia que rodea al concepto de nacionalismo- evoca imágenes negativas en la mente de las personas -en su mayoría educadas, en su mayoría politizadas- que se toman la molestia de reflexionar sobre el tema.

Para el estudiante medio de bachillerato o universidad que dedica poca de su energía académica a los campos de la historia o la ciencia política -el aspirante perfectamente sensato a fusilero, arquitecto o contable que no tiene ningún deseo de participar en actividades políticas- la palabra "nacionalismo" puede incluso evocar la definición absoluta y omnicomprensiva del mal tal como la perciben la sociedad y la cultura actuales y se repite ad infinitum en los medios de comunicación de masas:

> *NACIONALISMO: Adolf Hitler, el Tercer Reich, el militarismo alemán, los campos de concentración, seis millones de judíos inocentes -quizá siete u ocho millones, o incluso once millones- conducidos a las cámaras de gas e incinerados en hornos de gas. Y no olvidemos a los cazas kamikazes japoneses y a Tojo.*

Tomado de una tira cómica o de un drama de Hollywood, esto resume esencialmente la percepción actual -de hecho, la definición más o menos "oficial"- de lo que constituye el "nacionalismo".

Y esto no es casualidad. La escritura de la historia popular y académica, y la autoridad y el poder para definir lo que es el "nacionalismo", fueron cooptados y han sido dominados desde entonces -al menos durante la segunda mitad del siglo XX, y en el mundo angloamericano en particular- por personas e instituciones claramente hostiles al nacionalismo en todas sus variedades y formas.

Esto es consecuencia directa de la creciente concentración de la propiedad de los medios de comunicación en manos de una élite, de familias y grupos financieros estrechamente vinculados, que se benefician de las políticas internacionalistas. No se trata en absoluto de una "teoría de la conspiración". El profesor Ben Bagdikian, destacado crítico de los medios de comunicación, lo resume muy bien en su libro *The Media Monopoly:*

> Los señores [de los medios de comunicación] de la aldea global tienen su propia agenda política. Todos ellos se resisten a los cambios económicos que no apoyan sus propios intereses financieros. Juntos ejercen un poder homogeneizador sobre las ideas, la cultura y el comercio que afecta a más personas que en ningún otro momento de la historia. Ni César, ni Hitler, ni Franklin Roosevelt, ni ningún Papa han tenido tanto poder para moldear la información de la que tanta gente depende para tomar decisiones sobre todo, desde a quién votar hasta qué comer...
>
> El poder monopolístico domina muchas otras industrias, y la mayoría de ellas reciben un trato especial del gobierno. Pero los gigantes de los medios de comunicación tienen dos enormes ventajas: controlan la imagen pública de los líderes nacionales, que en consecuencia temen y favorecen las agendas políticas de los magnates de los medios; y controlan la información y el entretenimiento que contribuyen a moldear las actitudes sociales, políticas y culturales de poblaciones cada vez mayores....

Hoy en día, a raíz de este desafortunado fenómeno -la monopolización del poder de educar e informar-, se ha distorsionado la verdadera naturaleza y sustancia de lo que realmente constituye el "nacionalismo". Como resultado, los esfuerzos modernos por comprender, definir y promover la causa del nacionalismo han quedado relegados a lo que los maestros de los medios de comunicación denominan vagamente "la periferia".

A mediados del siglo XX, el único esfuerzo independiente notable por definir el nacionalismo -al menos en el contexto histórico estadounidense- lo realizó un tal Willis A. Carto, nacido en Indiana, fundador de una institución con sede en Washington conocida como Liberty Lobby y editor de un semanario nacional de amplia difusión, *The Spotlight*.

Aunque quebrado y destruido en 2001 por una demanda con motivaciones políticas que fue confirmada por un juez federal, *The Spotlight* surgió durante su apogeo como quizás la voz más importante y eficaz del nacionalismo tradicional estadounidense, la misma razón por la que el periódico inconformista fue blanco de la evisceración.

Tras sobrevivir a las heridas que le infligieron los japoneses durante los brutales combates en el Pacífico durante la Segunda Guerra Mundial, el futuro fundador de Liberty Lobby, Carto, regresó a casa y, a diferencia de muchos veteranos que creyeron la propaganda oficial, inició su propio viaje de investigación, buscando respuestas al "cómo" y al "por qué" de la participación de Estados Unidos en esta conflagración genocida mundial.

En última instancia, Carto llegó a cuestionar la necesidad de la participación estadounidense no sólo en la Segunda Guerra Mundial, sino en prácticamente todas las guerras del siglo XX. De hecho, mucho antes de que se hiciera políticamente popular -y ciertamente a diferencia de muchos en la "derecha" tradicional- Carto planteó cuestiones sobre la intervención estadounidense en el Sudeste Asiático mientras los "liberales de la Guerra Fría" convencionales seguían presionando para una mayor implicación de Estados Unidos en la región, lo que finalmente condujo a la debacle de Vietnam.

Carto, que nunca se ha considerado más que un nacionalista, se ha esforzado por trazar las líneas y distinciones entre el "conservadurismo" estadounidense de tendencia republicana y el nacionalismo tradicional.

Rechazando lo que consideraba los conceptos manidos, desgastados y totalmente inadecuados de "derecha" e "izquierda", Carto trabajó enérgicamente a través del Liberty Lobby para desarrollar un próspero movimiento nacionalista, centrándose especialmente en los peligros del internacionalismo y situando el nacionalismo en el centro del marco general de una filosofía populista estadounidense ejemplificada por Thomas Jefferson y un enfoque de las relaciones exteriores (en particular) expuesto por George Washington en su Discurso de Despedida.

El libro de Carto, *Populism vs. Plutocracy. Plutocracy: The Universal Struggle*, recoge la esencia de la perspectiva nacionalista de Carto, reflexionando sobre las figuras monumentales del populismo estadounidense y sus particulares aportaciones al pensamiento nacionalista: Desde estadistas como Jefferson y Jackson, pasando por incendiarios progresistas como Robert LaFollette y Burton Wheeler, hasta el famoso sacerdote radiofónico Padre Charles Coughlin, el portavoz de America First Charles Lindbergh, el senador nacionalista Robert Taft, y gigantes intelectuales como Lawrence Dennis, posiblemente el principal teórico nacionalista estadounidense del siglo XX.

Las opiniones de estos hombres -y de muchos otros gigantes- constituyeron la base de la filosofía nacionalista que Carto promovió de todas las formas posibles a través de una amplia variedad de medios a su disposición durante sus casi 50 años de activa participación en la escena pública estadounidense.

El Sr. Carto insistió en que la adhesión a las sabias palabras de Washington no sólo proporcionaba los medios para garantizar las tranquilas relaciones de Estados Unidos con sus vecinos, cercanos y lejanos, sino también la base para construir una nación fuerte capaz de asegurar su propia estabilidad interna.

Quizá más que ningún otro estadounidense, incluido el propio Washington, Barto utilizó los considerables medios de comunicación de que disponía para repetir una y otra vez las advertencias de Washington

> Del mismo modo, el apasionado apego de una nación a otra produce diversos males. La simpatía por la nación favorecida, al facilitar la ilusión de un interés común imaginario en casos en los que no existe un interés común real, y al infundir a una las enemistades de la otra, traiciona a la primera para que participe en las disputas y guerras de la segunda, sin incentivos ni justificación adecuados. También conduce a la concesión a la nación favorecida de privilegios negados a otras, lo que probablemente será doblemente perjudicial para la nación que hace las concesiones, al desprenderse innecesariamente de lo que debería haber conservado y al despertar celos, mala voluntad y una disposición a la represalia en las partes a las que se niegan los mismos privilegios; y da a los ciudadanos ambiciosos, corruptos o engañados que se dedican a la nación favorita, la facilidad de traicionar o sacrificar los intereses de su propio país, sin odioso, a veces incluso con popularidad; dorando con las apariencias de un virtuoso sentido de la obligación, una deferencia encomiable a la opinión pública, o un loable celo por el bien público, la baja o estúpida conformidad de la ambición, la corrupción o la infatuación.
>
> Contra las insidiosas artimañas de la influencia extranjera (os imploro que me creáis, conciudadanos míos), los celos de un pueblo libre deben estar constantemente alerta, pues la historia y la experiencia demuestran que la influencia extranjera es uno de los enemigos más formidables del gobierno republicano. Pero estos celos, para ser útiles, deben ser imparciales, de lo contrario se convierten en el instrumento de la misma influencia que debe ser evitada, en lugar de ser una defensa contra ella.
>
> La excesiva parcialidad hacia una nación extranjera, la excesiva aversión hacia otra, significa que aquellos a quienes educan sólo ven el peligro desde un lado, y sirven para velar e incluso secundar las artes de influencia del otro lado.
>
> Los verdaderos patriotas, capaces de resistir a las intrigas de la favorita, corren el riesgo de convertirse en sospechosos y odiosos, mientras sus herramientas y sus incautos usurpan el aplauso y la confianza del pueblo, para ceder sus intereses.
>
> La gran regla de conducta que debemos seguir con respecto a las

naciones extranjeras es, al ampliar nuestras relaciones comerciales, tener con ellas el menor número posible de relaciones políticas. En la medida en que ya hayamos contraído compromisos, que se cumplan de perfecta buena fe.

Nuestra verdadera política es evitar cualquier alianza permanente con cualquier parte del mundo extranjero.

En el espíritu de Washington, Carto sostenía que los verdaderos nacionalistas -de todas las naciones- creían en el desarrollo y el fortalecimiento de su nación desde dentro, manteniendo la integridad de su patrimonio cultural y sus fronteras soberanas históricas, y anteponiendo los intereses de su propia nación. Los nacionalistas no inician guerras imperialistas, sino que respetan los instintos nacionalistas de los demás.

Los plutócratas internacionalistas y especuladores, según Carto, condenan el nacionalismo porque interfiere con su afán de lucro y su objetivo de sumergir a todas las naciones en una "plantación mundial" bajo su dominio.

Según Carto, el internacionalismo es un ideal ingenuo que sostiene que la erradicación de todas las fronteras nacionales y raciales allanaría el camino hacia una paz mundial en la que todos vivirían felices para siempre, una quimera de poetas y líderes religiosos durante milenios.

En su aplicación práctica, el internacionalismo sólo puede producir confusión, tensión, anarquía y violencia. Los plutócratas utilizan el internacionalismo para abolir las fronteras nacionales y promover el multiculturalismo, un paso esencial para completar su conquista del mundo y la erección formal de su superestado global, la Plantación Global, a menudo denominada "Nuevo Orden Mundial", tanto por los nacionalistas como por los internacionalistas.

Carto lo expresa de forma sencilla: el concepto de un Nuevo Orden Mundial no es más que el deseo de un gobierno mundial dirigido por los plutócratas, que lo ven como un medio para apoderarse de todos los recursos naturales del globo y esclavizar efectivamente a todos los pueblos a una burocracia internacional elegida y controlada por la élite financiera.

Sea como fuere, la influencia de Carto en los fundamentos filosóficos del movimiento nacionalista estadounidense fue (y sigue siendo) indiscutible. De hecho, cuando Pat Buchanan, figura veterana del Partido Republicano y columnista sindicado, empezó a imponerse como crítico serio y destacado -desde un punto de vista nacionalista- de la creciente tendencia internacionalista en las filas republicanas, los principales medios de comunicación del país reconocieron -aunque a regañadientes- que fueron Carto y el Liberty Lobby los que habían contribuido a allanar el camino para el ascenso de Buchanan.

Fue Pat Buchanan -antes una figura de la "corriente dominante"- quien empezó a hacerse eco de la retórica y los fundamentos históricos que había conservado la obra anterior de Carto, y así introdujo al menos una versión Buchanan del "nacionalismo" en la arena política estadounidense en sus sucesivas candidaturas a la nominación presidencial del Partido Republicano. Ya el 26 de junio de 1995, el semanario progresista *The Nation* empezó a tomar nota del nuevo populismo y nacionalismo que impulsaban la campaña de Buchanan. Al describir un mitin de Buchanan en New Hampshire, *The Nation* señaló que

> Cuando se les pidió que nombraran el tema que más les conmovía de Buchanan, varios de ellos mencionaron el nacionalismo económico de sus cruzadas contra el TLCAN y el GATT. Buchanan denunció los pactos comerciales que benefician a las empresas transnacionales a costa de los trabajadores estadounidenses y que entregan la soberanía de EEUU a un establishment internacional en el que no se puede confiar, fusionando así los populismos de izquierda y derecha.

The Nation profundizó en la nueva dirección de Buchanan

> Fue en New Hampshire donde se manifestó por primera vez el populismo económico de Buchanan. Cuando hizo campaña allí en 1992, conoció a gente afectada por la recesión.
>
> Buchanan se había visto impulsado a esta carrera por su disgusto de extrema derecha ante la decisión del Presidente Bush de firmar una medida de derechos civiles y anular la declaración de "léeme los labios" [contra nuevos impuestos]. Pero cuando Buchanan viajó por el Estado del Granito, descubrió la dislocación económica: estadounidenses trabajadores expulsados de puestos de trabajo bien remunerados. Llegó a la conclusión de que la culpa era de la globalización y de las políticas comerciales estadounidenses.
>
> Desde entonces, ha atacado a los grandes bancos y corporaciones que buscan estos acuerdos comerciales exportadores de empleo y que financian a una multitud de grupos de presión que garantizan que los acuerdos comerciales se aprueben en el Congreso. Es el único candidato republicano que ha reconocido y abordado el descenso de los salarios reales que ha afectado a las rentas medias estadounidenses.
>
> Con ello, Buchanan añade nuevas tropas a los conservadores sociales de sus "Brigadas Buchanan". ¿Enfadado con los japoneses? ¿Su hijo no puede rezar en la escuela? Buchanan está soldando electorados.

Solo en el GOP, ataca a Washington tanto como el Establishment que promueve un orden liberal secular como el Establishment que impulsa el Nuevo Orden Mundial corporativista. Aunque también es un católico devoto al servicio de un establishment social y religioso conservador, Buchanan es lo más parecido a un verdadero populista en la carrera de 1996 hasta el momento.

La "derecha" política también se puso en pie y tomó nota del aparente cambio de Buchanan. El 27 de noviembre de 1995, el "conservador" *Weekly Standard, financiado por* el multimillonario Rupert Murdoch y editado por William Kristol, líder de la autoproclamada camarilla de "neoconservadores" que no quieren otra cosa que hacer avanzar el imperialismo estadounidense dominado por los sionistas, expresó su propia preocupación por los ataques nacionalistas de Buchanan contra la élite gobernante. *El Standard* afirmó

> En una América cada vez más conservadora, un político se resiste a la marea de la historia. Este hombre denuncia siempre a los grandes bancos y a las multinacionales. Sigue anteponiendo los intereses del trabajador estadounidense a los del llamado sistema de comercio internacional . Se niega incluso a contemplar cualquier reducción de la generosidad de los grandes programas de gasto de la clase media. Se niega incluso a contemplar cualquier reducción en la generosidad de los grandes programas de gasto de la clase media, como Medicare y la Seguridad Social. Este hombre es Patrick J. Buchanan, el último izquierdista estadounidense...

Tras señalar que el Sr. Buchanan ha mantenido su postura tradicional en cuestiones sociales, *The Standard* continúa señalando que

> Sus discursos de campaña hicieron hincapié en nuevos e impactantes temas: la amenaza inminente de un gobierno mundial, la codicia de los bancos internacionales, el poder de los aranceles para frenar el deterioro de los salarios de los trabajadores, la urgencia de preservar el medicare en una forma cercana a la actual.
>
> Esto no tiene nada que ver con el republicanismo conservador de la era Reagan. Más bien se parece a la retórica militante y rencorosa de los demócratas populistas desde William Jennings Bryan. La repulsión que los demócratas contemporáneos sienten hacia Buchanan sólo revela lo mucho que el partido se ha alejado de su propio pasado.

El Standard acusó a Buchanan de haber abandonado las posiciones "tradicionales" de los republicanos conservadores y de haber empezado a mover (o al menos *intentarlo*) el Partido Republicano en una dirección nacionalista

La cuestión importante para los republicanos conservadores tradicionales es hasta dónde se debe permitir que Buchanan lleve al partido. El éxito de la campaña de Buchanan en 1992 ya ha empezado a orientar al Partido Republicano hacia una postura más restrictiva en materia de inmigración y una línea mucho más dura en la discriminación positiva...

¿Debemos acogerlo o no? En 1992, a muchos conservadores les resultó terriblemente difícil decidir... Esta vez, sin embargo, la elección debería ser más fácil. Los conservadores deben reconocer que la política de Buchanan es... algo nuevo: populismo entrenado para aprovechar las oportunidades políticas que ofrecen el multiculturalismo estridente y el estancamiento de los salarios de los trabajadores menos cualificados....

Al paso que van las cosas, probablemente sólo sea cuestión de tiempo que el propio Buchanan reconozca la brecha cada vez mayor entre su política y la de la corriente conservadora. Su amigo y colega columnista Sam Francis, de cuyas ideas se hace cada vez más eco Buchanan, ya ha eliminado la palabra "conservador" de . El peligro no es tanto que Buchanan se apodere del conservadurismo, sino más bien que, incluso después de abandonarlo y dirigirse a un destino ideológico **desconocido**, sus ideas estatistas y populistas se filtren de nuevo en él...

En este punto, la voz del internacionalismo financiada por Murdoch ha declarado oficialmente la guerra a Buchanan y lo ha descartado como republicano "conservador":

Buchanan nunca dudó en luchar, y tampoco deberían hacerlo los republicanos que se le oponen. Los republicanos que se aferran a las tradiciones del conservadurismo de posguerra que Buchanan rechaza -un gobierno pequeño y el liderazgo mundial estadounidense- deben dejar claro que entienden tan bien como Buchanan la enorme diferencia entre su política y la de ellos. Ha dado la espalda a las creencias fundamentales que han definido el conservadurismo estadounidense durante 40 años, y los conservadores no deberían tener miedo de decirlo. Después de todo, parafraseando a Ronald Reagan, no somos nosotros quienes hemos abandonado a Pat Buchanan, es Pat Buchanan quien nos abandona a nosotros.

En otras palabras, Pat Buchanan, de ser elegido Presidente, llevaría al Partido Republicano al campo internacionalista, y eso es lo último que esta voz "conservadora" quiere que ocurra.

Finalmente, Buchanan abandonó el Partido Republicano y optó por presentarse como candidato del Partido Reformista en 2000. En última instancia, sin embargo, el movimiento de Buchanan fracasó y de forma estrepitosa. El movimiento nacionalista estadounidense recibió un duro golpe electoral con la desastrosa actuación de Buchanan en esas elecciones. Los nacionalistas se quedaron atrás mientras Buchanan volvía al mundo de los grandes medios de comunicación. Mientras tanto, el movimiento nacionalista -el verdadero movimiento nacionalista- busca no sólo rejuvenecerse, sino tomar la delantera.

Irónicamente, la mayor fuerza que se opone al nacionalismo tradicional estadounidense es el sionismo. Aunque el propio sionismo se define como el nacionalismo judío dirigido al establecimiento de un Estado judío, que finalmente vio la luz en 1948 con la fundación de Israel, lo cierto es que el sionismo es esencialmente un movimiento internacional de gran alcance y poder, del que Israel es poco más que la capital espiritual (aunque geográficamente específica).

A este respecto, en el libro anterior del autor, *La nueva Jerusalén*, exploramos la sorprendente realidad de que, a todos los efectos, el movimiento sionista ha adoptado esencialmente a Estados Unidos -por la pura fuerza del poder financiero y político- como su principal base de operaciones, utilizando al ejército estadounidense (normalmente en contra de los deseos de la cúpula militar) para imponer un imperio global diseñado para promover el poder de Israel (y la agenda sionista) en la escena mundial.

Así es como un grupo relativamente pequeño de intrigantes -los "neoconservadores" (estudiados en detalle en el otro volumen anterior del autor, *Los sumos sacerdotes de la guerra*)- llegó al poder en Estados Unidos e hizo todo lo que estuvo en su mano para hacer avanzar la causa sionista.

Tal y como están las cosas, incluso los críticos más duros del sionismo y de las fechorías israelíes no lo entienden, pero lo cierto es que el conflicto de Oriente Próximo entre Israel y el mundo árabe es sólo una parte de la agenda sionista general, cuyo alcance es ilimitado: no es casualidad que la filosofía sionista enseñe que Israel -en el sentido del pueblo judío- no tiene fronteras.

Tampoco es una coincidencia que los neoconservadores estadounidenses sean discípulos intelectuales del ideólogo sionista de línea dura Vladimir Jabotinsky -a menudo llamado "el fascista judío"- que declaró cándidamente en una entrevista de 1935: "Queremos un imperio judío". Aunque Jabotinsky murió en 1940, sus herederos ideológicos recogieron su antorcha, quizá con más fuerza de la que Jabotinsky podría haber imaginado jamás.

Las intrigas del sionismo en suelo estadounidense han sido extraordinariamente bien calculadas, operando en múltiples niveles y a través de múltiples mecanismos. En las páginas de *The Juda Goats - The Enemy Within,* examinaremos la ingloriosa historia del afán sionista por infiltrarse, socavar, subvertir y/o hacerse con el control del movimiento nacionalista estadounidense con el fin de suprimirlo y, por ende, destruirlo.

Pero tengan la seguridad de que los estadounidenses no están solos frente a esta amenaza. Otros movimientos nacionalistas se oponen al poder sionista en todo el planeta, de Moscú a Caracas, de Kiev a Kuala Lumpur: allí donde la gente informada se atreve a pensar libremente y sigue alzando la voz.

Así que tomemos nota de esto: los enemigos del nacionalismo bien podrían enfrentarse a un hecho fundamental: les guste o no, aquí en Estados Unidos y en todo el mundo, el nacionalismo es la ola del futuro.

No hay forma de pararlo.

Ahora sigamos adelante y examinemos exactamente quiénes son -y han sido- las Cabras de Judá y cómo son realmente el enemigo interno de Estados Unidos. Prepárate para una historia muy fea, pero fascinante.

En 1981, el célebre escritor estadounidense Eustace Mullins (izquierda) obtuvo 500 páginas de archivos previamente clasificados que el FBI había guardado sobre Mullins, un patriota estadounidense, que se remontaban a 1951. Aunque muchas páginas han sido redactadas - tachadas - aparentemente por razones de "seguridad nacional", estos sorprendentes archivos muestran claramente que el FBI tenía a Mullins en el punto de mira para destruirlo precisamente porque había criticado el poder sionista en Estados Unidos, en particular su vital denuncia del control que la dinastía bancaria Rothschild ejerce sobre el Sistema de la Reserva Federal de Estados Unidos. Los archivos revelan que el FBI llegó a considerar la posibilidad de silenciar a Mullins internándolo en un manicomio. Este memorándum de 1959 (arriba) al jefe del FBI J. Edgar Hoover de su adjunto judío, Alex Rosen, muestra una nota garabateada de Hoover afirmando que el caso Mullins era "una prioridad máxima" y que los agentes del FBI deberían "ver que se tomen medidas". En las páginas de *The Juda Goats,* aprenderemos mucho más sobre estas operaciones secretas de policía y espionaje y otros esfuerzos para aplastar la disidencia política en Estados Unidos.

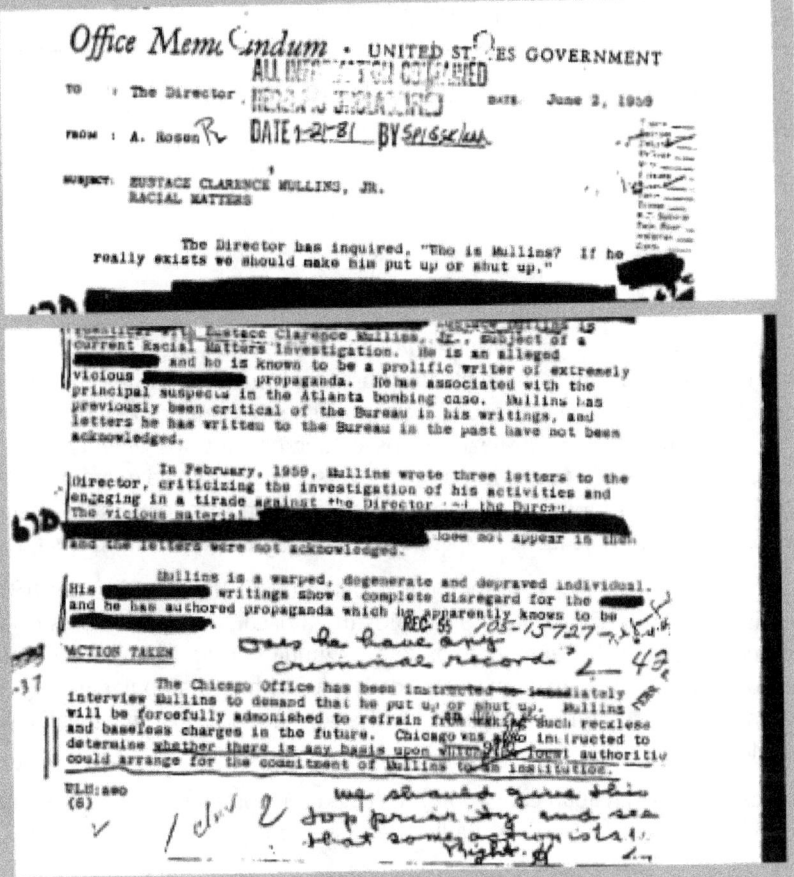

Introducción a la primera parte

Un poco de historia... Una historia vergonzosa y sórdida

La escala y el alcance de las tramas de *The Juda Goats - The Enemy* **Within** son, en última instancia, bastante asombrosos. Sin embargo, los capítulos iniciales que siguen en esta sección están diseñados para proporcionar una visión general de la naturaleza de los esfuerzos de estos enemigos del nacionalismo estadounidense para infiltrarse y destruir (o manipular y controlar de otro modo) a su oposición política en Estados Unidos. Esta visión histórica sienta las bases para comprender gran parte de lo que sigue.

Así, aunque las famosas operaciones encubiertas COINTELPRO del FBI se instituyeron oficialmente a principios de la década de 1960, la historia demuestra que en los años previos a la Segunda Guerra Mundial, grupos como la Liga Antidifamación (ADL) de B'nai B'rith ya manipulaban al FBI como parte de una campaña de terror contra los nacionalistas estadounidenses.

Por eso veremos reaparecer el nombre ADL una y otra vez, no sólo en esta sección, sino a lo largo de las páginas de este libro.

Y aunque el FBI (y otras agencias federales, como la CIA) aparecen a menudo como lo que podría describirse como "los malos" en estas páginas, hay mucha gente buena dentro de estas agencias que rechazan las maquinaciones del Enemigo Interno y que, de hecho, han intentado desalojar a ciertos alborotadores sionistas cuando han tenido la oportunidad.

Dicho esto, veamos los hechos...

CAPÍTULO I

El regreso de COINTELPRO: un recordatorio de la ignominiosa historia de infiltración y subversión que vuelve a reinar en suelo estadounidense

El 31 de mayo de 2002, en nombre de la "lucha contra el terrorismo", el entonces Fiscal General John Ashcroft eliminó las restricciones impuestas hace treinta años a la capacidad del FBI para espiar a organizaciones religiosas y políticas en Estados Unidos. La acción de Ashcroft revivió el infame COINTELPRO (es decir, "programa de contrainteligencia") del FBI en la década de 1960. En el marco de este programa, el FBI, en colaboración activa con la Liga Antidifamación (ADL) de B'nai B'rith, se infiltró y espió (y desarticuló, en su caso) a una amplia gama de organizaciones políticas estadounidenses disidentes.

Aunque la ADL, como veremos, se fundó originalmente como una organización dedicada a combatir el sectarismo contra el pueblo judío, rápidamente se convirtió en una potencia por derecho propio y, tras la fundación del Estado de Israel en 1948, se estableció como un grupo de presión inflexible a favor de Israel, actuando como conducto de inteligencia y propaganda para la agencia de servicios clandestinos de Israel, el Mossad.

Así que cuando la iniciativa COINTELPRO se hizo operativa, la ADL (y sus colaboradores dentro del Mossad) se encontró entrelazada con el FBI. Y durante los años de COINTELPRO, los nombres y datos personales de unos 62.000 estadounidenses acabaron en los archivos del FBI.

Aunque los medios de comunicación admiten a menudo que los grupos de "derechos civiles" han sido objetivo de COINTELPRO, lo cierto es que el FBI ha dedicado la mayor parte de sus esfuerzos a organizaciones e individuos de "derechas".

Las directrices que ahora Ashcroft ha dejado obsoletas se instituyeron a mediados de la década de 1970 tras la indignación generalizada por el descubrimiento de COINTELPRO, después de la muerte del director del FBI, J. Edgar Hoover.

Lo cierto es que, ya en la década de 1930, el FBI de Hoover colaboró estrechamente con la ADL para "vigilar" a los disidentes políticos estadounidenses, mucho antes de que se creara oficialmente COINTELPRO.

Y como veremos -aunque permanece en gran parte olvidada- la ADL fue la principal fuente de gran parte de la información espuria que el FBI utilizó para construir un caso de "sedición", posteriormente desacreditado, contra una treintena de estadounidenses cuyo único delito fue posicionarse a favor del nacionalismo estadounidense y oponerse a la intervención en la guerra en Europa durante la administración del presidente Franklin D. Roosevelt.

Según las antiguas directrices instituidas para poner fin a los abusos del FBI en el marco de COINTELPRO, el FBI *sólo* podía desplegar agentes encubiertos en iglesias y mezquitas u organizaciones políticas si los investigadores habían encontrado antes una "causa probable" u otras pruebas que sugirieran que los miembros de estos grupos podrían haber cometido un delito. Sin embargo, para eludir las directrices, el FBI recurrió a la ADL (como organización privada no sujeta a las normas oficiales) para llenar el vacío, llevando a cabo un espionaje prohibido al FBI

Como resultado, los frutos ilícitos de las actividades de inteligencia de la ADL llegaron a manos del FBI, la BATF, la CIA, el IRS y otras agencias federales con las que la ADL mantenía (y aún mantiene) estrechos contactos.

El Southern Poverty Law Center (SPLC) de Morris Dees -otra organización que opera de la misma sórdida manera que la ADL- también actuó como intermediario para el FBI. Y, de hecho, es probable que haya muchas organizaciones similares, aunque sean menos conocidas que la ADL y el SPLC.

Hoy, sin embargo, el Fiscal General Ashcroft ha resucitado oficialmente el antiguo COINTELPRO, causando preocupación entre los estadounidenses que valoran las libertades civiles tradicionales.

En el número de julio-septiembre de 1995 de *Name Base News Line*, Daniel Brandt proporcionó información interesante sobre COINTELPRO

> La existencia de COINTELPRO se reveló por primera vez cuando el 8 de marzo de 1971 unos desconocidos robaron todos los documentos de la oficina del FBI en Media (Pensilvania). Unos sesenta documentos se enviaron entonces por correo a publicaciones seleccionadas, y otros se enviaron directamente a las personas y grupos mencionados.
>
> Estos documentos se desglosan del siguiente modo: El 30% eran manuales, formularios rutinarios y documentos de procedimiento similares. De los documentos restantes, el 40% estaban relacionados

con la vigilancia política y otras investigaciones sobre actividades políticas (2 relacionadas con la derecha, 10 con inmigrantes y más de 200 con grupos de izquierda o liberales), el 25% con atracos a bancos, el 20% con asesinatos, violaciones y robos interestatales, el 7% con la resistencia al reclutamiento, el 7% con deserciones militares y el 1% con la delincuencia organizada, principalmente el juego.

Sin embargo, el FBI no fue el único que llevó a cabo operaciones nacionales de este tipo. La CIA también podía ser acusada de las mismas fechorías. Según el relato de Verne Lyon, antiguo agente secreto de la CIA, publicado en el número de verano de 1990 del *Covert Action Information Bulletin*, las operaciones de espionaje interno más extendidas de la CIA comenzaron en 1959.

En el marco del Proyecto RESISTENCIA y, posteriormente, del Proyecto MERRIMAC, la CIA infiltró agentes en grupos nacionales de todo tipo y actividad. Más tarde, la CIA integró todas las operaciones de inteligencia nacional en la Operación CAOS. Tal vez no sorprenda que el responsable de la Operación CHAOS fuera Richard Ober, veterano oficial de la CIA y adjunto del leal al Mossad israelí en Langley, James Jesus Angleton, que llevaba mucho tiempo en el cargo.

(Un relato detallado de la extraña y sórdida carrera de Angelton, en particular su papel como actor clave en el asesinato del presidente John F. Kennedy, está disponible en el libro anterior de este autor *Juicio Final: El Eslabón Perdido en la Conspiración del Asesinato de JFK*). Según el Center for National Security Studies, Ober y sus agentes del CHAOS habían acumulado archivos personales sobre más de 13.000 individuos, entre ellos más de 7.000 ciudadanos estadounidenses, y habían compilado archivos sobre más de 1.000 organizaciones políticas nacionales.

Además, parece que la CIA también compartió información sobre más de 300.000 personas con otras agencias, entre ellas el FBI y la Agencia de Inteligencia de Defensa.

(Por su parte, como ya hemos señalado, la división de inteligencia nacional del FBI investigó a 62.000 estadounidenses -presuntos "subversivos"- como parte de su propia operación COINTELPRO. Probablemente nunca sabremos cuántos nombres se solaparon entre las diversas operaciones de espionaje interno de la CIA y las del FBI). El 13 de mayo de 1985, *The Spotlight*, el semanario publicado en aquella época por Liberty Lobby, la antigua institución populista del Capitolio en Washington, reveló que el famoso activista "liberal" Allard Lowenstein -que ocupó un escaño en el Congreso de 1969 a 1971- había sido de hecho durante mucho tiempo un agente encubierto de la CIA.

La ídolo liberal fue asesinada a tiros en 1980 (supuestamente a raíz de una disputa personal), pero los hechos sobre su carrera secreta no se revelaron hasta más tarde.

Lowenstein empezó a trabajar como informante a sueldo de la CIA en 1949, unos meses antes de que el joven y fascinante orador universitario de izquierdas fuera elegido presidente de la Asociación Nacional de Estudiantes (NaStA).

Aunque la asociación "estudiantil" adoptó una postura beligerante de "izquierda radical" en cuestiones importantes, nadie sabía entonces que había sido creada como tapadera de la CIA por altos cargos de la división de servicios clandestinos de la CIA, entre ellos Cord Meyer, quien más tarde, como jefe de la estación de la CIA en Londres, se dice que reclutó al joven académico de Oxford Bill Clinton para la oposición controlada del "movimiento contra la guerra" de la CIA.

Como uno de los líderes estudiantiles más conocidos del país, Lowenstein se movía cómodamente en círculos críticos con la CIA, mientras que al mismo tiempo estaba en el cojín de la CIA, charlando con sus amigos en nombre de la CIA. En la época de la guerra de Vietnam, los contribuyentes estadounidenses pagaron no sólo el coste de la guerra - - sino también la financiación del "movimiento contra la guerra" en el que los sucesores de Lowenstein al frente de NaStA desempeñaron un papel importante.

Entretanto, el propio Lowenstein se convirtió en una de las principales voces antibelicistas del país (y, en secreto, de la CIA).

Más tarde, Allard Lowenstein actuó como agente de la agencia de inteligencia israelí, el Mossad. En 1979, cuando era delegado en las Naciones Unidas, Lowenstein ayudó a montar la operación de vigilancia del Mossad que llevó a que su jefe, el entonces embajador Andrew Young, fuera sorprendido manteniendo conversaciones secretas con diplomáticos árabes. Entonces, el presidente Carter se vio obligado a despedir a Young y Lowenstein abandonó efectivamente la ONU con Young, pero el objetivo del Mossad (pillar a Young colaborando con los odiados árabes) se había logrado.

Así, mientras el FBI se gastaba unos 10 millones de dólares durante varios años en investigar al movimiento antibelicista, muchas de las personas a las que investigaba el FBI eran empleados secretos de la CIA, aunque nunca se dijo la verdad al FBI.

Muchos jóvenes idealistas de izquierdas reclutados para las actividades de la CIA no supieron hasta después de unirse a NaStA que se habían visto mezclados en una tapadera de la CIA, pero pronto se dieron cuenta de que podían obtener muchos favores y avanzar en sus carreras si cooperaban tras conocer el secreto.

Se han utilizado métodos similares para cooptar a grupos "de derechas", con agentes de la CIA y el FBI que proporcionan "consejos" y financiación de "patriotas de las altas esferas del gobierno que apoyan lo que estáis haciendo". Más de un grupo ha sido cooptado de esta manera.

Recientemente, otra antigua figura de la NaStA financiada por la CIA, John Foster "Chip" Berlet, rebatió que se le describiera como "un reputado informante de la CIA". El Sr. Berlet afirmó: "No soy un informante de la CIA: "No soy un informante de la CIA, ni soy un informante o agente de ninguna agencia de inteligencia". Dijo que se trataba de una "afirmación falsa".

Durante años, figuras de la "Nueva Izquierda" ajenas a la CIA, como Daniel Brandt y el difunto Ace Hayes, entre otros, han calificado públicamente a Berlet de agente secreto del gobierno. También han destacado la relación de Berlet con la Liga Antidifamación (ADL), patrocinada por el Mossad, que proporciona información al FBI, la CIA, la BATF y otras agencias gubernamentales.

En 1993, colaboradores de Lenora Fulani, activista política afroamericana afincada en Nueva York, documentaron las actividades de Berlet y señalaron que un alto cargo de la ADL había declarado públicamente que "la información que [Berlet] compartía con nosotros era muy útil".

En los últimos años, el principal objetivo de Berlet ha sido combatir el éxito de la alianza populista "izquierda-derecha" contra la élite plutocrática. Quizá no sorprenda que Berlet tenga una conexión personal con la élite plutocrática. Lleva el nombre del amigo de su padre, el ex secretario de Estado John Foster Dulles (a su vez hermano del director de la CIA Allen Dulles, destituido por el presidente Kennedy), lo que puede explicar por qué Berlet ha operado durante toda su vida adulta en la esfera de las instituciones afiliadas a la CIA.

Otro ejemplo de informadores federales en acción: en una serie de exclusivas publicadas en la década de 1980, *The Spotlight* reveló el papel desempeñado por agentes federales encubiertos de la BATF y el FBI en los acontecimientos que condujeron a un tiroteo en 1979 en Greensboro, Carolina del Norte, entre miembros del Partido Comunista de los Trabajadores y un grupo de miembros del Ku Klux Klan y un grupo "nazi" estadounidense. Cinco comunistas murieron y otro resultó herido.

Al menos cinco informadores del gobierno que se hacían pasar por "patriotas de derechas" fueron implicados e identificados: Bernard Butkovich, agente encubierto a tiempo completo de la BATF, y Ed Dawson, informador a sueldo del FBI. Ambos emitieron hábilmente retórica "derechista" mientras trabajaban para el gobierno.

Otros dos agentes encubiertos de la BATF y una agente encubierta de la Oficina de Investigación del Estado de Carolina del Norte también eran "asiduos" a las reuniones de los grupos "de derechas" implicados en la tragedia de Greensboro.

Pero hay aún más ejemplos. Tomemos, por ejemplo, el conocido y violento grupo terrorista conocido como Liga de Defensa Judía (JDL). Las pruebas sugieren que la JDL es mucho más de lo que parece:

El LDJ fue fundado en 1968 por su antiguo líder, Meir Kahane, nacido en Brooklyn, a quien se recuerda sobre todo como el "rabino militante" asesinado a tiros tras ser elegido diputado al Parlamento israelí. Sin embargo, la verdad es que durante muchos años Kahane fue un activo para el FBI y la CIA, incluyendo una temporada para la CIA en África, haciéndose pasar por "corresponsal de noticias".

En 1965, bajo el nombre de "Michael King" (que al parecer era su nombre legítimo de nacimiento), Kahane y un tal Joseph Churba formaron un grupo para movilizar el apoyo universitario a la guerra de Vietnam, una empresa que formaba parte de una operación de la CIA que "trabajaba a ambos lados" de la cuestión de la guerra de Vietnam, financiando la CIA al mismo tiempo a grupos antibelicistas.

En 1968, Kahane abandonó su personaje de "Michael King" para convertirse en el Meir Kahane que hoy recordamos. Su colega Churba (también rabino) saltó a la fama como influyente agente de los servicios secretos israelíes en los círculos de toma de decisiones de la política exterior estadounidense, promovido por la Sociedad John Birch y financiado por el imperio respaldado por la CIA del líder de la secta coreana Sun Myung Moon. (Volveremos más adelante sobre el turbio pasado de la Sociedad John Birch y el cada vez más influyente imperio editorial "conservador" de Sun Myung Moon). También sabemos hoy, gracias al trabajo del difunto periodista judío estadounidense Robert I. Friedman, que la LDJ también estaba dirigida desde los niveles más altos de la agencia de inteligencia israelí, el Mossad. Por lo tanto, Kahane trabajaba literalmente no sólo para varias agencias de inteligencia estadounidenses, sino también para la inteligencia israelí.

Pero la fina mano de la inteligencia israelí también ha desempeñado un papel mucho más importante en la creación de las cabras de Judá y otros elementos del enemigo interno de Estados Unidos. De hecho, la inteligencia israelí tiene su propia unidad operando en suelo estadounidense, vigilando ilegalmente a decenas de miles de ciudadanos estadounidenses, ya sean de "izquierda" o de "derecha".

E, irónicamente, aunque mucha gente ha oído que el FBI, a través de su programa COINTELPRO, y la CIA, a través de la Operación CHAOS, espiaban a los estadounidenses, no es muy conocido que esta unidad de inteligencia israelí en suelo estadounidense no sólo llevaba a cabo sus propias operaciones, sino que también funcionaba, en muchos casos, como una rama *de facto* de COINTELPRO y de la Operación CHAOS.

Esta división de la inteligencia israelí es, por supuesto, la Liga Antidifamación (ADL) de B'nai B'rith, a la que nos hemos referido anteriormente en estas páginas.

Desde su creación en 1913, la ADL ha funcionado esencialmente como una "Gestapo judía" para frenar las críticas al creciente papel de los judíos en el sindicato del crimen del hampa estadounidense, y ha desempeñado un papel activo en la arena estadounidense.

Y luego, por supuesto, como hemos señalado, tras la creación del Estado de Israel, se convirtió de *facto* en un agente extranjero del gobierno de Israel, una rama del Mossad israelí.

El ex agente del Mossad Victor Ostrovsky ha declarado en su libro, *The Other Side of Deception*, que cuando estaba escribiendo su libro anterior, *By Way of Deception*, dudó en mencionar "los vínculos directos que el Mossad tenía con... la Liga Antidifamación de B'nai B'rith...", precisamente porque temía que los estadounidenses se levantaran contra la ADL (y la comunidad judía estadounidense a la que se supone que la ADL representa) indignados por las violentas y odiosas actividades del Mossad.

El método de actuación de la ADL era despiadado, por no decir otra cosa, y como en general actuaba dentro de la esfera de los servicios policiales y de inteligencia estadounidenses oficialmente autorizados, la ADL tenía vía libre para cometer sus fechorías.

Se han enumerado los nombres de personas que han adoptado una postura pública sobre cuestiones políticas, incluso escribiendo una carta al director de un periódico, y se han archivado informes sobre sus actividades.

Algunos individuos especialmente virulentos han recibido un trato "especial": se han registrado sus contenedores, se han intervenido sus teléfonos; se ha entrado en sus casas y se han fotografiado o robado directamente sus archivos personales.

A lo largo de los años, la ADL no sólo ha atacado a quienes los medios de comunicación liberales denominan "extremistas". Una gran variedad de organizaciones que representan a todos, desde afroamericanos y nativos americanos hasta asiático-americanos y grupos de defensa de los derechos de los homosexuales, también han sido víctimas de estos ataques.

La mayoría de la gente ha oído a los medios de comunicación describir a ADL como una "respetada organización de derechos civiles". Sin embargo, está claro que ADL es mucho más importante de lo que sugieren los medios de comunicación.

Y mientras el FBI y la CIA han causado revuelo a lo largo de los años por su espionaje nacional y sus esfuerzos ilegales para destruir a los disidentes políticos estadounidenses, el papel de la ADL en estos mismos asuntos ha sido cuidadosamente silenciado.

Un ejemplo de ello: después de que el Fiscal General Ashcroft pidiera una revitalización de las capacidades de espionaje doméstico del FBI, la Unión Americana de Libertades Civiles (ACLU) se apresuró a publicar un "estudio de caso" retrospectivo sobre "los peligros del espionaje doméstico por parte de las agencias federales de aplicación de la ley".

El estudio de la ACLU se centraba en la ahora ampliamente conocida (pero entonces completamente secreta) vigilancia del difunto Martin Luther King Jr. por parte del FBI en la década de 1960, y la describía como "un capítulo ignominioso del pasado de Estados Unidos". El informe de la ACLU concluye: "Como nación, debemos asegurarnos de vigilar las acciones del FBI y del Fiscal General Ashcroft para garantizar que lo que le ocurrió al Dr. King no vuelva a repetirse".

Aunque el informe de la ACLU demostraba los peligros de utilizar al FBI para llevar a cabo una vigilancia a escala nacional de ciudadanos estadounidenses con fines políticos, no mencionaba un elemento especialmente interesante: el hecho de que gran parte de la "ignominiosa" vigilancia del FBI sobre King y otras personas de "derecha" e "izquierda" fue llevada a cabo de hecho en nombre del FBI por la Liga Antidifamación (ADL).

El ataque de la ADL contra King fue una sorpresa tanto para los admiradores como para los detractores, sobre todo porque King había sido elogiado públicamente con frecuencia por la ADL, en particular en sus publicaciones dirigidas al público negro. La primera revelación pública del espionaje de la ADL a King se produjo en la edición del 28 de abril de 1993 del *San Francisco Weekly,* un periódico liberal "alternativo", que informaba de lo siguiente

> Durante el movimiento por los derechos civiles, cuando muchos judíos tomaban la iniciativa en la lucha contra el racismo, la ADL espió a Martin Luther King y pasó la información a J. Edgar Hoover, según declaró un antiguo empleado de la ADL.
>
> "Era de dominio público y se aceptaba casualmente", afirma Henry Schwarzschild, que trabajó en el departamento de publicaciones de

la ADL entre 1962 y 1964.

"Pensaban que King era una especie de electrón libre", dijo Schwarzschild. "Era un predicador baptista y nadie podía estar seguro de lo que iba a hacer. A la ADL le preocupaba mucho tener un misil sin guía.

Sin embargo, resulta que la ADL también se dedicó a espiar intensamente a otros líderes negros de los derechos civiles, no sólo a King. La publicación en 1995 de documentos previamente clasificados del FBI relativos al asesinato del presidente John F. Kennedy y la posterior investigación de la Comisión Warren destaparon nuevas intrigas de la ADL contra el célebre cómico y activista político negro Dick Gregory, quien, al margen del caso, se había implicado como investigador independiente en el asesinato de JFK.

Existen al menos dos documentos que citan acciones de la ADL contra Gregory. El documento n° 124-10027-10233 está fechado el 2 de febrero de 1965. Procede del agente especial a cargo de la oficina de Atlanta del FBI y está dirigido al director del FBI Hoover. Dice lo siguiente:

> Se adjunta un documento de 5 páginas recibido el 1/2/65 de SHERMAN HARRIS, Investigador, Liga Antidifamación, 41 Exchange Place, Atlanta, Georgia. HARRIS declaró que el documento adjunto refleja los resultados de una entrevista realizada por un empleado de la ADL en Miami, Florida, al cómico negro DICK GREGORY.
>
> HARRIS no reveló el nombre del empleado de la ADL en Miami que entrevistó a GREGORY. Afirmó que las acusaciones vertidas por GREGORY en el documento adjunto son tan ridículas que le avergüenza que un empleado de la ADL remitiera el documento a la oficina regional de Atlanta.
>
> Declaró que facilitaba este material a la Oficina para que ésta estuviera al corriente de las actividades de GREGORY a este respecto. Pidió que no se informara a nadie fuera de la Oficina de que había facilitado este material a la Oficina.

Por ejemplo, aunque el jefe de la ADL, Harris, dijo al FBI que se sentía "avergonzado" de que uno de sus asociados hubiera llegado a transmitir esa información "ridícula" a la oficina regional de la ADL, de todos modos la transmitía al FBI para que estuviera al corriente de las actividades de Gregory. También hay que señalar que la ADL pidió al FBI que guardara silencio sobre el hecho de que la ADL le estaba suministrando datos de espionaje. Esto, por supuesto, habría sido muy embarazoso para la ADL, que entonces -como ahora- estaba ocupada haciéndose pasar por aliada de los activistas negros en el movimiento por los derechos civiles.

¿Por qué vigilaba la ADL a Gregory? No era solo porque era una figura negra franca. Las pruebas demuestran que la ADL también estaba preocupada por los esfuerzos de Gregory para descubrir la verdad sobre quién mató realmente al presidente Kennedy y por qué.

El hecho de que las investigaciones de Gregory sobre el asesinato de JFK interesaran a la ADL es revelador. *Por qué la ADL estaba supervisando una investigación independiente sobre el asesinato de JFK es una pregunta que la ADL preferiría que nunca se hiciera o se respondiera.*

El segundo documento desclasificado del FBI arroja luz sobre cómo la ADL informó al FBI sobre las investigaciones de Gregory sobre el asesinato de JFK.

El documento nº 124-10027-10232 está fechado el 5 de febrero de 1965 y se refiere claramente a la misma vigilancia de Gregory por la ADL que la mencionada en el documento de 2 de febrero de 1965 antes citado. Se trata de un memorando de "A. Rosen" a "M. Belmont" (dos altos funcionarios del FBI en Washington).

El memorándum describe cómo, el 1 de febrero de 1965, el mencionado investigador de la ADL en Atlanta, Sherman Harris, proporcionó al FBI información que Harris había recibido de un empleado no identificado de la ADL en Miami que, a su vez, había obtenido información de Gregory (descrito como "el comediante negro alborotador") cuando el empleado de la ADL habló con Gregory el 18 de enero de 1965:

> En la carta a Harris, Gregory supuestamente declaró que el asesinato del presidente Kennedy había sido planeado por J. Edgar Hoover y [el petrolero de Texas] H. L. Hunt. Gregory supuestamente intentó apoyar estas acusaciones mostrando copias fotográficas de declaraciones juradas y comunicados de prensa y declaraciones públicas falsas y engañosas. El empleado de la ADL señaló que Gregory no había presentado ningún hecho concreto en apoyo de sus acusaciones.
>
> Gregory afirma que la Comisión Warren disponía de dos informes sobre el asesinato y era consciente de la implicación de [Hoover] y Hunt, pero no reveló los verdaderos hechos porque ello habría provocado el "caos". Gregory afirma que [Hoover] era uno de los conspiradores debido a un desencuentro con los Kennedy y que el antiguo Fiscal General había sido nombrado para "vigilarle" y "apartarle" gradualmente del FBI.
>
> Gregory afirma tener pruebas formales de que H. L. Hunt financió a los Musulmanes Negros, pero estas pruebas son "confidenciales".

Gregory también afirma que el FBI le vigila constantemente y que algún día, en un futuro próximo, pondrá fin a su vida. Además, antes del asesinato, el presidente Johnson estaba al corriente del complot, pero se vio impotente para detenerlo, porque hacerlo equivaldría a admitir que el FBI y la "jerarquía de inteligencia" controlaban el país.

Pero el Dr. King y Dick Gregory eran sólo dos de los muchos objetivos de la ADL. Incluso el líder nacionalista negro Malcolm X se quejó a su mentor, el líder de la Nación del Islam Elijah Muhammed, de las maliciosas operaciones de espionaje de la ADL.

Una de las descripciones más precisas de los métodos de la ADL se publicó en *American Jewish Organizations and Israel*. El autor, Lee O'Brien, ofreció un estudio sucinto del *modus operandi* de la ADL

> En las primeras décadas, la ADL se dirigía a personas o instituciones consideradas antisemitas y, en privado, intentaba persuadirlas o razonar con ellas para que dieran marcha atrás en sus declaraciones abusivas y corrigieran su comportamiento ofensivo. Más tarde, la ADL adoptó medidas más públicas y agresivas, que clasificó como "educación", "labor de vigilancia" y "legislación".
>
> De hecho, la "labor de vigilancia" se ha transformado en una auténtica vigilancia de individuos y grupos, cuyos resultados se transmiten tanto al aparato de recopilación de información israelí, a través de consulados y embajadas, como a los servicios de inteligencia estadounidenses, a través del FBI. Altos cargos de la ADL han admitido el uso de técnicas de vigilancia clandestina.
>
> En la actualidad, la ADL es mucho más activa que otras organizaciones de relaciones comunitarias a la hora de utilizar sus oficinas regionales y sus miembros para recopilar y difundir información. La sede central de Nueva York proporciona a las oficinas regionales hojas de análisis, modelos de cartas al director para publicar en los medios de comunicación locales, biografías de dirigentes israelíes y oradores antisionistas, y directrices sobre cómo tratar los temas de actualidad.
>
> A su vez, las oficinas regionales controlan todas las actividades relacionadas con Israel u Oriente Medio en su región, como los medios de comunicación, los conferenciantes en los campus y las películas.
>
> Al llamar la atención de la sede sobre los acontecimientos locales, desempeñan un papel esencial en la supervisión general de la escena nacional por parte de la ADL.

O'Brien describió un ejemplo típico de las actividades de la ADL para atacar a sus oponentes:

> Un activista judío crítico con la política israelí [supuestamente el famoso lingüista Noam Chomsky] descubrió en 1983 que la ADL mantenía un archivo sobre él que se remontaba a 1970; el archivo incluía información sobre el sujeto recogida de periódicos locales, conferencias en el campus, memorandos (de la institución en la que el sujeto impartía clases), reuniones de negocios, apariciones en radio y televisión, así como prensa y otro material diverso. Como revela el expediente, personas concretas se encargaban de seguir las conferencias de esta persona, bien mediante grabaciones literales y transcripciones, bien mediante resúmenes detallados de los temas tratados, el contexto de la conferencia, los demás participantes, el tamaño de la audiencia, las preguntas de los asistentes, el estado de ánimo de la audiencia, etc.
>
> En algunos casos, estos observadores consiguieron acceder a reuniones a puerta cerrada en las que participaba el sujeto. A continuación, la ADL preparó y difundió un breve documento informativo sobre esta persona, siguiendo el formato de "mito" y "hecho", y lo distribuyó a sus agentes para que lo utilizaran en futuras intervenciones.

Otro hecho poco conocido es que la ADL tiene un largo historial de financiación de grupos de odio "antisemitas" y "neonazis". La primera prueba documentada de tal actividad fue presentada en 1955 por el veterano escritor populista Joseph P. Kamp.

En su boletín *Headlines*, Kamp puso al descubierto las actividades del espía jefe de la ADL en aquel momento, Sanford Griffith, que fue el principal instigador del patrocinio por parte de la ADL de una organización "neonazi" ampliamente difundida en los medios de comunicación de la época.

En los años previos y durante la Segunda Guerra Mundial, Griffith fue uno de los principales activos estadounidenses de la inteligencia británica, trabajando para destruir la oposición popular estadounidense a la participación de Estados Unidos en la guerra en Europa y luego, una vez iniciada la guerra, para socavar a los buenos estadounidenses que aún se oponían a las políticas del presidente Franklin Delano Roosevelt.

Las intrigas de Griffith fueron documentadas por el profesor Thomas Maul en su estudio de las intrigas de la inteligencia británica en suelo estadounidense, *Desperate Deception*. Pero lo que Mahl no menciona -presumiblemente por su propio interés- es que gran parte de la actividad perturbadora de Griffith en nombre de la inteligencia británica también se llevó a cabo en colaboración con la ADL.

Después de la Segunda Guerra Mundial y durante los años cincuenta y principios de los sesenta, Griffith operó desde Nueva York como informador y alborotador de la ADL, vigilando de cerca a los grupos considerados "subversivos" por esta poderosa red de espionaje sionista.

O, como hemos dicho, ayudando a estos grupos con fines de la ADL. En un caso notable, actuando bajo el seudónimo de "Al Scheffer", el omnipresente Griffith acudió en ayuda de un partido político unipersonal de Nueva York y lo convirtió en una "amenaza nazi".

La ADL proporcionó al partido no sólo un escaño, sino también apoyo financiero, uniformes nazis, alfileres de corbata con la esvástica y demás parafernalia. Es más, la ADL también se aseguró de que la nueva "amenaza nazi" recibiera la atención de los medios de comunicación, en un momento, por supuesto, elegido para coincidir con los actos de recaudación de fondos de la ADL en todo el país.

De hecho, la ADL tuvo tanto éxito en su campaña de engaño que convenció a un miembro del Congreso, el representante Harold Velde (republicano de Illinois), para que emitiera un "Informe preliminar sobre grupos neofascistas y de odio" que citaba específicamente la "amenaza nazi" creada por la ADL como uno de los grupos de odio que suponían un peligro para la democracia estadounidense.

(Velde, por supuesto, no se dio cuenta de que había sido cogido por el cuello por la ADL hasta que Joe Kamp reveló las maquinaciones de la ADL).

Ni que decir tiene que, cuando los miembros del Congreso se plantearon investigar más a fondo las actividades de los grupos de odio, la ADL se distanció rápidamente del caso, anunciando que la operación financiada por la ADL era "una organización insignificante de escasa importancia o eficacia".

Evidentemente, una investigación en profundidad del partido habría revelado las actividades entre bastidores de la ADL, y eso era lo último que la ADL quería. Ante esta revelación, la ADL retiró su apoyo al "partido", que cayó rápidamente en el olvido.

Los hechos sobre el tinglado de los grupos de odio de la ADL fueron hechos públicos por un periodista judío cruzado, Lyle Stuart, en su revista ya desaparecida, *Expose*.

Como resultado, la ADL intentó expulsar a Stuart del negocio, pero Stuart contraatacó llevando a la ADL ante los tribunales. La ADL no consiguió destruir a Stuart, que se convirtió en un editor de libros inconformista de gran éxito, cuyo negocio sigue funcionando en la actualidad.

Entre los nacionalistas estadounidenses de hoy, el muy querido autor y conferenciante Eustace Mullins es uno de los últimos en recordar a Griffith, señalando que Griffith pasó mucho tiempo trabajando para infiltrarse en el movimiento nacionalista - pero para entonces Mullins y otros ya habían descubierto el juego de Griffith.

Así que, aunque Griffith hace tiempo que se fue, hay muchas otras cabras de Judá -enemigos domésticos- que siguen llevando a cabo el mismo tipo de acciones sucias en nombre de la ADL y otras agencias de espionaje.

Lo que sigue es un puñado de breves descripciones de algunos de los ejemplos más notables de las tácticas similares a COINTELPRO del FBI y de su aliada desde hace mucho tiempo, la Liga Antidifamación. También hemos añadido el intrigante caso de un chivato del FBI que también trabajaba para la CIA, y hoy en día hay más de un personaje de este tipo en activo. Esta lista no es ni mucho menos exhaustiva, pero son buenos ejemplos de lo insidiosos que pueden ser los Judah's Goats - The Enemy Within.

El asesinato de la maestra de escuela Kathy Ainsworth por la ADL y el FBI: COINTELPRO en su máxima expresión

El caso de Kathy Ainsworth es quizás el ejemplo más infame de colaboración entre el FBI y la ADL en una operación COINTELPRO, que tuvo como resultado el asesinato de una joven inocente. En caso de que algún lector piense que se trata de algún tipo de "teoría de la conspiración" urdida por "un hatemonger antisemita", permitiremos que la historia sea contada por el eminente, aunque ya desaparecido, periódico *Washington Star* en un artículo fechado el 13 de febrero de 1970, reproduciendo un informe de Associated Press que describe un informe aún más eminente *de Los Angeles Times*.

>Un periódico reclama una recompensa del FBI
>
>Una trampa mortal para el Ku Klux Klan
>
>LOS ANGELES (AP) - El FBI y la policía de Meridian, Missouri, pagaron 36.500 dólares a dos informantes del Ku Klux Klan por tender una trampa a terroristas del Klan que dejó un muerto y tres heridos, informó hoy [13 de febrero de 1970] *Los Angeles Times*.
>
>La comunidad judía de Meridian financió el montaje del intento de atentado contra la casa de un empresario judío, informó el *Times*. La acción se produce tras una serie de 17 atentados con bomba e incendios sin resolver en comunidades judías y negras de las zonas

de Jackson y Meridian, en Mississippi, según el periódico. El FBI y la policía declinaron hacer comentarios oficiales.

El periódico publicó un nuevo relato de las circunstancias del incidente, en el que la miembro del Klan Kathy Ainsworth, una maestra de escuela de 26 años, resultó muerta el 30 de junio de 1968 en un intercambio de disparos con la policía. "Las pruebas indican claramente que los miembros del Klan que intentaron el ataque, Thomas Albert Tarrants III, entonces de 21 años, y su compañera, la señora Kathy Ainsworth, una maestra de escuela de 26 años, fueron atraídos al intento de ataque por otros dos miembros del Klan a los que se pagó un total de 36.500 dólares", dijo The *Times*. "Un antiguo agente del FBI que actuó como intermediario recibió 2.000 dólares.

"Los policías que activaron la trampa dicen que esperaban un tiroteo y que nunca pensaron que uno de los miembros del Ku Klux Klan sería capturado con vida", afirma The *Times*. "Esperaban que dos hombres intentaran llevar a cabo el ataque y no supieron que una mujer estaría implicada hasta 45 minutos antes de que se llevara a cabo.

Los disparos efectuados en el domicilio del empresario, Meyer Davidson, mataron a la Sra. Ainsworth e hirieron a un agente de policía, a un transeúnte y a Tarrants, que posteriormente fue condenado a 30 años de prisión.

Según el Times, A. I. Botnick, director de la oficina regional de la Liga Antidifamación en Nueva Orleans, admitió haber participado en la ejecución de la trampa. Pero en una segunda entrevista, Botnik calificó de "incorrectas" sus declaraciones grabadas durante la primera entrevista.

El *Times* dijo que "documentó los preparativos de la trampa a través de los registros policiales y las declaraciones de algunos de los policías implicados". El periódico informó de que el inspector L. L. Scarbrough de Meridian le ayudó a descubrir esta información, pero luego dijo que sólo el FBI o su jefe de policía debían divulgarla.

El *Times* citó a sus fuentes diciendo que negarían haber revelado los nombres de los dos informantes del Klan [los hermanos Roberts] si les demandaban por difamación porque sus nombres se habían hecho públicos.

Los dos informantes cobraron 36.500 dólares y "solicitaron y recibieron garantías por escrito de inmunidad en varios casos de atentados contra iglesias", según The *Times*.

Pero había mucho más en esta ingloriosa historia. Jack Nelson, de *Los Angeles Times*, informó en su impactante revelación que el detective Scarbrough le había dicho que el hombre de la ADL, Botnick, también había dicho a los informantes, los hermanos Roberts, que él (Botnick) podría recaudar 150.000 dólares adicionales de la comunidad judía por lo que describió como más "ayuda" si los hermanos Roberts proporcionaban un testimonio que vinculara a otro líder del KKK, Sam Bowers de Tupelo, Mississippi, con los llamados ataques terroristas. En otras palabras, Botnick estaba esencialmente pidiendo a los hermanos Roberts que mintieran bajo juramento con el fin de proporcionar cualquier tipo de prueba que pudiera ser utilizada para enviar a Bowers a prisión.

En otro caso, Nelson informó de que Kenneth Dean, un activista de los derechos civiles de Mississippi, había dicho que Botnick también había hablado de contratar la "liquidación" de dos miembros del Klan en un estado del norte, y le había prometido que podría hacerlo y tener la seguridad de que no habría ninguna investigación.

Uno sólo puede imaginar los aullidos de indignación internacional si se revelara que alguien había organizado la "liquidación" de un líder judío como Botnick. Sin embargo, Botnick nunca fue acusado por su conducta criminal, aunque ciertamente debería haber sido llevado para ser gaseado, fusilado o ahorcado, que era el tratamiento convencional para los asesinos en Estados Unidos.

GARY THOMAS ROWE:
Otro COINTELPRO
"El hombre del Klan

Aunque a menudo oímos hablar de la "violencia del KKK", lo que es menos conocido es que, durante los turbulentos años de la lucha por los derechos civiles en la década de 1960, algunos de los peores autores de actos violentos en nombre del Ku Klux Klan eran informadores del FBI dentro del Klan. Para una breve reseña de uno de los informantes más notorios del FBI dentro del Ku Klux Klan -Gary Thomas Rowe- recurramos a Howell Raines, famoso reportero *del New York Times*, que informó en el Times el 17 de julio de 1978

> Informador de enlaces de investigación para el FBI
>
> Hacia un mayor terrorismo del Ku Klux Klan en los años 60
>
> Las nuevas investigaciones sobre las actividades de Gary Thomas Rowe, Jr, el principal informante a sueldo de la Oficina Federal de Investigación sobre el Ku Klux Klan, han pintado un cuadro del Sr. Rowe como un hombre que "amaba la violencia" y podría estar

vinculado a la mayoría de los principales incidentes de terrorismo del Ku Klux Klan ocurridos en Alabama mientras estaba en nómina de la Oficina Federal de Investigación.

Mientras recibía dinero del FBI, el Sr. Rowe, según su propio relato, estuvo directamente implicado en actos de violencia racial, empezando por el asalto a los Freedom Riders en Birmingham (Alabama) en 1961, hasta el asesinato de Viola G. Liuzzo, participante en la marcha de Selma a Montgomery en 1965.

Los registros salariales federales presentados en un juicio en el que Rowe testificó hace 13 años mostraban que el FBI le pagó más de 12.000 dólares entre 1960 y 1965 por actividades encubiertas que ahora son objeto de una investigación del Departamento de Justicia. También declaró que el FBI le dio otros 10.000 dólares para financiar su traslado con un nuevo nombre.

El informe *del New York Times* describía extensamente otros actos de violencia que Rowe había admitido directamente o en los que se sospechaba que había participado. Pero cuatro años después del informe *del Times*, el 30 de octubre de 1982, *el San Diego Tribune* publicó un interesante informe de Associated Press que añadía más detalles a la historia. El informe afirmaba:

Los archivos muestran que el FBI está "encubierto".

Para el informante clave del Klan

El Departamento de Justicia ha revelado que agentes del FBI encubrieron las actividades violentas de Gary Thomas Rowe Jr, su principal informador que se infiltró en el Ku Klux Klan de Alabama a principios de la década de 1960. En un informe hecho público a última hora de ayer, los investigadores del departamento afirman que los agentes protegieron a Rowe porque "simplemente era demasiado valioso para ser abandonado".

Posteriormente, las autoridades de Alabama acusaron a Rowe de asesinato por el homicidio en 1965 de una activista de los derechos civiles [Viola Liuzzo], pero un tribunal federal de apelación impidió que fuera a juicio..... El informe también afirma que... "Cuando los agentes se enteraron de que Rowe había participado en palizas del Ku Klux Klan, al parecer nunca lo denunciaron a las autoridades locales ni pusieron fin a su condición de informante".

El propio Rowe ha escrito un libro titulado *My Undercover Years with the Ku Klux Klan* y, en 2005, Yale University Press publicó el libro del profesor Gary May sobre el caso Rowe, titulado *The Informant: El FBI, el Ku Klux Klan y el asesinato de Viola Liuzzo*.

JAMES MITCHELL ROSENBERG:
El "nazi" judío favorito de la ADL

Uno de los "extremistas de derechas" estadounidenses más francos y escandalosos de finales de los 70 y principios de los 80 era una figura omnipresente conocida como "Jimmy Anderson". Vestido con uniformes nazis y trajes del Ku Klux Klan, "Anderson" se convirtió en una figura familiar en los focos raciales de la zona de Nueva York y Nueva Jersey, popularmente conocido como líder de la sección de Nueva York Queens ( ) de la Liga de Defensa Cristiana.

"Anderson" intentó continuamente incitar a la violencia de una forma u otra y en una ocasión pidió que se bombardeara una oficina de la Asociación Nacional para el Progreso de las Personas de Color en Nueva Jersey. El 7 de diciembre de 1981, Anderson apareció en un documental de televisión emitido por WCCO TV en Minneapolis, titulado "Ejércitos de la derecha". Y, como de costumbre, "Anderson" fue el más provocador de los "extremistas de derechas" que aparecieron, haciendo comentarios violentos y racistas.

Todo un personaje.

En realidad, 'Anderson' era un joven judío de Nueva York llamado James Mitchell Rosenberg que había pasado algún tiempo en Israel como miembro de las Fuerzas de Defensa Israelíes y que, a su regreso de Israel, había ido a trabajar como informante encubierto para la Liga Antidifamación (ADL) de B'nai B'rith. Con el tiempo, por supuesto, su "tapadera" quedó al descubierto y el "nazi" de la ADL fue desenmascarado.

Aunque Rosenberg parece haber desaparecido de la escena, por lo que sabemos, fue una buena figura "en la derecha" durante sus años como informante de la ADL.

El hecho es que, incluso hoy, muchos estadounidenses recuerdan a "Jimmy Anderson" como un "violento neonazi que buscaba sembrar la discordia racial en Estados Unidos". Lo que no saben es que era un chivo expiatorio -un enemigo interno- que trabajaba para la ADL.

MORDECHAI LEVY:
Otro de los "nazis" judíos de la ADL

Pero no creas que Jimmy Rosenberg fue el único "buen chico judío" que se hizo pasar por "odiador" y provocó problemas. En 1979, el joven Mordechai Levy, un informante de la ADL que también era miembro de la terrorista Liga de Defensa Judía (JDL), adoptó el apodo de "James Guttman" y solicitó un permiso para organizar una manifestación de "poder blanco" ante el Independence Hall de Filadelfia, a la que asistirían nazis estadounidenses y miembros del Ku Klux Klan. Levy anunció que era el "coordinador" de una organización neonazi y se esforzó por invitar a las secciones de Filadelfia y Nueva Jersey del Ku Klux Klan a participar en la manifestación. (Entretanto, el informante de la ADL antes mencionado, Jimmy Rosenberg, resultó ser un agente clave de la ADL en la sección de Nueva Jersey del KKK).

Para hacer las cosas aún más interesantes, los amigos de Mordechai Levy en la JDL estaban planeando una "contramanifestación" contra la manifestación de "poder blanco" organizada por su propio hombre Levy. Así que mientras los principales medios de comunicación del área de Filadelfia y la Liga Antidifamación se alzaban en armas y gritaban "el auge del nazismo en América" al informar sobre este asunto, en realidad fue obra de dos agentes de la Liga Antidifamación desde hacía mucho tiempo. Y para hacerlo aún más interesante, considere que durante años la ADL "condenó" oficial y públicamente a la JDL, incluso cuando la JDL funcionaba efectivamente como el brazo terrorista de la ADL, atacando - incluso hiriendo y matando- a los blancos de la ira de la ADL. Pero, por supuesto, la ADL era oficialmente "no violenta" y siempre se esforzaba por denunciar las actividades violentas de sus agentes secretos.

El informante laborista convertido en informante de la CIA: Un engranaje del plan para "atrapar" a Lyndon LaRouche

Lo ame o lo odie, Lyndon H. LaRouche Jr. es una de las figuras políticas "marginales" más controvertidas y destacadas de Estados Unidos. Fundador del Caucus Nacional de Comités Laborales y de otras muchas organizaciones y publicaciones de amplia difusión en los círculos disidentes estadounidenses, LaRouche se ha convertido, como era de esperar, en uno de los principales objetivos de la ADL por su abierta oposición a muchas de las intrigas del lobby israelí en Estados Unidos.

Tras una campaña concertada por la ADL, en colaboración con la CIA, el FBI y un sinfín de otras agencias e individuos, LaRouche acabó pasando un tiempo en prisión por lo que muchos, incluido el ex fiscal general Ramsey Clark, consideran cargos falsos de "corrupción".

En cualquier caso, como parte de su defensa, LaRouche y sus abogados, por no hablar de sus esforzados colaboradores, empezaron a investigar la naturaleza "secreta" de la campaña "Get LaRouche" y descubrieron que, efectivamente, había numerosos informadores encubiertos actuando contra LaRouche a la manera de COINTELPRO. Un ejemplo en particular es muy ilustrativo.

Al parecer, durante diez años, un tal Ronald Fino, antiguo presidente del sindicato de trabajadores de Buffalo Local 210, espió a LaRouche mientras fingía apoyar sus esfuerzos. Resulta que Fino había estado trabajando durante años como informante del gobierno sobre sus compañeros de trabajo, supuestamente informando al FBI de vínculos con el crimen organizado. Sin embargo, cuando la CIA necesitó un hombre para acercarse a la organización de LaRouche como informante, recurrió a Fino.

Al parecer, Fino empezó como informador del gobierno en los años sesenta, cuando era estudiante en la Universidad Estatal de Nueva York en Buffalo y trabajaba para la CIA espiando al movimiento antibelicista de esa ciudad.

En cualquier caso, como LaRouche y sus asociados han demostrado repetidamente en numerosos libros y artículos de revistas, las hábiles manos de la CIA y el FBI -por no mencionar a la ADL- desempeñaron un papel fundamental en la campaña contra LaRouche y muchos otros disidentes políticos en Estados Unidos. El asunto Fino es sólo un ejemplo entre los muchos revelados por LaRouche.

El hombre del FBI dentro del movimiento skinhead

A finales de la década de 1980, un tal "reverendo Joe Allen" apareció en el sur de California y empezó a interferir con los llamados grupos de "supremacistas blancos" y "cabezas rapadas" que empezaban a ganar protagonismo en la zona. Afirmaba ser pastor de la Iglesia del Creador y pronto empezó a repartir dinero y favores a jóvenes disidentes políticos racialistas blancos. Sin embargo, un líder racialista blanco, Tom Metzger, de la Resistencia Aria Blanca, sospechó de Allen desde el principio e hizo saber a sus compatriotas que tuvieran cuidado con él. No obstante, Allen siguió esforzándose por hacerse un nombre en el movimiento racialista blanco. Según un artículo de *Los Angeles Times*:

> Allen alquiló un piso de tres habitaciones en Newport Beach, a poca distancia de la playa. También se mudó a una oficina en una zona industrial cercana, que transformó en lo que denominó un "centro de entrenamiento", instalando un jacuzzi, equipos de levantamiento de pesas y cámaras de vídeo. Exhibiendo fajos de billetes y joyas de oro, Allen invitó a los cabezas rapadas locales a entrenarse gratis en su centro de entrenamiento, que supuestamente decoró con recuerdos nazis y armas de fuego. Dicen que Allen les ofreció hospitalidad -bistecs gruesos y cerveza para las barbacoas-, así como dinero, incluidos 500 dólares utilizados para pagar la fianza de dos o tres jóvenes supremacistas blancos en Canadá.

Mientras tanto, aunque muchos hicieron caso de las advertencias de Metzger sobre Allen, más de un joven quedó atrapado en la insidiosa red de Allen. Metzger y sus asociados siguieron investigando a Allen y, justo antes de que hicieran pública su denuncia oficial, el FBI intervino y trasladó a Allen, admitiendo que, sí, de hecho, Allen era un informante.

Un puñado de jóvenes fueron arrestados acusados de conspirar para provocar una guerra racial atacando una iglesia negra y planeando el asesinato de Rodney King, el famoso "motorista negro" cuya paliza a manos de agentes de policía había desatado un gran escándalo nacional, gracias a los esfuerzos de los medios de comunicación "dominantes" por enardecer a la comunidad negra de Los Ángeles, provocando disturbios y todo tipo de malestar público. Aunque los jóvenes ( ) fueron condenados, al haber sido atrapados por las intrigas de Allen, el caso fue claramente otro ejemplo de un Judas cabrío de primer orden causando problemas e instigando una supuesta "conspiración" que nunca habría tenido lugar si él no hubiera estado presente en el lugar de los hechos.

DELMAR DENNIS
La querida cabra Judah de la Sociedad John Birch dentro del KKK

Delmar Dennis era un ministro metodista de Meridian, Mississippi, a principios de la década de 1960, que fue presentado como miembro leal del Ku Klux Klan del estado. En realidad, era un informante del FBI en el marco del programa COINTELPRO, al parecer pagado unos 15.000 dólares durante un periodo de tiempo por sus servicios. Al mismo tiempo, Dennis era muy activo en la John Birch Society, pero nunca ha habido ninguna prueba (o sugerencia) de que Dennis informara a los Birchers como lo hizo con el KKK.

Tras ser desenmascarado en 1967 como "informador" del FBI dentro del KKK, Dennis se convirtió sin embargo en un popular orador en nombre de la Sociedad John Birch, que utilizó a Dennis y su retórica para popularizar, entre algunos ingenuos patriotas estadounidenses, la teoría de que el Ku Klux Klan y sus opiniones "antisemitas" eran en realidad un "complot comunista" para atizar el malestar racial en Estados Unidos.

Más tarde, el Dr. Edward Fields del periódico *The Thunderbolt*, con sede en Marietta, Georgia, escribió sobre Dennis y sus vínculos con la Sociedad John Birch y su fundador, Robert Welch, que había sido un entusiasta partidario de Dennis. Fields escribió:

> Obviamente, esto pone en tela de juicio la lealtad de Robert Welch, cuya organización parece haberse convertido en un refugio para

antiguos agentes encubiertos del FBI. También hay que recordar que la organización lleva el nombre del agente de la CIA John Birch, que fue asesinado intentando que los comunistas chinos trabajaran con los nacionalistas para formar un gobierno de coalición. Tales gobiernos siempre acaban siendo comunistas, como hemos visto en Checoslovaquia y Laos.

Algún tiempo después, un escritor "conservador" escribió un libro elogioso sobre Dennis, titulado *Klandestine*, repitiendo que el KKK era una "tapadera" soviética. Tal vez no sea sorprendente que este libro fuera publicado por una empresa con antiguos vínculos con el "ex" oficial de la CIA William F. Buckley Jr. quien, como veremos, desempeñó un papel importante en la destrucción de los movimientos nacionalistas de base en Estados Unidos. A pesar de la historia de Dennis como cabra de Judas, ascendió en las filas del "conservador" Partido Americano y, en 1984 y 1988, ¡fue su candidato presidencial! No es sorprendente que el Partido Americano haya desaparecido de escena hace tiempo.

BILL WILKINSON
Líder del Ku Klux Klan expuesto como informante del FBI

Ya en 1974, el joven David Duke, entonces estrella ascendente del movimiento racialista blanco en Estados Unidos, había identificado a uno de sus lugartenientes, Bill Wilkinson, como un "problema". De hecho, tal como sospechaba Duke, durante los últimos ocho meses de su pertenencia a los Caballeros del Ku Klux Klan de Duke, Wilkinson actuó como informante a sueldo del FBI.

Aunque Duke advirtió a la gente que no se fiara de Wilkinson, éste fundó su propio Imperio invisible del Ku Klux Klan tras separarse de Duke. Durante los ocho años siguientes, Wilkinson consiguió embaucar a muchos inocentes dentro del "Imperio", que no tenían ni idea de que Wilkinson trabajaba en realidad para el FBI.

El joven Duke intentaba "reformar" el movimiento del KKK, por así decirlo, para "limpiar su imagen" y contrarrestar el estereotipo mediático de que los miembros del KKK eran odiadores violentos. Sin embargo, una vez instalado como jefe de su propio grupo del Klan (patrocinado por el FBI), Wilkinson trabajó asiduamente para establecerse ante la opinión pública como líder del KKK, pronunciando palabras airadas y aludiendo a la violencia con lemas como "Armas, tripas y balas", avivando así las tensiones raciales.

Por lo tanto, las payasadas de Wilkinson contribuyeron a los esfuerzos de recaudación de fondos de la ADL, que señaló a Wilkinson como una "amenaza" creciente, cuando en realidad estaba bajo el control de los aliados de la ADL dentro del FBI.

En The Thunderbolt, Edward Fields describió un aspecto del Klan de Wilkinson patrocinado por el FBI que muestra precisamente cómo Wilkinson también trabajaba en nombre de la ADL

> Otro elemento interesante es que el FBI insta a todos sus informadores a que hagan todo lo posible por proteger a los judíos instando a los patriotas a que no los critiquen. Cuando Bill Wilkinson quiso contratar al escritor profesional de derechas Bill Grimstad, insistió inicialmente en que Grimstad prometiera no involucrarse en la cuestión judía.
>
> Grimstad se negó y dijo que, en ese caso, no quería el puesto de director del periódico de Wilkinson. Al mismo tiempo, Wilkinson pidió repetidamente a los oradores invitados a sus mítines que no criticaran a los judíos.

Así, mientras que el FBI toleraba la retórica contra los negros, la retórica contra los judíos estaba "fuera de los límites". Sea como fuere, en 1981 se reveló públicamente el papel de Wilkinson como informante del FBI ( ) mientras "dirigía" su propio KKK, lo que acabó efectivamente con la carrera de Wilkinson en la "derecha", pero las revelaciones acabaron por convencer a muchos de que, en efecto, había chivos expiatorios judaicos en las filas de los grupos disidentes estadounidenses, un trago amargo para muchos, pero una advertencia que muchos todavía no parecen haber atendido debidamente.

Así que, como hemos visto -citando sólo estos pocos ejemplos- existe una historia muy real y sórdida de infiltración y desorganización de grupos disidentes estadounidenses por parte de agentes de gobiernos, tanto extranjeros como nacionales, por no mencionar la frecuente e indecorosa alianza entre nuestro propio FBI y la Liga Antidifamación (ADL), que es claramente un agente de un gobierno extranjero: Israel.

En cualquier caso, a la luz del papel similar que el FBI y la ADL (juntos e individualmente) han desempeñado en la infiltración y desarticulación de grupos disidentes, el vínculo formal entre el FBI y la ADL es especialmente desconcertante, ya que el creciente énfasis en la "lucha contra el terrorismo" podría dar lugar a una nueva oleada de actos de provocación orquestados por el FBI y la ADL con el fin de crear una demanda pública de recorte de la libertad de expresión y reunión.

De hecho, según Edward S. Herman, de la Annenberg School of Communications de la Universidad de Pensilvania, que escribe en su libro *The "Terrorism" Industry: The Experts and Institutions That Shape Our*

View of Terror: "En Estados Unidos, el FBI lleva mucho tiempo realizando acciones *de agente provocador*, incitando a la violencia a organizaciones disidentes infiltradas y llevando a cabo actos directos de violencia, que luego se atribuyen a las personas y organizaciones atacadas".

Aunque esto pueda escandalizar al estadounidense medio, es un hecho que no admite discusión. Y en las páginas de este volumen, aprenderemos mucho más sobre la actividad subversiva de las cabras de Judá que han llevado a muchos corderos estadounidenses al matadero.

Mientras tanto, en el capítulo que sigue, hacemos un breve -pero crítico- inciso y exploramos la extraña historia del llamado "Trust", un extraño modelo soviético no sólo para vigilar a su oposición, sino también para crear una falsa oposición.

Para entender cómo operaban las Cabras de Judá en suelo estadounidense, tenemos que fijarnos en cómo se produjo un fenómeno similar a principios del siglo XX. Y, a fin de cuentas, el modelo soviético de "confianza", como veremos, es muy utilizado hoy por los enemigos del nacionalismo legítimo estadounidense.

CAPÍTULO II

"Oposición controlada" - El modelo soviético de "trust" para infiltrar y manipular -incluso crear- fuerzas de oposición: Utilizado hoy en América por el enemigo interior.

El llamado "modelo de confianza" utilizado por la Unión Soviética a principios del siglo XX para infiltrarse y destruir a sus enemigos es la base misma de las técnicas utilizadas a menudo por las agencias de inteligencia estadounidenses -así como por el servicio clandestino de Israel, el Mossad, y sus apoderados como la Liga Antidifamación de B'nai B'rith- para infiltrarse y destruir (o controlar de otro modo las actividades de) movimientos nacionales disidentes considerados hostiles a los intereses del sionismo y el globalismo.

Quienes no entiendan esta vieja táctica nunca podrán comprender hasta qué punto el sistema político estadounidense ha sido manipulado por estas fuerzas extranjeras.

Aunque algunas personas y organizaciones activas en los llamados movimientos "nacionalistas", "revisionistas" y "patrióticos" de Estados Unidos siguen aparentando hoy "decir lo correcto", lo cierto es que muchas de ellas son en realidad agentes de la discordia, a veces sin saberlo, utilizados con fines de recopilación de inteligencia, propaganda y desinformación, con el objetivo de ejercer una mayor influencia en el sistema estadounidense para consolidar el poder del Enemigo Interno.

Echemos un vistazo al "Trust" soviético y a cómo funcionaba. Esta poco conocida operación de contraespionaje, conocida como el "Trust", fue creada por la Cheka, predecesora del KGB soviético, para crear y controlar una "falsa oposición" con el fin de hacer salir a los verdaderos opositores del régimen bolchevique que, como saben los historiadores, estaba controlado por no rusos, principalmente judíos.

Cuando lea los siguientes documentos sobre el funcionamiento del "Trust", sustituya simplemente la palabra "soviético" por "israelí" y la palabra "Mossad" por "Cheka" y "KGB" y comprenderá cómo la técnica del "Trust" ha sido aplicada por el Mossad para manipular a grupos que "aparentemente" se oponen a los intereses israelíes.

(Del mismo modo, puede utilizarse una fórmula similar sustituyendo los términos "CIA" o "FBI" según proceda).

Puede encontrarse una breve descripción del funcionamiento del Trust en *Chekisty: A History of the KGB*, de John J. Dziak

> Cuando no existe una verdadera organización de oposición interna, [un servicio de seguridad puede] inventarla, tanto para infiltrarse en organizaciones más peligrosas... en el extranjero con el fin de embotar o canalizar sus acciones, como para desenmascarar a los disidentes internos reales o potenciales ( ). Si ya existe una oposición interna, se la infiltrará con el objetivo de controlarla, empujando a los opositores a exponerse y garantizando que el movimiento sirva a los intereses del Estado.

Puede encontrarse un relato más completo de "The Trust" en *Dirty Tricks or Trump Cards: U.S. Covert Action and Counterintelligence*, de Roy Godson, profesor de la Universidad de Georgetown conocido por sus estrechos vínculos con el lobby israelí en Washington:

> A veces, si las circunstancias lo permiten y los profesionales son hábiles, la contrainteligencia puede dirigir su engaño no sólo contra la oposición nacional y emigrada, sino también contra los servicios de inteligencia y los gobiernos de adversarios extranjeros. El Trust soviético fue una operación de este tipo.
>
> El Trust se creó a principios de la década de 1920 y estaba totalmente controlado por el servicio secreto soviético, la Cheka. Creyendo que actuaban en concierto con un movimiento antibolchevique activo y eficaz, los opositores al régimen en la URSS y en el exilio fueron animados por el Trust a exponerse y se convirtieron en objetivos de la seguridad del Estado soviético.
>
> Utilizando esta información y controlando las comunicaciones entre las agencias de inteligencia occidentales, la comunidad de emigrantes rusos y los disidentes rusos dentro del país, la Cheka neutralizó de forma experta a la oposición anticomunista dentro y fuera del país.
>
> El Trust también pudo utilizar sus contactos con los servicios de inteligencia occidentales para pasar información engañosa y falsa sobre el estado interno del régimen soviético a los ministerios de asuntos exteriores y gobiernos de esos mismos servicios. En esencia, sus "agentes" de inteligencia en la Unión Soviética decían a Occidente que el apoyo al régimen bolchevique estaba menguando y que los dirigentes soviéticos eran básicamente nacionalistas que, si Occidente les dejaba en paz, transformarían gradualmente un

Estado dedicado a la revolución interna y externa en otro que se comportaría de forma más tradicional y predecible...

El verdadero nombre de la organización era Asociación Municipal de Crédito de Moscú, de ahí el nombre de Trust. Se presentaba como una institución financiera que operaba en el entorno económico liberal de la Nueva Política Económica de Lenin. El nombre clandestino del falso grupo era Asociación Monárquica de Rusia Central. Un aspecto irónico de la operación del Trust era que los servicios de inteligencia británicos y franceses pagaban a emigrados rusos por la desinformación que la Cheka proporcionaba a través del Trust. Al parecer, en algún momento el dinero pagado a estas fuentes por Occidente se utilizó para cubrir los gastos de la propia operación de engaño. En resumen, Occidente pagaba para ser engañado...

Dado que varias generaciones de jóvenes oficiales del KGB aprendieron que las operaciones fiduciarias tenían éxito, no es sorprendente que tales operaciones continuaran desde los años veinte hasta los ochenta.

El modelo de infiltración "Trust" ha sido aplicado por el Mossad y sus aliados de la CIA y el FBI en este país a otros movimientos disidentes objeto de infiltración y toma de poder. Servicios de inteligencia como la Anti-Defamation League (ADL) y el Southern Poverty Law Center (SPLC) suelen formar parte de la operación.

Un estudio cuidadoso de los boletines recientes de la ADL y el SPLC revela a menudo (pero no siempre) qué grupos y líderes "disidentes" están siendo utilizados (y alentados) para recopilar nombres y construir dossieres sobre amenazas percibidas o potenciales. La ADL y el SPLC preparan cuidadosamente a sus propios agentes investigados para darles "credibilidad". En otras palabras, la persona media asumirá que el hecho de que la ADL y la SPLC estén atacando a una persona u organización es de algún modo una "prueba" de que esa persona u organización es legítima, como demuestran los ataques de la ADL o la SPLC. Quienes se asocian a tales operaciones de "confianza" lo hacen por su cuenta y riesgo.

En las páginas de *The Juda Goats - The Enemy Within,* aprenderemos mucho más sobre las acciones de los conspiradores de "confianza" al estilo soviético en suelo estadounidense. Daremos los nombres de los que dirigen falsos grupos de oposición.

Demostraremos que ha habido un esfuerzo concertado para controlar -o destruir- la genuina oposición política de base estadounidense que amenaza el poder del sionismo y sus (a menudo incómodos) aliados en la élite corporativa global. Conoceremos algunos de los medios de comunicación más infames que utilizan su influencia para vilipendiar a quienes se oponen a la agenda internacionalista. Veremos cómo los movimientos políticos tradicionales estadounidenses han sido infiltrados y tomados, subvirtiendo su agenda, por lo demás pro-estadounidense.

Nada de esto será agradable, pero *es una historia que debe contarse si los estadounidenses quieren recuperar su nación y su patrimonio...*

CAPÍTULO III

J. Edgar Hoover, el FBI y el enemigo interior

Ruby Ridge, Waco, Oklahoma City, la redada en el Templo Bautista de Indianápolis bajo la dirección del Fiscal General John Ashcroft en los primeros días de la administración Bush, y luego los acontecimientos del 11 de septiembre, todos estos acontecimientos han llevado a muchos patriotas, admiradores desde hace mucho tiempo de la Oficina Federal de Investigación (FBI), a preguntarse si el FBI está realmente "de nuestro lado".

La verdad es que, durante más de medio siglo, el FBI ha estado trabajando entre bastidores contra los intereses de los patriotas estadounidenses. Lo sorprendente es que muchos patriotas estadounidenses hayan tardado tanto en darse cuenta de que el FBI ha estado, la mayoría de las veces, en lo que podría llamarse "el lado equivocado" y ha funcionado como un aparato de policía nacional a sueldo de la plutocracia gobernante.

En particular, un antiguo alto funcionario del FBI, Ted Gunderson, se sumó a la cacofonía de críticas que planteaban serias dudas sobre la validez del modus operandi del FBI.

En este contexto, merece la pena recordar un editorial que invita a la reflexión, publicado por primera vez en el número de mayo de 1959 de un boletín ya desaparecido, *Right*, que ya entonces -hace casi medio siglo- señalaba signos preocupantes de que el FBI no era necesariamente lo que se creía que era. El editorial fue escrito por Willis Carto, que estuvo asociado con *Right* unos años antes de fundar Liberty Lobby, la institución populista con sede en Washington que publicó *The Spotlight* y que fue a su vez crucificada y destruida por un juez federal que era un antiguo alto funcionario del Departamento de Justicia (más sobre esto más adelante en estas páginas). Sobre *el* editorial de Right, Carto dijo en una reflexión de 2006: "No cambiaría ni una línea". He aquí lo que Carto escribió en 1959.

LA OFICINA FEDERAL DE INVESTIGACIÓN

Muchos nacionalistas con visión de futuro se han preguntado con aprensión qué ocurriría con el FBI si su actual director, J. Edgar Hoover, se jubilara.

Las personas inteligentes reconocen desde hace tiempo que el FBI es potencialmente muy peligroso. El propio Sr. Hoover ha demostrado ser muy consciente de ello. El hecho de que esté totalmente supeditado al Presidente y al Fiscal General hace que lo esté en la naturaleza de las cosas, ya que estos dos hombres están, a su vez, supeditados a los despiadados grupos de presión que eligen a los políticos.

Deberíamos agradecer a nuestras estrellas de la suerte que Hoover mostrara un grado inusual de responsabilidad pública y rechazara la mayoría de los intentos de utilizar el FBI como arma política. El hecho de que fuera incapaz de rechazar todos esos intentos debería hacer reflexionar sobriamente a todo estadounidense consciente sobre lo que le depara el futuro.

La historia de Europa está llena de ejemplos del uso de la policía secreta por parte de los gobiernos. La Gestapo de los nazis, ya inexistente, y el KGB de la Unión Soviética (antes conocido como OGPU), aún muy vivo, son dos ejemplos de cómo hombres insensibles utilizan la fuerza para sofocar la libertad, empleando métodos tan brutales y despreciables que se necesita un estómago fuerte incluso para leer sobre ellos.

Todos los hombres honestos deben admitir que el FBI está dando muestras de estar derivando hacia la tan temida categoría de policía secreta del Estado, incluso sin la marcha del Sr. Hoover. Su gratuito elogio de la subversiva Liga Antidifamación y del frente comunista NAACP en su muy alabado libro, *Masters of Deceit*, es una señal temprana de este proceso. En segundo lugar, la vergonzosa conducta del FBI en el despreciable intento de Atlanta de inculpar y asesinar a cinco patriotas inocentes, como advertencia a todos los que pudieran ser demasiado francos sobre las fuerzas que están detrás del comunismo al estilo estadounidense, es una mancha negra que no se olvidará pronto.

Sin embargo, ahora que un jurado honesto ha absuelto a uno de los jóvenes implicados y que los demás parecen haber sido puestos en libertad, el FBI parece haber perdido repentinamente el interés por la identidad de los verdaderos autores de los atentados. ¿Podría deberse esto a que su propio agente a sueldo -L. E. Rogers- es el verdadero criminal

El propósito de este editorial no es tanto lamentar la triste pérdida de estatus del FBI como advertir a los patriotas y a los "conservadores" de que, sin darnos cuenta, hemos permitido que el FBI se convierta en un peligroso Frankenstein que, en manos mucho peores que las del Sr. Hoover, podría ser -y sin duda lo será-

utilizado para implantar la dictadura totalitaria que la invisible conspiración global está preparando.

Los nacionalistas tienen que empezar a deshacerse de su admiración por el otrora respetado FBI. Y deberían empezar a preguntarse qué le espera al país y a la Constitución después de que Hoover se jubile y el Presidente nombre a su sucesor. Porque es casi seguro que ese sucesor será mucho peor.

[Fin del editorial por *Derecha*]

De hecho, como hemos visto, el vínculo entre la ADL y el FBI se remonta a los años anteriores a la Segunda Guerra Mundial. Llegados a este punto, parece oportuno plantear una pregunta inquietante. ¿Chantajeó la ADL al ex director del FBI J. Edgar Hoover? La prensa nacional informó sobre el control del crimen organizado sobre Hoover, pero el papel central de la ADL en el asunto del chantaje a Hoover fue ignorado.

El aclamado autor Anthony Summers causó sensación en los medios de comunicación al afirmar, en un nuevo libro y en la serie de la PBS "Frontline", que el jefe del crimen organizado Meyer Lansky había chantajeado al jefe del FBI J. Edgar Hoover con supuestas fotos de éste manteniendo relaciones homosexuales.

Aunque este tipo de rumores sobre Hoover son habituales desde hace años, ningún autor conocido había unido aún su nombre a esta acusación.

Citando numerosas fuentes -algunas sospechosas y prácticamente todas desagradables- Summers afirmó que no sólo Lansky, sino varias otras personas, tenían acceso a fotos similares (que Summers es aparentemente incapaz de presentar). Summers informa de que el ex jefe de contrainteligencia de la CIA James Jesus Angleton también tuvo acceso a las fotos de Hoover.

El hecho de que tanto Lansky como Angleton estuvieran en posesión de tales pruebas es muy interesante por una razón en particular: Lansky fue durante mucho tiempo un partidario de Israel y un ángel financiero de la Liga Antidifamación (ADL) de B'nai B'rith, un agente extranjero de Israel no registrado ilegalmente. Al final de su vida, Lansky incluso se trasladó a Israel.

Angleton, que cuando estaba a cargo de las actividades encubiertas de la CIA había estado directamente implicado con el sindicato del crimen de Lansky a través de los tratos de la CIA con los aliados de Lansky en el tráfico de drogas en las mafias corsa y siciliana, era también el protector de Israel en la CIA. Angleton, que dirigía la oficina de la CIA en Israel, era la persona más cercana a Israel en la CIA, hasta el punto de que a menudo fue acusado por los críticos de ser un "agente cooptado de Israel".

De hecho, Angleton es tan venerado en Israel que, a su muerte, se erigieron en Israel varios monumentos en su memoria, los únicos monumentos públicos de este tipo que se conocen en honor de un oficial de inteligencia estadounidense en cualquier parte del mundo. (La relevancia de estos hechos es bastante provocativa cuando se considera la extraña relación entre J. Edgar Hoover y la ADL, una relación que ha sido objeto de controversia entre los anticomunistas durante muchos años. La asociación de Hoover con la ADL se hizo evidente cuando se publicó el mencionado libro *Masters of Deceit*, una crítica del comunismo, escrita por un escritor fantasma de Hoover y publicada con el nombre de Hoover.

En *Masters of Deceit*, el escritor fantasma de Hoover escribió: "Parte de la oposición más eficaz al comunismo en Estados Unidos provino de organizaciones judías como B'nai B'rith, el Comité Judío Estadounidense, la Liga Judía Estadounidense contra el Comunismo, la Liga Antidifamación y otros muchos grupos judíos".

Por razones obvias, esta decisión causó revuelo entre los muchos admiradores anticomunistas de Hoover, que sabían perfectamente que la ADL en particular estaba plagada de comunistas, socialistas y simpatizantes del Partido Comunista desde hacía mucho tiempo.

El propio Hoover, cualesquiera que fueran sus defectos, no era estúpido y desde luego no era comunista, ni mucho menos.

Cuando se publicó el libro de Hoover, elogiando a la ADL, muchos patriotas recordaron que la Dra. Bella Dodd (ya fallecida) había dicho a sus asociados cuando era miembro del Partido Comunista Americano que cuando el partido carecía de fondos o necesitaba liderazgo, siempre se podía contar con la ayuda de los líderes de la ADL, instalados en una suite de lujo en el Waldorf-Astoria. En resumen, la ADL, junto con el Kremlin soviético, apoyaba al movimiento comunista estadounidense.

(Un volumen escrito por Robert Williams, antiguo oficial de inteligencia del ejército, titulado *The Anti-Defamation League and Its Use in the World Communist Offensive*, explicaba en detalle las payasadas comunistas e izquierdistas de la ADL).

Los vínculos de Hoover con el sindicato del crimen de Lansky y sus aliados de la ADL se rumorearon durante muchos años, mucho antes de que llegara Anthony Summers, ya que fue la ADL la principal responsable de la creación de la Fundación J. Edgar Hoover en 1947, cuyo primer presidente no fue otro que el rabino Paul Richman, director de la ADL en Washington.

Louis B. Nichols, un antiguo ayudante de Hoover y Subdirector del FBI para la División de Registros y Comunicaciones, fue el principal contacto del FBI con la ADL cuando ayudó a orquestar juicios masivos por sedición contra los principales críticos de la política exterior del Presidente Franklin D. Roosevelt.

Nichols llegó a ser presidente de la Fundación J. Edgar Hoover, pero sólo después de abandonar el FBI. Tras jubilarse, se convirtió en vicepresidente ejecutivo de Schenley Industries, una importante empresa de licores dirigida por el antiguo contrabandista y socio de Lansky, Lewis R. Rosenstiel, a quien volveremos más adelante en este volumen.

Sea como fuere, los orígenes de la ADL son bastante interesantes. El impulso inicial de la organización no surgió tanto del deseo de defender a los miembros de la fe judía en general, sino más bien a los mafiosos judíos. A principios del siglo XX, el comisario de policía de Nueva York Thomas Bingham había iniciado una investigación en profundidad sobre el crimen organizado en su ciudad. En 1908, Bingham fue criticado y acusado de "antisemita" por destacar el papel de ciertos gánsteres judíos en el crimen organizado.

Finalmente, Bingham fue derrocado y el crimen organizado se trasladó a Nueva York. Uno de los beneficiarios inmediatos de la marcha de Bingham no fue otro que el mafioso Arnold Rothstein, mentor de Lansky y jefe indiscutible del hampa judía antes del ascenso al poder del joven Lansky.

La fuente de los ataques contra Bingham fue un comité de relaciones públicas formado por un abogado corporativo llamado Sigmund Livingston. En 1913, el comité de Livingston se había constituido oficialmente como la Liga Antidifamación de B'nai B'rith.

Así, el propio Hoover fue el beneficiario de la generosidad de la ADL, gran parte de la cual procedía de las arcas de Lansky y su sindicato criminal. Hoover también fue víctima de las desagradables tácticas de chantaje de la ADL, obviamente a través de su ángel financiero, Meyer Lansky, y sus socios del crimen organizado.

No es sorprendente que el autor Anthony Summers optara por ignorar cualquier papel que la ADL hubiera desempeñado en tan monstruosa conspiración. En sus propias memorias, Gary Wean, antiguo oficial de inteligencia de la oficina del fiscal del distrito de Los Ángeles, reveló que Summers decidió no publicar la información que Wean le proporcionó cuando Summers estaba escribiendo un libro publicado posteriormente sobre la vida y muerte de la actriz Marilyn Monroe.

Lo que Wean le dijo a Summers fue que fue Mickey Cohen, el secuaz de Lansky en la Costa Oeste, quien organizó la presentación de la Srta. Monroe a John F. Kennedy. Cohen esperaba obtener información sobre las intenciones del entonces presidente electo respecto a Israel.

Cohen había estado cerca de los israelíes durante muchos años, habiendo suministrado armas al movimiento clandestino judío en Palestina y manteniendo una relación íntima con el terrorista convertido en diplomático Menachem Begin (futuro primer ministro israelí).

Wean acusó a la Srta. Monroe de haber sido asesinada por orden de Cohen para impedir que revelara la verdad sobre cómo los israelíes intentaban manipular su relación con el presidente Kennedy. Al parecer, la señorita Monroe se rebeló contra Cohen y se negó a seguirle el juego al espía. En cualquier caso, Summers decidió no utilizar esta información y, en su lugar, atribuyó la muerte de la señorita Monroe al presidente Kennedy y a su hermano, el fiscal general Robert Kennedy.

En consecuencia, si Summers hubiera tenido conocimiento del chantaje de la ADL a Hoover, es poco probable que lo hubiera mencionado por miedo a convertirse él mismo en víctima de la ADL.

En última instancia, la relación incestuosa entre el FBI ( ) y la ADL es un excelente ejemplo de cómo el Enemigo Interno ha adquirido un estatus especial en los servicios de inteligencia y policiales de Estados Unidos, manipulando las agencias federales (y las organizaciones privadas de espionaje) para promover su propia agenda.

Aunque hasta la fecha no cabe duda de que hay elementos patrióticos buenos y sólidos en el FBI (y en el Departamento de Justicia, del que es el brazo investigador) -como demuestran las recientes acusaciones penales (2005-2006) de varios elementos proisraelíes de línea dura-, la historia demuestra desgraciadamente que el FBI, en general, ha sido manipulado y utilizado en gran medida por El Enemigo Interno.

En el próximo capítulo, veremos la sórdida carrera de un hombre -hoy en gran parte olvidado- que quizá sea, históricamente hablando, uno de los peores chivos expiatorios de Judá.

CAPÍTULO IV

John Roy Carlson - El gran viejo de los enemigos domésticos: el primer notorio Judas del siglo XX

En los años que precedieron a la Segunda Guerra Mundial y durante varios años después, un hombre adquirió fama nacional por su papel como el primer informador encubierto del movimiento nacionalista estadounidense. Su nombre, o al menos el seudónimo con el que se le conocía, era John Roy Carlson. Prácticamente todas las bibliotecas públicas de Estados Unidos tienen -o tuvieron- un ejemplar del famoso (muchos dirían infame) bestseller de la época de la Segunda Guerra Mundial *Under Cover*, supuestamente escrito por Carlson. El libro aún puede encontrarse en muchas librerías de segunda mano.

El subtítulo del libro da una idea de su contenido: "My Four Years in America's Nazi Underworld - The Incredible Revelation of How Axis Agents and Our Enemies Within Are Currently Plotting to Destroy the United States".

Aunque *Under Cover* es francamente un libro muy entretenido, rico en fascinantes personajes de la vida real retratados con una prosa colorista, lo cierto es que la mayoría de los lectores de hoy en día (a menos que tropiecen con este libro) tristemente nunca sabrán que el autor y el libro fueron completamente repudiados en una demanda por difamación en un tribunal federal de Chicago, tres años después de la publicación del libro.

He aquí algunos antecedentes que ayudan a responder a la pregunta: ¿Qué le ocurrió a John Roy Carlson

En primer lugar, el verdadero nombre del autor no es "John Roy Carlson". Fue sólo uno de los muchos seudónimos adoptados a lo largo de los años por Arthur (Avedis) Derounian. Nacido en Grecia en 1909, Derounian llegó a Nueva York a los 12 años y emprendió una carrera como periodista. Muchos críticos afirmaron que Derounian era de origen judío, aunque él lo negó.

En los años previos a la entrada de Estados Unidos en la Segunda Guerra Mundial, durante la propia guerra y después de ella, Derounian participó activamente en una treintena de organizaciones políticas diferentes, utilizando nombres que iban desde "George Pagnanelli" a "Robert

Thompson, Jr." y "Patricia O'Connell", entre otros.

Aunque radicado principalmente en Nueva York, Derounian mantuvo una activa correspondencia nacional con los líderes de lo que podría denominarse el "movimiento América Primero", que luchaba por impedir que el presidente Franklin Roosevelt comprometiera a Estados Unidos en la guerra de Europa.

Derounian también viajó mucho por todo el país, conoció personalmente a muchas de esas personas y se presentó como simpatizante de su causa, a menudo utilizando cartas de presentación (obtenidas de otras personas con las que ya había entablado amistad) para darles a conocer.

Además, bajo el nombre de "George Pagnanelli", Derounian publicó una burda hoja de odio antijudío titulada *The Christian Defender*, que distribuyó en Nueva York y envió por correo a personas de todo el país.

En aquella época, sin embargo, Derounian no era el valiente periodista de investigación solitario que retrata en *Under Cover*. De hecho, no sólo estaba en la nómina de la Liga Antidifamación (ADL) de B'nai B'rith -un grupo a la vanguardia del movimiento pro-guerra que apoyaba a la administración Roosevelt- sino que también disfrutaba del apoyo financiero de un grupo "espejo" de la ADL, los autodenominados "Amigos de la Democracia", dirigidos por un tal Leon Birkhead.

En 1943, mucho después de que Estados Unidos hubiera entrado en la guerra, la importante editorial neoyorquina E. P. Dutton publicó el libro de Derounian, que causó sensación en todo el país. El columnista y locutor de radio Walter Winchell, que era conocido por ser un agente propagandístico de la ADL, promocionó intensamente el libro, que rápidamente vendió más de 600.000 ejemplares.

Los patrióticos y crédulos estadounidenses, temerosos de encontrar espías del Eje debajo de cada cama, creyeron que Derounian (todavía conocido como "Carlson") había descubierto una importante red nacional de agentes nazis y simpatizantes nazis estadounidenses, desde agitadores callejeros hasta respetables amas de casa y miembros del Congreso. El libro de Derounian da nombres (y muchos nombres) y recita, casi textualmente, supuestas conversaciones entre "Pagnanelli" y docenas de presuntos agentes nazis y otras personas.

Muchas de las personas citadas en el libro se indignaron, alegando que habían sido difamadas maliciosamente, pero la mayoría se negó a emprender acciones, tal vez creyendo que demandar a Derounian y a su editor sólo llamaría la atención sobre las afirmaciones que se hacían.

Sin embargo, el libro contribuyó en gran medida a allanar el camino para el infame "Gran Juicio por Sedición" celebrado en Washington en 1944, que sentó las bases propagandísticas de los cargos de sedición presentados por la administración Roosevelt contra una treintena de estadounidenses sospechosos de colaborar con el enemigo en tiempo de guerra.

La amplia difusión del libro dio cierta credibilidad (aunque fuera inmerecida) al caso del Ministerio de Justicia, que finalmente sufrió una ignominiosa derrota. (Para un relato completo del caso, véase un capítulo posterior de este volumen). Así pues, cualquiera que fuera la falta de fiabilidad original del libro, y dada la naturaleza artificiosa de las acusaciones de sedición, el daño estaba hecho.

En 1946, alentada por el éxito del primer libro, Dutton publicó otra obra de Carlson, *Los conspiradores*, que era, en realidad, una secuela de la obra anterior de Derounian, con un gran número de los mismos villanos y algunos nuevos.

El libro relata cómo Derounian se hizo pasar por un veterano del ejército que regresaba, "Robert Thompson, Jr.", quien se convirtió, al igual que "Pagnanelli", en miembro de varias organizaciones políticas, la mayoría de las cuales eran hostiles a las políticas de la administración Roosevelt y, más tarde, a las del Presidente Truman. Derounian también contó haber fingido, en tiempos de guerra, ser la esposa y/o la madre de un soldado estadounidense en guerra, y haber mantenido correspondencia con grupos de "madres", investigando sus actividades.

En conjunto, *The Plotters* es un refrito igualmente malicioso del mismo tipo de denigración y culpabilidad por asociación que *Under Cover*, aunque "Carlson" sintió esta vez la necesidad de decir algunas cosas poco halagadoras sobre los grupos de izquierda que agitaban a los veteranos en un esfuerzo poco convincente por demostrar que no estaba estrictamente predispuesto contra las causas "conservadoras" o "de derechas" y que no era un simpatizante comunista como muchos de sus detractores han afirmado.

Sin embargo, cuando se publicó *The Plotters*, Derounian y sus editores se encontraron en los tribunales por *Under Cover*. En un principio, Conrad Chapman, de Massachusetts, se opuso a las acusaciones de Derounian de que era una especie de agente nazi y emprendió acciones legales. Dutton y Derounian llegaron a un acuerdo extrajudicial y publicaron una retractación de las acusaciones vertidas en *Under Cover*.

En el segundo caso, en el que Derounian se encontró en el punto de mira por sus fechorías, George Washington Robnett, secretario ejecutivo de la Church League of America, con sede en Chicago, interpuso una demanda contra Derounian y su editor ante un tribunal federal de Chicago.

El primer jurado del caso Robnett no llegó a un veredicto. El segundo jurado fue finalmente destituido porque sus miembros habían recibido por correo documentos que podrían haberles perjudicado.

Finalmente, el 25 de septiembre de 1946, el tercer jurado falló a favor de Robnett y en contra de Derounian y su editor. Por desgracia para Robnett, el jurado sólo le concedió la simbólica suma de un dólar, pero no dejó de ser una victoria moral.

Los miembros del jurado declararon posteriormente a la prensa que se había producido un gran debate en el seno del jurado sobre la cuantía que debía concederse a Robnett, ya que 10 de los 12 miembros del jurado se inclinaban por conceder a Derounian grandes indemnizaciones. Pero como dos miembros del jurado se mantuvieron firmes y se negaron a condenar a Derounian, la mayoría aceptó llegar a un compromiso para resolver el caso, e imponer sólo una sentencia de un dólar con el fin de obtener el veredicto de culpabilidad que creían tan firmemente justificado.

Uno de los miembros del jurado, Beatrice Fountain, declaró al *Chicago Daily Tribune* el 27 de septiembre: "Pensaba que Robnett tenía derecho al menos a 50.000 dólares. Era incuestionable que la editorial era culpable de difamación grave en el sitio web. Quería que este jurado emitiera un veredicto que pusiera fin para siempre a las campañas de difamación; que pusiera fin a semejante contagio en toda América. Quería que este jurado emitiera un veredicto que pusiera fin a las campañas de difamación para siempre; que pusiera fin a un contagio como el de este libro en toda América a partir de ahora."

Aunque Robnett había solicitado un nuevo juicio con la esperanza de obtener una sentencia mayor, el juez federal John P. Barnes se negó a ordenar un nuevo juicio, pero dejó claro que, si hubiera querido, habría concedido a Robnett "una suma muy considerable". El juez no se anduvo con rodeos a la hora de resumir lo que había descubierto durante la presentación del caso de Robnett contra Derounian y su editor

> En él se acusaba al demandante de ser desleal, antisemita y agente nazi. A lo largo del juicio, nunca oí una sola prueba que apoyara estas acusaciones. Creo que este libro fue escrito por una persona totalmente irresponsable que escribiría cualquier cosa por un dólar. Creo que este libro fue publicado por , un editor dispuesto a hacer cualquier cosa por un dólar.
>
> No creo que los editores investigaran a este autor, como afirman, porque les importaba más el dólar que la todopoderosa verdad. No creería a este autor aunque estuviera bajo juramento, y creo que él y la editorial son tan culpables como cualquiera que haya sido declarado culpable en este tribunal.

Durante el propio juicio, *el Chicago Daily Tribune* informó el 24 de septiembre de que Derounian había admitido en el estrado que era, en palabras del *Tribune*, "empleado de la Liga Antidifamación de Nueva York", al mismo tiempo que distribuía su hoja de odio antijudío, *The Christian Defender*, publicada ostensiblemente por "George Pagnanelli".

Aunque los abogados de Derounian intentaron impedir que se presentaran copias de la hoja de odio como prueba, el juez rechazó la solicitud de la defensa y dijo: "Estos documentos revelan que este autor trabajó en ambos lados de la calle. Parecen literatura antisemita" y añadió, enfáticamente, que "cada una de estas cosas es infinitamente peor que cualquier cosa que me hayan hecho ver en los escritos de Robnett".

El juez Barnes también cuestionó la afirmación de Derounian de que Robnett tenía derecho a ser llamado "antisemita" por haber señalado la herencia judía de algunos comunistas. El juez dijo

> En nuestros esfuerzos por evitar la persecución, no debemos establecer tabúes sin sentido. No debemos establecer el tabú de que nunca debemos mencionar que una persona es judía. Esto no evitará la persecución. Si las personas son judías y comunistas, tendrán que soportar esa carga y no les beneficiará ni a ellas ni a su religión establecer un tabú contra la mención de ese hecho.

Todo esto, sin embargo, se ha convertido en una parte olvidada de la historia, aunque los libros de difamación de Derounian permanecen en los estantes de las bibliotecas, accesibles a investigadores ignorantes que, por desgracia, probablemente nunca sabrán de esta poderosa sentencia contra Derounian y su editorial.

Además, es muy irónico que, a pesar del juicio, los patrocinadores secretos de Derounian en la ADL hayan escapado en gran medida a la atención. En 1995, el respetado historiador estadounidense Richard Gid Powers, en su libro *Not Without Honor: The History of American Anticommunism* (Nueva York: Free Press), no se anduvo con rodeos al señalar que "*Under Cover* y *The Plotters* fueron probablemente escritos (o al menos editados) por fantasmas de la ADL".

A pesar de los encontronazos de Derounian con las leyes de difamación, otro editor estaba dispuesto a publicar y que le condenaran. En 1951, Alfred Knopf publicó el tercer y último libro de Derounian, *De El Cairo a Damasco*. Este libro ha caído en el olvido y apenas es conocido, ni siquiera por quienes conocen sus anteriores esfuerzos propagandísticos. Escrito en la misma línea que los anteriores libros de Carlson, este volumen se centra en las aventuras de Derounian en Oriente Próximo durante el periodo que rodeó la creación de Israel. Huelga decir que "Carlson" consiguió encontrar a un montón de criminales de guerra nazis, agitadores antijudíos y otros que trabajaban mano a mano con los árabes autóctonos de Palestina para impedir la creación de un Estado sionista. El libro nunca llegó a un público significativo y los pocos ejemplares que se conservan son poco más que curiosas reliquias.

El propio Derounian desapareció de la escena pública, pero su hermano, Stephen, se convirtió en diputado liberal republicano por Nueva York de 1953 a 1967.

El 23 de abril de 1991, Derounian murió a la edad de 82 años, mientras realizaba una investigación en la sede del Comité Judío Americano en Manhattan. El 28 de octubre de 1999, el New York *Daily News* (propiedad del magnate sionista Mort Zuckerman) publicó un artículo sobre "The Joiner: John Roy Carlson" dentro de su serie: "Big Town Biography: Lives and *Times* of the Century's Classic New Yorkers", pero evitó cuidadosamente mencionar el repudio de Derounian ante un tribunal federal.

Sin embargo, el inglorioso historial de Derounian ha sido fácilmente eclipsado por una multitud de otros Enemigos internos y, en las páginas que siguen, conoceremos a más de uno. Pero recordar la duplicidad de "John Roy Carlson" es una introducción perfecta al turbio mundo de las Cabras de Judá.

CAPÍTULO V

El Gran Juicio por Sedición de 1944: Los inicios de la colaboración entre la ADL y el FBI - Cómo el enemigo interior acusa a los patriotas de "traidores".

En la era moderna posterior al 11-S, cuando impera una legislación represiva como la mal llamada "Ley PATRIOTA", resultado directo de la manipulación legislativa del Congreso por parte de grupos como la Liga Antidifamación y otros que constituyen facciones clave del Enemigo Interno, es importante recordar un caso, a mediados del siglo XX, cuando estadounidenses respetuosos de la ley -cuyo único delito fue oponerse a las políticas de guerra de la administración del presidente Franklin Delano Roosevelt- fueron llevados a prisión, acusados y juzgados por cargos de sedición inventados.

La historia del "Gran Juicio por Sedición de 1944" es un importante caso de estudio de cómo nuestra forma republicana de gobierno puede ser secuestrada (es decir, abusada) por el Enemigo Interno. La historia de este juicio es una prueba clara de la colaboración de la ADL y el FBI en la ejecución de una agenda extranjera, la del Enemigo Interno. El siguiente ensayo, escrito por el autor de este volumen, se publicó originalmente en el número de noviembre-diciembre de 1999 de *The Barnes Review*, la revista histórica bimestral publicada en Washington...

"Jueces y abogados le dirán que el juicio por sedición masiva de la Segunda Guerra Mundial pasará a la historia jurídica como una de las marcas más negras de la jurisprudencia estadounidense. Nadie en el mundo jurídico puede recordar un caso en el que se juzgara a tantos estadounidenses por persecución política y se les negaran de forma tan arrogante los derechos que la Constitución reconoce a los ciudadanos estadounidenses."

Así es como *el Chicago Tribune,* entonces portavoz de America First en un mundo mediático rebosante de internacionalismo al estilo del New Deal, describió el infame "juicio espectáculo" de la época de la guerra y sus secuelas, que finalmente llegó a su fin el 30 de junio de 1947.

En su momento, el Tribunal de Apelaciones del Distrito de Columbia confirmó la desestimación de los cargos contra los acusados en el juicio que había dictado el 22 de noviembre de 1946 el juez Bolitha Laws, del

Tribunal del Distrito de Columbia.

Tras declarar que seguir adelante con el caso sería "una parodia de la justicia", el juez Laws ordenó que se retiraran los cargos contra los ciudadanos estadounidenses, poniendo fin a cinco largos años de acoso y, para muchos de ellos, a largos periodos de encarcelamiento.

Aunque el "Gran Juicio por Sedición" terminó inesperadamente (casi tres años antes) el 30 de noviembre de 1944, cuando se canceló el juicio tras la muerte del juez que lo presidía, Edward C. Eicher, el caso quedó sin resolver, y los fiscales del Ministerio de Justicia pidieron un nuevo juicio.

Sin embargo, el bien llamado Juez Laws había puesto fin a este asalto de estilo soviético a la libertad estadounidense. Prevaleció la razón -quizás en gran parte porque FDR había muerto y la guerra había terminado- y el caso quedó cerrado para siempre.

Según el historiador Harry Elmer Barnes, que fue uno de los principales críticos académicos de FDR, el objetivo del juicio era presentar a la administración Roosevelt como "opuesta al fascismo" cuando en realidad perseguía políticas totalitarias.

Al parecer, fue el propio Presidente Roosevelt el principal responsable de promover la investigación del Departamento de Justicia que condujo a las últimas acusaciones.

Según el historiador Ronald Radosh, un autoproclamado "progresista" que escribió con cierta simpatía sobre los críticos de la administración Roosevelt antes de la Segunda Guerra Mundial, "FDR acosó al fiscal general Francis Biddle durante meses, preguntándole cuándo procesaría a los sediciosos". El propio Biddle señaló más tarde que FDR "no estaba muy interesado... en el derecho constitucional a criticar al gobierno en tiempos de guerra". Sin embargo, como veremos, había poderosas fuerzas trabajando entre bastidores para empujar a FDR. Y fueron ellas, incluso más que FDR, las que desempeñaron un papel importante a la hora de facilitar la propia investigación, que el propio fiscal general Biddle no estaba muy entusiasmado con emprender.

Aunque en total se acusó a 42 personas (y a un periódico) -en tres acusaciones separadas, empezando por la primera acusación dictada el 21 de julio de 1942-, el número final de personas realmente juzgadas fue de treinta (y varias de ellas fueron retiradas del juicio durante el proceso).

El biógrafo de Roosevelt James McGregor Burns calificó el juicio de "gran reunión de todos los fanáticos que odian a Roosevelt". Pero hay más en la historia.

De hecho, entre los acusados hay un puñado de personalidades influyentes, entre ellas:

- Renombrado poeta, ensayista y crítico social germano-estadounidense, George Sylvester Viereck (publicista extranjero muy conocido por el gobierno alemán a partir de la Primera Guerra Mundial)

- El ex diplomático y economista estadounidense Lawrence Dennis, asesor informal entre bastidores de algunos de los críticos más destacados de la administración Roosevelt en el Congreso

- Elizabeth Dilling, de Chicago, autora y conferenciante franca y elocuente, muy apreciada y ampliamente conocida a nivel nacional como líder del movimiento anticomunista y feroz opositora a la administración

- El reverendo Gerald Winrod, de Kansas. Con seguidores en todo el país y amplias conexiones entre ministros cristianos y líderes laicos de todo el país, Winrod se había establecido como una fuerza a tener en cuenta. En 1938, había entrado en una reñida carrera por el Senado de Estados Unidos (uno de los protegidos de Winrod no era otro que el evangelista Billy Graham, de quien se dice que "aprendió mucho pero calló en público lo que había aprendido en privado" cuando era un joven que viajaba con Winrod); y

- William Griffin, un editor neoyorquino con fuertes conexiones católicas. Muchos católicos estadounidenses eran fuertemente anticomunistas y los católicos irlandeses, en particular, se mostraban en general escépticos ante la política de guerra de FDR en un momento en el que, hay que recordarlo, la República de Irlanda Libre se había mantenido neutral y se había negado a aliarse con Estados Unidos en la guerra contra Alemania.

Sin embargo, la mayoría de los que finalmente fueron juzgados eran poco conocidos y tenían escasa influencia nacional, con la excepción de los mencionados anteriormente. Entre los acusados había un pintor de signos con un 80% de sordera, un trabajador de una fábrica de Detroit, un camarero y una mujer que se ganaba la vida limpiando cuando fue detenida.

En resumen, eran estadounidenses "normales" que no tenían ni los medios ni la oportunidad de llevar a cabo el tipo de conspiración sediciosa e internacional de la que les acusaba el gobierno. En muchos casos, los acusados carecían, a todos los efectos, de dinero. Muchos eran editores "unipersonales", que atendían a un público reducido, difícilmente una amenaza para las poderosas fuerzas que controlaban el New Deal. Muchos de ellos eran muy viejos. De hecho, pocos de ellos se conocían entre sí, a pesar de que las acusaciones les acusaban de formar parte de una gran conspiración orquestada por el mismísimo Adolf Hitler para minar la moral del ejército estadounidense en tiempos de guerra.

Lawrence Dennis comentó posteriormente que: "Uno de los aspectos más significativos del juicio fue la total insignificancia de los acusados en comparación con la gran importancia que el gobierno trató de dar al juicio mediante todo tipo de medios publicitarios.

Desgraciadamente, en este breve repaso de las enmarañadas circunstancias que rodearon el gran juicio por sedición, no podremos dar a todos los acusados el reconocimiento que merecen. Pero que conste aquí que este puñado de "insignificantes" estadounidenses son todos héroes por derecho propio, porque fueron objetivo de destrucción por parte de la administración Roosevelt y sus aliados entre bastidores. Gracias a sus compatriotas más elocuentes, especialmente Lawrence Dennis, ahora podemos examinar y conmemorar los detalles de su destino.

Según Dennis, el objetivo del juicio por sedición no era atacar a los principales críticos de la política de guerra de Roosevelt, sino más bien utilizar la publicidad que rodeaba al juicio por sedición para asustar a los muchos (potenciales) críticos de base de la administración y hacerlos callar, mostrándoles esencialmente que ellos también podían encontrarse en el banquillo de los acusados si se atrevían a hablar (como habían hecho los acusados) en oposición a la administración. Según Dennis

> Los llamados "drogadictos" o agitadores nunca se dejan intimidar por los juicios de sedición. La sangre de los mártires es la semilla de la Iglesia.
>
> Las personas a las que intimidan los juicios por sedición son aquellas que no tienen el valor o la indiscreción suficientes para decir o hacer algo que pueda implicarlas en un juicio por sedición. Y es principalmente para intimidar a estos ciudadanos más precavidos por lo que se organizan los juicios por sedición...
>
> Un gobierno que busca suprimir ciertas ideas y tendencias peligrosas y ciertos tipos de oposición temida no acusará, si sus líderes son inteligentes, a hombres como el coronel [Charles] Lindbergh o los senadores [Burton] Wheeler [D-Mont.], [Robert] Taft [R-Ohio] y Gerald Nye [R-N.D.], que ayudaron a los nazis mucho más al oponerse a la política exterior de Roosevelt , como se acusa a los acusados, que cualquiera de los acusados.
>
> Las posibilidades de condena serían nulas y el grito de persecución resonaría en todo el país.
>
> Son los débiles, los oscuros y los indiscretos los elegidos por un político astuto para ser objeto de una caza de brujas legalizada. El objetivo político de intimidar a los más prudentes y respetables se cumple mejor en este país eligiendo para la acusación y el juicio propagandístico masivo a los críticos más vulnerables en lugar de a

los más peligrosos, a los más pobres en lugar de a los más ricos, a los menos populares en lugar de a los más populares, a los menos importantes en lugar de a los más importantes e influyentes.

Es la forma más inteligente de llegar a los más influyentes y peligrosos. Estos últimos ven lo que se hace a los menos influyentes y menos importantes y se gobiernan en consecuencia. Las posibilidades de condenar a los más débiles son mejores que las de condenar a los más fuertes...".

Uno de los acusados, uno de los "más débiles, menos influyentes y menos importantes", uno de los estadounidenses "insignificantes" en el punto de mira de FDR, era Elmer J. Garner, de Wichita, Kansas. Este anciano patriota estadounidense murió tres semanas después de que comenzara el juicio. El senador William Langer (republicano de Dakota del Norte), uno de los principales críticos del juicio, describió a Garner en un discurso ante el Senado. Garner, dijo, era:

Un ancianito de ochenta y tres años, casi sordo de piedra, con tres bisnietos. Tras perder la licencia para enviar su periódico semanal, él y su anciana esposa vivían de pequeñas donaciones, criando una cabra y unos cuantos pollos y cultivando hortalizas en su pequeña parcela.

Retenido en la cárcel [en Washington, D.C.] durante varias semanas por falta de fianza, y finalmente empobrecido por tres acusaciones y viajes y estancias forzosas en Washington, murió solo en una pensión de Washington al comienzo de este juicio, con cuarenta céntimos en el bolsillo.

Su cuerpo fue enviado desnudo en una caja de madera a su viuda enferma y empobrecida, sin sus dos trajes y su máquina de escribir, por lo que hubo que comprar ropa para su funeral. Es uno de los hombres peligrosos de los que tanto hemos oído hablar.

Según el abogado Henry Klein, un judío estadounidense que desafió a la ADL asumiendo valientemente la defensa de otro acusado, Garner (primo hermano del vicepresidente primero de FDR, John Nance Garner) murió frente a su máquina de escribir en una diminuta habitación del pasillo de un burdel de Washington D.C., escribiendo su propia defensa.

Entonces, ¿quién orquestó la serie de acontecimientos que condujeron a la acusación del viejo Garner y sus compañeros "sediciosos

Fue, por supuesto, Franklin D. Roosevelt quien ordenó la investigación del Departamento de Justicia. El Fiscal General Francis Biddle (que de hecho se opuso a estos procesamientos descaradamente políticos) siguió las órdenes del Presidente. El fiscal general adjunto William Power Maloney se ocupó de los detalles cotidianos de la investigación que culminó con la acusación ante un gran jurado federal en Washington. Pero entre bastidores actuaban otras fuerzas. Se trataba de los agentes de poder que, en efecto, dictaban el gran diseño general de la administración Roosevelt y sus políticas exterior e interior.

En A Trial on Trial, su ácida crítica del juicio -una verdadera disección del fraude que fue el juicio- Lawrence Dennis y su coautor, Maximilian St. George (que fue asesor de Dennis durante el juicio, aunque Dennis -que no era abogado- se representó a sí mismo), concluyeron, basándose en pruebas fácilmente disponibles en el registro público, que tres de los acusados habían sido condenados. George (que fue asesor de Dennis durante el juicio, aunque Dennis -que no era abogado- se representó a sí mismo), concluyó, basándose en pruebas fácilmente disponibles en el registro público, que los tres principales instigadores del juicio eran -según sus palabras- extremistas de izquierdas, grupos judíos organizados e internacionalistas en general, todos los cuales fueron firmes y persistentes defensores del juicio, publicando editoriales a favor de la investigación y las acusaciones en sus periódicos y a través de voces mediáticas como la del personaje radiofónico Walter Winchell.

Sin embargo, Dennis señaló que "los internacionalistas que están detrás del juicio no están tan fácilmente vinculados a una agitación definitiva a favor de esta acusación como los izquierdistas y los grupos judíos". De hecho, Dennis afirmó de forma inequívoca: "Una de las organizaciones judías más importantes detrás de la demanda por sedición fue B'nai B'rith [refiriéndose específicamente al adjunto de B'nai B'rith conocido como Liga Antidifamación o ADL].

Según Dennis: "Conseguir que el gobierno federal organizara un juicio de este tipo, como la entrada de Estados Unidos en la guerra, era un 'must' en la agenda de los luchadores contra el aislacionismo y el antisemitismo".

Esencialmente, según Dennis, "lo que la gente que está detrás de la demanda quería certificar judicialmente al mundo es que el antisemitismo es una idea nazi y que cualquiera que defienda esa idea es un nazi que, por tanto, está infringiendo la ley -en este caso, provocando la insubordinación en las fuerzas armadas- por su creencia en esa idea o por su defensa de esa idea".

Ésta no fue sólo la conclusión de Dennis, ni mucho menos. Uno de los otros acusados, David Baxter, señaló más tarde que incluso un informe de United Press publicado en 1943 afirmaba que: Bajo la presión de las organizaciones judías, a juzgar por los artículos de las publicaciones editadas por Judíos para Judíos, [la acusación]... se redactó para incluir la crítica a los judíos en la categoría de 'sedición'.

"Se hizo evidente que uno de los principales propósitos de este procedimiento, además de prohibir los comentarios desfavorables sobre la administración, era crear un precedente legal de interpretaciones judiciales y sanciones severas que sirvieran para eximir a los judíos estadounidenses de toda mención pública excepto los elogios, en contra de la opinión tradicional estadounidense de que todos los que participan en asuntos públicos están dispuestos a aceptar un debate público libre y completo, ya sea favorable o desfavorable.

En una palabra", comenta Dennis, "el juicio por sedición como política fue inteligente. Fue una buena política", para ganarse los votos y el apoyo institucional de los grupos centrales que respaldaban el juicio.

El propio Baxter determinó más tarde que, de hecho, grupos judíos -concretamente la ADL- habían sido los principales instigadores de la investigación del Ministerio de Justicia que condujo a la acusación de los acusados en el juicio por sedición.

Según Baxter, comentando muchos años después:

> Solicité, en virtud de la Ley de Libertad de Información, que el FBI me entregara sus archivos de investigación sobre mis actividades a principios de la década de 1940, antes del juicio por sedición. Me enteré de que la investigación duró varios años y abarcó cientos de páginas...
>
> El FBI enmascaró los nombres de quienes habían dado información sobre mí, la mayor parte de la cual era lo más falsa posible. Nunca tuve la oportunidad de enfrentarme a esas personas y pedirles que demostraran sus acusaciones. Sin embargo, todo lo que dijeron quedó registrado en los archivos de la investigación.
>
> Curiosamente, en muchos casos no fue el FBI quien llevó a cabo la investigación, sino la Liga Antidifamación, y el FBI se limitó a recibir informes de los investigadores de la ADL. Es difícil saber a partir de los informes si una determinada persona era agente del FBI o de la ADL. Pero en aquel momento todo era tan discreto que ni siquiera sospechaba la red que se estaba tejiendo a mi alrededor. No me consideraba tan importante.

Por su parte, al comentar la forma en que el FBI había sido utilizado por la ADL, por ejemplo, Lawrence Dennis señaló: "El FBI, como la bomba atómica y tantas otras herramientas útiles y peligrosas, es un instrumento en torno al cual pronto habrá que crear nuevas salvaguardias contra el abuso por parte de intereses sin escrúpulos". En su libro de 1999, *Montana's Lost Cause (La causa perdida de Montana)*, un estudio sobre el senador Burton Wheeler y otros miembros de la delegación de Montana en el Congreso que se opusieron a la guerra de la administración Roosevelt en Europa, Roger Roots destaca otro engranaje de las maniobras entre bastidores que condujeron al juicio por sedición

> *El Washington Post*, de propiedad judía, estuvo implicado en el trabajo detectivesco del Departamento de Justicia desde el principio. Dillard Stokes, el columnista [*del Post*] más famoso por su información privilegiada sobre los procedimientos del gran jurado por sedición, se convirtió de hecho en parte del caso del Departamento de Justicia contra los aislacionistas cuando pidió por escrito a muchos acusados que le enviaran su literatura bajo nombres falsos. Esto hizo posible llevar a acusados de los lugares más remotos del país ante la jurisdicción del Tribunal Federal de Distrito en Washington.

David Baxter se explayó sobre el papel desempeñado por el columnista *del Post* Stokes, que utilizó el seudónimo de "Jefferson Breem" para conseguir parte de la literatura supuestamente sediciosa que habían publicado algunos de los acusados:

> Para juzgarnos en Washington como grupo, era necesario establecer que se había cometido un delito en el Distrito de Columbia, dando así jurisdicción a los tribunales federales de ese distrito. El gran jurado, que obviamente estaba controlado por el fiscal, nos acusó del delito de sedición, y luego estableció la jurisdicción del Distrito de Columbia para juzgarnos sobre la base de que un residente del Distrito de Columbia, "Jefferson Breem", había recibido la literatura supuestamente sediciosa. Así pues, el supuesto "delito" se cometió en la capital. Los acusados fueron acusados de conspirar en el Distrito, aunque yo no había estado en Washington en mi vida hasta que el gran jurado me lo ordenó.

Kirkpatrick Dilling, entonces un joven de uniforme e hijo de una de las acusadas más destacadas, Elizabeth Dilling, señaló en una carta a Willis Carto, editor de la revista histórica bimensual *The Barnes* Review, que "mi madre fue acusada con muchas otras personas, la mayoría de las cuales nunca habían tenido el menor contacto con ella". Por ejemplo, algunos de estos coacusados eran miembros del Bund germano-americano. Mi madre decía que los habían incluido para darle al caso un 'sabor a chucrut'. (En otras palabras, para alimentar la teoría de la fiscalía de que los acusados colaboraban activamente con los "nazis"). Más tarde, durante el propio juicio, el mencionado senador Langer destacó lo que describió como: "la idea de reunir para un juicio en Washington a treinta personas que nunca se habían visto, que nunca se habían escrito, algunas de las cuales no sabían que las otras existían, algunas de las cuales estaban supuestamente locas, y la mayoría de las cuales no podían contratar a un abogado".

No olvidemos", subrayó el Sr. Langer, "que los acusados fueron traídos a Washington desde California, Chicago y otros estados muy alejados de Washington, que fueron puestos en una sala y juzgados todos al mismo tiempo, los veintinueve de pie con los brazos cruzados mientras el testimonio contra uno de ellos podía durar semanas y semanas, el testimonio de un hombre o una mujer que otros acusados no habían visto en su vida". Eso es lo que está ocurriendo hoy en Washington", afirmó.

Como ya se ha mencionado, se dictaron tres autos de procesamiento. La primera se dictó el 21 de julio de 1942. La acusación fue una sorpresa para muchos, incluidos los acusados. Como señala David Baxter: "De hecho, en aquel momento, yo era simplemente un demócrata del New Deal que se interesaba por lo que ocurría en el país políticamente". Pero ahora, tras la acusación, se le acusa de sedición por el régimen que una vez apoyó.

Elizabeth Dilling se enteró de su acusación por la radio. La naturaleza de uno de los cargos contra la Sra. Dilling muestra precisamente lo fabricado que estaba el juicio por sedición desde el principio. La acusación acusaba a la Sra. Dilling de cometer un acto de "sedición" por reproducir en las páginas de su boletín un discurso ante el Congreso del congresista Clare Hoffman (republicano de Michigan), crítico con la administración, en el que el congresista citaba a un soldado estadounidense en Filipinas que se quejaba de que su unidad estaba escasa de bombarderos porque los aviones habían sido regalados a Gran Bretaña. Esto era claramente peligroso para la moral del ejército. Pero los numerosos seguidores de la Sra. Dilling en todo el país acudieron en su defensa, recaudando dinero mediante bailes, cenas y venta de pasteles. La Sra. Dilling, siempre valiente, no se dejó acallar por una acusación penal federal. Siguió hablando.

El 17 de agosto de 1942, el senador Robert A. Taft se pronunció en contra de la acusación. "Estoy profundamente alarmado", dijo, "por la creciente tendencia a desprestigiar a ciudadanos leales que critican a la administración nacional y la conducción de la guerra [...]. Algo muy cercano al fanatismo existe en ciertos círculos", dijo Taft. "No puedo entenderlo, no puedo comprenderlo. Pero estoy seguro de esto: La propia libertad de expresión está en juego a menos que se cambien los métodos generales seguidos por el Departamento de Justicia."

Taft señaló que la acusación, en su opinión, estaba "inteligentemente redactada" y afirmaba que grupos como la Coalición de Sociedades Patrióticas estaban vinculados a los conspiradores acusados. Esta coalición, señaló Taft, contaba entre sus miembros con organizaciones como los Descendientes de los Firmantes de la Declaración de Independencia, la Sociedad General de Descendientes del Mayflower y los Hijos de la Revolución Americana, entre otras.

Por la forma en que se redactó la acusación, Taft dijo que un número considerable de miembros de la Cámara y el Senado también podrían ser acusados, así como muchos de los editores de periódicos de la nación que criticaban las políticas de guerra de FDR.

La segunda acusación se emitió el 4 de enero de 1943. Lawrence Dennis resumió la naturaleza de las acusaciones: "La primera acusación se refería a una conspiración para violar las secciones de propaganda sediciosa de la Ley de Espionaje de 1917 en tiempos de guerra y la Ley Smith de 1940 en tiempos de paz, a veces denominada Ley de Registro de Extranjeros. Esta acusación ... era que los acusados habían conspirado para difundir propaganda nazi con el fin de violar los estatutos mencionados. El caso del gobierno es ed para demostrar la similitud entre los temas de propaganda de los nazis y los acusados".

Sin embargo, como señaló Dennis, para que una condena basada en una acusación de este tipo sea válida con arreglo a la ley, es necesario probar la similitud de intención entre los acusados más que la similitud del contenido de lo que dijeron. Dennis señaló:

> Los puntos débiles de estas dos primeras acusaciones eran que no se correspondían con la ley ni con las pruebas. La dificultad para el gobierno fue que, para satisfacer a las personas que estaban detrás del juicio, tuvo que acusar a personas cuyo único delito era el aislacionismo, el antisemitismo y el anticomunismo, aunque no existiera ninguna ley contra estos ismos en los estatutos. Las dos leyes elegidas para las dos primeras acusaciones castigaban la apología del derrocamiento del gobierno por la fuerza y la insubordinación en las fuerzas armadas.

Varios nuevos acusados fueron añadidos a la segunda acusación. Entre ellos se encuentra Frank Clark. Teniendo en cuenta la acusación de que Clark (y otros) conspiraron para minar la moral del ejército estadounidense, conviene recordar que Clark era "un veterano de la Primera Guerra Mundial altamente condecorado que había sido herido ocho veces en combate". De vuelta a casa como un héroe, Clark había sido uno de los organizadores de la famosa "Marcha de la Prima" de los veteranos de la Primera Guerra Mundial en Washington en la década de 1920. Había presionado para que se pagaran pronto las primas prometidas a los veteranos de guerra. Cuando este héroe de guerra fue detenido por "sedición", no tenía dinero suficiente para contratar a un abogado.

Sin embargo, nada de esto significó nada en el contexto de los esfuerzos de la administración Roosevelt por silenciar a sus críticos e impedir que otros estadounidenses hablaran.

A lo largo de este periodo, los principales medios de comunicación informaron ampliamente de que un grupo de estadounidenses, aliados con Hitler y los nazis, estaban intentando destruir América desde dentro y que la administración Roosevelt estaba haciendo frente valientemente a esta conspiración.

Sin embargo, el Ministerio de Justicia cometió un error y la segunda acusación, al igual que la primera, fue desestimada. Roger Roots declaró: "La acusación era ilegal. Fue desestimada por la evidente falta de pruebas para garantizar una condena, entre otros defectos. Decisiones anteriores del Tribunal Supremo han dejado claro que una condena por abogar por el derrocamiento del gobierno por la fuerza violenta debe incluir pruebas de planes reales de utilizar la violencia, no sólo literatura política. Una vez más, la acusación nunca fue desestimada formalmente, sino simplemente retirada.

El senador Burton Wheeler, en particular, se mostró muy crítico con el Departamento de Justicia y manifestó públicamente su intención, como nuevo presidente del Comité Judicial del Senado tras las elecciones de 1942, de seguir de cerca los acontecimientos. Con respecto a los procedimientos legales utilizados en las dos primeras acusaciones, dijo: "Si esto hubiera ocurrido en la mayoría de las jurisdicciones de este país, los fiscales serían acusados de desacato".

Así que, a pesar de todos los decididos esfuerzos del Departamento de Justicia y sus aliados de la Liga Antidifamación y el *Washington Post*, las dos primeras acusaciones fueron desestimadas por irregularidades.

El 5 de marzo de 1943, el juez Jesse C. Adkins desestimó la acusación que acusaba a los acusados de conspirar juntos "en o alrededor del primer día de enero de 1933, y de forma continuada desde entonces hasta la fecha de presentación de la acusación", ya que, según el juez, la ley que se acusaba a los acusados de conspirar para violar no se había promulgado hasta 1940. En ese momento, bajo la presión del senador Wheeler, el fiscal general Biddle accedió a destituir al fiscal William Power Maloney como principal "cazador de nazis".

Y así entró en el caso un nuevo fiscal del Departamento de Justicia, O. John Rogge. Como señaló el acusado David Baxter, Rogge era la elección ideal para ser el fiscal jefe de la administración en este juicio político de estilo soviético:

> Más tarde se supo que Rogge era un buen amigo del dictador soviético Josef Stalin, estaba implicado en muchos grupos comunistas de fachada y había visitado Rusia, donde habló en el Kremlin y depositó una corona de flores en la tumba del cofundador del Partido Comunista Americano, John Reed, en la Plaza Roja. Su corona llevaba la inscripción "En cariñoso recuerdo de americanos

agradecidos"... Rogge fue delegado estadounidense en una "conferencia de paz" comunista mundial en París y ha sido abogado de muchos comunistas con problemas con la ley.

Fue el abogado de David Greenglass, el espía atómico que salvó su propia vida al entregar pruebas estatales contra su hermana y su cuñado, Ethel y Julius Rosenberg [que] fueron a la silla eléctrica por entregar secretos atómicos estadounidenses a los soviéticos. Así que [Rogge] acabó siendo desenmascarado por lo que era. No es de extrañar que fuera tan fanático en su odio a los acusados en el juicio por sedición, que eran todos anticomunistas.

Rogge era la elección ideal, ya que la administración Roosevelt y sus aliados estaban decididos a perseguir el asunto de una forma u otra.

Avanzó implacablemente. Como señala Roger Roots: "No queriendo perder impulso, el gobierno volvió a convocar un gran jurado, volvió a presentar los mismos panfletos, publicaciones y documentos que el gran jurado anterior ya había visto, volvió a convocar los mismos testimonios (grabados) y volvió a rogar al gran jurado una nueva acusación...".

La tercera y última acusación se dictó el 3 de enero de 1944. De hecho, Rogge y sus aliados en el Ministerio de Justicia habían decidido adoptar un nuevo enfoque añadiendo ocho nuevos nombres (entre ellos Lawrence Dennis) y rechazando a doce acusados que habían sido nombrados.

Entre las personas cuyos nombres se han descartado se encuentran: el influyente líder católico laico neoyorquino William Griffin y su periódico, *The New York Evening Enquirer* (la única publicación acusada oficialmente); el ex diplomático estadounidense Ralph Townsend, de Washington, D.C.; y Paquita (Mady) de Shishmareff, la rica y elocuente viuda nacida en Estados Unidos de un antiguo oficial militar zarista ruso, más conocida posteriormente como autora (como "L. Fry") *de Waters Flowing Eastward*, una historia de los infames *Protocolos de los Sabios de Sion*.

Townsend, que había enfurecido a la administración Roosevelt al oponerse a su política antijaponesa en el Pacífico, había escrito un libro explosivo, *Ways That Are Dark*, muy crítico con la China Imperial. Aunque ahora está "libre", él y su familia han quedado devastados económicamente por la acusación y, según su esposa Janet, muchos de sus amigos íntimos les han abandonado en estos momentos de crisis.

"Fue una época muy difícil de nuestras vidas", recordó más tarde, "pero eso no impidió que Ralph siguiera denunciando". De hecho, Townsend siguió alzando la voz y más tarde se hizo amigo del fundador del Liberty Lobby, Willis A. Carto.

Tony Blizzard, que fue director de investigación del Liberty Lobby en Washington, fue uno de los protegidos de Paquita de Shishmareff en los años sesenta y comenta las circunstancias que rodearon la decisión de retirar la acusación contra ella, así como algunos detalles fascinantes sobre esta notable mujer. Según Blizzard

> Una de las razones por las que retiraron los cargos contra Mady fue precisamente porque sabían que se enfrentaban a una mujer muy astuta y con un gran poder cerebral. Mujer de la vieja escuela, Mady nunca se puso por delante, pero sabía utilizar las fuerzas de los hombres que la rodeaban. También era una mujer con medios -a diferencia de la mayoría de las otras acusadas- y era una oponente formidable.
>
> El gobierno decidió claramente que le interesaba cerrar el caso contra ella. Era imposible convertir a todos estos acusados -cuyo único "delito" real era exponer el poder judío- en "nazis" mientras Mady estuviera en el banquillo de los acusados con los demás. Los fiscales sabían perfectamente (aunque no era muy conocido entonces y no lo es ahora) que fue Mady quien había suministrado a Henry Ford prácticamente toda la información que éste había publicado en su controvertida serie sobre el poder judío en *The Dearborn* Independent.
>
> Gracias a sus numerosos contactos de alto nivel, Mady era una mina enciclopédica de información sobre la élite del poder. La fiscalía no quería que Mady subiera al estrado. Al liberarla como acusada, eliminaban lo que (para ellos) era una posibilidad muy aterradora.

Pero otras 30 personas no tuvieron tanta suerte como Paquita De Shishmareff: las que fueron juzgadas y se arriesgaron a ser encarceladas por su supuesta "sedición". Su juicio comenzó el 17 de abril de 1944 en el Tribunal del Distrito de Columbia.

Kirkpatrick Dilling, hijo de la acusada Elizabeth Dilling, captó la esencia de la acusación. Según Dilling, "la acusación se basaba en una supuesta 'conspiración para minar la moral de las fuerzas armadas'. Así, criticar al Presidente Roosevelt, que era el comandante en jefe de las fuerzas armadas, era un supuesto acto manifiesto a favor de la conspiración. Denunciar a nuestro aliado, la Rusia soviética comunista, era otro supuesto acto manifiesto. Oponerse al comunismo era un supuesto acto manifiesto porque nuestro enemigo Hitler también se había opuesto a los comunistas.

Irónicamente, mientras su madre era juzgada y se enfrentaba a penas de prisión por su presunta implicación en esta "conspiración para minar la moral de las fuerzas armadas", Kirkpatrick Dilling fue ascendido de cabo a teniente segundo del ejército estadounidense.

Otros acusados, entre ellos George Sylvester Viereck, George Deatherage, Robert Noble y el reverendo Gerald Winrod, también tuvieron hijos en las fuerzas armadas estadounidenses durante este periodo. El hijo de Viereck murió en combate mientras su padre era juzgado y estaba en prisión.

El juez que preside el juicio es el ex congresista demócrata de Iowa Edward C. Eicher, un incondicional del New Deal que presidió brevemente la Comisión de Valores de FDR tras ser derrotado en su reelección al Congreso. Tras su paso por la SEC, Roosevelt le nombró juez. El antiguo asesor de Eicher en la SEC, O. John Rogge, fue nombrado fiscal.

Parece que, en muchos aspectos, el caso estaba "amañado" de arriba abajo. Incluso se rumoreó que al juez Eicher se le había prometido un nombramiento en el Tribunal Supremo si lograba una condena.

Albert Dilling, el abogado que representaba a su esposa Elizabeth Dilling, pidió al Congreso que investigara el juicio, argumentando que era imposible que un juicio así fuera justo en tiempos de guerra.

Pero el juicio seguía su curso.

Aunque el objetivo ostensible de la acusación era demostrar la "sedición", Lawrence Dennis llegó a otras conclusiones sobre la verdadera base política del juicio: "El juicio fue concebido y escenificado como un instrumento político de propaganda e intimidación contra ciertas ideas y tendencias comúnmente conocidas como aislacionismo, anticomunismo y antisemitismo. La idea central del juicio era vincular el nazismo con el aislacionismo, el antisemitismo y el anticomunismo". Sin embargo, como Dennis (acertadamente) señaló:

> - El aislacionismo estadounidense nació con el discurso de despedida de George Washington, no con los escritos de los nazis.
>
> - En cuanto al antisemitismo, ha florecido desde los albores de la historia judía. Es tan antiguo y está tan extendido como los propios judíos...
>
> - En cuanto al anticomunismo, aunque fue una de las dos o tres grandes ideas de Hitler, no es en absoluto propio de Hitler o de los nazis, como tampoco el anticapitalismo es propio de los comunistas rusos.

Para añadir valor de conmoción a la acusación, el gobierno -en un documento adjunto que esencialmente repetía la historia del partido nazi en Alemania- nombró al líder alemán Adolf Hitler "co-conspirador" con los acusados.

Durante el juicio, el fiscal Rogge llegó a acusar a Hitler de haber elegido él mismo a los acusados para dirigir un gobierno nazi de ocupación en

Estados Unidos vez que Alemania hubiera ganado la guerra en Europa

Según Lawrence Dennis, el fiscal intentaba esencialmente "idear una fórmula para condenar a personas por actos que no eran contrarios a la ley". La idea era elegir un delito que el Ministerio de Justicia se propusiera demostrar que equivalía a antisemitismo, anticomunismo y aislacionismo. El delito elegido fue la insubordinación en las fuerzas armadas. La ley era la Ley Smith [promulgada en 1940].

De hecho, como señaló Dennis, "una de las muchas ironías del juicio por sedición masiva fue que se acusó a los acusados de conspirar para infringir una ley dirigida contra los comunistas y una táctica comunista: la de intentar socavar la lealtad de las fuerzas armadas. La ironía era que muchos de los acusados eran fanáticos anticomunistas que habían apoyado abiertamente la promulgación de la ley. No fue una ironía menor para el acusado David Baxter, que más tarde recordó

> Tras la conclusión de un tratado entre Hitler y Stalin, los comunistas estadounidenses apoyaron con entusiasmo a quienes nos oponíamos a la entrada en la guerra europea entre Alemania y la alianza franco-británica. Los comunistas incluso perdieron interés en la cuestión judía planteada por algunos de nosotros y muchos comunistas judíos, que querían que Estados Unidos se uniera a la guerra contra Hitler, abandonaron su partido. Pero todo cambió de la noche a la mañana cuando estalló la guerra entre Alemania y Rusia. Los comunistas se volvieron entonces contra nosotros y apoyaron con entusiasmo a FDR y la participación estadounidense en la guerra para salvar a los soviéticos.

La evaluación de Lawrence Dennis del caso del gobierno recuerda a la de Kirkpatrick Dilling. Dennis escribió:

> "El patrón de la acusación fue tomando forma de la siguiente manera: nuestro país está en guerra; Rusia es nuestro aliado; el gobierno ruso es comunista: Nuestro país está en guerra; Rusia es nuestro aliado; el gobierno ruso es comunista; estos acusados están luchando contra el comunismo; por lo tanto, están debilitando los lazos entre los dos países; esto interfiere con los esfuerzos de guerra; daña la moral de las fuerzas armadas; por lo tanto, los acusados deben ser enviados a prisión."

El abogado Henry H. Klein representó al acusado Eugene Sanctuary y cuestionó la propia constitucionalidad del juicio. "Esta supuesta acusación", tronó Klein en su discurso de apertura ante el jurado, "se basa en leyes de tiempos de paz, no de guerra, y los escritos y discursos de estos acusados se hicieron cuando esta nación estaba en paz, y bajo una Constitución que garantiza la libertad de prensa y la libertad de expresión en todo momento, incluidos los tiempos de guerra, hasta que la Constitución se suspenda, lo que todavía no ha sucedido. Estas personas creían en las garantías establecidas en la Constitución y criticaron diversos actos de la Administración".

De su propio cliente, Klein señaló: "Tiene setenta y tres años y es un devoto religioso. Él y su esposa dirigieron la oficina de la Misión Extranjera Presbiteriana en Nueva York durante muchos años, y ha escrito y publicado varios cientos de canciones sacras y patrióticas." Una de estas canciones, titulada "Uncle Sam We Are Standing By You" (Tío Sam, estamos a tu lado), se publicó en junio de 1942, mucho después de que hubiera comenzado la guerra, difícilmente la acción del sedicioso que la fiscalía y sus partidarios en la prensa retrataron como santuario.

Con respecto a la supuesta sedición de Lawrence Dennis, "la acusación intentó probar su caso exclusivamente presentando como prueba siete extractos de sus escritos públicos, reimpresos en la publicación German-American Bund y no tal y como se habían publicado originalmente". En otras palabras, la "prueba" de que Dennis había cometido sedición era que había escrito algo (publicado y libremente disponible al público) que luego fue reimpreso por un grupo simpatizante de la Alemania nazi, y no que el propio Dennis hubiera hecho algo activamente para suscitar la disidencia dentro de las fuerzas armadas estadounidenses. Según Dennis

> La teoría de la acusación del gobierno decía: "Planteamos una conspiración mundial, cuyos miembros conspiraron todos para nazificar el mundo entero utilizando medios ilegales para socavar la lealtad de las fuerzas armadas. Pedimos al jurado que infiera la existencia de tal conspiración a partir de las pruebas que presentamos sobre los nazis. Luego pediremos al jurado que infiera que los acusados participaron en esa conspiración por la naturaleza de las cosas que dijeron e hicieron. No necesitamos demostrar que los acusados hicieron o dijeron algo que constituya directamente el delito de socavar la moral o la lealtad de las fuerzas armadas. Nuestra alegación es que el nazismo era un movimiento mundial que por definición era también una conspiración para socavar la lealtad de las fuerzas armadas y que los acusados eran miembros del movimiento mundial nazi.

De hecho, dijo Dennis, "no había más razón para sacar a relucir, en una acusación de conspiración para provocar la insubordinación militar, el hecho de que la mayoría de los acusados eran antisemitas, aislacionistas o anticomunistas que la que habría habido para sacar a relucir, en un juicio contra un grupo de empresarios de Nueva York acusados de conspirar para defraudar a la ciudad, señalar que los acusados eran todos irlandeses o judíos y que siempre habían votado al Partido Demócrata".

El abogado de Eugene Sanctuary, Henry Klein, no se anduvo con rodeos al presentar su defensa, diciendo

> Demostraremos que esta persecución y estos procesamientos se emprendieron para encubrir los crímenes del gobierno, no lo olviden.
>
> Demostraremos que [esta persecución y procesamiento] se emprendió por orden del Presidente, a pesar de la oposición del Fiscal General Biddle.
>
> Demostraremos que el Sr. Rogge fue elegido para castigar a estos acusados porque nadie más en el Ministerio de Justicia pensó que podría encontrar motivos suficientes para establecer un delito contra estos acusados.
>
> Demostraremos que los comunistas controlan no sólo nuestro gobierno, sino también nuestra política, nuestros sindicatos, nuestra agricultura, nuestras minas, nuestras industrias, nuestras fábricas de guerra y nuestros campos armados.
>
> Probaremos que la ley bajo la cual estos acusados están siendo juzgados fue promulgada a petición reiterada de los jefes de nuestras fuerzas armadas para evitar que los comunistas destruyeran la moral de nuestros soldados, marineros, marina y fuerza aérea [y que estos procesamientos] fueron emprendidos para proteger a los comunistas que eran y son culpables de los mismos crímenes imputados a estos acusados que son totalmente inocentes y fueron víctimas de esta ley.

Y aunque el propio Klein, como ya se ha dicho, es judío, no se anduvo con rodeos cuando dijo al jurado que las organizaciones judías estaban utilizando el juicio para sus propios fines.

> Demostraremos que esta persecución fue instigada por los llamados judíos profesionales que se dedican a atacar a otros judíos haciéndoles creer que sus vidas y propiedades están en peligro mediante amenazas de pogromos en los Estados Unidos [y que] el antisemitismo al que se hace referencia en esta llamada acusación es una estafa dirigida por chantajistas con fines de corrupción.

Klein también afirmó rotundamente que los propios agentes del FBI habían actuado como *agentes provocadores*, intentando incitar a actos de sedición. Declaró:

> Demostraremos que el ataque escrito más despiadado contra los judíos y la administración Roosevelt emanó de la oficina del FBI por uno de sus agentes, y que el propósito de este ataque era provocar a otros a hacer lo mismo. Demostraremos que este agente

también entrenó a sus subordinados en Nueva York con palos de escoba para prepararlos a "matar judíos".

Klein también hizo una alegación bastante interesante sobre el origen de algunos fondos supuestamente proporcionados por la Alemania nazi nada menos que al mismísimo Franklin D. Roosevelt. Según Klein: "Demostraremos que grandes sumas de dinero procedentes de Hitler ayudaron a financiar la campaña de reelección del señor Roosevelt en 1936 y que en este mismo momento el capital y la industria británicos, estadounidenses y alemanes están cooperando juntos en Sudamérica y otras partes del mundo".

(De hecho, las afirmaciones de Klein sobre la colaboración internacional del capitalismo financiero forman parte de la tradición de la derecha y la izquierda populistas desde hace más de un siglo y han sido analizadas en docenas de libros, monografías y otros documentos, pero han sido ignoradas en gran medida por la llamada corriente académica dominante).

Según la transcripción del juicio por sedición de Lawrence Reilly, el discurso de Klein marcó un punto de inflexión para la defensa: "Klein hizo mucho en su breve discurso para torpedear el caso Rogge poniendo de relieve los organismos ocultos responsables de su existencia".

Sin embargo, señaló Reilly, incluso muchos de los periódicos que se oponían editorialmente al juicio temían discutir el aspecto oculto del caso que Klein se había atrevido a plantear en audiencia pública. Reilly dijo que los lectores quedaban a menudo "confundidos" porque los periódicos nunca abordaban los verdaderos factores en juego. Algunos de estos periódicos simpatizantes, señaló Reilly, insistían en llamar locos a los acusados.

Pero el hecho es que, como resultado directo de su ofensiva contra la ADL y los demás grupos judíos que habían participado en la orquestación del juicio, Klein fue blanco, específicamente por ser judío, de grupos judíos organizados que no apreciaban su defensa de supuestos "antisemitas" y "sediciosos".

Por su parte, Lawrence Dennis compareció ante el tribunal en su propia defensa y pronunció lo que incluso el escritor liberal Charles Higham se vio obligado a reconocer que era "un discurso muy poderoso", describiendo el esbozo de Rogge del caso del gobierno como "cursi, falso, fantástico, engañoso, indemostrable e infundado [describiendo el juicio como] una conspiración del cuarto mandato de la administración Roosevelt [y] otro asunto Dreyfus [en el que el gobierno estaba] intentando escribir la historia en caliente". Entre fuertes aplausos de los demás acusados, Dennis dijo: "Pearl Harbor no suspendió la Declaración de Derechos.

El caso alcanzó un punto de inflexión cuando uno de los abogados defensores, James Laughlin (abogado de oficio que representaba a Ernest Elmhurst) declaró en audiencia pública que sería imposible seguir adelante con el juicio si no se podían incautar e introducir como pruebas los archivos privados de la Liga Antidifamación (ADL) de B'nai B'rith.

Estaba claro que gran parte de los argumentos de la acusación se basaban en la "comprobación de hechos" de la ADL y Laughlin concluyó que sería necesario establecer con precisión lo que la ADL había suministrado al Gobierno para que los acusados pudieran organizar una defensa eficaz.

El juez parecía dispuesto a ignorar la moción de Laughlin, pero el abogado ya había preparado copias de su moción con antelación y las había distribuido a la prensa. Como resultado directo, los periódicos de Washington informaron de que los archivos de la ADL se habían visto implicados en el caso. Como resume Reilly, "Laughlin había puesto el foco sobre los archivos de la ADL": "Laughlin había puesto el foco sobre el gran secreto del asunto". Según Reilly, fue una "bomba que algunos dijeron que hizo más por desmoralizar el caso [de la fiscalía] que cualquier otra cosa".

En ese momento, la prensa que había apoyado el juicio pareció dar un extraño giro en su forma de ver el caso. Incluso *el Washington Post* (que había desempeñado un papel en la orquestación del juicio prestando los servicios de su reportero, Dillard Stokes, a la investigación conjunta de la ADL y el FBI) "dio un giro completo", según Reilly, "y empezó a exigir que el caso concluyera rápidamente".

En resumen, *el Post* quería mantener en secreto "el gran secreto" del caso -la orquestación entre bastidores del caso por parte de la ADL- y ahora parecía estar pidiendo una rápida conclusión del juicio antes de que la verdad saliera a la luz. *El Post* incluso comentó en términos editoriales (y con razón, cabría añadir) que "nos tememos que, sea cual sea el resultado de este juicio, será una mancha negra contra la justicia estadounidense durante muchos años". Sin embargo, como señaló posteriormente el ex acusado David Baxter, "estas son las notables palabras del mismo periódico cuyo propio reportero había conspirado con el fiscal original para inculpar a los acusados y llevarlos a juicio en Washington".

A pesar de estas preocupaciones, el fiscal Rogge pareció redoblar sus esfuerzos. Está claro que el fiscal y sus partidarios hicieron muchas maniobras entre bastidores para averiguar cómo hacer frente al desafío. Pero como el juez nunca ordenó la incautación de los archivos de la ADL, Rogge pudo seguir adelante. Estaba decidido a llevar el juicio hasta el final, y tenía muchos más testigos que presentar. Roger Roots describió la secuencia de los acontecimientos

Día tras día, el juicio continuaba. Se presentaron como pruebas páginas y páginas de publicaciones escritas por los acusados, dando a todos los implicados la idea de que lo que realmente se juzgaba eran sus escritos.

El gobierno anunció su intención de presentar 32.000 pruebas. Quedó claro que los acusados estaban siendo enjuiciados de hecho por "incitación a los judíos", lo que daba una idea de una de las principales fuentes de apoyo de la acusación. El juicio se convirtió en uno de los más largos y costosos de la historia de Estados Unidos. De hecho, el juicio fue nada menos que un ataque a la libertad de expresión.

Durante el juicio, el propio senador William Langer, crítico declarado del proceso, visitó a los acusados en prisión y desafió a los medios de comunicación y a sus aliados en la acusación escoltando públicamente a la acusada Elizabeth Dilling a la entrada y salida del tribunal y por Washington mientras estaba en libertad bajo fianza.

Según Roots: "El gobierno disponía de fondos ilimitados, personal ilimitado y acceso ilimitado a información de inteligencia. La defensa tenía que trabajar con abogados de oficio que no conocían ni a los acusados ni el caso". Lo que resulta especialmente interesante, como señala el historiador liberal Glenn Jeansonne, es que:

"Muchos abogados defensores eran liberales poco comprensivos con las creencias de sus clientes. Pero llegaron a considerar el punto de vista de los acusados sobre una base humana y, en lugar de llevar a cabo una defensa superficial, como muchos observadores esperaban, montaron una defensa vigorosa."

Incluso el simpatizante sionista y popular escritor Charles Higham, que en retrospectiva fue un entusiasta defensor del juicio, señaló que "después de dos meses y medio, ni los acusados ni la acusación habían conseguido presentar un caso satisfactorio" y, al final, "la prensa y el público empezaban a perder interés en el caso".

Al mismo tiempo, según Tony Blizzard, confidente de la ex acusada Paquita de Shishmareff, los acusados consiguieron sobrevivir y desarrollar sus propias formas de hacer frente a su difícil situación: "Sus vidas físicas se hicieron casi imposibles. Tenían poco que comer y estaban paralizadas en todos los sentidos posibles. Pero cuando se encontraban ante el tribunal, era tal la farsa que se divertían de verdad".

En un momento dado, mientras el fiscal leía solemnemente una lista de nombres de personas -aliados de la administración Roosevelt que habían sido atacados de un modo u otro por los acusados-, el acusado Edward James Smythe gritó "Y Eleanor Roosevelt", lo que provocó las risas de la sala. Smythe no quería que el nombre de la Sra. Roosevelt no quedara inscrito en el panteón de la infamia.

Éste es sólo uno de los muchos acontecimientos divertidos que tuvieron lugar durante este circo. En muchos sentidos, el juicio por sedición podría servir de base para una comedia de Hollywood, a pesar de la gravedad de este censurable escándalo. Pero esto no quiere decir que el juicio por sedición fuera todo diversión y juegos para los abogados y los acusados. Ni mucho menos. Dos de los abogados fueron tiroteados mientras conducían. Uno de ellos perdió una asociación de abogados de doce años. Otro fue apaleado por cinco matones judíos y hospitalizado durante cinco días.

El mencionado abogado, Henry Klein, fue acosado sin tregua, acusado de desacato al tribunal por su audaz defensa de su cliente y, en última instancia, destituido del caso (aunque los cargos de desacato fueron anulados en apelación). Además, se hicieron esfuerzos considerables para impedir que los acusados aceptaran un empleo durante el juicio, lo que constituía un problema especial para los que carecían de medios independientes (y éste era el caso de la mayoría de ellos).

Uno de los acusados, Ernest Elmhurst, incluso consiguió trabajo como mayordomo en un hotel de Washington para llegar a fin de mes durante el juicio, pero el portavoz jefe de la ADL, Walter Winchell, se enteró del trabajo de Elmhurst y pidió que lo despidieran en su popular programa de radio, ¡lo que provocó el despido de Elmhurst! (Esto podría dar credibilidad a la teoría de que existe un "poder judío" en Estados Unidos). Sin embargo, a medida que el juicio se alargaba, el gobierno empezó a darse cuenta de que sus esfuerzos no iban a ninguna parte. Como señala Roger Roots: "La acusación esperaba sin duda que uno o varios de los acusados se derrumbarían y testificarían contra los demás..... [Sin embargo, ninguno de los acusados dio indicios de que fuera a hacerlo. Aunque no estaban de acuerdo y algunos de ellos ni siquiera se caían bien, se unieron para formar una unidad coherente...".

David Baxter se alegró al saber que iba a ser excluido del juicio y que se retirarían los cargos. Su creciente sordera le impidió tener un juicio justo. Baxter recuerda que el juez Eicher le llamó a su habitación, le sonrió, le tendió la mano y le dijo: "Vuelve a California y olvídate de todo esto: Vuelve a California y olvídate de todo esto, Dave".

El juez incluso le dijo a Baxter que si él y su mujer querían comprarse un coche para volver a California, él les ayudaría y le dio un rollo entero de cupones de gasolina (que, en tiempos de guerra, estaban muy racionados). A pesar de ello, parece que incluso el juez se dio cuenta de que el juicio era una farsa.

Fue un acontecimiento totalmente inesperado el que interrumpió el juicio: la repentina muerte del juez Eicher el 29 de noviembre de 1944. La repentina muerte del juez Eicher el 29 de noviembre de 1944 se produjo cuando Rogge ni siquiera había llegado a la mitad de su alegato final. En ese momento, había citado a treinta y nueve testigos y esperaba llamar a sesenta y siete más. La defensa aún no había comenzado.

David Baxter reflexionó más tarde sobre su experiencia personal y amistosa con el juez: "Este juicio podría haber matado a cualquier juez con conciencia cristiana y cualquier atisbo de imparcialidad. Lamenté sinceramente la muerte del juez Eicher". De hecho, Rogge acusó a la defensa de haber matado efectivamente al juez al presentar una defensa que hizo la vida del juez (y la del fiscal) extremadamente incómoda.

Nunca sabremos si la muerte de Eicher fue una recompensa del cielo por su decencia hacia David Baxter, pero dadas las circunstancias estaba claro que no había ninguna posibilidad de que el caso continuara de forma justa.

Como resultado, tras un periodo de regateo legal por ambas partes (con uno de los acusados, Prescott Dennett, pidiendo de hecho que continuara el juicio, decidido a presentar su defensa en audiencia pública tras haber sido juzgado y condenado por los medios de comunicación), se declaró la nulidad del juicio.

Impulsado principalmente por grupos judíos, el fiscal Rogge esperaba mantener vivo el caso y organizar un nuevo juicio. Pero en la primavera de 1945, el principal instigador del juicio, el presidente Roosevelt, había muerto y la guerra había terminado. No obstante, Rogge siguió pidiendo que se retrasara la fijación de la fecha de un nuevo juicio. Desde la caída de Alemania, Rogge había afirmado que podía encontrar "pruebas" en los archivos alemanes de que los acusados en el juicio por sedición habían sido colaboradores nazis. Sin embargo, según el historiador Glen Jeansonne - que no era amigo de los presuntos sediciosos- "nada de lo que Rogge ha encontrado prueba la existencia de una conspiración" entre el gobierno alemán y los acusados.

Sin embargo, sin inmutarse, Rogge se embarcó en una gira de conferencias por todo el país que, como era de esperar, se llevó a cabo bajo los auspicios de B'nai B'rith. El combativo y locuaz Rogge, instado por sus patrocinadores, no pudo contenerse en su entusiasta relato de los acontecimientos del juicio y las personalidades implicadas y, al final, fue despedido el 25 de octubre de 1946 por filtrar información a la prensa. En esta ocasión, Rogge recibió la orden de entregar todos los documentos del Departamento de Justicia y del FBI que tenía en su poder. Al parecer, el Departamento de Justicia había decidido que Rogge ya no era útil.

Menos de un mes después, el juez de distrito Bolitha Laws desestimó los cargos, dictaminando que los acusados no habían tenido un juicio rápido como garantiza la Constitución. Aunque el Departamento de Justicia apeló, la desestimación fue confirmada el 30 de junio de 1947 por el Tribunal de Circuito de Apelaciones de Estados Unidos. El "gran juicio por sedición" llegaba así a su fin. Incluso el acusado Lawrence Dennis se apresuró a hacer comentarios

> Algunos o todos pueden incluso haber sido culpables de conspirar para socavar la lealtad de las fuerzas armadas, pero no como lo acusa el [Gobierno]..... Nada en las pruebas presentadas durante el juicio probaba o siquiera sugería que alguno de los acusados hubiera sido culpable de tal conspiración, excepto en la teoría de la acusación. Y según esta teoría, también serían culpables los opositores a la política exterior y a las acciones en materia de asuntos exteriores del presidente Roosevelt antes de Pearl Harbor, como el coronel Lindbergh, el senador Taft, el senador Nye, el senador Wheeler y el coronel McCormick, editor del *Chicago Tribune.*
>
> De hecho, la teoría de la fiscalía es que el caso contra estos líderes aislacionistas habría sido mucho más fuerte de lo que nunca fue contra los acusados menores en el juicio por sedición.

Muchos años después, de forma bastante divertida, grupos judíos organizados y periódicos judíos atacaron al Fiscal General, Francis Biddle, por no llevar el juicio por sedición hasta el final, es decir, hasta la condena de los acusados. Lawrence Dennis bromeó diciendo que esto demostraba una gran ingratitud por su parte.

Según Dennis: "Demuestra lo que le ocurre a un funcionario cuando intenta hacer el trabajo sucio para satisfacer a grupos de presión minoritarios. Biddle hizo todo lo que pudo, en su posición, para llevar a cabo los deseos de las personas que estaban detrás del juicio. Simplemente no apreciaban las dificultades de tener a sus enemigos políticos encarcelados sin pruebas de actos contra la ley.

Dennis añadió otra advertencia a quienes se dejaran arrastrar a promover "juicios espectáculo" como los que tuvieron lugar durante el gran juicio por sedición de 1944: "Lo que el gobierno hace hoy a un supuesto chiflado", dijo Dennis, "lo puede hacer pasado mañana a un anciano estadista de la oposición".

"El juicio ha pasado a la historia", dijo Dennis, "pero no como pretendía el gobierno. Ha pasado a la historia como un experimento gubernamental que salió mal. Fue un experimento del Ministerio de Justicia imitando un juicio de propaganda política en Moscú".

Hay al menos cinco conclusiones definitivas que pueden extraerse de este juicio, basándose en todos los documentos históricos

1) Los acusados fueron juzgados esencialmente por expresar opiniones antijudías o anticomunistas, o ambas cosas. Las acciones de los acusados tenían poco o nada que ver con el fomento real de la disidencia o la insurrección dentro de las fuerzas armadas estadounidenses. En resumen, el juicio por "sedición" fue un fraude desde el principio.

2) Los principales instigadores de las demandas fueron grupos de interés privados que representaban a poderosas organizaciones judías como la Liga Antidifamación (ADL) de B'nai B'rith, estrechamente vinculadas al régimen de Roosevelt.

3) Como resultado, políticos de alto rango (incluido el propio Presidente) y burócratas afines a estos intereses privados utilizaron su influencia para garantizar que los poderes policiales del gobierno se utilizaran para promover las demandas de estos grupos de presión privados que agitaban el juicio por sedición.

4) Los principales medios de comunicación (como *el Washington Post*), en colaboración con la ADL y aliados con el régimen en el poder, desempeñaron un papel destacado en la promoción y facilitación de los acontecimientos que condujeron al juicio.

5) Los poderes policiales del gobierno pueden utilizarse (y abusarse) y los ciudadanos inocentes (a pesar de las protecciones constitucionales) pueden ser perseguidos y procesados por la ley, aunque sean inocentes.

Aunque apenas una década después del final del gran juicio por sedición, los principales medios de comunicación estadounidenses empezaron a dedicar una energía considerable a denunciar la llamada "caza de brujas" anticomunista de los años 50, los medios (por no hablar de los principales historiadores) nunca trazaron el evidente paralelismo con el precedente sentado por las actividades de la ADL y sus aliados en la administración Roosevelt, que habían orquestado el juicio por sedición.

Los acontecimientos del "Gran Juicio por Sedición" ya forman parte de la historia (y son poco conocidos), pero los libertarios civiles deberían tomar nota. Hay una lección esencial que aprender de este acontecimiento: *puede ocurrir aquí... y ha ocurrido.*

CAPÍTULO VI

Walter Winchell y el enemigo interior: Cómo un poderoso locutor y columnista de prensa sirvió de fachada a los intereses sionistas y británicos

Walter Winchell murió en 1972, poco antes de cumplir 75 años. Su carrera había llegado a su fin varios años antes.

Sin embargo, en su mejor momento, Winchell fue una de las figuras más poderosas de la prensa estadounidense. A su muerte, *el New York Times* declaró que era "el periodista más conocido y leído del país, así como el más influyente".

(Todas las citas de este capítulo están tomadas de la biografía de Winchell, *Winchell: Gossip, Power and the Culture of Celebrity*, de Neal Gabler).

El propio Gabler resumió la inmensa influencia de Winchell en los medios de comunicación: "Durante más de cuatro décadas, Walter Winchell fue una institución estadounidense, y podría decirse que uno de los principales arquitectos de la cultura. Según una estimación, 50 millones de estadounidenses -de una población adulta de unos 75 millones- escuchaban su programa de radio semanal o leían su columna diaria que, en su apogeo a finales de los años 30 y 40, se publicaba en más de 2.000 periódicos; se trataba, según un observador, de la "mayor audiencia continua jamás poseída por un hombre que no era ni político ni adivino".

¿Qué impacto tuvo Winchell en esta audiencia masiva? Tras la muerte de Winchell, un amigo dijo: "Los historiadores no podrán explicar el siglo XX sin entender a Winchell". Este elogio no parece quedarse corto. Las pruebas, presentadas por Gabler en su autorizada biografía de Winchell, sugieren que el columnista desempeñó un papel clave en lo que posiblemente sea el acontecimiento más dramático del siglo XX: la intervención de Estados Unidos en lo que se convirtió en la Segunda Guerra Mundial.

Aunque Winchell es recordado como extravagante y combativo, "escupiendo bilis, provocando peleas, destruyendo vidas a través de su columna" -lo cual era cierto-, Walter Winchell, "el columnista de cotilleos", era más de lo que generalmente se conoce.

Gabler ha reunido una gran cantidad de información sobre Winchell que demuestra sin lugar a dudas -aunque Gabler nunca lo sugiere categóricamente (y quizá él tampoco lo haría)- que Walter Winchell -que se presentaba a sí mismo como el patriota por excelencia- a menudo no era más que una floreciente voz radiofónica y periodística de la propaganda extranjera.

El columnista que una vez dijo a uno de sus subordinados: "Encuéntrame un buen asesinato o un choque de trenes para que pueda empezar con buen pie", pronto fue descrito como "el antihitleriano más rabioso de América". Winchell era tan virulento ( ) que en 1934, la Liga Antidifamación (ADL) de B'nai B'rith lo nombró uno de los cinco miembros de su "Salón de la Fama del Judaísmo Americano", afirmando que nadie había "hecho más por borrar al nazismo del mapa que este caballero chismoso y columnista".

Nieto de un rabino judío de origen ruso, Chaim Weinschel, que instaló a su familia en Estados Unidos, Winchell -según su antiguo colaborador Herman Klurfeld- tenía una "sensibilidad de radar ante cualquier forma de antisemitismo".

"Si había un hilo conductor en su alocada vida, era su judaísmo", dijo Klurfeld. Otro íntimo de Winchell, Arnold Forster, uno de los principales "cazadores de nazis" de la Liga Antidifamación (ADL) de B'nai B'rith, dijo que Winchell "pensaba como un judío..... Era consciente de su judaísmo". Era consciente de su condición de judío".

Así que era natural que Winchell se opusiera a Hitler y a su nacionalsocialismo. Sin embargo, la oposición de Winchell provocó ataques frenéticos contra los patriotas estadounidenses que se oponían a la intervención de Estados Unidos en los problemas de Europa. Los opositores estadounidenses a la intervención, llamados "aislacionistas" por sus críticos, fueron el principal objetivo de los ataques de Winchell.

Según el biógrafo de Winchell: "Para Walter, el aislacionismo se había convertido en algo inaceptable, una forma de traición. Estaba decidido a demostrar que los aislacionistas no eran, como decían, americanos patriotas que tenían una opinión diferente a la suya; eran colaboradores nazis, antisemitas y racistas a los que les importaba menos salvar vidas americanas que asegurar la victoria de Hitler...". Cada semana, Walter lanzaba nuevas acusaciones que vinculaban a la derecha radical con la Alemania nazi.

En aquella época, se creía que el FBI era la fuente principal de Winchell para muchas de sus afirmaciones sensacionalistas. Según Gabler, no fue así. Al contrario, el propio Winchell era una de las principales fuentes de información del FBI sobre "nazis" y "simpatizantes nazis", así como sobre otras personas señaladas por Winchell.

¿De dónde sacó Winchell este caudal de información, que a su vez transmitió al FBI? Según Gabler, la "fuente más importante" de esta información para Winchell era el ya mencionado Arnold Forster, asesor de la ADL en Nueva York. Gabler informa: "Cuando se trataba de la derecha radical, Forster tenía una de las mejores operaciones de recopilación de información del país, con espías por todas partes.

A mediados de 1942, señala Gabler, "Forster dedicaba entre diez y quince horas semanales a Walter [y se había unido] al círculo íntimo del columnista". Herman Klurfeld, compañero de Winchell, recuerda que "recibíamos montañas de información de Forster", que Klurfeld resumía para los artículos de Winchell. Sin embargo, señala Gabler, "Forster a veces escribía él mismo columnas enteras para Walter" y, cada domingo, se presentaba en el estudio de radio "para prestar su experiencia al programa y comprobar las partes antifascistas del guión, que crecían sin cesar".

Winchell desempeñó así un papel clave como intermediario entre el FBI de J. Edgar Hoover y la ADL, cimentando una estrecha relación que perdura hasta nuestros días. La ADL pasaba información a Winchell, que la utilizaba para sus programas de radio y columnas de prensa, pero también la transmitía al FBI (actuando esencialmente como "tapadera" de la ADL).

El FBI siguió su ejemplo y aprovechó esta inusual relación secreta con Winchell y la ADL. Según William Sullivan, durante mucho tiempo director adjunto del FBI, "Winchell fue probablemente el primer comentarista radiofónico conocido a nivel nacional desarrollado por el FBI. Enviábamos información a Winchell con regularidad. Era nuestro portavoz.

Huelga decir que los tentáculos de la ADL, como hemos visto, llegaron muy lejos y desempeñaron un papel importante en empujar a Estados Unidos hacia la intervención y la guerra, y en muchos sentidos funcionaron como auxiliares de la inteligencia británica (con la que la ADL trabajaba en estrecha colaboración). Sin embargo, Winchell, portavoz de la ADL, también actuó como conducto para la propaganda pro-intervencionista que emanaba directamente de la inteligencia británica.

Los británicos habían enviado a Estados Unidos a un hombre de negocios canadiense, William Stephenson, cuyo nombre en clave era "Intrepid", para que sirviera de enlace con la inteligencia estadounidense. Stephenson se puso en contacto con Ernest Cuneo, un abogado del Partido Demócrata que no sólo era miembro del círculo íntimo de FDR, sino también el enlace del Presidente con el propio Winchell y, por tanto, miembro del círculo íntimo de Winchell.

En años anteriores, Winchell había desarrollado una estrecha relación con la administración Roosevelt. En 1936, Winchell desempeñó un papel propagandístico tan importante en la promoción de FDR para un tercer mandato que Cuneo dijo más tarde que quería decirle a Winchell: "Escucha, Walter, tú eres la campaña del tercer mandato".

En muchos sentidos, Winchell se había convertido en la voz mediática no sólo de la ADL, sino del propio FDR. Según Gabler, "lo que su audiencia no sabía era que, al dar forma a las actitudes estadounidenses hacia la guerra, Winchell hablaba a menudo en nombre de la administración Roosevelt, al igual que había hecho en áreas de política interior".

La posición central de Cuneo entre FDR y el oficial de inteligencia británico Stephenson situó a Winchell en el corazón mismo de las operaciones de inteligencia y propaganda británicas en Estados Unidos. Trabajando en el Rockefeller Center de Nueva York, Stephenson actuó como enlace entre la inteligencia británica, el FBI y (más tarde) la Oficina del Coordinador de Información.

Según Gabler, "Stephenson recogía esencialmente información sobre las actividades del enemigo y la transmitía a estas agencias hermanas, pero eso no era todo lo que hacía. También dirigió una operación encubierta cuyo propósito, según una historia oficial de la inteligencia británica en tiempos de guerra, era 'hacer todo lo que no se hacía y no se podía hacer por medios abiertos para asegurar ayuda suficiente para Gran Bretaña y, en última instancia, para traer a América a la guerra'. Con este fin, Stephenson publicó artículos en periódicos simpatizantes para desacreditar a los aislacionistas y hostigar los mítines de America First."

Winchell, según Gabler, era "uno de los elementos más importantes" en el plan del jefe del espionaje británico. "Por un lado, Cuneo suministraba información a Walter por orden de la Casa Blanca, que empezaba a creer en la inevitabilidad de la entrada de Estados Unidos en la guerra. Por otro, estaba pasando en secreto [a Winchell] propaganda británica e inteligencia de alto nivel a través de Stephenson. El efecto... era destruir la oposición a los preparativos y ablandar al público a favor de la intervención". Según el propio Cuneo: "Winchell se convirtió en el centro de atención. Sus bloqueos podían abrir el camino al Presidente y a la preparación de la guerra, y eso es lo que hizo".

Mientras tanto, aliados con FDR, J. Edgar Hoover y el FBI también habían emprendido la lucha contra los no intervencionistas estadounidenses que luchaban contra la implicación de Estados Unidos en el extranjero, y según Gabler, Winchell estaba "enviando a Hoover montones de material sobre posibles subversivos, parte del cual eran simples cotilleos y parte procedía de los archivos de la ADL de Forster". Hoover, a su vez, pasaba la información a Walter en largos sobres blancos.

Las fuentes de Winchell en la ADL y en la inteligencia británica le convirtieron casi en una agencia de inteligencia por derecho propio, hasta el punto, escribe Gabler, de que "las propias comunicaciones internas de Hoover al FBI confirmaron el hecho de que Walter a menudo sabía más que Hoover, y éste pronto asignó agentes para que supervisaran el programa cada semana y elaboraran listas de artículos que el FBI pudiera considerar interesantes. Incluso llegó a pinchar los teléfonos de Walter".

Curiosamente, la relación entre Hoover, del FBI, y Winchell toma otro giro peculiar. Según un biógrafo de Hoover, Winchell "hizo más que ningún otro hombre para perpetuar los mitos de J. Edgar Hoover y sus secuaces", promoviendo el mito Hoover y convirtiendo al director del FBI en una leyenda en su propia época.

Es interesante señalar que Winchell actuó como agente de relaciones públicas de Hoover. El propio Winchell había estado activo en los círculos del hampa durante muchos años y era cercano a muchos capos de la Mafia. Más de una publicación ha sugerido que fue Winchell quien presentó a Hoover al mafioso neoyorquino Frank Costello. Según la leyenda, fue Costello, amigo de Winchell, quien proporcionó a Hoover (un ávido aficionado a las carreras de caballos) valiosas pistas sobre carreras amañadas, como recompensa por "hacer la vista gorda" ante las actividades de la Mafia.

De hecho, durante años Hoover negó enérgicamente la existencia misma del crimen organizado en Estados Unidos, prefiriendo perseguir a atracadores de bancos como John Dillinger y "Baby Face" Nelson y perseguir a los "subversivos" tal y como los definía la administración Roosevelt.

El propio Winchell tenía buenas razones para estar tan cerca del crimen organizado. El tío político de Winchell, Billy Koch, era un secuaz de alto rango en las operaciones de juego de Meyer Lansky, que en los años cuarenta se convirtió de facto en el "presidente del consejo" del sindicato nacional del crimen.

Sea como fuere, Estados Unidos había entrado en la guerra y, junto con FDR, la ADL y los servicios secretos británicos, Winchell tenía motivos para alegrarse.

Más tarde, Winchell, junto con el columnista de Washington Drew Pearson, desempeñó un papel importante en una campaña coordinada de difamación contra el entonces Secretario de Defensa James Forrestal.

El "delito" del Secretario de Defensa a ojos de Winchell y Pearson (que, por cierto, era medio judío) fue haber animado al presidente Harry Truman a evitar la presión de la ADL y otros elementos del lobby proisraelí para que reconociera el Estado de Israel que, finalmente, vio la luz el 14 de mayo de 1948. Forrestal había argumentado que un Estado judío enemistaría a los Estados árabes, amenazaría el suministro de petróleo de Occidente y crearía el riesgo de una crisis permanente en los años venideros (lo que resultó ser cierto). Forrestal sugirió que los supervivientes judíos de la Segunda Guerra Mundial, nacidos en Europa y desarraigados, emigraran a Perú.

Instado por sus "fuentes" de la ADL e impulsado por sus propios demonios, Winchell atacó a Forrestal como si fuera el verdadero Winchell. Un funcionario árabe palestino describió a Winchell como "el escritor sionista más despiadado", superando incluso a Drew Pearson. Sin embargo, incluso después de que Winchell, Pearson y sus patrocinadores extranjeros se impusieran e Israel se convirtiera en un Estado y fuera reconocido (incluso en contra de su propio buen juicio) por el presidente Harry Truman, los dos columnistas "mantuvieron un tatuaje regular de insultos", según el biógrafo de Winchell.

El propio Presidente no era un gran admirador de Forrestal, pero le molestaba el ataque de Winchell y Pearson y lo veía como un enfrentamiento. Otro columnista, el populista Westbrook Pegler, que no era partidario de Forrestal, estaba igualmente molesto por los desvaríos propagandísticos de Winchell y Pearson. "Si nuestra prensa es digna de ese nombre, debería destruir a esos bastardos", escribió Pegler a Forrestal.

Winchell gana. El 22 de mayo de 1949, Forrestal murió. Se cayó o saltó -algunos siguen diciendo que le empujaron- desde su habitación del hospital Bethesda Naval Medical, cerca de Washington, donde había ido a descansar, profundamente traumatizado por la campaña mediática contra él.

El propio Winchell dijo, años más tarde, que uno de los asesores de Forrestal le había dicho que habían arrojado a Forrestal por la ventana del hospital para impedir que escribiera sus memorias, lo cual, por supuesto, podría muy bien ser cierto. Las memorias de Forrestal habrían revelado muchas cosas y habrían puesto en su sitio a Winchell y a sus patrocinadores de la propaganda extranjera.

El 20 de febrero de 1972, Walter Winchell murió de cáncer. En los años anteriores, había perdido su programa de radio, la difusión de su columna había disminuido y el propio Winchell parecía a veces anacrónico, lo que en muchos aspectos era.

Sin embargo, en su apogeo, Winchell había sido un poder a tener en cuenta, un actor principal en las intrigas políticas del siglo XX, una voz mediática esencial para El enemigo interior.

Hoy, por supuesto, hay muchos proveedores de propaganda sionista y otras formas de basura política que emanan de las filas de la élite plutocrática internacional.

Foros como Fox News -que examinaremos en un capítulo posterior- dan salida a este material. En periódicos y revistas de todo el país, así como en sitios web como WorldNetDaily, se pueden encontrar cabras de Judá promoviendo la llamada "agenda neoconservadora" (más sobre esto más adelante).

Estas cabras de Judá siguen los pasos de Walter Winchell, haciendo pasar propaganda extraterrestre por "información". La lista podría seguir y seguir - es larga - pero entre los propagandistas más descarados están los siguientes: Mona Charen, Suzanne Fields, Clifford May, David Horowitz, Joseph Farah, Jonah Goldberg, Dennis Prager, Diana West, Helle Dale, Arnold Beichman, Linda Chavez, Frank Gaffney, Cal Thomas y, por supuesto, el ex coronel de los marines Oliver North, figura central del asunto de tráfico de armas y drogas y blanqueo de dinero vinculado a Israel conocido como "Irán-contra".

Y estos son sólo algunos ejemplos. Hay otros, como George F. Will, Charles Krauthammer, Michael Ledeen, Robert Kagan y muchos otros. Y el hilo común que los une a todos es su lealtad -como la de su antepasado ideológico, el periodista voyeurista Walter Winchell- a la causa del sionismo internacional.

Aunque los crímenes contra la humanidad de Winchell fueron perpetrados durante su apogeo en la Segunda Guerra Mundial, el mismo tipo de traición se encuentra en las obras de estos modernos Judas.

Pero las cabras de Judá pueden encontrarse en todos los niveles de la sociedad y en muchos lugares, incluido el Congreso de EE.UU., como veremos...

CAPÍTULO VII

La cabra de Judas del Capitolio: un espía sionista que trabaja para el servicio secreto soviético dentro del Congreso de EEUU

Aunque el difunto congresista Samuel Dickstein (demócrata de Nueva York) es recordado hoy como uno de los "grandes liberales" de Estados Unidos y uno de los líderes judíos más destacados, a finales de la década de 1930 -justo antes de la participación de Estados Unidos en la Segunda Guerra Mundial- era más conocido como la primera figura del Congreso que promovió la "caza de nazis" y la "lucha contra el fascismo" como una de las principales prioridades de Estados Unidos. Dickstein se presentaba a sí mismo como el máximo defensor del "americanismo". En realidad, era el chivo expiatorio de Judas por excelencia. Era un agente enemigo: un espía controlado por los servicios secretos de la Unión Soviética.

Aunque la prensa judía estadounidense rindió homenaje a Dickstein calificándolo de "estadista" y "humanitario", otras evaluaciones del congresista -que ejerció 11 mandatos, a partir de 1923- no fueron tan amistosas. Un crítico calificó a Dickstein de "infiltrado astuto, corrupto, codicioso y totalmente amoral", un modelo temprano para muchos de los Judas que pueblan hoy las filas del Enemigo Interno de Estados Unidos.

La verdad sobre el papel de Dickstein como agente soviético fue revelada a finales de los años 90 en mensajes y archivos de inteligencia soviéticos, secretos durante mucho tiempo, que ahora están a disposición de los historiadores estadounidenses. De hecho, Stephen Gettinger, editor del eminentemente "mainstream" y totalmente apartidista Congressional *Quarterly*, dijo que el asunto Dickstein era probablemente "el primer caso claro de espionaje del Congreso en la historia".

El expediente muestra que Dickstein -que representaba a un distrito del Congreso notoriamente "judío" en el Lower East Side de Manhattan- fue reclutado como agente soviético en 1937 por Peter Gutzeit, un hombre que compartía la religión de Dickstein y que resultó ser el jefe de la estación neoyorquina del NKVD, la policía secreta soviética. Por una tarifa de 1.250 dólares al mes, Dickstein robaba grandes cantidades de documentos secretos del Congreso y del Departamento de Guerra, que pasaba a sus agentes soviéticos.

Además, y quizás más importante, Dickstein actuó como agente de influencia de Moscú en Washington atacando en voz alta a las potencias europeas nacionalistas de Alemania e Italia por su decidida oposición al comunismo soviético. Dickstein fue quizás uno de los primeros y más ruidosos defensores de la presión estadounidense sobre Alemania, con la intención de desencadenar la intervención militar estadounidense en la guerra de Europa que se convertiría en la Segunda Guerra Mundial. Dickstein saltó a los titulares al acusar a los estadounidenses que se negaban a apoyar sus belicosas intenciones de ser "antiamericanos", una acusación que los elementos sionistas siguen utilizando hoy en día contra los buenos patriotas estadounidenses que se niegan a apoyar la interminable intervención estadounidense en Oriente Próximo en nombre de Israel.

Y aunque muchos simplemente atribuyeron la histeria de Dickstein al hecho de que era judío y, por tanto, un enemigo evidente del gobierno de Adolf Hitler en Alemania, el hecho es que, como hemos visto, Dickstein también era un agente a sueldo muy codicioso de la Unión Soviética.

Lo que resulta especialmente interesante es que Dickstein fue uno de los primeros promotores de la creación de lo que se conoció como el Comité de Actividades Antiamericanas de la Cámara de Representantes (HUAC). *El New York Times* llegó a llamar a Dickstein "el fundador del HUAC". Sin embargo, cuando el HUAC comenzó sus investigaciones y pronto descubrió que los verdaderos subversivos en suelo estadounidense eran agentes soviéticos y que muchos verdaderos patriotas estadounidenses simplemente no veían la necesidad de la intervención de EE.UU. en Europa en una guerra contra Alemania, Dickstein dio un giro de 180 grados y denunció al mismo comité que había ayudado a crear en primer lugar.

Resultó que las exigencias financieras de Dickstein a sus superiores soviéticos eran tan elevadas que el NKVD le dio el nombre en clave de "Crook" en sus memorandos internos e intercambios de inteligencia. En 1938, Peter Gutzeit, el intermediario de Dickstein en Nueva York con el NKVD, advirtió a sus superiores en un memorando que "Crook" justificaba plenamente su nombre en clave. Es un tipo sin escrúpulos, ávido de dinero... un estafador muy astuto". (Y esta valoración no fue el tipo de comentario favorable sobre Dickstein que apareció en los medios de comunicación de la época).

En cualquier caso, a finales de 1940, Dickstein y sus agentes soviéticos se habían separado, pero Dickstein ya había realizado una enorme cantidad de trabajo sucio de gran eficacia en nombre de sus patrocinadores extranjeros. Dickstein abandonó el Congreso tras las elecciones de 1944 y se convirtió en juez del Tribunal Supremo del Estado de Nueva York, muriendo en

1954 como un hombre muy rico y honrado. Los documentos de este traidor -pero no las pruebas de su traición- se conservan con cariño y reverencia en los Archivos Judíos Americanos del Hebrew Union College de Cincinnati.

Obviamente, Dickstein probablemente habría sido muy pro-soviético y anti-nazi incluso sin el apoyo financiero de sus agentes soviéticos, pero el hecho de que estuviera dispuesto a prestar secretamente sus esfuerzos en nombre de agentes soviéticos secretos - por dinero - dice mucho acerca de este supuesto "hombre de Estado". De hecho, Dickstein es un modelo clásico de una de las Cabras de Judá -el Enemigo Interior- que tanto daño han hecho a Estados Unidos. Y es por esto, si no por otra razón, que debemos recordar su sórdido pasado.

Lo cierto es que hoy hay mucha más gente como él en el Congreso. El historial de los políticos "a sueldo" del lobby israelí es igual de sórdido, pero estos políticos se jactan de haber recibido dinero extranjero, mientras que Dickstein, por supuesto, ha mantenido caliente su traición.

Y eso dice mucho de lo lejos que ha ido América.

CAPÍTULO VIII

El papel secreto de la ADL a la hora de determinar a quién contratan las agencias federales de EE.UU.

A pesar de la influencia de la Liga Antidifamación (ADL) de B'nai B'rith en la configuración de actividades escandalosas y divisorias, como el comportamiento del FBI y el Departamento de Justicia en el infame "caso de sedición", y en la dirección de la cobertura mediática de los disidentes estadounidenses que se oponían a la agenda sionista antes y durante la Segunda Guerra Mundial (mediante el uso de voluntariosos agitadores vinculados a la ADL como el columnista Walter Winchell), lo cierto es que las actividades de la ADL siguieron floreciendo en los años posteriores a la guerra. Pero en aquella época todavía había algunos patriotas auténticos bien situados, incluso en el Congreso, que estaban dispuestos a enfrentarse a la ADL.

En 1947, un comité del Congreso investigó un segmento de la red nacional de espionaje de la Liga Antidifamación B'nai B'rith (ADL). En este caso concreto, los investigadores del Congreso estaban interesados en saber cómo la ADL y uno de sus grupos de fachada, los "Amigos de la Democracia", habían conseguido penetrar en una agencia federal y colocar información falsa, maliciosa y difamatoria sobre objetivos de la ADL en los archivos de la agencia.

Los días 3, 6 y 7 de octubre de 1947, el congresista Clare E. Hoffman (republicano de Michigan), entonces presidente de la Comisión de Gastos del Departamento Ejecutivo de la Cámara de Representantes, convocó una subcomisión para investigar la Comisión de la Administración Pública de Estados Unidos (CSC), el organismo que supervisa al personal federal. El congresista Porter Hardy Jr. (D-Va.) se unió a Hoffman como miembro de esa subcomisión.

Hoffman y otros se habían enterado de que existían archivos del SCC que contenían declaraciones sobre los puntos de vista, opiniones y actividades de algunos miembros del Congreso y sus esposas, así como de otros destacados estadounidenses, la mayoría de los cuales nunca habían aspirado a un cargo a través del SCC.

Según Hoffman, la mayor parte de la información -algunas de las cuales eran despectivas- parecían ser "en gran parte rumores, habladurías" que se habían escrito en fichas guardadas en las oficinas de la CSC. Hoffman reveló durante la vista que los investigadores habían determinado que en muchas de esas fichas había una nota en la que se leía:

> Lo anterior ha sido copiado del archivo subversivo en posesión de los abogados Mintzer & Levy, 39 Broadway, NYC, despacho 3305. Estos archivos fueron compilados en cooperación con el Comité Judío Americano y la Liga Antidifamación. Bajo ninguna circunstancia pueden revelarse ( ) o citarse las fuentes de esta información. No obstante, puede obtenerse más información poniéndose en contacto con las oficinas de Mintzer & Levy.

Según Hoffman, "esta mención aparece en la parte inferior de las tarjetas que contienen información según la cual las personas citadas, senadores y miembros del Congreso, eran desleales, pertenecían a grupos subversivos y tal vez participaban en actividades de traición".

Lo que resultaba especialmente chocante, por supuesto, era que la agencia federal decía claramente en su memorándum privado que, aunque incluía las difamaciones de la ADL en sus propios archivos, las personas objeto de las mismas no tenían derecho a conocer la fuente de las calumniosas acusaciones, lo que constituía una flagrante violación del derecho tradicional de toda persona a poder enfrentarse a su acusador.

Es interesante observar que varios comisarios de la SCC llamados a declarar, entre ellos James E. Hatcher, Jefe de la Oficina Central, División de Investigaciones de la SCC, admitieron que no sabían cómo se había introducido propaganda de la ADL en los archivos de la comisión.

Además, según Hatcher, "no sólo creo, sino que estoy seguro y seguro de que lo hicieron sin la autorización de la Comisión". Hatcher añadió: "Como estadounidense, creo que es completamente inapropiado. Y realmente no creo que cosas así deban constar". Esta declaración, por supuesto, procedía de un funcionario encargado de buscar hechos -no mentiras malintencionadas- sobre futuros funcionarios.

Todo esto sugiere que fue una "planta" de la ADL en las oficinas de la CSC la que insertó la información despectiva en los archivos. Por supuesto, se sabe que la ADL ha penetrado en más de un organismo gubernamental a lo largo de los años, por no hablar de cientos de asociaciones privadas, editoriales y otras entidades.

Para zanjar la cuestión, un miembro de la comisión, Fred Busbey MP (R-Ill.), preguntó a otro testigo, Harry Mitchell, presidente de la CSC: "¿Cuál será la actitud de la Comisión de la Función Pública en el futuro en relación con los nombres introducidos en sus registros por la Liga Antidifamación o Amigos de la Democracia, procedentes de los registros de estas organizaciones?".

Mitchell respondió: "No se archivarán". Cuando Busbey le preguntó si consideraba que la información era "incuestionablemente fiable", Mitchell respondió: "No lo creo. Supongo que son organizaciones comunistas, pero en realidad no lo sé".

Aunque Busbey declaró que, según su leal saber y entender, la ADL y su grupo de fachada no eran organizaciones comunistas, el congresista hizo comentarios sin tener en cuenta el conocimiento que la historia nos ha legado: De hecho, la ADL ha sido uno de los principales controladores, junto con el Kremlin soviético, del Partido Comunista Americano, incluso en la época en que el Partido Comunista estaba controlado en su cúpula por un activo del director del FBI J. Edgar Hoover, un aliado de la ADL (más sobre esto más adelante en estas páginas).

Sin embargo, la especial influencia de la ADL en el Partido Comunista de EEUU ha sido en gran medida ignorada u olvidada. La especial influencia de la ADL fue denunciada por la difunta Dra. Bella Dodd, antigua dirigente del CPUSA, quien contó a sus íntimos -tras abandonar la Órbita Roja- que siempre que los comunistas estadounidenses necesitaban financiación o asesoramiento estratégico, recibían instrucciones de acudir a los peces gordos de la ADL en Manhattan.

Algunos conservadores, que están sujetos a la disciplina de la ADL o que han temido mencionar cualquier cosa que pudiera percibirse como perjudicial para la ADL, han citado a menudo la intrigante revelación del Dr. Dodd, pero siempre han tenido cuidado de suprimir su referencia a la ADL, informando únicamente de que los operativos de la ADL eran "capitalistas estadounidenses extremadamente ricos". Por lo tanto, está bastante claro que la ADL era, como suponía el Comisario de la SCC, una organización comunista.

Sea como fuere, el presidente de la comisión, el Sr. Hoffman, dijo con razón y sin rodeos sobre la ADL y Amigos de la Democracia: "Les diré que son artistas de la difamación".

Nota histórica: En la campaña senatorial de Pensilvania de 1992, la ADL se vengó del difunto representante Porter Hardy, que se había unido audazmente al representante Hoffman en la investigación de las actividades de espionaje de la ADL. Cuando la hija de Hardy, Lynn Hardy Yeakel, una exitosa mujer de negocios, impugnó la reelección del actual senador Arlen Specter (republicano por Pennsylvania), uno de los principales partidarios de la ADL en el Congreso, se desató una campaña de cuchicheos en la que se acusaba a la Sra. Yeakel de "antisemita". Specter fue reelegido.

Este es sólo un ejemplo de cómo la ADL -que representa al enemigo interior- desempeñó un papel central entre bastidores a la hora de influir en la política pública estadounidense, estando literalmente en posición de determinar quién podía conseguir un puesto de trabajo en el gobierno de Estados Unidos.

Si alguien cree realmente que la ADL no desempeña todavía un papel similar -sobre todo en esta era de informatización y espionaje de alta tecnología- es un verdadero ingenuo.

Todo esto es sólo la punta del iceberg de las actividades de la ADL, y en los capítulos que siguen aprenderemos mucho más sobre la ADL y su papel destructivo en la distorsión de la agenda estadounidense.

CAPÍTULO IX

La Liga Antidifamación: un lobby extranjero para Israel y una agencia privada de espionaje para el enemigo interior

Durante años, Liberty Lobby, la institución populista con sede en Washington que publicó *The Spotlight*, ha acusado a la Liga Antidifamación (ADL) de B'nai B'rith de operar como agente extranjero no registrado -y por tanto ilegal- del Estado de Israel. Todo esto, por supuesto, además del papel especial que la ADL desempeña desde hace tiempo, por ejemplo, junto con el FBI, como principal conducto de datos de espionaje y como patrocinadora de nefastas actividades encubiertas diseñadas para infiltrarse y desbaratar grupos disidentes estadounidenses legítimos (y completamente patrióticos). La ADL, como institución peculiar -y de dudosa reputación- encarna en muchos sentidos el mal de El enemigo interior.

Pero el papel de la ADL como agente exterior de Israel -un papel que evolucionó tras la fundación del Estado de Israel en 1948- debe analizarse en profundidad para comprender plenamente el inmenso poder que la ADL ha acumulado en la configuración de la política exterior e interior de Estados Unidos.

El hecho de que un instrumento de un gobierno extranjero haya logrado ejercer tal influencia sobre (y literalmente dentro de) organismos estadounidenses encargados de hacer cumplir la ley como el FBI, por ejemplo, es un hecho notable y aterrador.

En junio de 1981, Liberty Lobby publicó su detallado *libro blanco sobre la Liga Antidifamación (ADL) de B'nai B'rith*. Este libro blanco se publicó con el propósito expreso de sacar a la luz hechos que obligaran a la ADL a registrarse en el Departamento de Justicia de Estados Unidos como agente del Gobierno de Israel.

Al negarse a registrarse en el Ministerio de Justicia, la ADL incumplía -y sigue incumpliendo- la Ley de Registro de Agentes Extranjeros de 1938, que exige el registro de todos los agentes extranjeros.

El Ministerio de Justicia admitió, tras examinar el libro blanco, que Liberty

Lobby había "establecido de hecho una reciprocidad de intereses entre la ADL y el Gobierno de Israel".

La admisión del Departamento de Justicia se produjo en respuesta a una investigación del Congreso sobre la situación de la ADL, que se inició a raíz de una carta de miembros del Liberty Lobby en la que instaban al Congreso a investigar la situación de la ADL como agente no registrado de un gobierno extranjero. El Departamento de Justicia comunicó al congresista interesado que "si esta carta u otras fuentes aportan pruebas suficientes que demuestren una violación de la Ley de Registro de Agentes Extranjeros", el Departamento ha garantizado que tomará medidas coercitivas contra la ADL.

El Ministerio de Justicia declaró que era necesario demostrar la existencia de una relación "contractual" entre la ADL y el Gobierno de Israel antes de que pudieran tomarse las "medidas oportunas". Esta afirmación del Ministerio de Justicia era falsa. De hecho, contradecía la legislación federal.

En virtud de la Ley de Registro de Agentes Extranjeros (FARA), toda organización que actúe como agente de una potencia extranjera, "con o sin relación contractual", es un "agente extranjero" en el sentido de la Ley. La sección 1, subdivisión (c) de la Ley define a un agente de un gobierno extranjero de la siguiente manera:

> (1) Cualquier persona que actúe como agente, representante, empleado o servidor, o cualquier persona que actúe en cualquier otra capacidad bajo las instrucciones de, a petición de, o bajo la dirección o control de, un principal extranjero o una persona cualquier parte de cuyas actividades estén directa o indirectamente supervisadas, dirigidas, controladas, financiadas o subvencionadas en su totalidad o principalmente por un principal extranjero, y que, directamente o a través de otra persona, - sea agente, representante, empleado o servidor de un principal extranjero.
>
> (i) se dedique a actividades políticas en Estados Unidos para o en interés de ese mandante extranjero:
>
> (ii) actúe en los Estados Unidos como asesor de relaciones públicas, publicista, empleado de un servicio de noticias o consultor político para o en interés de dicho mandante extranjero; (iii) solicite, recaude, desembolse o distribuya en los Estados Unidos contribuciones, préstamos, dinero u otras cosas de valor para o en interés de dicho mandante extranjero; o (iv) represente en Estados Unidos los intereses de dicho mandante extranjero ante cualquier agencia o funcionario del Gobierno de Estados Unidos.

(2) Cualquier persona que acepte, consienta, asuma o pretenda actuar como, o sea o se haga pasar por, ya sea en el curso de una relación contractual o no, un agente de un mandante extranjero tal y como se define en la cláusula (1) de esta subsección.

En todos los sentidos de la palabra, la ADL realiza cada una de las acciones de un agente extranjero según la definición de la FARA. De hecho, una propuesta de enmienda a la Ley, aprobada por el Senado en 1964, reiteraba la disposición de la Ley original de 1938, que establecía que existe una relación de agencia "cuando el agente actúa al margen de un acuerdo contractual, o se presenta meramente como agente de un principal extranjero".

Una vez más, la ley contradice las afirmaciones del Ministerio de Justicia en sentido contrario. Al presentarse simplemente como representante del gobierno de Israel, la ADL se erige en agente de una potencia extranjera y, por tanto, debe registrarse en el Ministerio de Justicia.

En respuesta a la petición de un ciudadano de que la ADL fuera investigada por el Ministerio de Justicia, éste se apresuró de nuevo a salir en su defensa, afirmando que la ADL estaba exenta de la obligación de registrarse como agente extranjero porque no actuaba "por orden, a petición o bajo la dirección de... un mandante extranjero...".

El Ministerio declaró: "Concretamente, sin pruebas de que la ADL esté operando a petición de este gobierno [Israel], o bajo su dirección o control, no hay obligación de registrarse conforme a la Ley de Registro de Agentes Extranjeros".

A pesar de ello, el Ministerio de Justicia sabe perfectamente que la ADL es un agente del gobierno israelí y que sus actividades son ilegales por no estar registrada.

No se trata sólo de una conclusión sesgada por parte de Liberty Lobby, sino de la opinión de un alto funcionario del Ministerio de Justicia que se reunió con representantes de Liberty Lobby.

Durante una de las muchas sesiones privadas del Liberty Lobby con funcionarios del Ministerio de Justicia, un asesor del Ministerio preguntó: "¿Por qué le preocupa tanto todo esto al Liberty Lobby?". El portavoz de Liberty Lobby respondió: "Porque va contra la ley" (refiriéndose, por supuesto, a las actividades de ADL). El funcionario del Ministerio de Justicia replicó: "Todo el mundo lo sabe".

Obviamente, esta no era la posición oficial del Ministerio de Justicia, pero sin duda era la opinión de un funcionario influyente y bien informado del Ministerio de Justicia que hablaba extraoficialmente (y que, por tanto, estaba protegido de las represalias de la ADL).

Lo que sigue es una serie comentada de citas de fuentes y documentos de la ADL que ilustran, más allá de toda sombra de duda, que la ADL funciona (según la definición de la ley federal vigente) como agente extranjero del Gobierno de Israel.

Por lo tanto, dado que la ADL opera realmente como tal y no está registrada en el Departamento de Justicia, infringe la legislación federal estadounidense.

- En el número de diciembre de 1973 del "Boletín de la ADL", que celebraba el 60 aniversario de la ADL, el grupo de presión anunciaba su intención de lanzar "una campaña educativa nacional a favor de la supervivencia de Israel como Estado libre y seguro y para contrarrestar las reacciones antisemitas en este país ante los problemas derivados del conflicto árabe-israelí". (En este caso, la ADL "se presenta como... agente de un mandante extranjero", tal como se define en la Ley de Registro de Agentes Extranjeros).

- Las actas de la sesión plenaria de enero de 1969 del Consejo Internacional de B'nai B'rith recogen una petición pública del gobierno israelí para que la ADL trabaje en su nombre. El presidente de la B'nai B'rith (de la que la ADL es el principal órgano político) declaró que el ministro israelí de Asuntos Exteriores, Abba Eban, había dicho que el presupuesto de relaciones públicas de Israel era tan bajo que Israel necesitaba ayuda exterior. El presidente de B'nai B'rith dijo: "Él [Eban] suplicó ayuda exterior: "Él [Eban] suplicó [a la ADL] que hiciera hincapié en su necesidad de fondos para que la posición de Israel pudiera ser interpretada con precisión en todo el mundo. Por supuesto, la ADL respondió de todo corazón a la petición de Eban.

- En un informe "confidencial" fechado el 15 de mayo de 1978, la ADL mostraba desde dentro cómo la ADL no sólo ejercía presión pública a favor de Israel, sino también cómo el grupo representaba los intereses de Israel en Washington bajo la dirección del propio gobierno israelí. El informe detalla diversos aspectos de una serie de reuniones entre funcionarios de la ADL y dirigentes del gobierno israelí. Estas reuniones culminaron con el regreso de representantes de la ADL a Estados Unidos, donde transmitieron el mensaje israelí directamente al presidente Jimmy Carter, al vicepresidente Walter Mondale y a otros altos cargos de la administración. La ADL concluyó el informe jactándose de que sus "sugerencias" al gobierno estadounidense debían de haber "dado sus frutos" a la vista de las medidas adoptadas posteriormente por Estados Unidos en favor de los intereses israelíes. (Esta es la prueba definitiva de que la ADL trabaja "bajo la dirección, petición o control de un mandante extranjero". Por tanto, la ADL es, por definición, un agente extranjero, pero un agente que no está registrado, lo que va contra la ley.

- En el número de diciembre de 1976 del Boletín de la ADL, se citaba al Ministro de Asuntos Exteriores israelí, Yigal Allon, diciendo en una recepción de la ADL (refiriéndose a la ADL y sus relaciones con Israel): "Somos uno, y a través de nuestra unidad ganaremos la batalla por la paz".

En el mismo boletín, se cita al presidente israelí Ephraim Katzir diciendo: "La ADL protege a Israel. Es una tarea muy noble, que sabe hacer y que hace bien". Además, Avraham Harmon, Presidente de la Universidad Hebrea de Israel, fue citado por la ADL diciendo, muy acertadamente, que la ADL "actúa mejor" que cualquier otra organización en nombre de Israel.

También se reveló en el boletín que la ADL es responsable de una serie de programas de radio y televisión llamados "Dateline Israel", narrados por Arnold Forster, miembro de la ADL. La serie está producida por la ADL en Israel y pretende difundir "una imagen positiva de los judíos y una comprensión de las preocupaciones judías, particularmente en Israel".

- En el número de noviembre de 1977 del Boletín de la ADL, ésta anunció la apertura de una oficina en Jerusalén. Según la ADL: "La oficina de Jerusalén se creó para lograr un mejor entendimiento entre la comunidad judía estadounidense y el público israelí, y para ayudar al Departamento de Asuntos de Oriente Medio de la ADL y a las 26 oficinas regionales de al en Estados Unidos a interpretar las políticas, los problemas y las necesidades de Israel".

- Los registros del servicio postal que datan del 26 de junio y el 20 de julio de 1967 mostraron, al examinarlos, que la ADL había enviado publicaciones oficiales de propaganda israelí utilizando su condición de organización "sin ánimo de lucro" para utilizar los servicios de correo masivo subvencionados por los impuestos estadounidenses (si la ADL se registrara como agente extranjero, no se beneficiaría de esta exención fiscal).

- La ADL y su organización matriz, B'nai B'rith, también desempeñaron un papel importante en la canalización de fondos al Gobierno de Israel. Según un memorando de Maurice Bisgyer, Vicepresidente Ejecutivo de B'nai B'rith, al Consejo de Gobernadores de B'nai B'rith, B'nai B'rith ha destinado a Israel un total de 425.000 dólares.

Lo significativo de esta suma es que procedía del gobierno alemán en forma de pagos de reparaciones a los supervivientes judíos del llamado Holocausto. Al parecer, B'nai B'rith ya había decidido que sería el canal a través del cual se canalizarían los pagos de las reparaciones alemanas y, en los años siguientes, empezó a reconocer las ramificaciones de esta acción: la ADL y B'nai B'rith estaban violando claramente no sólo la Ley de Registro de Agentes Extranjeros, sino también, muy probablemente, la legislación fiscal estadounidense.

En una carta confidencial a Joseph Sklover, de la B'nai B'rith, Benjamin Ferenz, abogado asociado a la ADL, decía: "He estado pensando en la cuestión [de las reparaciones] y ahora creo que podríamos persuadir a los alemanes de que concedan un estatus preferente a la B'nai B'rith sin acudir primero directamente al Tesoro estadounidense.

De hecho, la ADL trató de erigirse en un gobierno internacional, presionando a funcionarios alemanes, eludiendo las leyes estadounidenses, recaudando y distribuyendo fondos a Israel y contribuyendo al esfuerzo por apoyar al agresivo Estado de Oriente Medio.

Estas pruebas de las maniobras de la ADL demuestran claramente que la ADL es un agente extranjero de Israel, nominalmente vinculado a Estados Unidos, pero en realidad preocupado por los intereses de Israel, y sólo de Israel.

- Por último, la ADL admitió públicamente en su boletín que "se ha convertido en el único distribuidor estadounidense de películas de interés general producidas por Israel Film Service". (Esta es una prueba irrefutable de que la ADL ha establecido una relación de agencia de jure con el Gobierno de Israel, cumpliendo así las condiciones que el Departamento de Justicia de EE.UU. dice que deben probarse antes de que el Departamento pueda investigar las acusaciones del Liberty Lobby contra la ADL. Es esta relación contractual la que el Departamento ha sido "incapaz" de encontrar).

No olvide que toda esta información no procede de fuentes "antisemitas" o "antiisraelíes" (como podría intentar afirmar la ADL), sino de las propias publicaciones de la ADL.

La ADL no sólo se presenta como un agente del gobierno israelí, bajo las órdenes de Israel y en su nombre, solicitando fondos, difundiendo propaganda y ejerciendo presión en los niveles más altos de nuestro gobierno, sino que también está implicada en una relación directa de agencia con el creciente Estado de Oriente Medio.

La ADL es un agente de un gobierno extranjero. Este hecho es indiscutible. Es un hecho, como hemos visto, que incluso el Departamento de Justicia de EE.UU. reconoce. Sin embargo, el Departamento de Justicia se negó a actuar, entonces o ahora. En lugar de ello, el Departamento de Justicia -y en particular el FBI- estableció una relación casi incestuosa con este agente extranjero, permitiendo que la ADL dirigiera literalmente las operaciones internas del FBI al señalar a estadounidenses patriotas para que recibieran un "trato especial".

Sin embargo, en los últimos días de 1992, ocurrió algo extraordinario: la propia ADL fue investigada por una fuerza policial local que trabajaba en tándem con el propio FBI. Se trata de una historia asombrosa, que examinaremos en detalle en capítulos posteriores. Pero por ahora, vamos a examinar más de cerca la experiencia personal del autor con el principal agente encubierto de la ADL durante mucho tiempo, Roy Edward Bullock.

CAPÍTULO X

"Encantador, hábil y astuto" - Encuentros directos con el espía número uno de la ADL: Roy Bullock

Conocí a un espía de la agencia de inteligencia israelí, el Mossad. Se llamaba Roy Edward Bullock. Aunque nunca fue judío, durante muchísimos años Roy fue un informante encubierto de la principal agencia de inteligencia y propaganda estadounidense del Mossad, la Liga Antidifamación (ADL) de B'nai B'rith.

Al final, desempeñé -y me enorgullece decirlo- un papel clave en la denuncia de las actividades de Bullock, aunque en cierto modo lamentara tener que hacerlo. Roy Bullock me caía bien personalmente, pero no me gustaba lo que hacía.

Aunque no hay nada que odie más que un autor se inserte en la narración de su propio libro no autobiográfico, que es lo que estoy haciendo en este momento, es sencillamente imposible contar toda la historia de Roy Bullock y el escándalo de espionaje de la ADL que le afectó, sin contar mi propia parte de la historia. Y eso es lo que tengo que hacer. Creo que los lectores encontrarán mi relato informativo e incluso entretenido.

Mi primer encuentro con Roy Bullock, que yo recuerde, fue probablemente en 1983. Como empleado subalterno en el departamento editorial del semanario populista *nacional The Spotlight,* publicado en el Capitolio en Washington por Liberty Lobby, me encargaba con frecuencia de tratar con los lectores *de Spotlight* que visitaban la sede de Liberty Lobby. Esto me dio la oportunidad de conocer a cientos de lectores *de* Spotlight de todas las formas, tamaños y colores. Uno de ellos resultó ser un hombre amable y simpático de San Francisco llamado Roy Bullock.

Bullock, un hombre de mediana edad con el pelo negro ralo y un bigote extravagante, hablaba con una voz de barítono comedida, con un toque de cinismo inherente. Bajo, fornido, de pecho de tonel y poderosa constitución, con los hombros de un luchador profesional, Bullock, que tenía cuello de toro, se comportaba con una postura recta y militar. A pesar de ser marchante de arte de profesión, Bullock, irónicamente, podría ser elegido fácilmente por un director de Hollywood como un soldado de fortuna que lucha en un remoto rincón del mundo.

Conversador ingenioso, de sonrisa alegre, ojos chispeantes y risa franca, Bullock era una persona muy curiosa y un gran animador de cualquier fiesta. Era vegetariano y se preocupaba mucho por su salud. Un día, mientras almorzaba con Bullock y otro de mis colegas *de Spotlight*, me di cuenta de que Bullock llevaba una gran suma de dinero en billetes grandes. Por supuesto, sus superiores en la ADL cubrían sus gastos. Siempre insistía en pagar la cena de sus presas, lo que sin duda era una ventaja para mí, dada mi patética escala salarial.

Según recuerdo, cuando conocí a Bullock, me dijo que estaba en la ciudad para asistir a una reunión de un grupo árabe-americano. A principios de 1984, Bullock regresó a Washington y visitó de nuevo el Liberty Lobby. Esta vez preguntó por mí y tuve el placer de reencontrarme con él. Bullock estaba muy interesado en el nuevo partido populista creado por Liberty Lobby.

Roy estaba lleno de preguntas, muchas preguntas. Fue entonces cuando me di cuenta de que estaba inusualmente lleno de preguntas, más que la mayoría de los lectores "habituales" *de Spotlight*.

Este es un punto importante: como miembro del personal del Liberty Lobby, he tenido oportunidades regulares a lo largo de los años de reunirme con cientos, si no miles, de simpatizantes del Liberty Lobby. Siempre estaban llenos de preguntas y comentarios, y yo me lo esperaba. Los simpatizantes del Liberty Lobby eran personas inteligentes que buscaban respuestas.

Pero el 99,999% de ellos -a diferencia de Roy Bullock- no buscaban "cotilleos". Me di cuenta de que las preguntas intrusivas de Bullock no tenían nada que ver con los hechos de los acontecimientos políticos, la posición populista sobre los temas del día ni nada por el estilo.

Bullock, de hecho, buscaba cotilleos sobre miembros del movimiento populista.

Fue entonces cuando se me ocurrió que Roy Bullock bien podría haber sido un informante de la ADL. Así que, a mi manera, pensé en divertirme un poco con él. Mencioné a la ADL. De hecho, me quejé con él de que la ADL nunca me había mencionado.

"Después de todo lo que he hecho para luchar contra la ADL", comenté, "¡no me hacen ni caso! Bullock rió con placer. Tras una breve visita, se marchó de nuevo.

No pasó mucho tiempo -quizá varios meses después- hasta que Bullock reapareció. Me llamaron a recepción para ver a un visitante.

Sentado en el sofá del vestíbulo estaba nada menos que Roy Bullock. Le saludé alegremente, le estreché la mano y le di la bienvenida a Washington. "Tengo algo que le interesará", me dijo Bullock. "Está recién salido de la imprenta", añadió, entregándome un fajo de papeles. "Acabo de comprarlo en Nueva York".

Era un informe de la ADL sobre el partido populista y se mencionaba mi nombre entre otros empleados del Liberty Lobby implicados en asuntos del partido.

Grité complacido: "Esos hijos de puta por fin han mencionado mi nombre". Era un signo de distinción, pensé entonces, y sigo pensándolo. (El epíteto que apliqué a ADL, debo señalar, es bastante trillado, por no decir otra cosa). Me di cuenta de que Bullock me observaba atentamente. Muy atentamente.

Fue entonces cuando me di cuenta de que mis sospechas podían haberse despertado por: ¡Roy Bullock era un agente de la ADL! Si no lo era, pensé, debería haberlo sido.

Francamente, en aquel momento no estaba seguro de cómo reaccionar, pero volví a expresar mi alegría. "La última vez que te vi", dijo Roy, "te quejabas de que la ADL nunca había mencionado tu nombre. Pues ahora lo han hecho". *A estas alturas ya estaba seguro de que lo más probable era que Bullock fuera un agente de la ADL.*

Que yo recuerde, no volví a ver a Bullock hasta principios de 1985. Me habían invitado a asistir, junto con el presidente nacional del Partido Populista, Bill Baker, y nuestra colega, la corresponsal *de Spotlight* Trisha Katson, a una reunión patrocinada por la Asociación de Estudiantes Libios, con sede en Washington. Prometía ser una velada entretenida. Al entrar en la sala del banquete, oí de fondo el sonido de una exótica música árabe. Trish Katson y Bill Baker ya estaban allí, junto con un surtido de amigos y conocidos, entre ellos un tal Matthew Peter Balic, sobre el que volveré más adelante.

Bill Baker se apresuró a presentar a varios líderes amerindios a la asamblea. Me uní a la fiesta y tomé asiento en la mesa donde Baker celebraba la corte. Mientras Baker entretenía a sus oyentes con una divertida anécdota, vi entrar en la sala una cara conocida. No era otro que Roy Bullock. Me levanté y le hice señas para que se sentara a la mesa, complacido por su llegada, pero intrigado al mismo tiempo. Bullock estaba en todas partes. En todos los sitios donde debería estar un agente de la ADL.

Me vio y se me acercó. "Sospechaba que encontraría aquí a la gente del Freedom Lobby", exclamó mientras me estrechaba la mano. "Sentía el ambiente", comentó, enarcando las cejas y mirando de izquierda a derecha con aire cómico. Se unió a nosotros en la mesa y la conversación, inevitablemente -dada la ocasión-, giró en torno a la cuestión de Oriente Medio.

Observé atentamente a Bullock. Percibí que algo iba mal. Escuchaba, se reía en los momentos adecuados, observaba a los demás tan atentamente como yo a él.

En un momento dado lancé lo que esperaba que fuera una ocurrencia bastante mordaz que arrojara calumnias sobre el Estado de Israel y sus dirigentes. Mientras los demás se reían divertidos, Bullock se unió, pero su risa no era sincera. Pero su risa no era sincera: "Yessss.... ", dijo en señal de aprobación.

Pero era obvio que no estaba de acuerdo. De hecho, me di cuenta de que Bullock estaba siendo discretamente - pero muy claramente - sarcástico. Y no podía contenerse. Vi el destello de disgusto en sus ojos. Estaba interpretando un papel... a duras penas. Nadie más lo notó, pero yo sí.

Cada vez tenía más claro que Roy Bullock era mucho más de lo que parecía. No tenía pruebas fehacientes, por supuesto, pero estaba más convencido que nunca: Roy Bullock era, en efecto, un agente de la ADL.

Por lo que recuerdo, volví a ver a Bullock en septiembre de 1985, todavía en Washington. Bullock pasó por el Liberty Lobby y me informó de que iba a asistir a una reunión del Comité Antidiscriminación Árabe-Americano, y dio la casualidad de que un amigo mío árabe-americano me había dado dos entradas para un desayuno organizado durante la conferencia.

Así fue como mi colega y querida amiga, la difunta Lois Petersen, y yo nos encontramos junto a Bullock y varias otras personas en este desayuno organizado en el marco del encuentro árabe-americano.

(Sólo años más tarde descubrí también que en nuestra mesa había un espía estadounidense del servicio secreto de Arabia Saudí (!), aunque entonces no sabía que Roy Bullock trabajaba para la ADL.

(En 2005, en una carta personal que me envió, el espía saudí me habló de su afiliación y me recordó que había cenado con Bullock, la señora Petersen y conmigo).

En fin, después del desayuno nos fuimos cada uno por nuestro lado. Roy se había mostrado muy entusiasmado, como siempre, pero yo estaba cada vez más convencida de que estaba tratando con el diablo

Por supuesto, era sólo mi instinto y, en aquel momento, yo era todavía relativamente joven y tenía poca experiencia con las cabras de Judá: el enemigo interior. No estaba en posición de acusar a Bullock, pero mis sospechas eran fuertes.

Fue a finales de 1985 o principios de 1986 cuando Bullock volvió a ponerse en contacto conmigo, cuando se encontraba en Washington. Quería asistir a la conferencia anual de una organización histórica californiana (fundada por Willis Carto, del Liberty Lobby) y su solicitud había sido rechazada. Me preguntó si podía utilizar mi nombre como referencia. Le dije: "Adelante", porque, después de todo, no quería despertar sus sospechas diciéndole que "no", ya que, obviamente, él y yo siempre habíamos mantenido una relación amistosa hasta ese momento.

Lo que no sabía entonces era que Willis Carto ya había sido informado por el Dr. Edward R. Fields, de *The Thunderbolt*, de que Bullock era un agente de la ADL. Fue por esta razón que la solicitud de Bullock para participar en la histórica conferencia había sido rechazada. Nunca volví a saber de Bullock sobre el tema, y Willis y yo no hablamos de ello - *hasta más tarde...*

En cualquier caso, fue poco después, en la primavera de 1986, cuando Bullock reapareció en Washington. Me llamó y me preguntó si quería cenar con él. Aunque desconfiaba -ahora estaba convencido de que Bullock era casi con toda seguridad un agente de la ADL-, acepté reunirme con él para cenar.

Pero pensé que era hora de hablar con Willis Carto sobre Bullock. Tenía previsto cenar con Bullock a las 6 de la tarde. Hacia las 17.00 horas, cuando la oficina del Liberty Lobby terminaba su jornada, me detuve en el pequeño despacho esquinero de Willis. Bullock me había dicho, cuando le conocí, que conocía a Willis "desde hacía años":

"Willis, conoces a Roy Bullock, ¿verdad?"

Willis levanta la vista, con los ojos brillantes y un atisbo de sonrisa. "Sí, ¿de qué lo conoces?"

"Bueno, viene aquí desde hace unos años", le dije, "de hecho, voy a cenar con él esta noche".

Willis seguía sonriendo.

"Háblame de él", pregunté, intuyendo -no, sabiendo- que, sí, tenía razón sobre Bullock. Sabía lo que Willis iba a decir:

"Es ADL".

Eso fue todo. Asentí y sonreí, pero por dentro se me revolvía el estómago. Estaba enfadada, pero al mismo tiempo me felicitaba mentalmente por haber descubierto al enemigo disfrazado.

"Eso es lo que pensaba", dije.

En ese momento, Willis me hizo la misma pregunta que yo me había estado haciendo: "¿Qué le dijiste?".

"No creo haberle dicho nada que no debiera. Pero no estoy segura", añadí con sinceridad.

¿Dónde está ahora?", preguntó Willis.

"Estará aquí muy pronto. Se supone que tenemos que cenar enfrente. ¿Crees que debería cancelarlo?" Pregunté, inseguro, obviamente, de la situación.

"No necesariamente", responde. "Sabes", dice Willis, pensando en voz alta, "esta podría ser una oportunidad para que descubramos exactamente qué le interesa".

"¿Qué quieres decir?", pregunté, un poco desconcertado.

En respuesta, Willis me sugirió que cenara con Bullock y le dijera francamente que me habían dicho que tenía "relaciones" con "gente de la ADL" y le preguntara: "¿Qué quieres saber exactamente?".

Bullock, por supuesto, se habría sorprendido por todo esto -probablemente- y entonces yo me habría ofrecido a contarle todo lo que quisiera saber (dentro de unos límites) a cambio de que Bullock utilizara sus conexiones en la ADL para determinar algo de especial interés para Willis: a saber, quién fue el responsable del atentado con bomba del 4 de julio de 1984 contra la oficina de Willis (y su almacén de valiosos libros históricos) en Torrance, California.

La propuesta de Willis tenía sentido para mí y pensé que, como mínimo, sería una gran experiencia de aprendizaje para mí: enfrentarme al diablo, literalmente, al otro lado de la mesa.

Así es como llegué a mi cena con Roy.

Nos dirigimos a un popular local nocturno de Capitol Hill, el Tune Inn, quizá más conocido internacionalmente por haber sido aclamado por la revista *Esquire* como uno de los "mejores" bares del país (de Washington, D.C. en particular).

El Tune Inn, un bar estrecho y anticuado con las paredes adornadas con animales disecados y otras criaturas que vivieron en otro tiempo, así como con algunas piezas de armamento, había sido un antro brutal que se había convertido en una guarida de yuppies, abarrotada por la noche de funcionarios del Capitolio deseosos de gastar sus sueldos, pagados con dinero de los contribuyentes, en algunas de las bebidas más baratas de la capital.

Roy y yo cogimos una mesa en la parte trasera del hostal, pedimos bebidas y cena, y nos acomodamos para lo que yo sabía que iba a ser una velada interesante. Roy, por supuesto, pidió un refresco.

Bebiendo con las dos manos, pedí algo mucho más fuerte, aunque pensé que debía mantener la calma. Pero necesitaba relajarme.

Mirando a Roy Bullock al otro lado de la mesa, le vi bajo una luz diferente. Ya no era el conocido jovial, amistoso, amante de la diversión y simpático de muchos años. Al contrario, era el diablo encarnado. "Recuerdo que pensé: 'Dios mío, aquí está Mike Piper cenando a cuenta de la ADL con uno de sus agentes secretos.

Unos instantes después de que llegaran las bebidas, Bullock empezó a hacerme preguntas. Fue un interrogatorio. No una charla amistosa. No tenía ninguna duda.

"Dígame", pregunta, mencionando el nombre de otro individuo que, como Bullock, es omnipresente, apareciendo en diversos actos políticos similares. "¿Quién es este tipo? Es muy interesante. ¿De dónde viene?"

Bullock se refería a Matthew Peter Balic, un personaje inusual, mencionado anteriormente, que había aparecido periódicamente en la sede del Liberty Lobby a lo largo de los años y que, al igual que Bullock, tenía afinidad por las reuniones árabe-estadounidenses.

(De hecho, aún conservo una foto de Bullock y mía en presencia del mismo Sr. Balic en la reunión de la asociación de estudiantes libios antes mencionada).

"¿Él? Siempre sospeché que podría ser un agente de la ADL", dije, muy en serio. (Interiormente, me sorprendió mi propia audacia. Realmente había abordado el tema de la ADL).

"Oh, ¿eso crees?" dijo Bullock.

"Creo que es una buena posibilidad", dije. "Siempre está presumiendo, mezclándose con los árabes. Viaja mucho. Gasta mucho dinero". (O Balic era un agente de la ADL o un agente de algún tipo y Bullock lo sabía -y estaba tratando de averiguar si yo tenía alguna sospecha- o la ADL se estaba preguntando realmente quién era Balic.

Por otra parte, se me ocurrió que Balic podría ser un agente de la ADL del que los superiores de Bullock nunca le habían hablado. Esto parecía totalmente posible en el "desierto de espejos" clandestino que impregna el extraño mundo de la ADL.

En cualquier caso, Bullock estaba realmente interesado en Balic y yo le había dado un bocado selecto para que se lo llevara a sus superiores patrocinados por el Mossad en la sede de la ADL en Nueva York: ¡Mike Piper, de Liberty Lobby, sospechaba que Balic era un agente de la ADL

La conversación continúa. Bullock va al grano. "Aquel bombardeo [de la oficina de Carto] fue un asunto bastante interesante", dice.

Prácticamente salté de mi asiento. Sentía que me hervía la sangre. Estaba segura de que Bullock había visto mi reacción, ¿o era mi imaginación? En cualquier caso, ¿fue un accidente? - Bullock había sacado el tema de mi propia misión secreta. Averiguar lo que Bullock sabía -o podía averiguar- sobre el atentado a la oficina de Willis Carto.

("Dios mío", pensé. "¿Hay micrófonos en la oficina del Liberty Lobby? ¿Oyó la ADL la conversación que Willis y yo mantuvimos antes? ¿Ha informado la ADL a Bullock de lo que se tramaba?").

Hablamos del atentado, pero en mi mente Bullock me había puesto obstáculos. Era como si se me hubiera adelantado deliberadamente, y él lo sabía. Decidí que no era el momento adecuado para contarle a Bullock la propuesta de Willis. Estaba mal preparada, me sentía torpe, a diferencia de Bullock, para participar en este juego del gato y el ratón, sin saber lo que Bullock sabía o no sabía sobre lo que yo sabía o sospechaba.

Terminamos la velada después de cenar con unas copas en un restaurante al final de la calle, donde me encontré por casualidad con un congresista al que conocía. Le presenté a Bullock y viceversa, sabiendo perfectamente que Bullock había hecho una nota mental para decirle a su jefe en la sede de la ADL en Nueva York, Irwin Suall, que "Mike Piper conoce personalmente al congresista Fulano de Tal".

(Siempre me he sentido culpable por esto. No me cabe duda de que, en el improbable caso de que la ADL no tuviera un expediente sobre este congresista, un alma inofensiva que ya ha dejado el cargo, sin duda lo tiene hoy). Bullock y yo nos despedimos dándonos la mano y acordando "mantenernos en contacto". ("Efectivamente", pensé, preguntándome cuándo volvería a tener noticias de Roy Edward Bullock, el extraordinario agente de la ADL).

De hecho, no tuve noticias de Bullock durante algún tiempo, en circunstancias que se detallarán en breve. Pero finalmente llegó el momento en que me pareció apropiado denunciar públicamente la afiliación de Bullock a la ADL.

Llegó en un momento en que el Partido Populista -que Liberty Lobby había ayudado a crear en 1984- se había dividido en dos por las actividades despiadadas y destructivas de un perturbador de larga data de los asuntos de terceros partidos, un tal William K. Shearer de Lemon Grove, California.

El propio Shearer ha sido sospechoso durante mucho tiempo de ser un activo de la ADL o de estar al servicio de la CIA o del FBI, o incluso del

Partido Republicano, según algunos. Queda por ver si algún día se sabrá la verdad sobre Shearer.

Sin embargo, el 30 de junio de 1986, en un artículo para *The Spotlight*, detallé los vínculos de Bullock con Shearer, jefe del ya desaparecido Partido Independiente Americano, que entonces era el afiliado del Partido Populista en el estado de Golden. La parte relevante del artículo decía

> En la llamada "reunión del comité nacional" del partido populista organizada por Shearer en Los Ángeles, un delegado llamado Roy Bullock fue invitado a formar parte del comité de agricultura.
>
> Bullock es conocido desde hace tiempo entre los líderes del movimiento populista como un agente profesional a tiempo completo de la ADL, encantador, astuto e inteligente. Haciéndose pasar por populista, Bullock se ha infiltrado en docenas de organizaciones diferentes a lo largo de los años, recopilando información que transmite a Irwin Suall, su superior en la sede de la ADL en Nueva York.
>
> En la reunión, la esposa de Shearer había sido advertida por el populista californiano Charles Ulmschneider de que Bullock era un conocido agente de la ADL. Pero en lugar de mostrarle la puerta a Bullock, se acercó a él y le contó la acusación. A Bullock se le permitió quedarse.

Poco después de la publicación del artículo de *Spotlight* que desenmascaraba a Bullock como agente de la ADL, recibí una llamada de alguien que se presentó a la telefonista como "CSC". Al atender la llamada, reconocí inmediatamente la voz de Bullock -y me sorprendió, huelga decirlo-, pero me desconcertó aún más el acrónimo que utilizó para identificarse.

Recuperándome de mi sacudida momentánea, le dije: "Bueno, hola Roy, me sorprende saber de ti. Pero, ¿qué significa 'CSC'?". Se rió y contestó: "CSC significa encantador, listo e inteligente". Me reí: "Ah, sí, Roy, así es. Pensé que apreciarías el cumplido".

Me dijo: "Bueno, tengo que decirle que lo que ha dicho de que soy un agente de la ADL no es cierto. De hecho, juro sobre una pila de *Mein Kampfs* [el famoso libro de Adolf Hitler] que no soy un espía de la ADL."

La referencia de Roy a Hitler me hizo reír. Pero continuó en un tono más serio, diciendo: "He hablado con un abogado al respecto".

"Bueno, Roy, si quieres demandar", le contesté, "no tienes más que hacerlo, porque apoyo el artículo y sé que mi fuente es fiable. Además, yo mismo lo sospeché durante algún tiempo, mucho tiempo, antes de que se publicara.

Hubo que esperar mucho tiempo".

Me respondió preguntando: "¿Quién era tu fuente?". Respondí, con sinceridad: "Willis Carto". Bullock se rió entre dientes, comentando que Willis no era la fuente más fiable. Le contesté: "No esperaba que la ADL considerara a Willis una fuente fiable. Pero a mí siempre me ha parecido fiable".

Bullock respondió: "Siento que hayas escrito eso. Siempre me has caído bien. Creía que éramos amigos". Le contesté: "Roy, siempre me has caído bien, pero creo que eres un agente de la ADL".

Después de que Bullock se riera y dijera: "Ah, por cierto, en realidad me llamo Roy Bullock. No viajo sólo con ese nombre", terminamos la conversación y lo dejamos así. Nunca se emprendió ninguna acción legal. A algunas personas del país les molestó que me hubiera atrevido a llamar agente de la ADL a "un gran patriota como Roy Bullock". Así quedó la cosa.

Tuvieron que pasar casi ocho años para que la referencia *a* la afiliación de Bullock a la ADL en *The Spotlight* resultara cierta: que Bullock era realmente una agente a sueldo del Enemigo Interno.

La historia de la última exposición de Bullock es la siguiente...

CAPÍTULO XI

Terremoto en San Francisco: el escándalo de espionaje de la ADL desenmascara al enemigo interior

Fue a mediados de diciembre de 1992 cuando supe por primera vez que la Liga Antidifamación (ADL) tenía problemas. Se recibió una llamada telefónica en la sede del Liberty Lobby en Washington. La persona que llamaba era un árabe-americano que vivía en San Francisco. Le dijo a uno de nuestros redactores que se estaba gestando un escándalo relacionado con un agente de policía de San Francisco llamado Tom Gerard, que supuestamente había facilitado información policial clasificada a la ADL. El 10 de diciembre, los periódicos de San Francisco informaron de que el Departamento de Policía de San Francisco -así como el FBI- habían llevado a cabo redadas en las oficinas de la ADL en San Francisco y Los Ángeles.

El hecho de que el escándalo estallara en San Francisco me hizo dudar. Me preguntaba si mi viejo amigo Roy Bullock estaba involucrado.

Llamé al árabe-americano, me presenté y le dije que estaba interesado. Le expliqué mis anteriores vínculos con su compatriota de San Francisco, Bullock, cuyo nombre no reconoció. Sin embargo, me dijo que Gerard tenía un contacto habitual en la ADL.

"Espera", dije, "y mira si estoy en lo cierto. Busca el nombre 'Roy Bullock'", dije. "Estoy dispuesto a apostar que Bullock es el contacto de Gerard en la ADL.

Y así, unos días después, el caballero árabe-americano me llamó a la sede de *Spotlight*. "Tenías razón", me dijo. "El contacto de Tom Gerard en la ADL es Roy Bullock.

Pero para entonces ya conocía los detalles. Otro lector de *Spotlight* de San Francisco había llamado antes para darnos la noticia: el nombre de Roy Bullock era ahora de dominio público y había sido publicado ese mismo día en los periódicos de San Francisco. El mismo Roy Bullock -superespía de la ADL- expuesto por primera vez por *The Spotlight*.

El San Francisco Examiner confirmó lo que *The Spotlight* informó por primera vez el 30 de junio de 1986, a saber, que Bullock era efectivamente un agente de la ADL, aunque Bullock, por supuesto, lo negó rotundamente en aquel momento.

Muchas personas que habían llamado "loco" a *The Spotlight* por afirmar que un "buen patriota" como Roy Bullock era un agente de la ADL se han sonrojado de vergüenza.

Llegados a este punto, quizá merezca la pena reflexionar sobre lo que parecía una situación totalmente inesperada. ¿Cómo es posible que el FBI, que ha colaborado durante años con la ADL, se dejara arrastrar a una posición hostil hacia su viejo aliado

Personas con información privilegiada *dijeron a The Spotlight* que las redadas en las oficinas de la ADL en Los Ángeles y San Francisco habían sido aprobadas al más alto nivel, y no sólo en el Departamento de Justicia.

En resumen, la decisión parece haber salido del Despacho Oval, lo que sugiere que fue el propio presidente George Bush quien dio el visto bueno a esta controvertida medida. La acción de Bush contra la ADL se produjo poco más de un mes después de que Bill Clinton perdiera su intento de reelección.

"Esta fue la forma en que George Bush se enfrentó a la ADL y al lobby israelí en los últimos días de su administración", dijo Stephen A. Koczak, diplomático de carrera retirado que sirvió en Oriente Medio bajo administraciones republicanas y demócratas. Koczak, diplomático de carrera jubilado que trabajó en Oriente Próximo bajo gobiernos republicanos y demócratas

> Aunque Bush hizo felices a los israelíes con su guerra contra Sadam Husein, el lobby israelí se volvió contra él como un perro rabioso después de que se atreviera a desafiar su poder en la cuestión de las garantías de crédito a Israel. El Presidente estaba harto de la presión del lobby israelí y sin duda era consciente de las acusaciones del ex agente del Mossad Victor Ostrovsky de que una facción del Mossad había planeado el asesinato de Bush después de que éste se atreviera a desafiar el poder del lobby israelí en Washington. Cuando Bush vio su oportunidad, la aprovechó con entusiasmo. De ahí la redada.

Pero está claro que había mucho más en la historia. La ADL, pillada in fraganti, intentó desesperadamente dar un giro positivo a su implicación proclamando que estaba cooperando con la investigación. Un abogado de la ADL, Jerrold Ladar, divirtió a muchos afirmando en broma que la ADL no tenía vínculos con los servicios de inteligencia israelíes.

Christine Botah, árabe-estadounidense activa en el Partido Demócrata, declaró: "Queremos que la ADL llegue al fondo de este asunto. ¿Qué hace una organización que se supone que defiende los derechos humanos recopilando información sobre otro grupo?".

Richard Hirschautt, Director Regional de la ADL en San Francisco, declaró que "la ADL no mantiene en ningún caso archivos sobre personas u organizaciones árabe-americanas en este país. Nuestras investigaciones y trabajos de investigación se centran estrictamente en grupos y organizaciones extremistas que desean perjudicar a los judíos y a otras minorías, incluidos los árabe-americanos".

Se trata, por supuesto, de otra mentira flagrante, ya que la ADL publicó, bajo su propio sello, un ataque lleno de insinuaciones contra los árabe-americanos y las organizaciones árabe-americanas. Evidentemente, este escabroso volumen se basaba en material procedente de los propios archivos de la ADL, gran parte del cual había sido recogido nada menos que por Roy Bullock.

Algunos críticos judíos estadounidenses de Israel, entre ellos el difunto Haviv Schieber y el abogado libertario Mark Lane, también han sido atacados en . De hecho, un funcionario de la ADL lo admitió bajo juramento durante una declaración jurada que Lane prestó en una ocasión.

Aunque la ADL, desde la fundación de Israel en 1948, ha operado como un agente extranjero no registrado -y por tanto ilegal- y como un brazo de propaganda e inteligencia del gobierno israelí, no fue hasta que estalló el escándalo del espionaje de San Francisco que las actividades criminales de la ADL en el espionaje nacional ilegal se sometieron al escrutinio público.

Sí, el escándalo de espionaje de San Francisco en el que está implicada la ADL fue sólo "la punta del iceberg de una red nacional de espionaje doméstico y filtraciones de seguridad", según los columnistas *del San Francisco Chronicle* Phillip Matier y Andrew Ross. *El Chronicle* y su rival, el *San Francisco Examiner,* se abalanzaron sobre el escándalo de espionaje de la ADL e informaron detalladamente a medida que iban apareciendo nuevos hechos.

Matier y Ross informaron de que "las autoridades creen que agentes de al menos media docena de otros departamentos federales de policía y de grandes ciudades también participaron en el intercambio o venta de archivos policiales confidenciales" a una red nacional de espionaje creada por la ADL.

El *Examiner* informó de que un funcionario cercano a la investigación, que habló bajo condición de anonimato, dijo al *Examiner* que "hay probablemente seis u ocho Roy Bullocks" operando por todo el país en nombre de la ADL. El *Examiner* señaló que el funcionario confirmó, como dijo el periódico, que un "pequeño grupo de agentes encubiertos en todo el país" estaban siendo pagados por la ADL para espiar a objetivos de la ADL.

Según el *Examiner,* "los agentes están confiando en la policía local y en los ayudantes del sheriff para acceder a información confidencial sobre las fuerzas del orden y los vehículos de motor, probablemente infringiendo la legislación penal".

El capitán John Willett, de la División de Investigaciones Especiales de la Policía de San Francisco, declaró a los periodistas que las pruebas indicaban que sólo en California había archivos de 20 departamentos de policía y otros organismos encargados de hacer cumplir la ley. Además, se había interceptado ilegalmente información adicional de las redes informáticas de inteligencia de la policía estatal. Toda esta información se transmitió después a la ADL.

Los investigadores se quedaron atónitos al descubrir los nombres y datos personales de unas 12.000 personas, principalmente de California, pero también de todo el país, que la ADL había determinado, por una razón u otra, que debían figurar en su propia "lista de vigilancia".

Como señaló *The Spotlight:* dado que la ADL tiene unas treinta sedes regionales en prácticamente todas las grandes ciudades, no es descabellado extrapolar y sugerir que los nombres de unos 360.000 estadounidenses bien podrían figurar en los archivos de la ADL, basándose en las cifras descubiertas en la Costa Oeste.

A medida que salían a la luz más y más revelaciones sobre las actividades de la ADL, el escándalo de los espías de la ADL en San Francisco empezó a atraer la atención de los medios del establishment de todo el país. La mascarada de la ADL como organización de "derechos civiles" quedaba ahora desmentida.

Las operaciones ilegales de espionaje de la Liga Antidifamación (ADL) de B'nai B'rith han salido por fin a la luz en los diarios del país.

Un artículo *del San Francisco Examiner* en el que se describía el escándalo de espionaje fue reimpreso en varios periódicos de todo el país, entre ellos el Little Rock, Arkansas *Democrat-Gazette,* periódico de la ciudad natal del Presidente Bill Clinton. Anteriormente, la única cobertura nacional del escándalo de espionaje había corrido a cargo de la prensa de San Francisco y de las páginas de *The Spotlight.*

(En aquel momento, sin embargo, ni *el Washington Post* ni *el New York Times,* que se disputan el sobrenombre de "periódico nacional de referencia", habían publicado ningún detalle del escándalo). El artículo *del Examiner,* que se reprodujo en todo el país, señalaba que Liberty Lobby era uno de los objetivos de la vigilancia criminal de la ADL a través de su informante a sueldo Roy Bullock.

Por su parte, la ADL denigró a la prensa de San Francisco por informar de la verdad sobre sus operaciones criminales. Al tratar de impedir la publicación de los archivos de inteligencia de la ADL incautados por la policía de San Francisco y la Oficina Federal de Investigación, la ADL denunció lo que denominó "la información sensacionalista e inexacta de la prensa de San Francisco".

Para hacer las cosas aún más embarazosas para la ADL, el columnista Lars-Erik Nelson, un liberal acérrimo, publicó un artículo condenando las tácticas de espionaje de la ADL. Su artículo apareció también en varios periódicos de todo el país.

Tras señalar que sabía que la ADL vigilaba a diversos objetivos, Nelson dijo: "De hecho, nunca me lo había planteado hasta ahora. Entonces me pregunté cómo me sentiría si los papeles se invirtieran: Supongamos que grupos de extrema derecha o nacionalistas negros mantuvieran archivos de inteligencia sobre judíos y los transmitieran a periódicos simpatizantes y a la policía. De repente, se me pusieron los pelos de punta.

Según Nelson, fueron la ADL y varios otros grupos pro-Israel los que impidieron que una destacada liberal negra, Johnetta Cole, presidenta del Spelman College de Georgia, predominantemente negro, fuera nombrada Secretaria de Educación en la administración Clinton. El único delito de la Sra. Cole fue haber escrito artículos para una organización que abogaba por la justicia para el pueblo palestino, desarraigado de su tierra ancestral y enviado al exilio.

El atentado contra la Srta. Cole ilustró claramente lo que el principal objetivo de enemistad de la ADL -el Lobby de la Libertad- ha mantenido durante mucho tiempo: que la ADL, un agente extranjero no registrado -y por tanto ilegal- del Estado de Israel ( ), se esfuerza por destruir a todas las instituciones e individuos percibidos (con razón o sin ella) como una amenaza al dominio de Israel sobre la política estadounidense en Oriente Próximo.

Después de una o dos semanas viendo los reportajes de los periódicos de San Francisco, a los que se unió *Los Angeles Times*, pensé que había llegado el momento de llamar directamente a Roy Bullock. Y así lo hice.

"Hola, ¿habla Roy Bullock?", dije, un poco vacilante, al oír el familiar barítono al otro lado de la línea.

"Habla", respondió con seguridad.

"Hola, Roy", le dije. "¿Sigues siendo tan encantador, capaz e inteligente como cuando te conocí?".

"Me gusta pensar que sí", respondió.

"¿Sabes quién es, Roy?", pregunté. "Es Mike Piper."

"Oh, sí", admitió. "Reconocí tu voz inmediatamente. ¿Cómo estás?"

"Oh, muy ocupado y supongo que tú también. Últimamente he leído mucho sobre usted en los periódicos", dije, no con sarcasmo, sino con franqueza.

"Oh, sí", suspira. "Pero no todo es verdad".

"No creía que fuera así", comenté, reconociendo que los medios de comunicación establecidos tienen la manía de no estar al tanto de la verdad.

"Me pareció", le dije a Bullock, "que había muchas conjeturas y que no se había contado toda la historia.

"Eso es cierto", respondió. Luego, tras una pausa, Bullock comentó irónicamente y con un deje de resignación: "Bueno, Willis tenía razón en una cosa, de todos modos": "Bueno, Willis tenía razón en una cosa, de todos modos", refiriéndose, por supuesto, a la acusación de Willis sobre la condición de Bullock como agente secreto de la ADL durante mucho tiempo.

"En realidad, Roy", señalé, con bastante orgullo, supongo, "lo había resuelto antes de que Willis me hubiera avisado".

"¿Ohhhh? Lo hiciste, ¿verdad?" ronronea Bullock, un poco sarcásticamente.

Me dio la impresión de que te interesaban sobre todo los grupos árabes.

"Oh, no", respondió. "En absoluto". (Lo cual, por supuesto, resultó ser muy, muy cierto. Bullock y la ADL estaban realmente interesados en todo el mundo).

"Pensé que querías saber si teníamos algún vínculo con los árabes, cosa que por supuesto no tenemos", añadí. "Tengo que decirte, Roy, que siempre tuve la impresión de que te gustaba revolcarte con los de mi clase, por así decirlo.

"Al contrario", añadió. "Aunque", añadió, "tengo que decir que siempre has sido un punto brillante en un grupo de gente por lo demás sombrío".

Siempre he disfrutado de tu compañía. Esperaba que te deshicieras de toda esa mierda y que hicieras algo positivo con tu vida".

Me reí de los comentarios de Bullock. "No, Roy, creo que estoy haciendo algo positivo", respondí. "Entré en esta arena sabiendo lo que implicaba y no me arrepiento de nada".

"Bueno, sin resentimientos, espero", dijo, sinceramente, tenía la impresión, incluso la esperanza, de que había estado bastante bien dispuesto hacia

Roy.

"En absoluto", dije. "En absoluto. Tú estabas haciendo tu trabajo y yo el mío". (Lo cual era totalmente cierto).

"Ha sido un placer volver a hablar con usted después de todos estos años", dijo.

"En realidad, me alegro de que hayas llamado".

"Sí, lo disfruté", dije. "Ha sido divertido. Así que creo que debería terminar por ahora. Espero" (añadí, a mi manera poco sincera) "que no te metas en ningún lío por esto".

"No creo que lo haga", dijo. Pero estaba claro que Bullock no estaba contento con la situación.

"Bueno, buena suerte, Roy. Ha sido interesante", concluí.

"Cuídate", concluyó. "Ha sido un placer hablar contigo".

Fue interesante. Colgué el teléfono y reflexioné sobre la situación. Roy Bullock era un agente de la ADL y yo había caído en sus garras. Hablar del caso -desvelar la verdad, por así decirlo- había sido una forma de terapia para mí. Me había enfrentado al enemigo.

Al día siguiente, informé a Willis Carto de que había llamado a Bullock. "¿En serio?", preguntó riendo, algo divertido por mi atrevimiento. "¿Qué te ha dicho? Cuento la conversación, mientras Willis se ríe.

Está claro que aún queda mucho por saber. Hasta ahora, sólo habíamos conocido lo que resultó ser la punta del proverbial iceberg.

A medida que el escándalo de la ADL cobraba impulso -un asunto muy público, muy cubierto en los periódicos de San Francisco-, documentos desclasificados del Departamento de Policía de San Francisco revelaron que *The Spotlight* y su editor, Liberty Lobby, habían desempeñado de hecho un papel clave en la denuncia de la red de espionaje ilegal y la estafa de la ADL. Al ser interrogado, Roy Bullock dijo al FBI que fue *The Spotlight* (en su número del 30 de junio de 1986) el primero en desenmascararle como agente del aparato de espionaje criminal de la ADL. De hecho, *la* revelación de *Spotlight* puso en marcha el proceso que no sólo comenzó a desentrañar la red de espionaje de la ADL, sino que también condujo a lo que Bullock ha descrito como su actual "embrollo".

(Como se informó anteriormente, *The Spotlight* reveló cómo el llamado "estadista de California" William K. Shearer había permitido que Bullock se infiltrara en la convención nacional del partido populista a pesar de que Shearer había sido advertido de que Bullock *era un agente provocador* de la ADL).

En el interrogatorio del FBI, Bullock admitió también que fue uno de los intentos de la ADL de sabotear Liberty Lobby lo que desencadenó la cadena de acontecimientos que llevó a Bullock y a su cómplice, el ex policía de San Francisco prófugo Tom Gerard, a vender archivos de inteligencia policial robados a agentes sudafricanos. Durante su interrogatorio, Bullock reveló que cuando se enteró de que un diplomático sudafricano iba a intervenir en una reunión que creía organizada por el fundador del Liberty Lobby, Willis A. Carto, hizo que su contacto policial, Gerard, avisara al diplomático. De hecho, el diplomático canceló la reunión.

Pero, irónicamente, Bullock se equivocaba: Liberty Lobby no tuvo nada que ver con la organización del acto. Fue el difunto Robert White, famoso por su *libro sobre los patos*, quien patrocinó el acto.

Sólo unos meses después de que Gerard se pusiera en contacto con los sudafricanos, éstos le pidieron que estableciera un vínculo directo entre ellos y Bullock. Así comenzó un lucrativo y continuado trato que implicaba al informante de la ADL, al policía y a los sudafricanos. Fue el contacto entre Bullock y los sudafricanos lo que finalmente condujo a los dos años de investigación del FBI, incluida la intervención del teléfono de Bullock. Así que fue la campaña de la ADL contra Liberty Lobby la que se volvió en su contra y condujo a los acontecimientos que atraparon a la ADL en una investigación criminal que amenazaba con enviar a los altos cargos de la ADL a la cárcel.

La venta de esta información por parte de la ADL, Bullock y Gerard a agentes de Israel y Sudáfrica es otro aspecto del escándalo.

Se sabe desde hace tiempo que los servicios de inteligencia sudafricanos mantienen una estrecha relación de trabajo con la policía secreta israelí, el Mossad.

Para entonces, *The Spotlight* había obtenido unas 700 páginas de archivos de investigación desclasificados del Departamento de Policía de San Francisco (SFPD) y del FBI sobre las actividades de Bullock, Gerard y los superiores de Bullock en la ADL: Irwin Suall, el antiguo chantajista sindical que dirigía la división de investigación (es decir, trucos sucios) de la ADL, y Mira Lansky Boland, la jefa de espionaje de la ADL en Washington.

Lo que se desprende incluso del examen más somero de los documentos de la SFPD sobre la ADL es una imagen aterradora de una vasta empresa de chantaje nacional e internacional organizada con el objetivo de obtener secreta e ilegalmente datos clasificados de una amplia gama de archivos oficiales del gobierno: registros de antecedentes penales, registros de vehículos de motor, archivos de inteligencia policial, etcétera.

Aunque los archivos informáticos de Bullock y los de la ADL -incautados durante dos redadas consecutivas de la policía y el FBI- aún no se han hecho públicos, una lista completa de los títulos de los diversos archivos guardados por Bullock indica que Liberty Lobby era en gran medida el objetivo de las operaciones ilegales de espionaje de la ADL.

Según los documentos de la policía de San Francisco, Bullock guardaba más de 20 expedientes diferentes sobre Liberty Lobby y organizaciones afiliadas como el Populist Action Committee bajo la clasificación especial "RIGHT".

También se incluyeron varios archivos del Partido Populista. El 15 de febrero de 1993, *The Spotlight* ya había informado de que un intermediario de Bullock, el difunto David McCalden, había abierto una línea de contacto con la oficina nacional del Partido Populista en Ford City, Pensilvania, entonces bajo la dirección de un tal Don Wassall, que más tarde admitió haber hablado varias veces con McCalden, Mientras tanto, como la ADL estaba avergonzada por la revelación de sus actividades delictivas, un equipo interno muy agresivo de control de daños de la ADL dirigido por Barbara Wahl, una abogada de Washington, se apresuró a la Costa Oeste en un desesperado intento de encubrimiento de última hora. La Sra. Wahl denunció públicamente a las fuerzas del orden de San Francisco, enfureciendo con razón a la policía que había hecho su trabajo investigando actividades delictivas. Pero la abogada de la ADL dijo que el verdadero problema era la mala conducta de la policía, no la de la ADL.

Aunque los investigadores de la Oficina del Fiscal del Distrito de San Francisco y del Departamento de Policía de San Francisco consideraron inicialmente que el caso era de naturaleza estrictamente local, se dieron cuenta -y lo declararon públicamente- de que el caso era de alcance nacional. Las autoridades también se dieron cuenta de que era la ADL, y no Bullock o Gerard, quien estaba detrás de toda la operación.

El fiscal adjunto de San Francisco, John Dwyer, declaró: "La gente lo llamaba el caso Gerard. Ahora es el caso ADL. Gerard era sólo su hombre en San Francisco. ADL está haciendo lo mismo en todo el país. Este caso crece cada día. Cuanto más buscamos, más gente encontramos implicada".

La señorita Wahl también trató de distanciar a la ADL de su leal, minucioso, competente y muy querido informante de 40 años, Bullock, afirmando que era "el clásico contratista independiente" - esto a pesar del hecho de que las autoridades tenían un documento interno de la ADL en el que Bullock es descrito con orgullo por el maestro espía de la ADL, Suall, como "nuestro investigador número uno".

La ADL sabía que Bullock tenía información que podía llevarles a la cárcel y Bullock, a diferencia de la ADL, estaba cooperando con la policía.

Aunque la ADL afirmó repetidamente que también estaba "cooperando" con la investigación y anunció falsamente que no estaba siendo investigada, el oficial de policía de San Francisco Ron Roth dijo en una declaración jurada que "los empleados de la ADL aparentemente no eran muy honestos" en su trato con la policía. En resumen, la ADL mintió.

El 8 de abril de 1993, la historia de las operaciones ilegales de espionaje de la Liga Antidifamación (ADL) de B'nai B'rith fue finalmente difundida con sorprendente detalle por una de las principales cadenas de noticias de televisión.

El programa "Nightly News" de la ABC, en el que Sam Donaldson sustituye al presentador Peter Jennings, emitió un largo y detallado reportaje sobre el escándalo, que estalló por primera vez en San Francisco pero que tiene claras implicaciones nacionales.

Lo que sorprendió a muchos telespectadores, entrevistados posteriormente por *The Spotlight*, fue que el reportaje de la ABC retrataba a la ADL con muy mala cara, algo a lo que la ADL no estaba acostumbrada.

El periodista de ABC News James Walker presentó a millones de telespectadores una historia que, en esencia, había sido contada por *The Spotlight* y su editorial, Liberty Lobby, desde 1955, es decir, décadas antes: la ADL había puesto en marcha una vasta operación clandestina de espionaje y seguimiento en todo Estados Unidos, operando como una agencia de inteligencia extranjera que proporcionaba información al gobierno israelí.

Es interesante observar que, según la policía, no sólo grupos patrióticos como Liberty Lobby y grupos nacionalistas negros como Nation of Islam han sido objetivo de la ADL.

La ADL incluso envió agentes a las filas de organizaciones tradicionalmente liberales como la Asociación Nacional para el Progreso de las Personas de Color y la Unión de Campesinos.

También estaban en el punto de mira el grupo antiabortista Operation Rescue, el grupo ecologista Greenpeace y, curiosamente, el consejo de administración de KQED, una cadena de televisión pública de San Francisco. Pero éstas son sólo algunas de las víctimas de la ADL.

El reportaje televisivo emitido en las noticias de ABC fue significativo porque incluía imágenes no sólo del informante de la ADL Roy Bullock, sino también imágenes muy raras y algo borrosas del escurridizo Irwin Suall, el "ex marxista" que dirigía la división de espionaje de la ADL desde sus oficinas en la Plaza de las Naciones Unidas de Manhattan.

ABC dijo que había recibido informes de que Bullock -cuyo nombre en clave era "Cal"- había sido aclamado por Suall como el espía "número uno" de la ADL.

El canal del establishment también informó de que un antiguo funcionario de la ADL en Los Ángeles dijo a ABC que, además de Bullock, sabía que la ADL tenía al menos tres espías clave operando en Chicago y al menos uno en Atlanta. El funcionario de la ADL también admitió que su propio trabajo consistía en mantener los archivos de los espías de la ADL en la oficina de la ADL en la que trabajaba.

Otras pruebas indican que la ADL también tiene agentes en Washington, San Luis y Nueva York, entre otras grandes ciudades. Estos agentes podrían desplegarse en otros lugares si fuera necesario.

Walker, de ABC, viajó a una remota isla filipina y obtuvo una entrevista con el ex policía fugitivo Tom Gerard, contacto de la ADL en el Departamento de Policía de San Francisco, que robó archivos policiales y los entregó a la ADL.

Sin embargo, los funcionarios de la ADL se negaron a ser entrevistados por ABC. Esto no es ninguna sorpresa. Históricamente, ante la verdad, la ADL siempre se ha negado a ser entrevistada o a participar en cualquier forma de debate (lo que sigue siendo cierto a día de hoy). (Para empeorar las cosas para la ADL, el reportaje de ABC se produjo poco después de una segunda redada policial en las oficinas de la ADL en San Francisco y Los Ángeles. Esta redada, llevada a cabo con órdenes de registro, siguió a los descubrimientos realizados en la sede de la ADL durante redadas anteriores (con la ayuda del FBI) en diciembre de 1992.

El 9 de abril de 1993, Los Angeles *Times* informó de que la ADL no sólo estaba siendo investigada por obtener ilegalmente archivos secretos de la policía. La organización de espionaje se enfrentaba también a 48 cargos por no declarar debidamente el empleo de su espía Bullock.

Según el *Times*, la ADL disimuló los pagos a Bullock durante más de 25 años canalizando 550 dólares semanales a un abogado de Beverly Hills, California, Bruce I. Hochman. Hochman, que luego remitía el dinero a Bullock (sin duda esto se registró como "honorarios legales"). (Sin duda esto fue contabilizado como "gastos legales" por la ADL). (El abogado Hochman, figura prominente de la ADL, era uno de los principales abogados fiscales de California y ex fiscal de los Estados Unidos. También fue miembro de un grupo designado por el ex senador estadounidense (y entonces gobernador) Pete Wilson para hacer recomendaciones en secreto sobre nuevos jueces federales en el Estado Dorado).

El Times también informó de que David Lehrer, director regional de la oficina de Los Ángeles de la ADL, mantenía un fondo secreto para sobornos utilizado para pagar las operaciones de espionaje de la ADL. Firmaba cheques para la cuenta a nombre de "L. Patterson" para pagar actividades clandestinas.

Al parecer, un funcionario de la ADL afirmó que la cuenta se utilizó para pagar suscripciones a revistas y periódicos publicados por grupos objeto de la división de "investigación de hechos" (es decir, "trucos sucios") de la ADL.

En ese momento, sin embargo, el *New York Times* (que se autoproclama "periódico de referencia" de Estados Unidos) sólo había publicado un breve artículo sobre el escándalo, enterrado al final de la última sección del periódico. *El Washington Post, periódico* internacionalista "liberal", y su rival, el *Washington Times, periódico* internacionalista "conservador", aún no habían publicado ni una sola palabra.

A medida que el escándalo de la ADL crecía, la verdad se hizo evidente: los funcionarios de la ADL podrían enfrentarse a un proceso penal por sus actividades ilegales de "recopilación de inteligencia". "Lo que estamos viendo es una violación de la ley que prohíbe la venta, el uso y la difusión de información confidencial", dijo el fiscal del distrito de San Francisco, Arlo Smith.

Los registros llevados a cabo por el FBI y la policía de San Francisco en las oficinas de la ADL ( ) habían revelado, por supuesto, el hecho hasta entonces desconocido de que, al parecer, los agentes de la ADL también habían robado documentos no sólo de los archivos del SFPD, sino también de los de la policía de Portland (Oregón) y de Los Ángeles. Irónicamente, el Departamento de Policía de Los Ángeles se negó a cooperar con las autoridades de San Francisco, negándose a participar en la búsqueda de los documentos robados de las oficinas de la ADL en Los Ángeles. Según el ayudante del fiscal del distrito de San Francisco, John Dwyer, que supervisaba el caso, "[el Departamento de Policía de Los Ángeles] consideró que se trataba de un asunto delicado y no quiso cooperar. Es la primera vez que veo que eso ocurra en mi carrera".

Sin embargo, un miembro de la Comisión de Policía de la ciudad de Los Ángeles, Stanley K. Sheinbaum, cuestionó la negativa del departamento de policía a investigar las actividades delictivas de la ADL. "Quiero saber en qué se basa la reacción del departamento para no cooperar", dijo Sheinbaum.

"A menos que me den una buena razón para no cooperar, creo que deberíamos hacerlo", dijo.

Los Angeles Times informó de que Bullock, investigador de la ADL, "trabajó en estrecha colaboración con agentes de policía de diversos departamentos y recopiló información confidencial como antecedentes penales, archivos de inteligencia, fotografías de permisos de conducir, direcciones de domicilios particulares y matrículas de vehículos".

Parte de esta información podría haber sido útil para el seguimiento y control de domicilios particulares. Otros datos confidenciales podrían haber sido valiosos para gobiernos extranjeros preocupados por las actividades políticas de los visitantes de Estados Unidos".

El ayudante del fiscal del distrito de San Francisco, Dwyer, supervisor inmediato de la investigación de la ADL, fue muy duro con las actividades delictivas de la ADL. Según el Sr. Dwyer, "La gente dice que en la era de la informática está desapareciendo la privacidad, pero no piensa en el Departamento de Vehículos de Motor que entrega su permiso de conducir a un agente de policía que lo transmite a una organización que no le cae bien. Hay que poner fin a esta práctica. No podemos dejar que el gobierno recopile toda esta información y se la dé a quien quiera.

El capitán de la policía de San Francisco, John Willett, también se mostró duro con la colaboración de su hermano agente con la conspiración criminal montada por la ADL. "Las actividades de Tom Gerard cruzaron la línea", dijo Willett. "Eran ilegales. No debería haber hecho lo que hizo para un partido privado".

Mientras tanto, Richard Hirschhaut, director de la oficina de la ADL en San Francisco, intentaba ocultar la horrible verdad sobre los crímenes cometidos por su organización. "Siempre ha sido nuestro principio y credo en nuestro trabajo de investigación llevar a cabo nuestras actividades éticamente y dentro de la ley", dijo el Sr. Hirschaut.

La "altura ética" de la que presumía Hirschaut incluía la entrada subrepticia en los domicilios de la gente y la fotografía de sus archivos personales. En su libro *Square One*, el mandamás de la ADL, Arnold Forster, se jacta de cómo uno de sus secuaces violó la intimidad del domicilio de Joseph P. Kamp, corresponsal *de Spotlight* durante muchos años, y rebuscó en su correspondencia para hacer copias para la ADL.

Pero cuanto más tiempo pasaba, más parecía que la ADL saldría indemne de San Francisco, al menos en lo que respecta a los procedimientos penales. A medida que el escándalo se iba enconando, otro factor contribuyó a inclinar los acontecimientos a favor de la ADL: el hecho de que el 20 de enero de 1993, George H. W. Bush -que había autorizado (y probablemente incluso ordenado) la redada en las oficinas de la ADL unas seis semanas antes- dejara el cargo. Le sucedió Bill Clinton.

Bajo el nuevo gobierno de Clinton, la guerra contra la ADL no estaba en la agenda, aunque el gobierno saliente de Bush había utilizado su poder para enviar un rayo en dirección a la ADL, utilizando las mismas oficinas del FBI que durante tanto tiempo habían colaborado tan estrechamente con la ADL. Bajo el nuevo régimen, el FBI dio un interesante giro de 180 grados y se negó a seguir colaborando con el fiscal del distrito de San Francisco, Arlo Smith, en la investigación que éste llevaba a cabo sobre el espionaje ilícito de la ADL.

En la edición del 19 de enero de 1994 del *San Francisco Bay Guardian,* la periodista independiente Jane Hunter señalaba que "el FBI ha abierto la investigación contra el espía de la policía Tom Gerard, pero ahora está bloqueando el procesamiento" y planteaba una pregunta sencilla y lógica:

"¿Por qué? Aunque la señorita Hunter ha expuesto varias teorías sobre las razones del giro en redondo del FBI, se debe precisamente a que la nueva administración ya se había negado a proseguir la participación del FBI en la investigación -de nuevo, una orden emanada directamente de la Casa Blanca, pero esta vez del nuevo presidente, William Jefferson Clinton.

Ante todo esto, la Fiscalía del Distrito de San Francisco decidió no presentar pruebas de las operaciones ilegales de espionaje nacional de la ADL ante un gran jurado a cambio de un acuerdo por parte de la ADL de que no seguiría utilizando medios delictivos para espiar a otras personas. Sin embargo, la ADL siguió enfrentándose a un número cada vez mayor de acciones civiles interpuestas por una amplia gama de grupos e individuos que fueron víctimas de la perfidia criminal de la ADL.

El fiscal adjunto John Dwyer, que había presionado para que se acusara a la ADL, dijo: "Si se lleva el caso ante un gran jurado y se les condena, estarán en libertad condicional durante tres años. Se trata de una medida cautelar permanente". Los responsables de la ADL se alzaron con la victoria, declarando que "el acuerdo al que hemos llegado confirma nuestra posición constante de que la ADL no ha cometido ninguna infracción de ningún tipo", a pesar de las pruebas sustanciales que demuestran lo contrario ( ).

El principal agente secreto de la ADL, Roy Edward Bullock, tampoco será procesado, aunque su cómplice, el ex policía de San Francisco Tom Gerard, ha sido nombrado "chivo expiatorio". Gerard sigue acusado de suministrar ilegalmente a Bullock y a la ADL información policial confidencial.

Increíblemente, parte del acuerdo entre el fiscal del distrito y la ADL consistía en que la ADL gastaría unos míseros 25.000 dólares (de un presupuesto anual de 25 millones de dólares) para "formar" a los empleados de la oficina del fiscal del distrito en la lucha contra la "intolerancia". La ADL también estaba creando, como parte de su acuerdo, un "fondo de recompensa por delitos de odio" de 50.000 dólares para recompensar a las personas que le ayudaran a perseguir a los "odiadores".

(Irónicamente, fue la estrecha relación de la ADL con la policía y las fuerzas del orden la que condujo al escándalo de espionaje de San Francisco).

Sin embargo, para ser justos con las autoridades de San Francisco, hay que señalar que personas de dentro han afirmado que la ADL y sus acaudalados patrocinadores ejercieron una enorme presión sobre la fiscalía para que resolviera el caso sin presentar cargos penales. En el pasado, la ADL ha sido conocida por utilizar todas las formas de intimidación, incluido el chantaje, para lograr sus fines. El propio ayudante del fiscal Dwyer se puso en contacto con *The Spotlight* y solicitó una copia de *la* revelación de *The Spotlight* sobre Roy Bullock publicada el 30 de junio de 1986, el primer informe publicado a nivel nacional que indicaba que Bullock era realmente un agente encubierto de la ADL.

Al final, hubo una nota a pie de página en este escándalo. El ex congresista Pete McCloskey (republicano de California) ganó una sentencia de 150.000 dólares contra la ADL por su espionaje ilegal. Como abogado de los tres demandantes restantes de los diecinueve que interpusieron una demanda contra la ADL en el Tribunal Superior de San Francisco en abril de 1993, McCloskey se atribuyó la victoria después de que la ADL finalmente cediera y aceptara llegar a un acuerdo en el caso.

La Fundación para la Defensa de la Primera Enmienda (FDFA), con sede en Washington D.C., presidida en la actualidad por el veterano locutor de radio Rick Adams, prestó un apoyo financiero y de investigación fundamental a McCloskey durante el proceso. Lo consideramos una gran victoria", dijo Adams en 2006, "y nos sentimos honrados de haber ayudado a llevar a la ADL ante la justicia".

El caso McCloskey es una de las tres acciones civiles interpuestas en San Francisco contra la ADL después de que se revelara -tras las redadas por sorpresa del Departamento de Policía de San Francisco (SFPD) y el FBI en las oficinas de la ADL en San Francisco y Los Ángeles- que la denominada división de "investigación" de la ADL había llevado a cabo un amplio espionaje nacional de un gran número de personas e instituciones de todo el país.

Después de que salieran a la luz los hechos sobre las actividades ilegales de la ADL, varias víctimas de esta organización se decidieron a llevarla a juicio y se interpusieron tres demandas civiles (incluida la de McCloskey), aunque la ADL consiguió resolver sus problemas legales con las autoridades penales de San Francisco.

Mientras que los otros dos casos se resolvieron con la derrota de la ADL, el caso McCloskey siguió arrastrándose por los tribunales.

En el caso McCloskey, la ADL acordó pagar 50.000 dólares a cada uno de los tres demandantes -Jeffrey Blankfort, Steve Zeltzer y Anne Poirier- que siguieron adelante con el caso McCloskey contra la ADL, a pesar de una serie continua de obstáculos legales que obligaron a 14 de los demandados originales a retirarse. (Otros dos demandados fallecieron en el transcurso de este largo litigio).

Aunque la ADL siguió afirmando que no había hecho nada malo al vigilar sus actividades, Blankfort, Zeltzer y Poirier llevaron su caso contra la ADL a todos los medios de comunicación que quisieron escucharles, aunque pocos medios estaban dispuestos a presentar a la ADL y sus actividades de una forma que no fuera favorable.

Irónicamente, aunque la ADL se presenta como un grupo que defiende los intereses del pueblo judío, dos de las tres víctimas de la ADL eran judías. Blankfort y Zeltzer fueron objetivo de la ADL porque criticaban la política de Israel hacia el pueblo palestino (una política que ahora se ha revelado al mundo a la luz de los acontecimientos actuales).

Resulta que la tercera víctima de la ADL en el caso McCloskey, la señorita Poirier, no estaba implicada en ninguna actividad ni siquiera vagamente relacionada con Israel u Oriente Próximo. Al contrario, la señorita Poirier dirigía un programa de becas para exiliados sudafricanos que luchaban contra el sistema del apartheid en Sudáfrica. Una revelación muy interesante...

Aunque a la ADL le gusta presumir de su "alianza" con la comunidad afroamericana de Estados Unidos (que era muy crítica con el gobierno sudafricano), se descubrió que la ADL y su apoderado extranjero, el Mossad, colaboraban estrechamente con el gobierno sudafricano. Tras esta revelación, la ADL se esforzó por explicar por qué estaba ayudando en secreto a un régimen al que se oponían los negros estadounidenses, pero pocos líderes negros de Estados Unidos se atrevieron a denunciar a la ADL por sus engaños y evidentes mentiras.

Aunque la Unión Americana de Libertades Civiles (ACLU) lleva mucho tiempo haciendo mucho ruido sobre el espionaje nacional ilegal del mismo tipo que el practicado por la ADL, su oficina de San Francisco no quiso hacer comentarios sobre el caso McCloskey y no quiso dar una razón de su silencio.

Sin embargo, la conclusión del caso McCloskey no puso fin a los problemas legales de ADL.

El 31 de marzo de 2001, el juez de distrito Edward Nottingham de Denver confirmó la mayor parte de una sentencia por difamación de 10,5 millones de dólares que un jurado federal de Denver había dictado contra la ADL en abril de 2000. El jurado condenó a la ADL a una sentencia masiva tras determinar que la autoproclamada "organización de derechos civiles" había calificado falsamente de "antisemitas" a William y Dorothy Quigley, residentes en Evergreen (Colorado), porque habían tenido una disputa con unos vecinos que resultaban ser judíos. La ADL recurrió este primer veredicto del jurado, pero su recurso fue desestimado.

El escándalo de espionaje de la ADL y los juicios que siguieron -así como el asunto Colorado, mucho más devastador desde el punto de vista financiero- sacudieron a la ADL hasta la médula. Sin embargo, la ADL persiste en sus malas prácticas y sigue haciéndolo en el momento de escribir estas líneas.

La ADL debe ser considerada una empresa criminal, que lo es, y todos aquellos asociados con la ADL o que apoyan sus actividades también deben ser considerados criminales.

Cualquier político o figura pública que preste su credibilidad debe ser llamado públicamente a la alfombra y cualquier editor de periódicos que permita que la propaganda de la ADL aparezca en sus páginas debe ser contactado e informado del comportamiento criminal de la ADL.

La ADL es una de las principales fuerzas que implementan la malvada agenda del Enemigo Interno. La ADL es un agente extranjero plenamente operativo y un conducto de inteligencia para Israel, así como una agencia de relaciones públicas y un grupo de presión en nombre de los intereses de la dinastía Rothschild y otras familias sionistas dentro de la esfera de influencia de los Rothschild.

Mirando hacia atrás...

Introducción a la segunda parte

Intriga de la Guerra Fría

Cómo el conflicto entre Stalin y los trotskistas condujo a la aparición de las cabras de Judas - El enemigo interior en suelo estadounidense

En los capítulos anteriores, iniciamos una amplia investigación y análisis de las maniobras entre bastidores de los Escudos de Judas en suelo estadounidense. De hecho, es imposible comprender la influencia actual de los Escudos de Judas sin tener en cuenta los conflictos de la época de la Guerra Fría que condujeron al ascenso al poder de elementos sionistas-trotskistas "neoconservadores". Estos grupos desempeñaron un papel fundamental, a partir de mediados de la década de 1950, en la infiltración y corrupción del movimiento "conservador" o "nacionalista" tradicional de Estados Unidos.

Los lectores deben comprender desde el principio que esta parte del libro contendrá elementos que pueden resultar sorprendentes y desestabilizadores para muchos conservadores y anticomunistas tradicionales; pero este libro nunca ha pretendido ocultar la verdad, por perturbadora y desagradable que sea.

Así que vamos a continuar...

CAPÍTULO XII

La lucha entre el comunismo soviético de la era estalinista y el sionismo: un fenómeno político poco conocido que contribuye a nuestra comprensión de los enemigos internos tal y como existen hoy en día.

Las fuerzas gemelas del bolchevismo y el sionismo han colaborado a menudo en muchos frentes a lo largo del siglo XX, habiendo evolucionado estas dos fuerzas extranjeras en los últimos años del siglo XIX. Sin embargo, ambas filosofías han experimentado conflictos que siguen siendo poco comprendidos, incluso por aquellos que han dedicado muchos estudios a ambas fuerzas.

Aunque muchos ven el bolchevismo y el sionismo como dos cabezas de la misma serpiente (y una serpiente de dos cabezas existe, como han informado los biólogos), las realidades de las luchas geopolíticas del siglo XX sugieren que hay mucho más en la historia que eso.

De hecho, existían marcadas diferencias entre los nacionalistas rusos (liderados por Josef Stalin) y los internacionalistas judíos liderados por León Trotsky, enemigo acérrimo de Stalin.

En la época de la Guerra Fría, tras la creación del Estado sionista de Israel en 1948, muchos trotskistas tradicionales iniciaron un proceso de transformación, sobre todo en Estados Unidos, en dirigentes de un elemento antiestalinista que se convirtió en el intransigente bloque proisraelí que ahora llamamos "neoconservadores".

Se trata, por supuesto, de un breve resumen de una lucha internacional complicada y a menudo confusa entre elementos revolucionarios, ambos hostiles a los intereses estadounidenses. Una historia detallada de esta lucha iría mucho más allá del alcance de este libro. El hecho es que los discípulos modernos del trotskismo son figuras clave en el Enemigo Interior, transformando el conservadurismo anticuado en una fuerza divisoria y destructiva que utiliza el poderío militar de Estados Unidos, la sangre de sus hijos y su tesoro nacional para imponer un imperio sionista global, en resumen, un Nuevo Orden Mundial.

En el momento de la muerte de Stalin en 1953 -cuyas circunstancias sugieren que ciertamente fue "ayudado" a morir- el líder soviético se había vuelto abierta y activamente hostil al sionismo político. Según un informe publicado en el *American Examiner* el 27 de julio de 1967, la Agencia Telegráfica Judía informó de lo siguiente

> Josef Stalin murió hace 14 años de un ataque de ira provocado por la oposición del Politburó a su propuesta de expulsar a todos los judíos rusos a Siberia, según informó *el Detroit News* de Washington..... El artículo afirma que Stalin convocó una reunión secreta del Politburó para anunciar una campaña contra los judíos. Declaró que debían tomarse medidas para deportar a los judíos en masa a Biro Bidjan, en Siberia...
>
> Lazar Kaganovich, único miembro judío del Politburó y cuñado de Stalin, rompió su carné del partido y arrojó los trozos a la cara de Stalin, dice *The News*.
>
> El informe afirma que Stalin se puso morado de rabia... Stalin se levantó de su silla, según el informe, empezó a gritar incoherencias y cayó inconsciente. Una hora más tarde, los médicos lo declararon muerto.

Aunque este informe redactado de forma burlona y provocadora -dirigido al público judío- nunca decía que Stalin había sido asesinado, la intención del informe era muy clara: en pocas palabras, los intereses sionistas en Rusia habían asesinado al hombre fuerte soviético porque estaba planeando nuevas ofensivas contra el sionismo.

En su libro de 2003, *El último crimen de Stalin*, Jonathan Brent y Vladimir Naumov publicaron pruebas de que Stalin fue asesinado casi con toda seguridad en 1953, después de que empezara a exorcizar la influencia sionista en los círculos de poder soviéticos.

Al describir las acciones de Stalin contra los elementos sionistas en Rusia, Brent y Naumov escribieron que si Stalin no hubiera sido apartado del poder, "gran parte de la historia mundial posterior podría haber sido muy diferente". Añaden:

> Muchas figuras destacadas del Kremlin habrían sido purgadas y probablemente fusiladas; los servicios de seguridad y el ejército habrían sido diezmados por las purgas; los intelectuales y artistas soviéticos, especialmente los judíos, habrían sido reprimidos sin piedad; y el resto de la judería soviética y de Europa del Este se habría visto seriamente amenazada (si no fatalmente), al tiempo que se habría infligido un grave sufrimiento a todos los ciudadanos de la Unión Soviética. Un nuevo Gran Terror, como el de finales de la década de 1930, se evitó cuando Stalin murió repentinamente el 5

de marzo de 1953. La "solución final" propuesta por Stalin quedó en papel mojado...

Y aunque todavía hoy algunos -incluidos muchos anticomunistas estadounidenses legítimos y tradicionales- creen que Stalin estaba de hecho aliado con los intereses sionistas, como demuestra su reconocimiento inmediato del Estado de Israel, Brent y Naumov señalan que en 1948 "los judíos e Israel no eran todavía los enemigos del Estado soviético en los que pronto se convirtieron". El hecho es, pues, que una desavenencia muy real -desde hace mucho tiempo objeto de estudio- entre Stalin y los elementos sionistas (y trotskistas) era de hecho una realidad, a pesar de la leyenda popular.

De hecho, en 1952, mientras Stalin intensificaba su campaña pública (y entre bastidores) contra el sionismo en Rusia, Brent y Naumov señalan la ironía de la situación: a muchos espías judíos estadounidenses en la Unión Soviética les habría resultado difícil imaginar que estaban trabajando para "un país cuyos dirigentes pronto se volverían contra toda la población judía de la Unión Soviética y que, al más alto nivel gubernamental, estaba considerando seriamente la idea de la detención y deportación de cientos de miles, si no millones, de personas inocentes".

De hecho, en el número de enero/febrero de 2003 de *The Barnes Review*, *la* revista de historia revisionista editada por Willis A. Carto, el historiador nacionalista ruso Oleg Platonov ofreció a los lectores una fascinante historia de los problemas históricos de Rusia con la agitación judeo-sionista y judeo-bolchevique, la proverbial serpiente de dos cabezas. Platonov afirmó sin rodeos que Stalin había lanzado efectivamente una gran ofensiva contra el sionismo. Merece la pena recordar las palabras de Platonov, uno de los intelectuales rusos más destacados de la actualidad, que está a la vanguardia de la lucha contra la influencia sionista en la Rusia del siglo XXI. Platonov escribió

> La dominación judeo-bolchevique de Rusia fue quebrada por Stalin quien, en la segunda mitad de la década de 1930, dirigió una contrarrevolución y despojó de su poder a los portadores de la ideología sionista. En las décadas de 1930 y 1940, no menos de 800.000 bolcheviques judíos fueron aniquilados bajo el liderazgo de Stalin: la élite de la organización antirrusa que había planeado convertir Rusia en un Estado judío. Casi todos los dirigentes judíos fueron purgados y las posibilidades de que los que quedaron recuperaran el poder se redujeron al mínimo. Los últimos años de la vida de Stalin se dedicaron a desarraigar el sionismo y liquidar las organizaciones asociadas a él.

El Dr. Platonov añadió estos detalles muy pertinentes

Tras la muerte de Stalin, todo cambió bruscamente. El Estado fue tomado en mano por gente que quería restaurar el bolchevismo judío... El renacimiento del sionismo continuó durante todo el gobierno de N. S. Jruschov.

La situación mejoró algo con Brezhnev, que limitó en secreto el número de judíos en puestos gubernamentales ( ). De hecho, estas medidas rara vez se aplicaron y los sionistas, en secreto o abiertamente, encontraron muchas formas de eludirlas.

Entre los años 1950 y 1970 surgió en Rusia una poderosa quinta columna, dirigida por los portadores de la ideología sionista. Muchas de sus figuras destacadas eran hijos o nietos de revolucionarios bolcheviques.

Estas mismas personas se convirtieron después en los elementos más activos de la llamada perestroika, que condujo a la disolución de la Unión Soviética, la toma del poder político por los judíos y la transferencia de una parte considerable de la riqueza nacional rusa a países extranjeros.

Hoy en día, por supuesto, la lucha contra la influencia sionista en Rusia se ha ampliado considerablemente y el actual presidente de Rusia, Vladimir Putin, está cada vez más en el punto de mira de los elementos sionistas con sede en los EE.UU. (y en todo el mundo) que ven al llamado "hombre fuerte ruso" como una amenaza potencial (en un capítulo posterior hablaremos más sobre Putin). (El punto en el que tenemos que centrarnos -y enfatizar- es que la ruptura entre Stalin y los sionistas, que comenzó en la década de 1930 y culminó con el asesinato de Stalin en 1953, condujo específicamente a acontecimientos en EE.UU. que desempeñaron un papel importante en la intriga entre bastidores de la llamada "Guerra Fría". Esto condujo a la creación del bloque de poder que hoy, en el siglo XXI, se conoce como el movimiento "neoconservador", es decir, los belicistas globales sionistas-trotskistas que utilizan la riqueza y el poder de Estados Unidos para imponer su imperio global.

En 1914, V.I. Lenin escribió de Trotsky: "El camarada Trotsky nunca tuvo una opinión definida sobre una sola cuestión marxiana seria: siempre se deslizaba en la brecha abierta por tal o cual diferencia, y oscilaba de un lado a otro". Y esto refleja precisamente la forma en que tantos trotskistas estadounidenses -que se convirtieron en los neoconservadores- modificaron en realidad su propia agenda para adaptarse a los tiempos, en particular cuando elementos dentro del gobierno soviético continuaron, entre bastidores, agitando contra la influencia sionista .

Así, mientras que muchos anticomunistas estadounidenses (y francamente antisionistas y antisemitas) estaban atrapados en la teoría de que el comunismo soviético (incluso bajo Stalin) había sido en gran medida un proyecto "judío", por así decirlo, hubo algunas voces perspicaces que reconocieron que la lucha entre Stalin y Trotsky tenía una "orientación judía" definitiva que debía examinarse en un contexto cuidadoso.

A finales de la década de 1950, John H. Monk, nacionalista estadounidense y editor abiertamente antisemita de la revista texana *Grass Roots*, publicó un notable ensayo titulado "Let Us Look Into This Thing Called 'Trotsky Communism'". Tras un minucioso examen de la historia del conflicto entre Stalin y Trotsky, concluye que, sencillamente, "el comunismo de Trotsky no tiene sentido":

"El comunismo trotskista y el comunismo soviético son enemigos. En la Rusia soviética, como señaló Monk, desde finales de los años 30 "los judíos de alto rango empezaron a caer de sus altos asientos" y "Rusia finalmente abrió los ojos [y] el buen trabajo empezó en 1928 con el exilio de Trotsky" por Josef Stalin. Añadió, muy agudamente

> Hace poco la Liga Antidifamación publicó un boletín especial en el que lloraba dolorosamente porque en 1935 los judíos rusos ocupaban el diez por ciento de los altos cargos del imperio, y hoy sólo tienen "la mitad del uno por ciento", y ese porcentaje se tambalea. No es de extrañar que la banda americana de judíos y Trotsky inventara el eslogan: "¡Abajo el comunismo!". Se refieren a Rusia.

Monk señaló que el movimiento sionista y grupos afiliados como la ADL se habían alineado rápidamente con el movimiento trotskista que se había trasladado a Estados Unidos -en particular a Nueva York- tras el exilio de Trotsky de Rusia. Si seguimos el eslogan comunista de Trotsky, 'Abajo los comunistas', nos convertimos automáticamente en partidarios de la organización clandestina más repugnante que jamás haya existido en esta tierra: el comunismo de Trotsky: el comunismo trotskista".

Los ensayos de Monk sobre este controvertido tema fueron incluso reimpresos por la famosa Lyrl Clark Van Hyning en su popular boletín *Women's Voice*, al que nadie ha acusado nunca de ser un periódico "comunista".

El 15 de septiembre de 1969, en el popular periódico nacionalista estadounidense *Common Sense*, que a lo largo de los años ha presentado a menudo el trabajo del portavoz antisionista estadounidense Benjamin Freedman, un tal Morris Horton (bajo su seudónimo "Fred Farrell") escribió una fascinante evaluación de la realidad del comunismo trotskista. En particular, Horton escribe

> Originalmente, el "comunismo" no era más que una herramienta de

los ricos judíos estadounidenses de Nueva York. En Estados Unidos, y en gran parte del resto del mundo, esto sigue siendo así. Pasemos ahora a una cuestión importante para cualquiera que realmente quiera entender el comunismo: "¿Cuál es la diferencia entre un estalinista y un trotskista? Algunos te dirán: "Todos los comunistas se parecen".

Se trata de una desinformación peligrosa y superficial. Sólo es aceptable si se está dispuesto a sustituir el conocimiento real por un eslogan superficial. Un estalinista representa el nacionalismo ruso primordial. Un trotskista representa los intereses judíos de la ciudad de Nueva York. Los intereses judíos de la ciudad de Nueva York sufrieron un terrible revés un día, hace muchos años, cuando un encapuchado taciturno atravesó con un hacha el cráneo de León Trotsky en una villa de México.

La conspiración comunista mundial no es una conspiración rusa, sino una conspiración judía americana. Hoy está cayendo en el mayor descrédito en todo el mundo. Se acusa a Estados Unidos de apoyar el comunismo en todo el mundo. Desgraciadamente, esta acusación tiene fundamento. Nueva York es el verdadero centro de la conspiración. Si algunos de nuestros anticomunistas se pusieran a cuatro patas y dijeran esta simple verdad, aún podríamos liberarnos del dominio judío. Pocos lo hacen.

La mayoría de los comunistas y muchos anticomunistas están en la misma nómina, la nómina judía. Se enfrentan en un simulacro de batalla. La primera regla básica de este simulacro de batalla es: "Nunca introduzcas ninguna verdad real en el asunto, por ninguna de las partes; di lo que quieras, pero nunca digas la verdad". Esta es la base de la mayoría de los falsos "expertos" en el comunismo que llevan cuarenta años siendo "expertos" en el tema y que no han conseguido hacerlo retroceder.

Horton fue especialmente categórico al señalar que el movimiento "anticomunista" estadounidense estaba cayendo cada vez más en manos de verdaderos comunistas -los trotskistas- que, con el pretexto de "luchar contra el comunismo", trabajaban de hecho para introducirlo en el sistema estadounidense. Este es un punto que pocos anticomunistas entendieron en su momento y que todavía hoy luchan por asimilar. Horton escribió

> Estas personas producen la literatura sobre el comunismo que está generalmente a disposición del público estadounidense. No tienen ningún interés en proporcionar información realmente válida. Su objetivo es manipular a la opinión pública.
>
> Por eso buscan dividir a los gentiles. Buscan hacer creer a la clase

media que la clase obrera está aliada con la Rusia Roja. Todo esto es, y siempre ha sido, pura alucinación, generada por intelectuales judíos charlatanes para promover la tiranía de una minoría sobre la mayoría estadounidense.

En su ensayo, Horton señala que las viejas etiquetas de "derecha" e "izquierda" ya no tienen ningún significado real, algo de lo que aún no se han dado cuenta muchos "conservadores" estadounidenses modernos, legítimos y autoproclamados del siglo XXI:

> Las posiciones de "derecha" o "izquierda" en política no tienen ninguna validez real. Son posiciones artificiales, inventadas por los judíos. El control judío de las comunicaciones es absolutamente esencial para el éxito de este sistema de poder. La charlatanería política judía no sobreviviría mucho tiempo a la exposición.
>
> La era Izquierda-Derecha es la era judía, y es una era que está retrocediendo hacia el pasado en el escenario mundial. Si Estados Unidos sigue viviendo en este pasado judío, no tendrá futuro.

Las palabras de Horton, escritas hace casi 50 años, siguen resonando. Pero para llevar el punto a casa aún más, vale la pena revisar la traducción de un análisis del sionismo publicado en español en la edición del 4 de noviembre de 1979 de *Granma*, el periódico oficial del régimen comunista de Fidel Castro en Cuba.

(Versiones similares habían aparecido anteriormente en la Unión Soviética, en un momento en que el sionismo era cada vez más denunciado públicamente, para disgusto de los trotskistas estadounidenses que se reinventaban a sí mismos como "neoconservadores").

Aunque este análisis desde una perspectiva comunista se ha visto superado por el colapso del imperio soviético tal y como existía cuando este documento se publicó por primera vez, contiene fascinantes reflexiones sobre las fuentes de tensión entre el sionismo y el comunismo.

> El movimiento sionista, creado por la gran burguesía judía a finales del siglo XIX, nació con un objetivo resueltamente contrarrevolucionario. Desde la fundación de la Organización Sionista Mundial en 1897 hasta nuestros días, el sionismo, como ideología y práctica política, se ha opuesto al proceso revolucionario mundial.
>
> El sionismo es contrarrevolucionario en un sentido global, porque actúa en todo el mundo contra las tres principales fuerzas de la revolución: la comunidad socialista, el movimiento de la clase obrera en los países capitalistas y el movimiento de liberación nacional.

La contrarrevolución sionista comenzó haciendo incursiones en el movimiento obrero europeo. En los primeros años, cuando el crecimiento del capitalismo monopolista y la expansión de las tendencias reaccionarias que acompañaron al establecimiento de la fase imperialista del capitalismo exigían la unidad y la solidaridad del proletariado, los sionistas se propusieron dividir a la clase obrera.

Propagan la tesis de que todos los no judíos son y serán siempre antisemitas; afirman que la única posibilidad de bienestar y justicia para las masas judías es emigrar a la "tierra prometida"; defienden la colaboración de clases, desviando así al proletariado judío de la lucha por su emancipación real y dividiendo y debilitando al movimiento obrero. No es casualidad que los archivos de la policía zarista contengan documentos que llaman a apoyar el movimiento sionista para frenar la marea de la revolución proletaria.

Theodore Herzl, el fundador del sionismo, escribió entonces en su diario: "Todos nuestros jóvenes, todos los que tienen entre 20 y 30 años, abandonarán sus oscuras tendencias socialistas y vendrán a mí.

Sin embargo, los esfuerzos de la contrarrevolución sionista no pudieron detener el giro de las ruedas de la historia. La victoria de la Gran Revolución Socialista de Octubre en Rusia inauguró un período de transición del capitalismo al socialismo a escala mundial. La primera victoria del proletariado, preludio de futuras victorias, asestó un duro golpe al sionismo.

La mayor parte del dinero que llenaba las arcas de los sionistas procedía de Rusia, donde el zarismo había humillado y oprimido a los judíos durante siglos. Rusia proporcionó un millón de inmigrantes para la colonización sionista de Palestina. Cuando la Revolución Rusa puso fin a la explotación del hombre por el hombre, también destruyó la base del sionismo en la Unión Soviética.

La política leninista sobre la cuestión nacional echó por tierra todos los mitos sionistas de que los judíos no podían integrarse plenamente, con igualdad de derechos, en la sociedad y destruyó todas las afirmaciones racistas sobre la inevitabilidad del antisemitismo. Los sionistas nunca han perdonado, y nunca perdonarán, al Estado soviético y a su partido leninista, no tanto por cortar el flujo de dinero procedente de Rusia y perder trabajadores en el esfuerzo colonizador, sino porque los bolcheviques aplicaron una política correcta que integró el talento y los esfuerzos de los judíos soviéticos en las tareas de construcción de una nueva sociedad y demostraron así los orígenes de clase de la discriminación y el antisemitismo , rompiendo con el pasado y proporcionando una solución real al problema judío, una solución que no era ni podía ser nunca un éxodo masivo a Palestina.

La contrarrevolución sionista tomó un giro antisoviético. Antes de octubre de 1917, los sionistas colaboraron con Kerensky. Más tarde, apoyaron todos los intentos de contrarrevolución y participaron con entusiasmo en los diversos "gobiernos" blancos establecidos en diferentes partes del país durante la guerra civil [en Rusia]. Participaron activamente en todas las acciones contra la Unión Soviética desde el extranjero, y su poderoso aparato de propaganda difundió una avalancha de mentiras sobre el primer Estado obrero y campesino del mundo.

Ni siquiera la victoria soviética sobre el fascismo alemán, que salvó tantas vidas judías, hizo que los sionistas cambiaran su postura antisoviética.

Con el inicio de la Guerra Fría, los sionistas colaboraron en todas las actividades de subversión y distracción contra la URSS y otros países socialistas. Los servicios secretos del Estado sionista de Israel coordinaron sus actividades de espionaje con la CIA. Los agentes sionistas desempeñaron un papel activo en los intentos contrarrevolucionarios en Hungría y Checoslovaquia.

Hoy en día, el sionismo apoya la hipócrita campaña antisoviética sobre supuestas violaciones de los derechos humanos de los judíos en la Unión Soviética y hace todo lo posible para presionar a los ciudadanos soviéticos de origen judío para que abandonen su verdadera patria y se vayan a Israel. Este esfuerzo de la contrarrevolución sionista sólo puede conducir a un nuevo fracaso. Y para completar el cuadro, está la acción contrarrevolucionaria sionista contra los movimientos de liberación nacional.

Poco después de la Primera Guerra Mundial, los colonos sionistas entraron en territorio palestino, actuando como punta de lanza de los intereses imperialistas británicos en oposición a las esperanzas de independencia de los pueblos árabes. Su papel fue claramente definido por el eminente dirigente sionista Max Nordau en una declaración a las autoridades británicas:

"Sabemos lo que quiere que hagamos: defender el Canal de Suez. Debemos defender su ruta a la India a través de Oriente Medio. Estamos dispuestos a asumir esta difícil tarea. Pero deben permitirnos ser lo suficientemente poderosos para llevar a cabo esta tarea".

Y, de hecho, los sionistas se convirtieron en una potencia y lograron establecer su propio Estado en 1948: el Estado sionista de Israel. Hoy, su tarea es defender las rutas del petróleo, proteger todos los intereses del imperialismo estadounidense y bloquear el avance de la revolución árabe.

Apoyados por enormes cantidades de ayuda económica y militar imperialista, los sionistas trabajan constantemente contra los movimientos de liberación nacional.

Hubo un tiempo en que su misión era penetrar en los movimientos independentistas africanos y asiáticos, garantizar que los nuevos Estados independientes siguieran caminos aceptables para el imperialismo, que no se alejaran de los límites del neocolonialismo. Israel ofreció cursos, asesores y todo tipo de ayuda.

Pero esta estratagema no tuvo mucho éxito. El creciente papel de Israel como gendarme del imperialismo en Oriente Medio, su racismo y su expansionismo declarado, han hecho que las jóvenes naciones africanas y asiáticas tomen conciencia de los peligros de la "ayuda" israelí, de la traición de la política exterior israelí.

Sin embargo, el Estado sionista ha asumido un nuevo papel en la lucha reaccionaria mundial contra el progreso. Traspasa los límites geográficos de Oriente Próximo, establece vínculos amistosos con todos los regímenes reaccionarios y comienza a suministrar armas, equipos y asesores a quienes tratan de reprimir las luchas de liberación nacional.

La industria armamentística israelí está especializada en el diseño y la producción de todo tipo de armas para la guerra de guerrillas urbana y rural.

El régimen racista sudafricano, las dictaduras de Guatemala y El Salvador y el fascista Pinochet figuran entre los mejores clientes de la industria armamentística israelí. Las ventas de armas israelíes en 1978 se estimaron en 400 millones de dólares. Uno de sus mejores clientes era el dictador nicaragüense Anastasio Somoza.

La contrarrevolución sionista estuvo presente en la Nicaragua de Somoza en forma de cañones Galil y aviones Pull-push, pero no pudo impedir la victoria de los revolucionarios sandinistas.

Es un símbolo de nuestro tiempo: ni las maquinaciones de la contrarrevolución sionista ni las armas israelíes pueden detener la marcha victoriosa de los pueblos del mundo.

(FIN DEL ARTÍCULO *SOBRE LA GRANMA*)

Se piense lo que se piense de Fidel Castro o del antiguo dirigente soviético Josef Stalin, lo cierto es que desde hace tiempo existe una verdadera escisión entre los trotskistas -transformados (a nivel de la dirección de la red "neoconservadora" en Estados Unidos) en tribunos del movimiento sionista mundial- y los elementos de orientación nacionalista dirigidos en Rusia por Stalin tras su consolidación en el poder.

Para comprender estos matices y reconocer el papel que desempeñaron en los acontecimientos de la última mitad del siglo XX, es esencial entender cómo y por qué el Enemigo Interno fue capaz de manipular la causa tradicional del "anticomunismo" y transformarla en un mecanismo al servicio de la causa sionista.

Aunque hay algunos movimientos trotskistas insignificantes -bandas de agitadores callejeros y similares- que siguen operando independientemente de los sionistas neoconservadores (y a menudo en oposición a ellos), son estos "neoconservadores" que se han envuelto en la bandera estadounidense los que son el verdadero Enemigo Interno.

A la luz de todo esto, no es casualidad que, en la Rusia actual, los comunistas tradicionales (muchos de los cuales veneran la memoria de Josef Stalin) y los anticomunistas estén unidos en su oposición al sionismo y al dominio plutocrático judío.

En el siguiente capítulo, examinaremos algunos hechos históricos notables que subrayan la realidad de la escisión entre los estalinistas y los trotskistas sionistas, y que aclararán aún más la naturaleza del Enemigo Interno en los tiempos modernos.

CAPÍTULO XIII

La infiltración sionista en el KGB soviético y su impacto en los servicios de inteligencia estadounidenses: la base poco conocida del nacimiento del neoconservadurismo en América

El espía soviético más conocido de la historia es el difunto traidor británico H. A. R. "Kim" Philby. Pero "el resto de la historia" de la intriga de Philby se mantuvo en secreto durante casi medio siglo. La verdad es que Philby no era sólo un agente del KGB. También era agente de otra agencia de inteligencia, el Mossad israelí. Sólo *The Spotlight*, el semanario populista de Washington, ha contado esta asombrosa historia, que pone de relieve una "historia oculta" de intriga deliberadamente suprimida por los medios de comunicación occidentales "dominantes".

En su edición del 25 de junio de 1984, *The Spotlight* informó sobre un resumen altamente confidencial de las operaciones de espionaje del Bloque del Este, recopilado en abril de 1984 por analistas del Ministerio de Defensa. (Fuentes bien situadas proporcionaron una copia de este informe a Andrew St. George, corresponsal diplomático jefe de *The Spotlight*).

El sumario cita varios casos en los que agentes secretos del KGB, la principal agencia de inteligencia de la Unión Soviética, unieron fuerzas con el Mossad, el servicio de inteligencia israelí, para penetrar en objetivos estadounidenses. Philby fue uno de los que ayudaron al Mossad.

El estudio revela que William King Harvey, un alto funcionario de la CIA, había entrado en conflicto con el KGB y el Mossad ya en 1942, cuando concluyó una investigación de alto nivel con un informe en el que denunciaba a Philby, entonces un alto funcionario del contraespionaje británico, como un "topo" soviético, es decir, un agente clandestino de penetración soviética a largo plazo.

Por aquel entonces, Philby trabajaba en Washington como jefe de enlace entre los servicios de inteligencia británicos y estadounidenses, lo que le daba acceso a los secretos de seguridad mejor guardados del gobierno de Estados Unidos.

Otras pruebas contenidas en el resumen del Pentágono sobre Philby revelaban -pero no se mencionaban en todos los relatos del asunto Philby por parte de los medios de comunicación "dominantes"- que Philby, mientras espiaba para los soviéticos, también había estado trabajando como agente para la causa del sionismo político desde principios de los años cuarenta.

Esto fue mucho antes de la aparición de Israel como Estado soberano y de la formación del Mossad, que, según Victor Ostrovsky, antiguo oficial del Mossad, funciona como "el verdadero motor de la política" en Israel.

El informe del Pentágono revela que en 1932 Philby se casó en Viena (Austria) con Litzi Friedman, una organizadora comunista que también participaba activamente en la causa sionista. Varias personalidades que posteriormente desempeñaron un papel destacado en el espionaje israelí estuvieron presentes en la boda.

Entre ellos se encontraban "Teddy" Kollek, que llegó a ser mucho más conocido como , futuro alcalde de Jerusalén durante muchos años, y Jacob Meridor, uno de los fundadores y directores del Mossad.

Al denunciar a Philby como espía rojo, Harvey también puso en duda al amigo íntimo de Philby, James Jesus Angleton, Director de Contrainteligencia de la CIA, que también era el oficial de enlace de la CIA con el Mossad y un firme partidario de la causa sionista.

Angleton y el Mossad se sintieron amenazados por el hecho de que Harvey desenmascarara a Philby como topo soviético. Muy pronto empezaron a circular rumores en Washington sobre la "excesiva bebida" y el "escandaloso" comportamiento de Harvey, rumores que se transmitieron directamente a la Casa Blanca.

En 1967, el presidente Johnson destituyó a Harvey de su cargo en la CIA y éste se retiró en desgracia. Como escribió *The Spotlight*: "El principal espía estadounidense posterior a la Segunda Guerra Mundial, que había desenmascarado a Philby y a otros espías comunistas clave, pasó sus últimos años trabajando para una editorial en un empleo sin futuro. Murió en 1976 de un ataque al corazón, en la oscuridad, mal pagado y solo.

(Irónicamente, en los últimos años se ha hecho un intento fraudulento de vincular a Harvey con el asesinato de JFK, sugiriendo que Harvey trabajó mano a mano con su viejo enemigo, Angleton, y con los lugartenientes de Angleton en la CIA, para organizar el asesinato del Presidente. Nada más lejos de la realidad.)

De hecho, Harvey tenía razón. Philby fue finalmente desenmascarado como un importante agente de penetración soviético y acabó confesando, huyendo a Moscú donde murió.

El destino de Angleton fue algo similar. En un informe de alto secreto que se ocultó durante mucho tiempo (citado en el resumen del Pentágono descrito por *The Spotlight*), un alto funcionario de seguridad de la CIA, C. Edward Petty, llegó a la conclusión de que Angleton podría haber sido un agente de la penetración israelo-soviética mientras se abría camino hasta la cima de la burocracia de la CIA.

El Informe Petty sugiere que Angleton, a lo largo de su carrera como figura destacada de la contrainteligencia estadounidense, pasó información vital a la Unión Soviética e Israel. El informe se presentó al presidente Gerald Ford en abril de 1975, pero se tomó la decisión política de que no había pruebas suficientes para acusar y juzgar a Angleton, principalmente porque habría sido imposible celebrar un juicio público de un oficial de inteligencia con conocimiento de tantos secretos como Angleton.

En cambio, el entonces director de la CIA, William Colby, despidió a Angleton, enfureciendo al lobby israelí que había confiado durante tanto tiempo en la posición clave de Angleton en la burocracia de contrainteligencia. Angleton se retiró y murió destrozado el 11 de mayo de 1987.

El 14 de diciembre de 1998, *The Spotlight* fue el único periódico del mundo que publicó un dato oculto sobre los secretos de espionaje del KGB, que de otro modo serían ampliamente difundidos, y que fueron revelados al publicarse los legendarios cables diplomáticos soviéticos, descifrados en secreto a partir de 1946 por la Agencia de Seguridad de las Comunicaciones del Ejército de Estados Unidos y cuyo nombre en clave era "Venona".

El historiador militar Ulick Steadman describió la Operación Venona como un "logro histórico", pero señaló que se había producido "un giro sorprendente". De hecho, la gran mayoría de los agentes extranjeros desenmascarados por los cables soviéticos descodificados resultaron estar activos en círculos sionistas y no sólo en la clandestinidad comunista. Según H. Dexter Gamage, que fue analista de criptografía en el Pentágono, los archivos Venona revelaron que los sionistas "constituían las tres cuartas partes de los espías enemigos reclutados por los soviéticos" en Estados Unidos.

Como resultado, en el momento en que el Proyecto Venona estaba en marcha, el General Omar Bradley, Jefe del Estado Mayor Conjunto, ordenó que las interceptaciones no se compartieran con el Presidente Truman, porque -según Steadman- a Bradley le "preocupaba que cualquier cosa que supiera la Casa Blanca pronto sería conocida por los infiltrados sionistas [que rodeaban al Presidente] y luego por los soviéticos", que descubrirían que sus cables estaban siendo interceptados.

Entre 1995 y 1996, partes de las desencriptaciones de Venona se hicieron finalmente públicas con gran publicidad. Sin embargo, nunca se publicaron partes importantes de estos documentos largamente secretos, ni tampoco una lista de los espías del Kremlin, cada uno de los cuales fue identificado por su nombre y su nombre en clave. La identidad de estos espías es muy interesante.

En los mensajes soviéticos originales, muchos de los agentes estaban marcados con la letra "K" de "KRYSY" (es decir, "Ratas"). "KRYSY" era la despectiva designación en clave soviética de los agentes sionistas bajo su control. En la versión de estos documentos hecha pública en Estados Unidos, *The Spotlight* reveló que la designación "K" había sido suprimida antes de su publicación, al parecer por los censores del Departamento de Estado.

Un examen de 35 mensajes soviéticos descifrados por el inimitable Andrew St. George de *The Spotlight* reveló 20 nombres de agentes sionistas al servicio de Moscú. Los mismos documentos revelaron sólo cuatro agentes comunistas que no tenían vínculos étnicos aparentes con el sionismo.

Estas revelaciones más recientes ciertamente confirman otras pruebas que hemos examinado, a saber, que realmente hubo una división al más alto nivel entre sionistas y nacionalistas rusos en la URSS durante los últimos días de la era de Stalin y en los años siguientes.

Fue un importante elemento secreto en el desarrollo de la Guerra Fría, un fallo que sentó las bases para el auge de la red pro sionista "neoconservadora", que con el tiempo resultó ser uno de los enemigos internos más peligrosos de Estados Unidos.

Hasta que los patriotas estadounidenses -los verdaderos patriotas- se enfrenten y comprendan estos elementos ocultos de la historia, que arrojan una perspectiva radicalmente diferente sobre los acontecimientos de la segunda mitad del siglo XX, será imposible iniciar el proceso de recuperación de Estados Unidos -en el siglo XXI- de manos de las cabras de Judá: El Enemigo Interior.

Las viejas etiquetas de "liberal" y "conservador" simplemente ya no se aplican, y muchas leyendas del pasado -especialmente de la época de la Guerra Fría- deben reconocerse como eso: "leyendas".

En los capítulos que siguen, examinaremos más pruebas del papel de los llamados "anticomunistas" estadounidenses en la modificación, distorsión y destrucción de movimientos anticomunistas legítimos en favor de la agenda sionista.

Como veremos, la historia de la "era McCarthy" y de las fuerzas "conservadoras" que empezaron a alinearse en esa época es mucho más compleja de lo que nos han hecho creer.

CAPÍTULO XIV

El comunismo trotskista -ahora llamado "neoconservadurismo"- y la historia del senador Joseph R. McCarthy

El contenido de gran parte de este capítulo escandalizará a los anticomunistas estadounidenses de hoy (y, en particular, a los que apoyaron activamente al senador Joseph R. McCarthy). McCarthy, el famoso cazador de comunistas), pero ciertos hechos deben formar parte de la historia registrada si queremos tener un perfil preciso de El enemigo interior.

Pero antes, la historia de una figura controvertida que desempeñó un papel secreto (y en realidad bastante extraño) para ayudar a John F. Kennedy a ganar la presidencia en 1960 - una de las figuras legendarias, entre bastidores, del movimiento nacionalista estadounidense - DeWest Hooker, que murió a la edad de 81 años en Washington, D.C., el 22 de septiembre de 1999.

Hooker - "West" para sus amigos- ya es historia (historia oculta) y su extraordinaria historia merece ser contada, sobre todo porque las experiencias de Hooker nos ayudan a documentar el trabajo de las cabras judías sionistas estadounidenses.

Sobre el propio Hooker: Un hombre fascinante y memorable que merece este breve homenaje. Nacido en la riqueza y el privilegio, y luego casado en una familia inmensamente rica, Hooker se graduó en Cornell y fue veterano de la Segunda Guerra Mundial, una guerra que él creía entonces, y hasta su muerte, que era innecesaria y que no debería haberse librado.

Hooker dedicó gran parte de su fortuna personal a luchar por la causa nacionalista, causa que nunca abandonó.

En sus años mozos, el floridamente apuesto Hooker no sólo fue actor de Broadway, sino también modelo publicitario, apareciendo en anuncios de cigarrillos Chesterfield y llevando un parche en el ojo en los famosos anuncios de camisas Hathaway.

Sin embargo, Hooker renunció a una prometedora carrera sobre los escenarios después de que le ofrecieran el papel protagonista de Henry

Fonda en la gira de la exitosa obra de Broadway *Command Decision*, y prefirió trabajar entre bastidores en la industria del entretenimiento.

Hooker acabó trabajando como agente de talentos para la Music Corporation of America (MCA) y, a principios de los años cincuenta, era uno de los agentes de talentos mejor pagados de Estados Unidos. Se concentró en el floreciente negocio de la producción televisiva.

Hooker estaba especialmente orgulloso de sus esfuerzos por promover el "entretenimiento negro" para el "público negro", alentando los esfuerzos artísticos de cantantes y actores negros. Al mismo tiempo, sin embargo, Hooker rechazaba totalmente el concepto de que la música y la cultura negras debían promocionarse para el público blanco, principio rector de los actuales promotores de música y cine "multiculturales".

(Hooker estaba especialmente entusiasmado con la creciente prominencia a mediados de la década de 1980 del líder de la Nación del Islam, el ministro Louis Farrakhan, y este autor conoció por primera vez al ministro Farrakhan mientras acompañaba a Hooker a una reunión de la Nación del Islam a la que sólo se podía asistir por invitación, celebrada en Washington, D.C., en 1985).

Durante un tiempo, uno de los contratos de la MCA del que Hooker fue responsable fue el del ex actor de serie B convertido en estrella de la televisión Ronald Reagan, aunque este detalle no se menciona en las biografías oficiales de Reagan a la luz de la futura "infamia" de Hooker y su reputación de "antisemita".

Sin embargo, una descripción "secreta" de la relación de Hooker con el ascenso de Reagan aparece en un libro poco conocido titulado *The King Maker*, publicado en 1972, ocho años antes de que Reagan llegara a la presidencia. Escrito por Henry Denker, un conocido escritor, productor y director neoyorquino con amplios conocimientos de la industria del entretenimiento, *The King Maker* es una roman *a clef* (es decir, una novela "de ficción" basada en personajes y acontecimientos reales, apenas disimulados).

Todo el mundo sabía que era la historia entre bastidores de los tratos políticos y financieros de Ronald Reagan con la MCA y cómo esos tratos ayudaron a poner a Reagan en el cargo de Gobernador de California.

El libro no es fácil de encontrar en bibliotecas o incluso en librerías de segunda mano. Tal vez sea precisamente porque, si se lee entre líneas (o no necesariamente entre líneas), se descubren algunas cosas desagradables sobre Reagan y las personas que hicieron de él la potencia política estadounidense del último cuarto del siglo XX.

Hooker fue el modelo en la vida real de uno de los personajes del libro,

"Carl Brewster", un ejecutivo de la industria televisiva francamente antijudío y, reconozcámoslo, el propio West Hooker era muy antijudío y no hacía ningún esfuerzo por ocultarlo.

En The King Maker, Reagan es "Jeff Jefferson", un antiguo actor de cine que se ve catapultado a la gobernación de California gracias a su asociación con el Dr. Irwin Cone, fundador de una agencia de contratación vinculada a la mafia, la Talent Corporation of America (TCA), que se convierte en una fuerza política por derecho propio. El "Dr. Cone" de Denker es el verdadero Dr. Jules Stein, y la TCA es en realidad -lo han adivinado- la Music Corporation of America, más conocida como MCA, el gigante de los medios de comunicación (ahora filial del imperio Bronfman, en constante expansión). Evidentemente, el libro era demasiado relevante, hasta el punto de que el socio del Dr. Stein en la vida real, Lew Wasserman, calificó la novela de "basura", a pesar de que Wasserman no aparece representado en la novela en absoluto.

En 1986, otro escritor, Dan Moldea, conocido por su experiencia en la historia del crimen organizado, escribió su propio libro, que no era una *novela*, sino una controvertida obra de no ficción que contaba la misma historia que el libro de Denker *The King Maker*. Sin embargo, el libro de Moldea tenía un título más explosivo -y quizá más acertado-: *Dark Victory: Ronald Reagan, MCA, and the Mob*.

Sin embargo, el antisemitismo de Hooker no fue del agrado de sus jefes, Lew Wasserman y Jules Stein, y Hooker acabó separándose de la MCA (sus años en la MCA se recordarán en el libro de Denker). Sin embargo, Hooker, gracias a su ingenio, consiguió dejar la MCA como un hombre muy rico y fue capaz de burlar a Wasserman en la MCA hasta el punto de que Hooker fue descrito posteriormente en la prensa por el columnista del mundo del espectáculo Walter Winchell como el único empleado de la MCA que había burlado a Wasserman.

En conversaciones personales, Winchell era conocido por decir, más francamente, que Hooker era el "único goy" (es decir, no judío) que había logrado esta hazaña, aunque el lenguaje adicional de Winchell era mucho más gutural al describir lo que Hooker había hecho a su antiguo jefe.

A mediados de la década de 1950, Hooker avanzaba hacia la creación de una "cuarta" cadena de televisión, para consternación de la élite mediática. Hooker admitió con franqueza que su proyecto pretendía ser la primera cadena de televisión "no controlada por judíos".

Aunque buscó activamente apoyo financiero para el proyecto en el embajador Joseph P. Kennedy (padre del senador John F. Kennedy), el fundador de la dinastía Kennedy se negó a participar (aunque apoyó incondicionalmente el concepto). Kennedy dijo que su participación enfurecería a la comunidad judía y pondría en peligro las posibilidades de su hijo de ganar la presidencia. Los recuerdos de primera mano de Hooker sobre su reunión entonces secreta con Kennedy se contaron por primera vez en detalle en el libro de este autor, *Juicio final*.

En cualquier caso, la Liga Antidifamación (ADL) de B'nai B'rith se enteró de los esfuerzos de Hooker por organizar una "cuarta" red y, en 1954, la ADL dedicó una doble página de su boletín a "desenmascarar" a Hooker bajo el titular "El caso del encantador intolerante". El título en sí era bastante revelador del dinamismo de Hooker: incluso la ADL, tan propensa a desprestigiar a las personas y a lanzar calumnias sobre su carácter, se vio obligada a reconocer que Hooker poseía una personalidad entrañable que nunca se detenía.

Finalmente, el fiscal general de Nueva York (y más tarde senador estadounidense) Jacob Javits, un corrupto y vicioso judío aliado de la ADL, dictó una orden judicial que impedía a Hooker recaudar fondos para la red, matando así el proyecto en nombre de las otras redes dirigidas por sionistas.

Aunque Hooker abandonó posteriormente Estados Unidos para exiliarse en Italia, donde hizo fortuna embotellando refrescos, regresó a Italia a mediados de la década de 1980 para reanudar sus actividades políticas.

Durante muchos años, Hooker trabajó silenciosamente entre bastidores para establecer una red internacional de distribución de petróleo -en concierto con intereses simpatizantes en el mundo árabe- que proporcionara fondos al movimiento nacionalista estadounidense. Desgraciadamente, los esfuerzos de Hooker se vieron frustrados por figuras de cierto régimen árabe que habían sido cooptadas por la agencia de inteligencia israelí, el Mossad. De hecho, uno de los colaboradores de Hooker en el proyecto fue asesinado.

El propio Hooker tenía la ventaja de vivir de los ingresos de un fondo fiduciario que le había proporcionado su madre y no deseaba en absoluto obtener beneficio alguno del negocio del petróleo que, de haberse puesto en marcha con éxito, calculaba que habría proporcionado un mínimo de 10 millones de dólares anuales a la causa nacionalista.

Lamentablemente, aunque Hooker se mantuvo físicamente en forma, casi hasta el día de su muerte, su aguda mente fue víctima de la edad y su memoria empezó a fallar. Esto fue una gran tragedia, ya que le impidió dejar constancia de toda su notable carrera por escrito o en vídeo, aunque afortunadamente algunos de sus escritos han sobrevivido.

Sorprendentemente, a pesar de sufrir durante cinco años el cáncer de próstata que se había extendido por todo su cuerpo y que acabó matándole, Hooker siguió siendo muy activo y, unos meses antes de su muerte, apareció en una reunión pública en Arlington, Virginia (donde habló este autor, Michael Collins Piper), lo que le valió a Hooker un último ataque de sus enemigos en un informe publicado sobre la reunión por el Southern Poverty Law Center de Morris Dees. Hooker estaba francamente encantado de saber que sus actividades seguían siendo registradas por sus enemigos jurados. "Jesús no era un gallina", decía a menudo Hooker. "Entró y echó a los cambistas del templo.

Sin embargo, Hooker era un hombre extraordinario. Y lo que descubrió en la década de 1950 sobre los esfuerzos sionistas para controlar el movimiento "anticomunista" -información que ahora detallaremos- será una revelación asombrosa, reveladora y aleccionadora para los estadounidenses de hoy que nunca han conocido la verdadera historia.

Lo que sigue es el texto (ligeramente anotado para mayor claridad) de una declaración jurada que Hooker hizo el 30 de septiembre de 1954, en la que describe sus hallazgos sobre el papel de la llamada "Liga Judía Americana contra el Comunismo" y cómo manipuló al entonces senador.

Los esfuerzos de Joseph R. McCarthy para investigar el comunismo en las altas esferas del sistema americano. La declaración jurada dice:

> Hace algún tiempo, tuve una increíble entrevista de dos horas con Norman L. Marks, de la American Jewish League Against Communism, Inc.
>
> De hecho, me trajo otra persona, y el Sr. Marks no sabía nada de mí (por eso se abrió de verdad, porque la persona que me trajo tenía su "confianza").
>
> AJLAC tiene sus oficinas en 220 West 42nd Street, Nueva York. Su Presidente Nacional es Alfred Kohlberg. Su Director Ejecutivo es el rabino Benjamin Schultz y su Tesorero es Harry Pasternak. Los miembros de su junta directiva nacional son los siguientes: Bern Dibner, Lawrence Fertig, Theodore Fine, Benjamin Gitlow, Hon. Walter R. Hart, Herman Kashins, Eugene Lyons, Norman L. Marks, Morris Ryskind, Rabino David S. Savitz, Nathan D. Shapiro, George E. Sokolsky, Maurice Tishman, Rabino Ascher M. Yager.
>
> Juro bajo juramento que lo siguiente es tan exacto como puede escribirse de memoria aproximadamente una hora después. Además, la información puede ser verificada por la otra parte anónima.
>
> El Sr. Marks, cuyo nombre aparece arriba y en el membrete de AJLAC como miembro de la Junta Directiva Nacional, declaró: "Con mucho, el mayor contribuyente financiero a AJLAC es el Sr. Bernard Baruch: "Con mucho, el mayor contribuyente financiero a AJLAC es el Sr. Bernard Baruch". Preguntado por el porcentaje de

la contribución del Sr. Baruch, respondió: "Alrededor del 85% o 90% de los fondos".

Le dije que había pensado que el Sr. Kohlberg era el principal contribuyente a AJLAC y el Sr. Marks respondió: "Bueno, contribuye un poco, pero nada como la contribución de Baruch". Pregunté al Sr. Marks por qué el nombre de Baruch no figuraba en el membrete. Me contestó que Baruch había insistido en que su nombre no apareciera en el membrete y que no se supiera que había contribuido a la financiación de AJLAC.

El Sr. Marks dijo que la organización era totalmente judía, pero que era divertido que muchos de sus fundadores parecieran tener esposas "cristianas". Dijo que se reunían todos los jueves en el Hotel Ambassador para almorzar y discutir la situación mundial. Marks dijo que la organización no aceptaría a un "cristiano en su seno" ni un "céntimo de apoyo cristiano" y que nunca se había aceptado dinero cristiano en el pasado, que era una organización totalmente judía y que estaba financiada por ellos.

Declaró que su creación sólo tenía dos objetivos: El objetivo número uno era desdramatizar el judaísmo del comunismo y el objetivo secundario era sacar a los judíos del comunismo y apoyar el sionismo. Dijo: "Durante un tiempo, casi todos los espías comunistas que fueron descubiertos eran judíos y se preocuparon y pensaron que había que hacer algo para calmar a los judíos. Querían demostrar al mundo cristiano que no TODOS los judíos eran comunistas".

A la pregunta de cómo llevaron a cabo este proyecto, el Sr. Marks respondió: "Es imposible que un cristiano se salga con la suya criticando a los judíos. Sólo un judío puede hacerlo".

Y continuó: "Así que reunimos a un fuerte grupo de judíos 'conocidos por ser anticomunistas' y comenzamos nuestra campaña de presión desde nuestro punto de vista".

[Según la declaración jurada original de Hooker, la referencia de Marks a los que se decía que eran "anticomunistas" significaba en realidad que los líderes judíos en cuestión eran, como dijo Hooker, "antiestalinistas"].

Marks dijo: "Nosotros fuimos los que escribimos los discursos de McCarthy en Virginia Occidental: 'Nosotros fuimos los que escribimos los discursos de McCarthy en Virginia Occidental, lo que le permitió convertirse en el notorio anticomunista que es hoy. La presión que ejercimos sobre la prensa permitió a McCarthy obtener toda la atención que recibió. A cambio de este ascenso a la prominencia, accedió a no interrogar ni exponer a los judíos del movimiento comunista como parte de las investigaciones llevadas a cabo por su subcomité".

El Sr. Marks dijo que muchos judíos llamaban antisemita a McCarthy, pero poco sabían que era "el mejor amigo que los judíos han tenido nunca".

[Hooker señaló sobre McCarthy que "al final le destruyeron de todas formas cuando empezó a llamar comunistas a los judíos más tarde"].

Marks continuó diciendo que "otras investigaciones podrían haber descubierto judíos y McCarthy habría sido acreditado por ello, pero si se volviera atrás, se encontraría que McCarthy de hecho no llamó a un solo judío durante ese período en el que los judíos eran el centro de atención". Luego matizó estas observaciones afirmando que "cuando McCarthy trabajó como subcomité temporal bajo la administración Truman, no llamó a ningún judío; cuando fue elegido presidente de la comisión permanente de investigación, bajo la nueva administración, empezó a llamar a los testigos "a medida que se presentaban".

[En otras palabras, si los testigos eran "judíos o no", según Hooker-Ed].

El Sr. Marks prosiguió: "Pero eso no cambia mucho las cosas hoy, porque ha aceptado que nuestros hombres trabajen con él. Por ejemplo, aceptó que nuestro hombre Roy Cohn fuera su jefe de línea, lo que fue organizado por otro de nuestros hombres, George Sokolsky".

Si la memoria no me falla, Marks dijo que Julius Kahn era también su hombre en el Comité McCarthy, pero que ahora estaba en el Comité de Relaciones Exteriores del Senado. Definitivamente dijo que David Schine NO formaba parte de AJLAC, sino que había sido colocado allí por "algún otro grupo que desconozco".

El Sr. Marks añadió que "no sólo McCarthy está bajo nuestro control, sino también Jenner y Velde, que también se han llevado a nuestros hombres a trabajar con ellos. Benny Mandel y Robert Morris nos representan en el comité de Jenner". Menciona a Robert Kunzig como "su hombre" para Velde.

Marks también afirmó con certeza que el profesor Louis Budenz estaba bajo "su control" y era uno de "sus hombres", y que estaba trabajando para tirar de la manta bajo los judíos.

[Budenz era un conocido "ex comunista" que se convirtió en una figura destacada del llamado movimiento anticomunista, cuyos elementos clave habían caído bajo el control de elementos sionistas y trotskistas. Las revelaciones de Hooker explican por qué...].

Dijo que fue [Alfred] Kohlberg, su presidente nacional, quien "encontró" a Budenz cuando estaba testificando en Washington y que Kohlberg "le acogió y prácticamente le apoyó durante un tiempo para que empezara y se convirtiera en el hombre que es hoy en el movimiento anticomunista".

Marks también dijo que recientemente habían hecho que "su hombre Robert Morris" fuera elegido juez en Nueva York, y que Victor Lasky era otro de sus hombres que hacía mucho "trabajo de prensa" para ellos, y "pronunciaba discursos a favor de sus hombres, por ejemplo Robert Morris". Y añadió: "Toda esta gente estaba de acuerdo en aliviar a los judíos de su carga".

Ahora recuerdo otra declaración del Sr. Marks en la que afirmaba que "existe un vasto fondo común de información en la zona de Nueva York y en todo el país que está vinculado a nuestra organización".

Le pregunté si J. B. Matthews y sus archivos estaban implicados en el "asunto" y me respondió: "Sí, tenemos acceso a todos sus archivos".

[J. B. Matthews era un destacado "cruzado anticomunista" en aquella época, pero estaba claramente bajo control sionista-trotskista].

Dijo que tenían al menos "treinta comunistas en nómina que nos traen información" y que "sabemos todo lo que pasa en esta zona".

El Sr. Marks contó toda esta información como si no hubiera nada "malo" en lo que estaba diciendo. Incluso nos invitó a mí y a otro desconocido a asistir a una reunión el martes siguiente por la noche en el University Club, patrocinada por Norman Lombard.

Cuando por fin se enteraron de quién era, Norman Lombard y Norman Marks me dijeron que no acudiera a la reunión. Realmente espero que los verdaderos nacionalistas patrióticos de Estados Unidos sean capaces de enderezar el rumbo de algunos de estos "pseudo-patriotas" que intentan liderar el llamado movimiento "anticomunista".

No me malinterpretes: soy tan anticomunista como tú, pero no quiero que nuestro país caiga en trampas que permitan a estos pseudopatriotas "utilizar" los bellos instintos del pueblo estadounidense y el movimiento anticomunista para sus propios fines diabólicos.

En otras palabras, algunos de estos pseudo-patriotas son "anti-comunistas", es decir, "anti-comunismo estalinista", pero están a favor de otra forma de comunismo (marca americana) que conduce a su dictadura en nuestro propio país y en el resto del mundo bajo el liderazgo de Bernard Baruch y la multitud que él representa.

[La "marca estadounidense" del comunismo a la que se refería Hooker, aunque no lo dijo directamente, era precisamente la marca trotskista en evolución conocida hoy como "neoconservadurismo". -[NOTA DEL EDITOR].

(Firmado) DeWest Hooker

FIN DE LA DECLARACIÓN JURADA DE HOOKER

Así que tenemos que agradecer a DeWest Hooker que detectara desde el principio que había algo más en el auge del "anticomunismo" en Estados Unidos, al menos en la forma respaldada por elementos sionistas y trotskistas. *Es esencial que las revelaciones de Hooker se comprendan plenamente hoy en día.*

Lo que añade aún más credibilidad a las impactantes revelaciones de Hooker sobre la manipulación del senador McCarthy es lo que señala el renombrado escritor sobre el crimen organizado Hank Messick en su libro *John Edgar Hoover*, un retrato poco halagador del ex director del FBI que ahondaba en los vínculos de Hoover con el sindicato del crimen organizado. Messick escribió sobre la fundación de la Liga Judía Estadounidense contra el Comunismo mencionada anteriormente:

> Las razones para fundar la Liga eran variadas, pero una de ellas era la autoprotección..... Muchos intelectuales estadounidenses son judíos. Durante el New Deal, algunos de ellos habían llegado a ocupar altos cargos. Además, el propio Karl Marx era hijo de un judío que se había hecho cristiano. Adoptar una postura sensata, resistirse a las calumnias injustas y a los intentos de los fanáticos de presentar al judío como pro-rojo, es probable que enfurezca a la gente. Es mejor pasar a la ofensiva contra la propia amenaza comunista. Tal fue la actitud de algunos judíos -o al menos la excusa que dieron a sus amigos- mientras se desarrollaba la histeria nacional en 1948.
>
> La posibilidad de que el ataque anticomunista se convirtiera en una

persecución de los judíos estaba muy presente en la mente de los funcionarios del gobierno encargados de procesar a los supuestos espías de la bomba atómica, Julius y Ethel Rosenberg. Por este motivo se eligió a un juez judío y el equipo de fiscales seleccionado para juzgar el caso estaba formado por judíos. Uno de sus miembros era Roy Cohn.

Sin embargo, la creación de la Liga no se debió únicamente a la preocupación por los judíos. El anticomunismo ofrecía oportunidades políticas y comerciales.

La Liga se fundó en casa de Eugene Lyons, un conocido autor de derechas. A la primera reunión asistieron otras personalidades de derechas, como Louis Waldman, Lawrence Fertiz, Isaac Don Levine y George Sokolsky. El principal instigador fue Alfred Kohlberg, quien, junto con Lewis Rosenstiel, aportó la mayor parte de los fondos.

Según Messick, Kohlberg tenía desde hacía tiempo intereses comerciales en China y, como líder de lo que se ha dado en llamar, en parte, "El lobby chino", esperaba provocar una guerra contra China -en nombre de la "lucha contra el comunismo"- para recuperar su fuente de lucro perdida.

Rosenstiel, un magnate del alcohol con antiguos vínculos con el sindicato del crimen organizado del jefe de la mafia judía Meyer Lansky, tenía sus propios intereses en mente. Rosenstiel había adquirido grandes cantidades de alcohol antes de la Segunda Guerra Mundial y se había beneficiado enormemente de ello (cuando, durante la guerra, los límites impuestos por el gobierno a la producción de alcohol le dieron un monopolio muy rentable sobre el suministro de alcohol). Así que, ante la posibilidad de otra guerra contra China (o incluso Rusia, o ambas), Rosenstiel soñaba obviamente con repetir su éxito anterior.

Así, Rosenstiel, Kohlberg y sus aliados sionistas se alinearon inicialmente detrás del candidato presidencial republicano de 1948, Thomas E. Dewey (que durante mucho tiempo había estado discretamente aliado con el sindicato del crimen de Lansky, a pesar de la reputación de Dewey como "rompepandillas"). Aunque el presidente Harry Truman es ampliamente recordado como el presidente estadounidense que reconoció a Israel cuando se creó en 1948, lo cierto es que muchos "iniciados" en la administración Truman, incluido el propio Truman, no estaban tan entusiasmados con la idea de dar luz verde a Israel, reconociendo -con bastante clarividencia- los peligros de crear un Estado sionista en tierras robadas al pueblo palestino indígena cristiano y musulmán. En consecuencia, el movimiento sionista no estaba muy entusiasmado con Truman y trabajó en silencio en favor de Thomas E. Dewey.

Sin embargo, para sorpresa de prácticamente todo el mundo -con la posible excepción del propio Truman- Dewey no venció a Truman. Así fue virtualmente "creado" el senador Joseph R. McCarthy, que sin saberlo se convirtió en portavoz de elementos sionistas y trotskistas. Messick completa los detalles:

> La inesperada derrota de Dewey en 1948 conmocionó a muchos y obligó a la Liga Judía Estadounidense contra el Comunismo a replantearse su programa. Necesitaba una nueva figura política tras la que aglutinarse. Casualmente, la Liga había recibido un informe de cien páginas del FBI sobre la influencia comunista en el gobierno. El informe había sido entregado a un oficial de inteligencia del Pentágono con instrucciones de transmitirlo a los líderes de la Liga... Según Roy Cohn, se leyó el documento secreto del FBI y se organizaron conferencias en Nueva York y Washington. En palabras de Cohn, "un pequeño grupo" asumió "la responsabilidad de llevar la historia a Estados Unidos".
>
> La Liga decidió dirigirse a un senador en lugar de a un representante. En una reunión celebrada en Washington en noviembre de 1949, un comité especial de la Liga "examinó cuidadosamente la lista de senadores de Estados Unidos para encontrar a uno que pudiera acometer con éxito la tarea de educar a sus conciudadanos estadounidenses". Redujeron la lista a cuatro posibilidades, todas republicanas. Cada senador leyó a su vez el informe del FBI. A cada uno de ellos se le animó a embarcarse en el camino de la guerra. A cada uno se le prometió apoyo financiero. Los tres primeros de la lista se negaron. El cuarto se llevó el documento a casa y lo leyó detenidamente. A la mañana siguiente llamó a un miembro de la Liga y le dijo que "compraba el paquete". Este cuarto senador se llamaba Joseph McCarthy.

Poco después, el 9 de febrero de 1950, McCarthy se dirigió al Club Republicano Femenino del Condado de Ohio en Wheeling, Virginia Occidental, y anunció que había 205 "riesgos de seguridad" en el Departamento de Estado. Así comenzó la "era McCarthy" que los sionistas denuncian ahora tan hipócritamente. De hecho, como hemos visto, la era McCarthy fue poco más que el eficaz trabajo de El Enemigo Interior.

Y aunque McCarthy tenía razón, al parecer, al señalar que efectivamente había "comunistas en el gobierno", probablemente sea seguro decir que la guerra que se desarrolló en el Capitolio durante las audiencias de McCarthy y en los medios de comunicación fue de hecho poco más que un desbordamiento, en Estados Unidos, de la larga guerra entre los elementos comunistas nacionalistas rusos supervivientes de la Unión Soviética (anteriormente dirigidos por Josef Stalin) y sus acérrimos enemigos del movimiento judío-sionista-trotskista que ahora estaba establecido en suelo estadounidense.

Esto no quiere decir que McCarthy no fuera sincero en sus motivos, pero es evidente que estaba siendo manipulado por fuerzas que escapaban a su comprensión.

Y el hecho de que su principal "asesor" fuera el omnipresente Roy Cohn, que siguió desempeñando un importante papel como "arreglador" sionista (al tiempo que ejercía de abogado especializado en crimen organizado) indica precisamente las fuerzas que guiaban a McCarthy hacia su destrucción final.

El libro del escritor judío Stuart Svonkin, *Jews Against Prejudice: American Jews and the Fight for Civil Liberties* (Judíos contra los prejuicios: los judíos estadounidenses y la lucha por las libertades civiles) demuestra que, a pesar de lo que la Liga Antidifamación y el Comité Judío Estadounidense nos quieren hacer creer hoy, la verdad es que estas dos organizaciones estuvieron muy implicadas en el tipo de "macartismo" ( ) que hoy denostan. Svonkin señaló

> Como liberales comprometidos con la Guerra Fría, los miembros del personal del ADL y del AJC cooperaron con el FBI, el HUAC (Comité de Actividades Antiamericanas de la Cámara de Representantes) y otros agentes del programa federal de lealtad y seguridad a finales de los años cuarenta y cincuenta, compartiendo archivos sobre organizaciones políticamente sospechosas dentro y fuera de la comunidad judía.

> Esta política de cooperación, que se basaba en la colaboración establecida durante la campaña antifascista de los años treinta y principios de los cuarenta, pretendía minimizar la asociación de los judíos con el comunismo, proteger a los liberales de la persecución y garantizar que el gobierno federal se mantuviera alerta ante las actividades de los extremistas de derechas.

> Aunque el AJC y la ADL esperaban moderar los métodos de la HUAC, estos intentos de reformar la cruzada anticomunista desde dentro reflejaban una aquiescencia fundamental a los supuestos y estrategias de la guerra fría interna y contribuían inevitablemente a la violación de los principios de la libertad civil.

Además, probablemente merezca la pena señalar lo que el famoso crítico "conservador" del macartismo, Peter Viereck, dijo en 1954 sobre McCarthy. Sus palabras resultan bastante interesantes cuando se sitúan en el contexto actual en el que se suele hablar de McCarthy y del "macartismo". Viereck afirmó:

> McCarthy no es el tipo de fascista, sino el tipo de agitador anarquista de izquierdas que, por instinto infalible y no "por accidente", subvierte precisamente las instituciones más conservadoras y orgánicas, todo lo venerable y patricio, desde la Constitución y precisamente los generales más condecorados o paternales (Marshall, Eisenhower, Taylor, Zwicker), hasta los líderes de nuestra religión más arraigada y precisamente la más antigua de nuestras universidades..... Satisface los resentimientos de sus partidarios, pues su odio más sincero se dirige siempre contra las familias patricias más antiguas, arraigadas y cultas: los Cabot Lodge, los Acheson, los Conant, Adlai Stevenson.

En lugar de atacar a las grandes familias sionistas estadounidenses (como los Schiff, aliados de Rothschild, por ejemplo, en) conocidas por haber financiado la revolución bolchevique en Rusia, McCarthy atacó a ciertas viejas familias estadounidenses y a sus asociados en el establishment de la política exterior.

Y probablemente no sea una coincidencia que uno de los objetivos más prominentes de McCarthy -el ex general George C. Marshall- fuera de hecho uno de los críticos estadounidenses más destacados (durante la administración Truman) de la creación del Estado sionista de Israel. Marshall- fuera de hecho uno de los críticos estadounidenses más elocuentes (durante la administración Truman) de la creación del Estado sionista de Israel.

Lo que es particularmente interesante es que Ann Coulter -una de las "neoconservadoras" de hoy cuyos patrocinadores y mecenas ideológicos son los modernos abanderados de la vieja bandera trotskista (que ahora se presenta como "neoconservadurismo")- está básicamente de acuerdo con la valoración de Viereck, afirmando en su reciente libro, *Traición*

> Las verdaderas "víctimas" de McCarthy no eran testigos simpáticos, guionistas frívolos de Hollywood o profesores universitarios fanfarrones e irrelevantes. Eran políticos de la élite WASP... Eran bien nacidos y llevaban bien puestos sus smokings... .

En otras palabras, aunque Viereck fue un crítico de McCarthy y Coulter uno de sus defensores, ambos argumentan (correctamente) que, contrariamente a la imagen popular de McCarthy como un "despiadado hatemonger antisemita que acosaba a inocentes guionistas judíos de Hollywood", McCarthy apuntaba en cambio -en un sentido amplio- en una dirección totalmente distinta, desdibujando la imagen de las verdaderas fuentes de la subversión en Estados Unidos.

Estas revelaciones sobre la era McCarthy no pretenden sugerir que no hubiera traidores comunistas desleales dentro del sistema estadounidense.

La verdad es que, en muchos aspectos, el difunto senador McCarthy sí persiguió a un gran número de comunistas en el gobierno, los medios de comunicación y el mundo académico. *Pero la historia de McCarthy es mucho más compleja de lo que nunca hemos sabido.*

En conjunto, podemos ver que la "Guerra Fría" -como se la suele llamar- no fue exactamente lo que hoy solemos recordar. La Guerra Fría fue el reflejo de un largo conflicto entre bastidores entre los elementos sionistas de Rusia y sus oponentes estalinistas, una guerra que acabó trasladándose, en muchos aspectos, a suelo estadounidense.

Los sionistas y los trotskistas se fusionaron efectivamente, habiendo encontrado una causa común, y empezaron a apoderarse y a manipular -como el enemigo interno- el verdadero movimiento "anticomunista" en América, actuando como las cabras de Judá, llevando a los verdaderos patriotas a la destrucción.

CAPÍTULO XV

El FBI y el Partido Comunista Americano: la verdad sobre la "amenaza comunista

Durante casi 30 años, J. Edgar Hoover y su FBI dirigieron eficazmente el Partido Comunista estadounidense. Este detalle poco conocido plantea nuevos interrogantes sobre la "realidad" de la llamada Guerra Fría.

Hoover se convirtió en una leyenda en su época y en un héroe para los anticomunistas estadounidenses por el papel que desempeñó en la "lucha contra la subversión comunista" en Estados Unidos. Sin embargo, Hoover guardó un gran secreto sobre el movimiento comunista, que mantuvo en secreto durante los 20 años que precedieron a su muerte en 1974.

El hecho es que desde 1954, y durante los 27 años siguientes, el FBI dirigió esencialmente las actividades del Partido Comunista Americano. Esta reveladora información se publicó en el libro "*The Secret History of the FBI" (La historia secreta del FBI)*, del veterano periodista Ronald Kessler. A pesar de su título sensacionalista, el libro de Kessler no es una verdadera "historia secreta". Pero la revelación sobre el "reinado" secreto de Hoover sobre el Partido Comunista es ciertamente algo que no se ha publicitado realmente como merecía. Según Kessler

> En 1954, el FBI comenzó a llevar a cabo una operación de alto secreto bajo el nombre en clave SOLO, que consistía en utilizar como informante a Morris Childs, el ayudante principal de Gus Hall, el líder del Partido Comunista Americano. De hecho, Childs -a quien el FBI llamaba Agente 58- era el segundo al mando del partido.
>
> Carl N. Feyman, agente del FBI en Chicago, reclutó a Childs, judío ucraniano y antiguo editor del periódico del partido, *The Daily Worker,* tras visitarle en su piso de Chicago. Childs estaba delicado de salud, por lo que el agente dispuso que recibiera tratamiento en la Clínica Mayo de Rochester, Minnesota. Freyman consiguió convencer a Childs de que Josef Stalin había traicionado los ideales marxistas.

De hecho, el informe de Kessler no era una investigación original y así lo admitió, señalando que en un libro anterior, *Operación SOLO -publicado* en 1996-, el autor John Barron había descrito las intrigas comunistas del

FBI. Kessler señaló:

> Durante veintisiete años, Childs informó sobre las actividades y la estrategia del partido. También realizó cincuenta y dos viajes clandestinos a la Unión Soviética, China, Europa del Este y Cuba. Los soviéticos confiaban tanto en él que, el día de su septuagésimo quinto cumpleaños, el líder soviético Leonid Brézhnev le organizó una fiesta de cumpleaños en el Kremlin. Mientras tanto, en nombre de los soviéticos, Childs y su hermano Jack Childs distribuyeron 28 millones de dólares en efectivo para actividades comunistas en Estados Unidos.
>
> El FBI mantuvo la Operación SOLO tan en secreto que los funcionarios de la CIA, la Agencia de Seguridad Nacional, el Departamento de Defensa, el Departamento de Estado y el Consejo de Seguridad Nacional sólo pudieron leer los informes de la operación cuando los agentes estaban esperando para enviarlos a la sede del FBI. No fue hasta 1975 cuando el FBI informó al Presidente y al Secretario de Estado de la verdadera fuente de la información.

La naturaleza engañosa y equívoca de la relación secreta del FBI con la élite dirigente del Partido Comunista queda ilustrada por el hecho de que el director del FBI, Hoover, dijera en una ocasión al presidente Richard Nixon que el FBI sospechaba, pero "aún no podía probar", que el grupo antibelicista Estudiantes por una Sociedad Democrática estaba recibiendo "millones de dólares de la Unión Soviética a través del Partido Comunista USA".

Está claro que si la SDS estaba financiada por los soviéticos, si alguien lo sabía era Hoover. El hecho de que fuera un informante del FBI el que distribuyera el dinero del Kremlin a diversas causas debería levantar las cejas, porque mientras el FBI luchaba supuestamente contra la "subversión comunista", se distribuía dinero del Kremlin (bajo la atenta mirada del FBI y probablemente bajo su dirección).

La cuestión de quién recibió realmente el dinero merece una investigación más profunda, ya que sin duda apuntaría a ciertas "causas" privilegiadas de cierta persuasión.

De hecho, el control secreto del FBI sobre la distribución de dinero del Kremlin por parte del Partido Comunista USA explica por qué la Comisión Federal Electoral se negó a procesar al antiguo jefe del partido, Gus Hall, por aceptar ilegalmente ayuda extranjera.

El 1 de marzo de 1992, *el Washington Post* informó de que el Partido Comunista de EEUU (CPUSA) y su veterano comisario, Gus Hall, habían recibido al menos 21 millones de dólares de los dictadores soviéticos del

Kremlin durante un largo periodo de tiempo. Sólo en 1987, Hall recibió 2 millones de dólares en dinero soviético. Prueba de ello fueron los documentos secretos del Kremlin hechos públicos por el nuevo gobierno ruso.

Hall solía recoger los fajos de billetes de un mensajero del KGB. En un caso, Hall firmó un recibo por 2 millones de dólares en efectivo. Las pruebas demuestran que, en su apogeo, el líder soviético Mijaíl Gorbachov organizaba personalmente los pagos.

Aunque el Kremlin cortó los lazos con Hall en 1990, éste aprovechó al máximo el acuerdo . Un columnista informó sobre el estilo de vida del futuro líder de la revolución proletaria en Estados Unidos:

> [Hall] posee y vive en una gran mansión, con sauna, costosas obras de arte originales y garaje subterráneo, en un acomodado suburbio de Nueva York. Tiene un defecto simpático: le gusta llenar su cartera de billetes grandes. Vuela en primera clase y se aloja en hoteles de primera. Tiene una limusina con chófer (móvil, por supuesto) que sustituye cada dos años. Posee una finca y una lancha motora en Long Island, en la elegante Hampton Bay.

Cuando Liberty Lobby, la institución populista que publicaba *The Spotlight*, se enteró del acuerdo de Hall con el Kremlin, Liberty Lobby tomó cartas en el asunto y, el 11 de marzo de 1992, presentó una queja ante la Comisión Federal Electoral (FEC), exigiendo que la agencia demandara al CPUSA, así como a Hall y Gorbachov, por su flagrante violación de la ley electoral estadounidense.

The Spotlight contó a sus lectores toda la sorprendente historia. A diferencia del resto de los medios de comunicación, que trataron la historia como una reliquia del desván de la Guerra Fría, *The Spotlight* puso de relieve la flagrante incoherencia en la forma en que la FEC y el Departamento de Justicia de Estados Unidos giraron la cabeza ante esta violación no sólo de la ley electoral, sino también de las leyes dirigidas contra las actividades de agentes extranjeros que operan en suelo estadounidense.

La FEC dejó que el caso se prolongara durante más de un año antes de anunciar el 10 de diciembre de 1993 que había "decidido ejercer su discreción y no emprender ninguna acción" contra Hall, el CPUSA o Gorbachov. La FEC enterró el caso en medio de una acumulación de numerosos casos desestimados de golpe, desviando la atención de los asuntos más "delicados" del caso.

En realidad, la FEC sólo regula las elecciones para garantizar el dominio de los grandes partidos y los intereses creados, y nunca persigue a aquellos cuyo objetivo es destruir los movimientos de "terceros" partidos desde dentro.

La FEC también permite a los recaudadores de fondos del lobby israelí reunir ilegalmente sus recursos y apoyar a candidatos en las elecciones estadounidenses. La Liga Antidifamación (ADL) es un actor importante en esta actividad delictiva, pero la FEC no toma ninguna medida.

Por otro lado, la FEC acosó al Liberty Lobby por organizar el incipiente "tercer" partido, el Partido Populista, en 1984, cuando el presupuesto nacional total del partido ese año era aproximadamente una décima parte del tamaño del candidato medio al Congreso apoyado por el lobby israelí. Este pequeño partido acabó destruido desde dentro.

También hay que señalar que se descubrió que la "ex" agente de la CIA Mira Lansky Boland, jefa de la oficina de la ADL en Washington, había pasado "información" sobre Liberty Lobby a la FEC, incluidas fotografías de miembros del personal de Liberty Lobby obtenidas clandestinamente.

Según la difunta Bella Dodd, ex dirigente del CPUSA, la ADL era un agente de control clave (aunque secreto) detrás del CPUSA. Por tanto, la colaboración de la FEC con la ADL (y su negativa a procesar al CPUSA) no es ninguna sorpresa.

Y a la luz de la larga alianza de la ADL con J. Edgar Hoover y el FBI, que se remonta a antes de la Segunda Guerra Mundial, parece que la ADL y el FBI actuaron como socios en la dirección de Morris Childs, un alto funcionario del CPUSA, para influir en los asuntos del CPUSA y distribuir la generosidad del Kremlin.

Los defensores del FBI pueden sugerir que el hecho de que el FBI controle efectivamente al Partido Comunista es en realidad un tributo a la capacidad de la agencia para penetrar en las fuerzas enemigas. Sin embargo, las consecuencias de la extraña "alianza" secreta del FBI con el Partido Comunista desempeñaron un papel fundamental a la hora de influir en la política exterior e interior de Estados Unidos durante el siguiente medio siglo.

Mientras J. Edgar Hoover y el FBI exageraban los peligros del Partido Comunista y la Guerra Fría, la industria estadounidense de municiones obtenía enormes beneficios construyendo una defensa masiva estadounidense contra la agresión soviética.

Al mismo tiempo, los partidarios estadounidenses de Israel -incluidos muchos "anticomunistas" estadounidenses del movimiento "conservador responsable"- empezaron a promover Israel como "baluarte contra el poder soviético en Oriente Medio".

CAPÍTULO XVI

La Guerra Fría y los primeros orígenes de los "neoconservadores" trotskistas como vanguardia sionista del Enemigo Interno

No es casualidad que la toma de control del Partido Comunista Americano por parte del FBI se produjera precisamente al mismo tiempo que un grupo de "ex-comunistas" tomaba el control del movimiento "conservador" en Estados Unidos.

El método por el que Hoover y el FBI "transformaron" a Morris Childs, un alto cargo del Partido Comunista estadounidense, en un agente encubierto del FBI, recuerda a la poco conocida "lucha familiar" entre los elementos estalinistas antisionistas de la Rusia soviética y sus adversarios trotskistas, muchos de los cuales controlan ahora el llamado movimiento "neoconservador" en Estados Unidos.

En su libro *The Secret History of the FBI (La historia secreta del FBI)*, Ronald Kessler relata que el FBI convenció a Childs para que se convirtiera en informante afirmando que el líder soviético Josef Stalin (que acababa de morir) había abandonado los ideales marxistas.

De hecho, el argumento del FBI es uno de los argumentos utilizados contra Stalin por los herederos políticos y seguidores del odiado rival de Stalin, León Trotsky, asesinado en el exilio en México por orden de Stalin en 1928.

El hecho de que el FBI adoptara la retórica trotskista para influir en Childs refuerza la antigua y creciente sospecha de que ciertos elementos "anticomunistas" del movimiento "conservador" estadounidense eran en realidad trotskistas encubiertos que trabajaban para "dar la vuelta" al movimiento conservador anticomunista desde dentro.

Aunque durante el periodo en cuestión (mediados de la década de 1950) el líder "anticomunista" emergente era el "ex" agente de la CIA William F. Buckley Jr, los futuros elementos surgidos de la esfera de influencia de Buckley ganaron prominencia en los círculos políticos estadounidenses. Y, como veremos más adelante en este capítulo y en los siguientes, los miembros de la esfera de influencia de Buckley han desempeñado un papel fundamental en la llegada al poder de los actuales "neoconservadores".

En última instancia, las llamadas élites neoconservadoras se solidificaron bajo el liderazgo de un omnipresente equipo de padre e hijo, Irving y William Kristol, que establecieron una red influyente y de gran alcance en el Washington oficial. El mayor de los Kristol, un "ex trotskista" y veterano del Comité Internacional para la Libertad de la Cultura, financiado por la CIA, empezó a infiltrarse y a remodelar el movimiento "conservador", primero a mediados de los años 50 bajo el patrocinio de Buckley Jr. y luego más abiertamente en la era de Ronald Reagan, cuando el conservadurismo republicano estaba en auge.

De hecho, muchos de los problemas a los que se enfrenta Estados Unidos hoy en día son consecuencia directa de lo que ocurrió durante la presidencia de Ronald Reagan, cuando los neoconservadores se hicieron cada vez más prominentes ( ) y fueron colocados en posiciones de influencia en el Washington oficial gracias a los esfuerzos del sindicato sionista "neoconservador" patrocinado por Kristol.

Un ejemplo notable es el infame asunto Irán-Contra, en el que Estados Unidos, aliado con Israel, se involucró en un comercio mundial de armas y drogas ilegales para apoyar su política exterior en Centroamérica y Oriente Medio.

El asunto Irán-Contra -que, según los críticos, debería haberse descrito más directamente como el asunto "Israel-Irán-Contra"- estableció una red de empresas corruptas y políticos comprados y pagados (incluidos Bill y Hillary Clinton en Arkansas), así como de conspiradores de alto nivel de Washington (incluido el tristemente célebre teniente coronel Oliver North) vinculados a traficantes de armas israelíes y a capos de la droga latinoamericanos. Col. Oliver North) en enlace con traficantes de armas israelíes y barones de la droga latinoamericanos, todos los cuales conspiraron para enriquecerse mientras promovían los objetivos de política exterior de la élite sionista. Sencillamente, no se puede examinar el legado "Irán-contra" de Ronald Reagan sin reconocer este hecho esencial.

Sin embargo, de alguna manera, en la mayoría de los relatos siempre parece ignorarse el papel de Israel y sus cómplices estadounidenses. Y fue esta red Irán-Contra la que, en muchos sentidos, sentó las bases para la camarilla de conspiradores "neoconservadores" que, en los años siguientes, ascendieron a posiciones de influencia dentro del establishment político republicano de Reagan en Washington y luego consolidaron su influencia en la administración del hombre que ha sido aclamado como "el nuevo Ronald Reagan": George W. Bush.

Lo mismo puede decirse del otro escándalo republicano de la era Reagan, menos conocido pero igualmente importante, a menudo denominado "Iraq-gate", el armamento del Iraq de Sadam Husein. La misma cábala de la era Reagan que ayudó a armar a Sadam, tras haber ayudado también a armar a su enemigo, Irán, echó leña al fuego en Oriente Próximo, creando un marco sobre el que Israel podía extender su influencia a costa de millones de vidas y de una horrible destrucción que sentó las bases de las futuras tensiones geopolíticas en esa región. Un examen del "Iraq-gate" revela también que las mismas fuerzas -y las mismas personalidades (incluidos los Clinton y, una vez más, Oliver North)- están en juego.

Por último, por supuesto, los estadounidenses recuerdan con cariño a Ronald Reagan, no tanto por sus políticas como por su alegre personalidad y su imagen patriótica. Pero la palabra clave aquí es "imagen", no realidad. El hecho es que durante la era Reagan, una camarilla de muy reales cabras de Judá extendió su influencia, y las consecuencias siguen hoy entre nosotros, más dañinas que nunca, especialmente en la era de George W. Bush.

Es William Kristol, hijo del ya mencionado "padrino" neoconservador Irving Kristol, quien quizás mejor personifica la cara malvada de los neoconservadores actuales. Kristol, mimado de los medios de comunicación y miembro del poderoso Grupo Bilderberg, es editor y redactor jefe de la revista *Weekly* Standard del multimillonario Rupert Murdoch, y utiliza la plataforma para pedir la intervención imperialista estadounidense en el extranjero, en particular para promover los intereses del Estado de Israel.

El principal ángel financiero de Kristol, Murdoch, ha sido durante mucho tiempo el portavoz de las fuerzas combinadas de las familias Rothschild, Bronfman y Oppenheimer que, junto con Murdoch, se describen a menudo como "la banda de los cuatro multimillonarios". Esta camarilla de multimillonarios está vinculada no sólo por una asociación mutua en las finanzas internacionales, sino también por lazos étnicos y el deseo de promover los intereses del Estado de Israel. También están ampliando su control e influencia sobre los medios de comunicación estadounidenses, siendo quizá las operaciones de Murdoch las más visibles. (Los compañeros de viaje neoconservadores patrocinados por Kristol están representados en los círculos de toma de decisiones de la actual administración de George W. Bush por figuras como Richard Perle, leal a Israel desde hace mucho tiempo y ex presidente del Consejo de Política de Defensa, el aliado de Perle desde hace mucho tiempo, el subsecretario de Defensa Paul Wolfowitz (ahora jefe del Banco Mundial), y el jefe de gabinete del vicepresidente Dick Cheney, I. Lewis Libby. Todos ellos figuraban entre las figuras clave que tocaban el tambor a favor de la guerra contra Irak, Irán, Siria, Libia y cualquier otra nación considerada peligrosa para la supervivencia de Israel.

Aunque Libby ha sido acusado penalmente por algunas de sus fechorías y el resto de los neoconservadores han sido desenmascarados como mentirosos en serie de la peor calaña, estos trotskistas sionistas siguen ejerciendo una gran influencia en Washington. En algunos aspectos, podría decirse que los trotskistas triunfaron en Estados Unidos mientras que fracasaron en Rusia.

Para conocer toda la sórdida historia de los neoconservadores, y con mucho más detalle, véase *The High Priests of War*, del presente autor. No es una historia bonita, pero es necesario contarla, porque ayuda a explicar la naturaleza insidiosa del Enemigo Interno.

Sin embargo, mucho antes de que los neoconservadores alcanzaran la prominencia y el poder que ostentan hoy, en el transcurso del siglo XXI, un influyente grupo de autoproclamados "conservadores responsables" sentó las bases para el ascenso al poder de los neoconservadores. Estos conservadores "responsables" operaban en la esfera de una figura llamada William F. Buckley Jr., a quien diseccionaremos en las páginas siguientes, junto con sus más allegados.

Un interludio...

Introducción a la Parte III

El auge de los "conservadores responsables

La subversión del movimiento nacionalista estadounidense en la época de la Guerra Fría

En plena Guerra Fría, a mediados de la década de 1950, surgió en Estados Unidos un "nuevo" movimiento denominado "conservador", cuyos líderes, en particular William F. Buckley Jr. estaban decididos a "ganar" la Guerra Fría -incluso a costa de una guerra caliente- y no tenían ningún deseo de traer las tropas estadounidenses a casa para proteger el suelo estadounidense.

En realidad, se aventuraban hacia un imperio global, para aplastar al comunismo y a los elementos de la vieja tradición estadounidense -los conservadores tradicionales, los nacionalistas, aquellas fuerzas "desacreditadas" que formaban el movimiento "America First" que luchó contra la intervención estadounidense en la guerra europea que se convirtió en la Segunda Guerra Mundial- y declaraban en voz alta su intención de aplastar a cualquier elemento "nativista" que se atreviera a plantear cuestiones sobre la necesidad de enviar muchachos estadounidenses al mundo. Declaraban en voz alta su intención de aplastar a cualquier elemento "nativista" que se atreviera a plantear cuestiones sobre la necesidad de enviar a muchachos estadounidenses a guerras mundiales de brocha gorda o a conflictos en Oriente Próximo derivados de la creación del Estado de Israel.

Una multitud de "ex comunistas" -sí, los omnipresentes trotskistas- rodeaban a William F. Buckley Jr. cuando el joven licenciado en Yale -hijo de un petrolero cuyo padre acabó descubriéndose que tenía intereses petrolíferos, sobre todo en Israel- lanzó su cruzada.

La revista *National Review* de Buckley se convirtió en "la" voz de lo que Buckley y sus colegas llegaron a describir como la voz del "conservadurismo responsable", y sus escritores "ex comunistas" se convirtieron en la vanguardia intelectual del "nuevo" conservadurismo estadounidense, gracias a la publicidad amistosa de los principales medios de comunicación (controlados) de Estados Unidos.

El más importante de los promovidos por Buckley no era otro que James Burnham que, en un momento de su carrera, habría sido considerado el "principal portavoz" de León Trotsky en los círculos "intelectuales" estadounidenses.

Luego, por supuesto, cuando Josef Stalin empezó a atacar a los trotskistas, Burnham se convirtió en un supuesto "liberal anticomunista" que, de hecho, en algunos aspectos era un eufemismo para el término más dan geroso (y quizás más exacto) "trotskista".

En los años siguientes, durante la Segunda Guerra Mundial, Burnham trabajó para la Oficina de Servicios Estratégicos, precursora de la Agencia Central de Inteligencia, infestada de sionistas y trotskistas.

Burnham, el tan cacareado "intelectual", no era sólo un crítico de la Rusia estalinista y de los nacionalistas estadounidenses y otros responsables políticos que querían "contener" al gigante soviético.

Por el contrario, Burnham pidió la guerra total contra Rusia. Harry Elmer Barnes, un eminente historiador nacionalista estadounidense, describió en una ocasión uno de los llamamientos de Burnham a la guerra como "muy peligroso y antiamericano".

A pesar de este historial -o más bien debido a él- Burnham el trotskista se convirtió en "Burnham el líder conservador" bajo el patrocinio de la revista *National Review* de William F. Buckley Jr, de la que Burnham fue quizás el principal editor teórico durante algo más de dos décadas. El propio Burnham murió en 1987, pero su influencia sigue vigente hoy en los círculos sionistas-trotskistas-neoconservadores.

Como resultado, aquellos a los que nos referimos aquí como "la banda de Buckley" emergieron rápidamente como la fuerza rectora del movimiento "conservador", incluso cuando los nacionalistas estadounidenses de la vieja escuela fueron dejados de lado. Hoy en día, muchos argumentarían que *la National Review* de Buckley fue propiedad de la CIA -una "tapadera" de la CIA- desde el principio. Como mínimo, era una fuente de pensamiento "ex" trotskista, que estaba evolucionando hacia lo que ahora llamamos "neoconservadurismo". A lo largo de esta evolución, la devoción a la Internacional Sionista permaneció constante.

Al final, sí que hubo un nuevo giro en la filosofía conservadora estadounidense -al menos tal y como la dictó Buckley- y muchos buenos estadounidenses atraídos por la reivindicación del "conservadurismo" de Buckley cayeron en la fila, llevados al matadero como los inocentes corderos que eran, guiados por las Cabras de Judá -el Enemigo Interior-.

En los capítulos que siguen, examinaremos el fenómeno del llamado "conservador responsable" -mejor descrito como "subversión"- que surgió a raíz de la repentina prominencia (y poder) de Buckley, promovido por los medios de comunicación. Fue el ascenso de Buckley y su esfera de influencia lo que sentó las bases para el surgimiento moderno de los "neoconservadores" trotskistas y sionistas que ahora reinan en el movimiento "conservador" estadounidense.

Además, veremos que incluso un grupo conservador "independiente" que ni siquiera formaba parte de la esfera de influencia de Buckley también fue, a todos los efectos, alentado, empujado y manipulado para funcionar como una de las "cabras de Judá", el enemigo desde dentro.

CAPÍTULO XVII

Corrupción temprana de la causa nacionalista y anticomunista estadounidense por los sionistas

Durante años, muchos miembros del movimiento "conservador" de Estados Unidos han considerado la revista *Soldier of Fortune*, publicada por el tenaz Robert K. Brown, como la voz del anticomunismo y el patriotismo. Por eso muchos se sorprendieron cuando *Soldier of Fortune* publicó calumnias malintencionadas contra Liberty Lobby, la institución nacionalista de Washington.

Sin embargo, el vilipendio de Liberty Lobby por *Soldier of Fortune* no sorprendió a quienes conocían los antecedentes de la oscura figura a la que se ha llamado "mentor de Bob Brown": Marvin Liebman, un veterano recaudador de fondos políticos cuya carrera puede describirse caritativamente como notablemente azarosa. La carrera de Liebman es un caso clásico de uno de los enemigos internos más influyentes de mediados del siglo XX, y uno particularmente atroz.

Como veremos, la influencia de Liebeman en el llamado movimiento "conservador" fue considerable. Desempeñó un papel fundamental en el debilitamiento del nacionalismo tradicional estadounidense durante la Guerra Fría y en el auge del movimiento anticomunista en los años cincuenta y hasta los sesenta.

Nacido en Nueva York en 1923 y activo en el Partido Comunista y en la incipiente Liga Comunista en las décadas de 1930 y 1940, Liebman encontró su nicho político justo después del final de la Segunda Guerra Mundial. En esa época, Liebman se presentó voluntario en la Liga Estadounidense por una Palestina Libre (ALFP) y rápidamente se convirtió en uno de sus más enérgicos recaudadores de fondos, su "pequeño héroe" en palabras del propio Leibman.

La ALFP era el brazo estadounidense de recaudación de fondos del Irgun Zvai Leumi, el grupo terrorista judío clandestino que entonces luchaba por expulsar de Palestina a los británicos y a los árabes cristianos y musulmanes autóctonos.

(Unos años antes, durante la Segunda Guerra Mundial, miembros del Irgun habían colaborado activamente con la Alemania nazi, suministrando camiones, petróleo y otros materiales de guerra a los nazis a cambio de la liberación de judíos "seleccionados" de los campos de concentración de Europa dirigidos por los nazis, un pequeño y sucio secreto que los actuales partidarios de Israel preferirían mantener en secreto). El líder del Irgun era Menachem Begin, que más tarde se convertiría en Primer Ministro de Israel. El violento grupo juvenil del Irgun-ALFP era conocido como Betar y sigue activo hoy en día, llevando a cabo ataques terroristas contra supuestos críticos de Israel. Cuando se creó el Estado de Israel en 1948, elementos del Irgún se convirtieron en la columna vertebral del servicio de inteligencia de la nueva nación, el Mossad.

(Cuando trabajaba para el Irgun-ALFP, Liebman dependía directamente de un tal Hillel Kook, más conocido por el seudónimo de "Peter Bergson". Entre sus colegas del Irgun, Bergson, se encontraba el omnipresente contrabandista de armas de fuego y refugiados Ernst Mantello, afincado en Hungría.

Fue Mantello quien, a finales de la década de 1950, junto con Louis M. Bloomfield, líder del lobby proisraelí y secuaz de la familia Bronfman en Canadá, creó una oscura "empresa comercial" internacional conocida como Permindex. La operación Permindex desempeñó un papel central en el complot conjunto de la CIA y el Mossad israelí que condujo al asesinato del presidente John F. Kennedy. Para más detalles, véase *Juicio final*, de este autor).

Desde 1946 hasta la creación de Israel en 1948, Liebman y sus socios hicieron contrabando de armas para el Irgun y financiaron y organizaron el transporte de refugiados judíos de Europa a Palestina. Estas redes se convirtieron en la base del Mossad israelí.

Entre los principales protagonistas de estas actividades en Nueva York estaban Teddy Kollek, futuro alcalde de Jerusalén, y Meyer Lansky, jefe del sindicato del crimen estadounidense y pronto internacional.

Los actores clave en la parte europea de las redes de tráfico de armas y refugiados eran James Jesus Angleton, miembro de la OSS y más tarde agente de la CIA, el leal israelí que dirigía la oficina de enlace de la CIA con el Mossad, y el rabino Tibor Rosenbaum, que se convirtió en el primer director de finanzas y adquisiciones del Mossad y que, al igual que Mantello y Bloomfield antes mencionados, desempeñó un papel central en la misteriosa operación Permindex.

En 1948, tras la creación del Estado de Israel, Liebman se vinculó a la United Jewish Appeal de Nueva York y, en sus palabras, "ahí empezó mi carrera profesional de recaudación de fondos". Poco después, Liebman se trasladó al oeste, a Hollywood, donde creó la sección local del American Fund for Israel Institutions ( ).

En 1951, Liebman trabajaba para el Comité Internacional de Rescate (IRC), al que describe en sus memorias como "una organización liberal, socialdemócrata y antiestalinista". El IRC no sólo estaba dirigido por Leo Cherne, durante mucho tiempo una figura de alto rango en B'nai B'rith, sino que también colaboraba activamente con la CIA.

Durante las dos décadas siguientes, Liebman se consolidó como uno de los recaudadores de fondos "conservadores" de mayor éxito, organizando una multitud de organizaciones y personas a la cabeza que dominaban lo que Liebman y sus socios describían con frecuencia, en taquigrafía política, como un movimiento de "conservadores responsables" que, en realidad, respondían sobre todo a los caprichos del lobby proisraelí y sus aliados en la élite internacional.

El amigo de Liebman, William F. Buckley, Jr, fundador de la revista *National Review*, es el epítome de los "conservadores responsables" en la esfera de influencia de Liebman para recaudar fondos.

(Buckley, que sirvió como agente de la CIA en México bajo la tutela de su "padrino" de la CIA, E. Howard Hunt, levantó cejas incluso entre algunos "conservadores responsables" cuando no sólo aceptó ser miembro del Consejo de Relaciones Exteriores, financiado por Rockefeller, sino que también apareció en la conferencia internacional secreta de Bilderberg en Cesme, Turquía, en 1975).

En 1961, Liebman actuó como mentor de otro ahora conocido operador en la recaudación de fondos conservadores, Richard A. Viguerie (del que se hablará más adelante). En 1962, Liebman se puso evidentemente en contacto por primera vez con el futuro editor de *Soldier of Fortune*, Robert K. Brown, según una carta escrita por Brown a Liebman que se descubrió hace sólo diez años.

El joven Brown, que había abandonado el cuerpo de contrainteligencia del ejército estadounidense, escribió a Liebman alardeando de ser un agente encubierto en el Fair Play for Cuba Committee (FPCC) y preguntó al recaudador de fondos con sede en Nueva York si Liebman tenía algún consejo sobre cómo él (Brown) podría eludir la Ley de Neutralidad de Estados Unidos y convertirse en mercenario en el extranjero. (En aquel momento, Liebman dirigía el llamado Comité Estadounidense de Ayuda a los Luchadores por la Libertad de Katanga, que ha sido descrito como otro "grupo de fachada de la CIA"). El hecho de que Brown fuera un agente encubierto -aparentemente para el Escuadrón Subversivo de la Policía de Chicago- dentro del FPCC es, cuando menos, interesante, ya que no fue otro que el presunto asesino de John F. Kennedy, Lee Harvey Oswald, el "fundador" de la rama de Nueva Orleans del FPCC un año después.

Aunque todavía se especula mucho sobre qué hacía exactamente Oswald como organizador del FPCC, muchos creen que Oswald era también un informante encubierto en el FPCC que trabajaba para una agencia de inteligencia del gobierno federal.

En cualquier caso, Liebman ya se había establecido como "el hombre al que hay que ver" cuando se trataba de recaudar dinero para los conservadores, y ya estaba demostrando su hostilidad hacia las iniciativas nacionalistas que no entraban dentro de su esfera de influencia -el Freedom Lobby, en particular.

Con la creación de Liberty Lobby en 1955, Liebman se volvió inmensamente hostil a la institución populista, sobre todo después de que el ex gobernador de Nueva Jersey Charles Edison (hijo del famoso inventor estadounidense Thomas Edison) y otros miembros de la familia Edison se convirtieran en entusiastas partidarios y generosos financiadores de Liberty Lobby (antes de esta fecha, los diversos planes de recaudación de fondos de Liebman habían dependido en gran medida de la generosidad de Edison).

En sus memorias, Liebman afirma que en 1962 fue víctima de una "virulenta campaña antisemita" emprendida por rivales por el poder dentro del movimiento conservador . "La primera historia", dice, "apareció en Spotlight, una publicación antisemita y racista del Liberty Lobby". "La primera historia", dice, "apareció en *Spotlight*, publicación antisemita y racista de Liberty Lobby, que lo retrató como parte de una 'cábala judeo-sionista'".

Pero hay un problema importante con esta acusación: *Spotlight* no se creó hasta 1975, trece años después del presunto delito.

Liebman también se quejó de que "incluso la respuesta de mi buen amigo [Charles] Edison fue decepcionante. Aunque le caía muy bien", dijo Liebman, "le resultaba difícil desprenderse de sus propias creencias sobre los judíos".

En sus memorias, Liebman admitió cándidamente que, tras enterarse de que el gobernador Edison estaba gravemente enfermo, no dejaba de pensar: "Si muere, me pregunto qué me dejará". De hecho, Liebman estuvo presente en la lectura del testamento cuando murió Edison. "Cuando se pronunció mi nombre", escribe, "escuché atentamente. En lugar del millón, los cien mil o incluso los diez mil, el testamento decía que el difunto "perdonaba a Marvin Leibman todas las deudas que pudiera tener con la herencia".

De hecho, Liebman no estaba en deuda con Edison en aquel momento. Según Liebman, en el funeral de Edison, William F. Buckley Jr. susurró a Liebman que, en su opinión, "realmente te han engañado".

Aunque Liebman desapareció de la órbita de los "conservadores responsables" tras la desaparición de Edison, volvió a la polémica pública cuando declaró públicamente su homosexualidad de larga data, escribiendo más tarde su autobiografía *Coming Out Conservative: A Founder of the Modern Conservative Movement Speaks Out on Personal Freedom, Homophobia and Hate* Politics.

El propio Liebman murió hace varios años, pero su legado perdura en las payasadas de sus asociados y protegidos, como William F. Buckley Jr, Robert K. Brown y Richard Viguerie, todos los cuales siguen actuando, de una forma u otra, hasta nuestros días. Pero el propio Buckley eclipsó en gran medida a su mentor, Liebman, y se convirtió, a su manera, en una figura central en la evisceración del nacionalismo tradicional estadounidense.

CAPÍTULO XVIII

William F. Buckley, Jr. Autoproclamado "conservador responsable" y durante mucho tiempo portavoz del enemigo interior.

Casi exactamente al mismo tiempo que el FBI reclutaba a Morris Childs, un alto cargo del Partido Comunista Estadounidense, como se ha descrito anteriormente, una serie de "ex comunistas" se unieron bajo el liderazgo de William F. Buckley, Jr. para formar el baluarte editorial de la revista quincenal de Buckley, *National Review*.

Durante los años siguientes, Buckley -en alianza con su íntimo amigo y colaborador, el agente sionista Marvin Liebman- libró una guerra muscular contra los nacionalistas estadounidenses de línea dura, intentando aislarlos y privarlos de respetabilidad. Para ello, Buckley contó con la ayuda activa del monopolio de los principales medios de comunicación estadounidenses.

En La Nueva Jerusalén, la obra anterior de este autor, se hizo una observación sobre Buckley que probablemente nunca se había publicado antes y que, en el contexto de lo que vamos a considerar, probablemente merezca la pena repetir aquí: Aunque Buckley es ampliamente reconocido como un católico irlandés y es conocido como un católico devoto, su origen católico romano no vino del lado de su padre escocés-irlandés, como generalmente se cree, sino más bien del lado de su madre.

Aunque la madre de Buckley nació en el seno de una familia católica alemana de Nueva Orleans apellidada Steiner, el columnista *del Chicago Tribune* Walter Trohan dijo en privado a amigos cercanos que tenía entendido que la familia Steiner era originalmente judía y se convirtió al catolicismo romano, como hicieron muchas familias judías de Nueva Orleans en los siglos XVIII y XIX.

En cualquier caso, fuera cual fuera su verdadera herencia étnica, el joven Buckley -alentado con entusiasmo por sus cohortes y simpatizantes promotores en los medios de comunicación dominantes- empezó a "trazar las líneas" y a determinar lo que era "apropiado" y permisible que los conservadores estadounidenses discutieran y lo que no. Buckley anunció que cualquiera que se atreviera a plantear cuestiones como el sionismo o el poder de grupos de élite como Bilderberg y el Consejo de Relaciones Exteriores estaba "fuera de lugar" y se hundía en "pantanos febriles".

Buckley, sus aliados "ex comunistas" y sus secuaces se declararon "conservadores responsables" y emprendieron una guerra activa contra todos los que consideraban que no lo eran.

Uno de los objetivos favoritos de Buckley era el creciente movimiento populista en torno al Liberty Lobby, fundado por Willis Carto (más o menos en la misma época en que Buckley creó *National Review*) en 1955. Buckley no sólo emprendió acciones legales contra Liberty Lobby, sino que también lo hizo su íntimo amigo y antiguo colega de la CIA, E. Howard Hunt.

A lo largo de los años, los cuatro principales casos presentados contra Liberty Lobby tenían todos algo en común: los responsables tenían todos claros vínculos con la CIA y la Liga Antidifamación (ADL) de B'nai B'rith, el brazo de inteligencia y propaganda con sede en Estados Unidos de la agencia de espionaje israelí Mossad, estrecha colaboradora de la CIA.

- La primera de estas demandas fue interpuesta por un "antiguo" agente de la CIA, E. Howard Hunt, más conocido por su papel en la irrupción en el Watergate que condujo a la dimisión forzosa del presidente Richard M. Nixon. (Hoy en día, se sospecha ampliamente que el asunto Watergate fue en gran medida una orquestación de la CIA destinada a allanar el camino para *un golpe de Estado* dirigido contra Nixon). El Sr. Hunt llevó a Liberty Lobby a los tribunales poco después de que *The Spotlight publicara* un explosivo artículo en su número del 14 de agosto de 1978 en el que el autor, Victor Marchetti, antiguo alto funcionario de la CIA, afirmaba que la CIA pretendía inculpar al Sr. Hunt de estar implicado en el asesinato de John F. Kennedy.

Aunque Hunt admitió bajo juramento que la historia podía ser cierta -que sus colegas de la CIA podían estar convirtiéndole en el chivo expiatorio del crimen del siglo-, persistió en su acción legal. Cuando el caso llegó a juicio, Hunt obtuvo una sentencia potencialmente devastadora de 650.000 dólares contra Liberty Lobby por difamación. Sin embargo, debido a errores en las instrucciones del juez al jurado, Liberty Lobby pudo apelar con éxito y el caso fue devuelto para un nuevo juicio.

Durante este segundo juicio, en enero de 1985, el famoso investigador del asesinato de JFK, Mark Lane, se convirtió en el abogado defensor de Liberty Lobby. Para consternación de Hunt, Lane presentó pruebas que revelaban, en contra de lo que Hunt negaba, que había viajado a Dallas justo antes del asesinato de JFK en compañía de exiliados cubanos respaldados por la CIA. El jurado rechazó los argumentos de Hunt y falló en su contra: una gran victoria para Liberty Lobby. Al final del juicio,

Leslie Armstrong, la presidenta del jurado, anunció públicamente que ella y sus colegas habían llegado a la conclusión de que la defensa de Lane estaba bien fundada y que la CIA había participado efectivamente en el asesinato del presidente Kennedy.

- En el período previo a la victoria final en el caso Hunt, fuentes del Liberty Lobby informaron a la clase dirigente populista de que el caso Hunt contaba con el apoyo activo de la CIA, hasta el punto de que la CIA incluso proporcionó abogados y otras personas para ayudar a Hunt. Es más, se descubrió que el protegido de Hunt por la CIA, el millonario diletante William F. Buckley Jr. también estaba proporcionando a Hunt ayuda táctica y financiera.

Buckley, que fue adjunto de Hunt en la estación de la CIA en Ciudad de México a principios de la década de 1950, guardaba rencor desde hacía tiempo al periódico del Liberty Lobby, *The Spotlight*, que rápidamente había superado en difusión y alcance a la propia publicación de Buckley, *National Review*.

Cuando Buckley publicó una calumniosa denuncia del Liberty Lobby en 1971, se supo por testimonio jurado que una de las principales fuentes de la denuncia era el columnista Jack Anderson. Junto con su mentor, el difunto Drew Pearson, Anderson se jactó durante años de que gran parte de sus calumnias contra el Liberty Lobby procedían directamente de la Liga Antidifamación (ADL) de B'nai B'rith, un conocido intermediario de la agencia de espionaje israelí, el Mossad. La propia ex suegra de Pearson, la editora de periódicos Cissy Patterson, describió en una ocasión a Pearson como "agente secreto y portavoz de la ADL".

Después de que Liberty Lobby iniciara una amplia investigación sobre Buckley y sus asuntos, algunos de cuyos detalles (pero no todos) se publicaron en *The Spotlight*, Buckley interpuso su propia demanda por difamación contra Liberty Lobby en 1980, casi inmediatamente después de la demanda por difamación de su amigo Hunt. Una vez más, después de considerables gastos para Liberty Lobby, el caso llegó a juicio en 1985, sólo unos meses después de que el caso Hunt hubiera sido desestimado.

Durante el juicio, Buckley declaró que su "misión" era denunciar al Liberty Lobby, pero a pesar de las grandes expectativas de Buckley y sus aduladores, que esperaban una victoria, un jurado del Distrito de Columbia reservó una gran sorpresa para el ex funcionario de la CIA.

Aunque Buckley reclamó millones de dólares en daños e intereses, el jurado le concedió sólo un dólar (más 1.000 dólares en daños punitivos). Cuando se anunció el veredicto, un partidario de Buckley en la sala rompió a llorar. Buckely -al igual que su mentor de la CIA, Hunt- había fracasado en su intento de destruir Liberty Lobby.

Sea como fuere, la sórdida carrera del envejecido *enfant terrible* William F. Buckley Jr. está llegando a su fin. Sin embargo, sus manipulaciones -desde la década de 1950 hasta los primeros años del siglo XXI- contribuyeron en gran medida a sentar las bases para la evisceración del nacionalismo tradicional estadounidense. Buckley puede considerarse, en efecto, una de las cabras más destructivas de Judá.

El extraño círculo de acólitos, sinvergüenzas y compinches que ha poblado el mundo de "WFB" y su esfera de influencia como "conservador responsable" sigue llevando a cabo su traición, como mostrarán con todo detalle los capítulos siguientes.

CAPÍTULO XIX

El enemigo interior del Vaticano: El papel secreto de Malachi Martin, socio de Buckley, como subversivo que actúa en nombre de los intereses sionistas.

Se ha revelado la identidad de un agente de la Liga Antidifamación (ADL) de B'nai B'rith dentro de la Iglesia Católica durante el Concilio Vaticano II a principios de la década de 1960: el difunto ex sacerdote convertido en autor de best-sellers Malachi Martin, durante mucho tiempo estrecho colaborador nada menos que de William F. Buckley, Jr, él mismo católico romano declarado.

Tras las revelaciones sobre Martin, el amigo de Buckley, algunos destacados críticos católicos tradicionalistas califican ahora a Martin de "doble agente sionista *de facto*" y de "sacerdote espía sionista", calificativos que sorprenderán a muchos buenos católicos tradicionalistas que consideraban a Martin, al menos en sus últimos años, como su aliado.

Ahora resulta que ese mismo "agente doble" -Martin- era el patrocinador de un grupo conspirativo que trabajaba para destruir Liberty Lobby, la institución populista con sede en Washington.

Fue Lawrence W. Patterson, con sede en Cincinnati, quien aparentemente fue el primer editor nacional en exponer a Martin como el llamado "sacerdote-espía" dentro del Vaticano quien, según Patterson, fue la figura clave en "rescatar los documentos del Vaticano II que desde entonces han sido utilizados para iniciar el intento de fusionar el sionismo y el catolicismo".

En el número de abril de 1991 de su revista *Criminal Politics*, Patterson tachó a Martin de "falso tory del mes, defensor de la causa trilateralista y sionista", y presentó las explosivas pruebas que inculpaban a Martin.

Pero Patterson no es la única figura prominente que ha denunciado a Martin. El renombrado historiador revisionista Michael A. Hoffman II ha calificado a Martin de "ocultista de dos caras" y de "Juda del siglo XX". (Véase el sitio web de Hoffman en hoffman-info.com)

Además, Hutton Gibson, un laico católico tradicionalista declarado, dijo de Martin en un programa de *Radio Free America* (con el presentador Tom

Valentine): "Creo que Martin era una especie de chivo expiatorio de Judas. Estuvo en el Concilio Vaticano II y una de las cosas que hizo fue convocar a los obispos un poco obstinados y amenazarles para que se alinearan. Malaquías Martin no es mi idea de un católico.

El difunto Revilo P. Oliver, uno de los grandes intelectuales nacionalistas, escribió que "si Martin desempeñó realmente un papel importante en la traición de la Iglesia [católica] a manos de sus inveterados enemigos, sin duda sabía lo que hacía". (Véase el ensayo de Oliver, "Cómo robaron la Iglesia", en revilo-oliver.com)

Hoffman afirmó que Martin "salvó el día a los judíos/masones infiltrados en la Iglesia". *En Criminal Politics*, Patterson explica cómo Martin hizo precisamente eso, esbozando la asombrosa historia argumental de Martin.

Basándose en gran medida en un artículo indudablemente "dominante", "Cómo los judíos cambiaron el pensamiento católico" de Joseph Roddy - publicado en el número del 25 de enero de 1966 de la desaparecida revista Look- Patterson señaló que el artículo *de Look* revelaba francamente que un sacerdote que trabajaba en el Vaticano viajaba entre Roma y Nueva York durante los procedimientos del Vaticano II.

El sacerdote proporcionó información privilegiada sobre las propuestas de "reforma" de la Iglesia Católica no sólo al *New York Times,* sino también a la Liga Antidifamación (ADL) de B'nai B'rith y al Comité Judío Americano y su revista *Commentary.*

En segundo lugar, como señala el artículo, esta información confidencial procedente del interior del Vaticano se utilizó para presionar al Vaticano para que introdujera cambios importantes en la política de la Iglesia.

El autor de *Look* declinó identificar al sacerdote por su nombre real, refiriéndose a él simplemente como "Timothy Fitzharris-O'Boyle", pero también explicó que el sacerdote también escribía para *Commentary* bajo el nombre de "F. E. Cartus" y que había escrito un libro, *"El peregrino",* bajo el nombre de "Michael Serafian".

("*El Peregrino*" fue un libro de 1964 impreso a toda prisa, según Michael A. Hoffman II, específicamente para publicitar los esfuerzos de los tradicionalistas dentro del Vaticano para contrarrestar la revolución propuesta en la enseñanza de la Iglesia).

Como estableció la investigación de Lawrence Patterson, cuando Malachi Martin (entonces una escritora de fama internacional) publicó su libro de 1974, *The New Castle (El nuevo castillo),* una página de relleno en la que se enumeraban los "libros de Malachi Martin" indicaba que Martin había escrito el mencionado libro, *The Pilgrim (El peregrino),* "bajo el seudónimo de Michael Serafian".

Y como si las revelaciones de Patterson (basadas en el reconocimiento publicado por el propio Martin) no fueran suficientes para demostrar que, efectivamente, era el "sacerdote-espía" dentro del Vaticano, una necrológica del *Milwaukee Journal Sentinel* del 31 de julio de 1999 menciona que Martin había publicado *El peregrino* bajo el seudónimo de "Michael Serafian".

Casi inmediatamente después de completar sus aventuras subversivas en el Vaticano, Martin abandonó el sacerdocio y se fue a Nueva York, donde empezó a escribir para Commentary, del Comité Judío Americano (con su nombre real), y a actuar como "editor religioso" para *National Review*, de William F. Buckley, Jr.

En los años siguientes, las novelas y otras obras de Martin se promocionaron ampliamente a escala internacional en los principales medios de comunicación, lo que le convirtió en un multimillonario casi seguro.

Según Michael A. Hoffman II, Martin "era descendiente de un banquero judío que se refugió en Irlanda", donde nació en 1921. Hoffman critica a Martin por compararse, en fecha tan reciente como 1997, con Maimónides, al que identifica como "el principal intérprete del Talmud judío y uno de los enemigos más implacables de Cristo en los anales del judaísmo", que en su día "ordenó el exterminio de los cristianos".

Esto es interesante porque Martin en realidad estudió en la Universidad Hebrea de Jerusalén, donde se concentró en el conocimiento de Jesucristo transmitido en las fuentes judías. Poco después, según el diario londinense *Independent* del 6 de agosto de 1999, Martin fue "visto como una apuesta segura" y promovido a un puesto en el Vaticano como asesor teológico del cardenal Augustin Bea, que era él mismo, como varios de sus otros asesores, de origen judío.

Fue Bea quien surgió dentro del Vaticano como el principal instigador de los cambios en la política de la Iglesia durante el Vaticano II, y Martin actuó como su agente en las relaciones con la comunidad judía de Nueva York durante este período. Revilo Oliver llegó a sugerir que Martin pudo haber sido el "correo" de ingentes cantidades de sobornos en metálico transferidas de Nueva York a Roma y a otros lugares durante el periodo del Vaticano II.

El hecho de que Martin forjara una estrecha relación con William F. Buckley, Jr. - que duró décadas- es notable dado que tanto Buckley como su antiguo supervisor de la CIA, E. Howard Hunt, entablaron extensas (aunque infructuosas) demandas contra *The Spotlight* en un esfuerzo por demoler el semanario populista. Por lo tanto, se plantea la cuestión de si Martin actuó posteriormente como agente del equipo vengativo de Buckley y Hunt, ayudando a otros agentes en sus esfuerzos por silenciar *The Spotlight*.

En resumen: el papel de Malachi Martin en la financiación de una conspiración para destruir El *Foco* apunta al origen de esa conspiración, y es seguro decir que Martin era claramente un ejemplo del Enemigo Interno, en este caso implicado en la subversión de la Iglesia Católica Romana.

El daño causado a la Iglesia por el cónclave revolucionario conocido como Vaticano II nunca podrá deshacerse, y Malaquías Martín será recordado como un pérfido Judas de la peor calaña.

"*El humo de Satanás entró en el Templo de Dios por una grieta.*

-GIOVANNI BATTISTA MONTINI MEJOR CONOCIDO BAJO SU TÍTULO de Papa Pablo VI -bajo el cual implementó las controvertidas 'reformas' del Vaticano II que reorientaron y distorsionaron la doctrina católica romana tradicional- en una época en la que el chivo de Judá Malaquías Martín (ver capítulo adjunto) actuaba como agente dentro de la conferencia del Vaticano II en nombre de los intereses sionistas. En varias ocasiones, Montini (arriba) usó públicamente el emblema francmasón conocido como el 'efod', el símbolo usado por Caifás, el sumo sacerdote judío que ordenó la muerte de Jesucristo. El efod de Montini puede verse (rodeado por un círculo) en la parte inferior de su retrato. A la derecha, un efod con letras hebreas claramente visibles en la parte superior. De origen judío, Montini fue enterrado a la manera judía, en una sencilla caja de madera, en una ceremonia en el Vaticano en la que *no hubo ni un solo crucifijo*. Muchos católicos tradicionalistas consideran a Montini un macho cabrío de Judá. Los intereses sionistas también se han infiltrado con fuerza en las iglesias fundamentalistas protestantes, promoviendo la doctrina "dispensacionalista", desarrollada por primera vez por John Darby en la década de 1840 y luego ampliamente promovida en el siglo XX por Cyrus Scofield, cuya famosa "Scofield Reference Bible" fue financiada por la Oxford University Press de Londres, financiada por la familia sionista Rothschild. Hoy en día, el "dispensacionalismo" patrocinado por los Rothschild dicta la postura

pro-sionista de la llamada "Derecha Cristiana", que ejerce una gran influencia en el Partido Republicano. Así, una alianza entre el judaísmo radical y el cristianismo radical es responsable de la desorientación de la política exterior estadounidense en favor del imperio sionista bajo la presidencia de George W. Bush, ferviente discípulo del dispensacionalismo rodeado de fanáticos sionistas.

CAPÍTULO XX

El chanchullo de la recaudación de fondos "conservadora": saquear a los patriotas estadounidenses en nombre del enemigo interior

El 26 de agosto de 1985, *The Spotlight* advirtió a sus lectores sobre las controvertidas actividades del recaudador de fondos por correo directo Richard Viguerie, protegido del omnipresente intrigante sionista Marvin Liebeman, del que ya hablamos en un capítulo anterior. Acertadamente titulado "El escándalo marca el ascenso al poder del rey del correo directo Viguerie", el informe de *The Spotlight* detallaba el particular arte de Viguerie y sus métodos de recaudación de fondos de mano dura.

Durante años, Viguerie básicamente saqueó a millones de patriotas estadounidenses cientos de millones de dólares donados a diversas causas "conservadoras" que Viguerie pregonaba -y en algunos casos, creaba-, aunque en algunos casos Viguerie y sus empresas asociadas supuestamente se embolsaban hasta el 75% del dinero recaudado, lo que constituía un tinglado muy rentable.

Sin embargo, unos siete años más tarde, en su edición del 12 de noviembre de 1992 -con el movimiento conservador moribundo y agotado de recursos y energía-, el establishment *New York Times* por fin soltó la sopa y confirmó los informes de *The Spotlight* sobre el modus operandi de Viguerie.

En un artículo que empezaba en primera página y luego llenaba una página entera de la sección nacional del diario del establishment, The *Times* informaba a sus lectores de la última empresa de recaudación de fondos de Viguerie.

Viguerie, que operaba desde una organización sin ánimo de lucro y exenta de impuestos llamada United Seniors Association (USA), recaudaba millones enviando cartas a los ancianos y solicitando contribuciones, en un caso, para seguir "luchando denodadamente en la capital del país para garantizar la protección de los derechos y prestaciones de los ancianos estadounidenses".

(De hecho, Viguerie ha estado al frente de varias organizaciones de "mayores"; EE.UU. es sólo una de ellas).

El "correo del miedo" de Viguerie -anunciando, por ejemplo, el fin de la seguridad social- ahuyentó las aportaciones de ancianos malintencionados, a los que se hizo creer que la organización de Viguerie luchaba realmente por su seguridad. De hecho, la mayor parte del dinero recaudado por Viguerie se desvió inmediatamente hacia nuevos envíos a otros posibles contribuyentes.

Lo que ocurrió entonces, señala el *Times*, fue que Viguerie y sus diversos grupos de fachada "repartieron grandes sumas de dinero entre contratantes de listas, redactores de cartas, impresores, carteros y otros subcontratistas, incluido siempre el propio Sr. Viguerie".

Lo que resulta especialmente intrigante es que uno de los colaboradores de Viguerie es un tal Dan C. Alexander, Jr., que cumplió 51 meses de una condena de 12 años de cárcel por extorsión de sobornos en relación con proyectos de construcción de escuelas en Mobile, Alabama.

Es interesante observar que el último truco de Alexander para recaudar fondos, ideado entonces con Viguerie, era una organización llamada Taxpayers Education Lobby.

Pero no es la primera vez que Viguerie se asocia con aves extrañas.

Mientras sus empresas ganaban millones gracias a patriotas y conservadores, Viguerie admitió una vez con franqueza: "No soy una persona que dé prioridad a Estados Unidos", lo que demostró con su larga y estrecha colaboración con el líder de la secta coreana Sun Myung Moon. Fue con la ayuda de Viguerie que Moon y su secta se convirtieron en una influencia clave dentro del movimiento conservador. El propio Moon, por supuesto, anunció hace tiempo que quería conquistar el mundo.

Viguerie entró por primera vez en el negocio de las listas de correo en 1960, cuando el joven tejano se presentó en Nueva York con una lista de contribuyentes que habían dado dinero al candidato republicano al Senado en el Estado de la Estrella Solitaria.

Viguerie ha encontrado un gentil mecenas en Marvin Liebman. En la época en que Viguerie aprendía su oficio bajo la tutela de Liebman, su mentor dirigía una organización conocida como Young Americans for Freedom (YAF), un grupo de jóvenes conservadores fundado por Buckley. Liebman, consciente de la agudeza de Viguerie para los negocios, confió al joven tejano la dirección de YAF.

Viguerie se jubiló de la YAF en 1965 y se trasladó a Washington, donde creó su propia empresa, a partir de la cual se desarrollaron las actividades de Viguerie.

En los años siguientes, Viguerie empezó a crear una lista de correo masiva de contribuyentes a causas patrióticas y conservadoras. Viguerie también reunió a una banda de asociados cuyo principal talento parece haber sido la capacidad de ponerse alas de miedo y asustar a los patriotas para que donaran millones de dólares a todo tipo de causas dudosas urdidas en la cocina de Viguerie.

Sin embargo, a mediados de la década de 1980, el imperio de las listas de correo de Viguerie empezó a desmoronarse cuando los conservadores estadounidenses, que se regodeaban en la era de Ronald Reagan, se convencieron de que Reagan había "salvado el país" y dejaron de contribuir a los programas de recaudación de fondos de Viguerie.

Como consecuencia, Viguerie se vio obligado a desmantelar el imperio de recaudación de fondos que había construido. Vendió el edificio que durante mucho tiempo había albergado su sede y despidió a gran parte de su personal.

Viguerie también vendió su revista interna, *Conservative Digest*, al promotor de dinero corrupto William Kennedy, Jr. que llevaba años victimizando a los inversores conservadores con el apoyo activo de una amplia red de autoproclamados líderes conservadores.

Al comprar la revista en quiebra de Viguerie con sus ganancias mal habidas, Kennedy esencialmente enriqueció a Viguerie con dinero robado.

No es de extrañar que, dado su historial de información honesta sobre las actividades del Enemigo Interno, fuera *The Spotlight* el que, en una nueva exclusiva, advirtiera a sus lectores sobre las prácticas delictivas de Kennedy. Por supuesto, Kennedy fue finalmente acusado y condenado por múltiples cargos relacionados con sus actividades y enviado a una prisión federal.

Fue tras el hundimiento de su propio tinglado conservador cuando Viguerie decidió empezar a estafar dinero a los ancianos.

Está claro que hoy en día sigue teniendo cierto éxito, aunque en gran medida se ha visto marginado por el ascenso al poder de los "neoconservadores" proisraelíes de línea dura que, en el espíritu de Liebeman, el mentor de de Viguerie, han tomado el control absoluto del llamado movimiento "conservador" y han utilizado ese control para hacerse con el control del propio Partido Republicano.

CAPÍTULO XXI

Cómo el enemigo interior manipula la causa "anticomunista" para favorecer la agenda sionista

La principal contribución de Richard Viguerie a la destrucción del movimiento "conservador" estadounidense puede haber sido su papel central como mentor (al igual que el agente sionista Marvin Liebman fue el mentor de Viguerie) de un variopinto grupo de recaudadores de fondos por correo directo altamente cualificados, cuyo principal talento parece haber sido la capacidad de recaudar enormes cantidades de dinero de buenos patriotas estadounidenses, para luego despilfarrarlo en causas condenadas al fracaso, mientras enriquecían a los recaudadores en el proceso.

Sin embargo, al menos en un caso que analizaremos, parece que un protegido de Viguerie encontró una forma de extraer patriotas para financiar un proyecto personal diseñado para promover la agenda del Enemigo Interno.

Lee Edwards, un veterano de la cocina del correo directo del mago Richard Viguerie, ha cocinado algo realmente bueno. Y esta vez no sorprende que haya recibido el imprimatur de la Liga Antidifamación (ADL).

No dejes que los ambiciosos objetivos de la última campaña de recaudación de fondos de Lee Edwards te tienten a abrir la cartera todavía. El ardid de Lee Edwards tiene un aspecto inusual (y una agenda interesante) que molesta a muchos veteranos del anticomunismo. Mendigo patriota desde hace unos cuarenta años, Edwards es el cerebro -primero se dio a sí mismo el impresionante título de "presidente"- de la Fundación para la Memoria de las Víctimas del Comunismo.

Suena noble. Edwards se ganó incluso el apoyo del Congreso, que concedió a su fundación un solar en el Mall. Ahora, el empresario del correo directo intenta recaudar 100 millones de dólares para crear un museo conmemorativo que honre a las víctimas del comunismo en todo el mundo.

A los veteranos anticomunistas estadounidenses les gusta la idea de un monumento a las víctimas del comunismo. Después de todo", argumentan, "puesto que Estados Unidos ya tiene un monumento financiado por los contribuyentes a las víctimas judías del "holocausto" de la Segunda Guerra

Mundial, ¿no deberíamos tener también un monumento en honor a las víctimas reales del comunismo en todo el mundo

Sin embargo, según el *Forward*, un influyente semanario judío con sede en Nueva York, que impulsó la idea de Edwards, el enfoque del museo será ligeramente distinto del que podrían esperar los anticomunistas estadounidenses. De hecho, el *Forward* informa de que el museo se centrará en demostrar que el pueblo judío fue en gran medida víctima del comunismo, no autor.

En resumen, el museo será una variación sobre un tema: otra versión del museo del Holocausto (que muestra el sufrimiento del pueblo judío), pero esta vez con un giro anticomunista.

El Museo Edwards, cree *Forward*, tratará activamente de combatir la creencia que tienen muchos europeos del Este de que una preponderancia de los líderes de los movimientos comunistas en las naciones de Europa del Este eran judíos. De hecho, cuando los antiguos regímenes rojos de Europa del Este fueron derrocados y los elementos nacionalistas empezaron a reafirmarse, muchos en la región señalaron el importante papel desempeñado por los judíos en el comunismo y su progreso, desde la época de la revolución bolchevique en Rusia.

Ahora, sin embargo, Edwards está a punto de demostrar a toda esa gente que sus ideas están muy equivocadas. Para ello cuenta con la ayuda de un interesante abanico de personas que, en el pasado, nunca habrían tenido nada que ver con un recaudador de fondos "conservador" profesional como Edwards.

El primero de ellos fue Carl Gershman, un "socialdemócrata" de toda la vida, más conocido por su trabajo como jefe nacional de la Liga Antidifamación (ADL) de B'nai B'rith. (Gershman pasó a ser presidente de la llamada National Endowment for Democracy, un "think tank" internacionalista que promueve la agenda globalista). El hecho de que Gershman prestara su "prestigio" al esfuerzo de Edwards demostró, más allá de toda duda, que las más altas esferas de la élite habían dado a la empresa de recaudación de fondos de Edwards su sello de aprobación.

Además de la decisiva presencia de Gershman, de la ADL, otros muchos elementos proisraelíes de larga tradición apoyaron la iniciativa de Edwards, desde Albert Shanker, el autodenominado "liberal anticomunista" que dirigió durante mucho tiempo la Federación Estadounidense de Profesores, hasta el historiador de Harvard Richard Pipes, afiliado al Instituto Jonathan que ha sido descrito como "un brazo virtual del Estado de Israel".

El rabino Daniel Lapin y Grover Norquist, estrecho colaborador del ex presidente de la Cámara de Representantes Newt Gingrich, representaban a los "conservadores" en el consejo de Edwards.

(Nota: a principios de 2005, el rabino Lapin se vio envuelto en un terrible escándalo en el que estaba implicado un importante grupo de presión de Washington, Jack Abramoff, un judío ortodoxo que se hacía oír y que canalizaba dinero, al parecer obtenido ilícitamente de tribus nativas americanas, a una escuela judía del área de Washington dirigida por el hermano de Lapin, David, otro rabino. Abramoff también financió una escuela para francotiradores judíos en Cisjordania, en la Palestina ocupada. En el momento de escribir estas líneas, el asunto Abramoff-Lapin aún no ha salido a la luz, pero se cree que Abramoff podría haber sobornado a media docena de miembros del Congreso). Pero volvamos al socio de Lapin, Lee Edwards: Quienes conocen la historia de Edwards no se sorprendieron al verlo reaparecer en los círculos sionistas. En 1974, un grupo de anticomunistas mexicanos que se habían encontrado inadvertidamente en una de las empresas de recaudación de fondos de Edwards lo describieron como un "sionista fanático" cuyas actividades estaban dañando la causa anticomunista estadounidense.

El propio Edwards, que llevaba años ganándose la vida en proyectos de recaudación de fondos conservadores (y vinculados al sionismo), como hemos señalado, comenzó su carrera como satélite del notorio -algunos dirían "infame"- mago del correo directo Richard Viguerie, protegido del cabecilla israelí de la banda Stern Marvin Liebman.

En el círculo de Viguerie, Edwards se asoció con el líder de la secta coreana (y testaferro de la CIA) Sun Myung Moon y dirigió una operación conocida como la Fundación Coreana para la Libertad Cultural, un grupo "anticomunista" muy rentable que dio a la red de Moon una legitimidad adicional en los círculos conservadores en un momento en que Moon estaba empezando a difundir su riqueza mal habida entre los "líderes" conservadores.

De hecho, Edwards fue uno de los primeros aduladores de Moon, escribiendo para publicaciones de Moon mucho antes de que el culto antifamiliar de Moon se convirtiera en una fuente clave de financiación para los conservadores estadounidenses. Edwards era editor de la revista de Moon, *The World & I*, cuando no estaba recaudando fondos.

(En las páginas siguientes, conoceremos mucho más sobre el propio Moon y la extraña historia de este agente vinculado a la CIA y al Mossad, una historia que realmente merece ser contada).

El propio Edwards permaneció en la sombra, pero alcanzó cierta (in)fama en 1972, a raíz de una de sus empresas de recaudación de fondos más memorables: una organización conocida como "Amigos del FBI".

Formando equipo con un tal Pat Gorman, otro satélite de Viguerie, y un abogado de Chicago, Luis Kutner, Edwards envió cartas para recaudar fondos prometiendo utilizar el dinero obtenido para mejorar la imagen pública del FBI de J. Edgar Hoover. Edwards consiguió incluso el apoyo del popular actor Efrem Zimbalist Jr, protagonista de la serie de televisión "El FBI".

Edwards y sus compinches recaudaron unos 400.000 dólares. Sin embargo, según los informes publicados entonces, se pagaron 155.000 dólares a un tal Pat Gorman por el uso de sus listas de correo; 77.000 dólares a Gorman en concepto de "honorarios"; 27.500 dólares al propio Edwards; y 47.000 dólares a Kutner.

La situación era tan escandalosa que Zimbalist exigió que se retirara su nombre del membrete del grupo. En un telegrama, los abogados de Zimbalist acusaron a Edwards, Gorman y Kutner de "fraude y tergiversación".

Kutner, el socio de Edwards, es un personaje interesante. Amigo desde hacía mucho tiempo de Jack Ruby, el operador de clubes nocturnos del crimen organizado que mató a Lee Harvey Oswald, el presunto asesino del presidente John F. Kennedy, Kutner conocía a Ruby desde al menos 1936, cuando Ruby ayudó a Kutner en su infructuosa campaña para el Congreso. En 1950, Kutner representó a Ruby cuando su cliente fue convocado ante el personal del Comité Kefauver del Senado sobre crimen organizado para hablar de las actividades del hampa en Chicago.

Más tarde, como demuestra la historia, Kutner participó en operaciones internacionales de inteligencia a gran escala, desde golpes de Estado en América Latina hasta la defensa del depuesto líder congoleño Moise Tshombe.

Kutner también ha participado activamente en los esfuerzos por promover los intereses de Israel, como "asesor honorario" del Center for Global Security, Inc, un grupo de presión proisraelí.

Así pues, se mire por donde se mire, parece que Lee Edwards tiene vínculos íntimos con algunas personas muy inusuales que siempre están dispuestas a echarle una mano para "pasar el sombrero". Su actual aventura para honrar a las "víctimas judías del comunismo" no es más que otro ejemplo de la naturaleza corrupta del Enemigo Interno.

CAPÍTULO XXII

La empresa John Birch: un estudio inicial del caso de la cabra de Judá

Aunque William F. Buckley, Jr. y sus compañeros "conservadores responsables" criticaban duramente a la Sociedad John Birch, fundada por el fabricante de caramelos de Massachusetts Robert Welch en 1958, esto llevó a muchos a creer que la Sociedad Birch y Buckley estaban de alguna manera en desacuerdo en su enfoque de los temas del momento (aunque tanto los buckleyitas como los Birchers reivindicaban el manto del "anticomunismo" y la "democracia"), A pesar de que tanto los Buckleyitas como los Birchers afirmaban ser "anticomunistas" y "conservadores", hay muchos elementos intrigantes en la historia de la Sociedad John Birch que han pasado desapercibidos para muchos estadounidenses que consideran que el movimiento Birch en su conjunto hizo una valiosa contribución a la causa del anticomunismo.

Lo cierto es que los ataques de Buckley a la John Birch Society -que se hacían eco de gran parte de la retórica sobre la Sociedad que aparecía en los principales medios de comunicación estadounidenses- sí dieron al movimiento Birch una publicidad masiva que de otro modo no habría recibido. El hecho mismo de que los principales medios de comunicación prestaran tanta atención a la Sociedad es un punto interesante. Porque el resultado directo de toda esta atención fue que la Birch Society creció exponencialmente y de hecho "acorraló" a un grupo muy grande de anticomunistas estadounidenses en las filas de una organización que -como veremos- era de hecho muy sospechosa.

El autor de *The Juda Goats - The Enemy Within* relata *en* el siguiente ensayo su breve viaje al extraño mundo de la John Birch Society. Aunque de naturaleza muy personal, el ensayo refleja en gran medida el pensamiento de muchas otras personas que han tenido sus propias experiencias como miembros -y, en última instancia, antiguos miembros- de la JBS. El ensayo, publicado originalmente en el número de julio-agosto de 2005 de *The Barnes Review,* la revista histórica bimensual con sede en Washington, habla por sí mismo. El ensayo se titulaba originalmente "My One-Minute Membership in the John Birch Society ".

Muchas preguntas sobre la John Birch Society (JBS) se me han pasado por la cabeza desde que conocí la JBS cuando era un colegial de dieciséis años. Sinceramente, soy muy consciente de que muchas personas bienintencionadas estarán totalmente encendidas por mis comentarios, pero dejemos que las fichas caigan donde puedan.

Descubrí JBS en un momento en que empezaba a interesarme (para bien o para mal) por los asuntos políticos. Después de haber decidido (por mi cuenta, sin la ayuda de amigos o familiares) que yo era una especie de "conservador", rápidamente empecé a tratar de aprender todo lo que podía acerca de las diversas organizaciones políticas de "derecha" en . Esto me llevó a las bibliotecas locales donde saboreé todos los escritos conservadores estándar disponibles. Esto me llevó a las bibliotecas locales, donde saboreé todos los escritos conservadores estándar disponibles. Sin embargo, no limité mi lectura a la literatura que reflejaba mi propio punto de vista. Siempre con la mente abierta, sentía curiosidad por ver qué tenía que decir la "otra parte".

Como resultado, hojeé una gran variedad de volúmenes de lo que podría llamarse la "izquierda liberal" y continuamente encontraba referencias a una misteriosa y controvertida "Sociedad John Birch" y a su fundador, Robert Welch. En el fondo de mi mente pensé: "Si los liberales piensan que la JBS y su fundador son tan malos, entonces ellos deben ser bastante buenos".

En cuanto decidí buscar la dirección de la John Birch Society y ponerme en contacto con ellos, en mi propia biblioteca pública vi un ejemplar de la publicación de la JBS, *American Opinion*, en la estantería junto a las publicaciones de la llamada "corriente dominante".

Empecé a hojear con gran entusiasmo el periódico JBS, producido por profesionales, encantado de tener acceso a los hechos prohibidos y a la información oculta que sabía que no podía obtener de *Time* o *Newsweek*, ni siquiera de las páginas del llamado semanario "conservador" *U.S. News & World Report*.

Este número *de American Opinion* contenía un gráfico que me llamó la atención. Era una visión general -país por país- de la "influencia comunista" (en porcentajes, en una escala de 0 a 100) en los distintos países del mundo.

Sabía, por supuesto, que los comunistas controlaban la Unión Soviética y Europa del Este y que también ejercían una gran influencia en todo Occidente. Era muy consciente de que la influencia comunista, de una forma u otra, se había apoderado de mis propios Estados Unidos de América.

Sin embargo, me sorprendió descubrir que, según el JBS, la fuerza comunista en América era mucho más poderosa de lo que yo habría estimado. No recuerdo el porcentaje exacto, pero sí que era extraordinariamente alto.

Gracias a Dios", me dije mientras estudiaba la tabla, "hay algunos países, como Argentina y Chile, que están en manos de líderes militares anticomunistas. Pero cuando examiné estas dos repúblicas, descubrí que el JBS indicaba una influencia comunista de entre el 70% y el 90%. Ni que decir tiene que me sorprendió. "Quizá saben algo que yo ignoro", pensé. Pero seguí leyendo.

A continuación me centré en el Estado de Israel. Basándome en mis investigaciones anteriores, sabía que la economía israelí se basaba en un modelo estrictamente socialista ( ), financiado con miles de millones de dólares de los contribuyentes estadounidenses. Además, también era consciente de la influencia predominante de los judíos rusos y de Europa del Este en el movimiento comunista mundial y de que muchos judíos marxistas habían participado en la creación del Estado judío. Es más, también sabía que Israel no sólo había recibido ayuda estratégica en sus años de fundación en forma de armas y apoyo del bloque comunista, sino que la pequeña Israel era la única nación de Oriente Próximo con un próspero partido comunista.

Con todo esto en mente, ¡imagínense mi sorpresa al saber que -al menos según la tabla JBS de *opinión* estadounidense- la influencia comunista en Israel era de poco más del 10-20%

En ese momento, mientras tenía en mis manos por primera vez una publicación de JBS, de hecho durante menos de unos minutos, me di cuenta de que algo iba muy mal.

Observando el resto del cuadro, pronto me di cuenta de que, en la visión del mundo de Birch, Israel era probablemente el único bastión serio de anticomunismo sobre la faz de la tierra. Ni siquiera los regímenes anticomunistas de Argentina y Chile parecían cumplir los requisitos.

Fue entonces cuando supe, simple y llanamente, que aquellos que se encontraban en los niveles más altos del JBS habían caído bajo la influencia -quizás incluso bajo el control absoluto- de la insidiosa fuerza del sionismo político. Eso fue suficiente para mí. Supe entonces que el JBS no era para mí. Mi "pertenencia" al JBS, para ser justos, no duró mucho más de un minuto.

Poco sabía entonces que había aprendido, rápidamente y con bastante facilidad, lo que miles de buenos y honestos miembros del JBS debieron aprender con mucha mayor dificultad durante un periodo de tiempo considerablemente más largo.

No tenía ni idea de que había antiguos miembros del JBS desilusionados por todo EE.UU. que de alguna manera habían descubierto lo que yo había descubierto por mi cuenta, sin haber sido nunca miembro del JBS.

Tal vez el más notable entre los antiguos Birchers sea el difunto Dr. Revilo P. Oliver, un prominente clasicista y antiguo oficial de inteligencia estadounidense que durante muchos años fue muy activo en el JBS y se identificó públicamente con el grupo. Sin embargo, Oliver abandonó a los Birchers precisamente porque sabía que Birch Boss Welch estaba comprometido con la causa sionista y Oliver no quería tener nada que ver con ello (los notables comentarios de Oliver sobre los Birchers, extraídos de sus escritos, pueden encontrarse en el animado y fascinante sitio web de John "Birdman" Bryant en thebirdman.org).

De todos modos, unos cuatro años más tarde, cuando fui a trabajar a Washington para *The Spotlight*, conocí la historia completa de la infiltración y manipulación sionista del JBS. En *The* Spotlight tuve acceso a fascinantes archivos acumulados a lo largo de los años, que pusieron de relieve los extraños orígenes y orientaciones del JBS. Fue allí donde descubrí los hechos sobre la poco conocida "conexión Rockefeller" con el JBS. En la edición de agosto de 1965 de *Capsule News*, Morris Bealle lo puso al descubierto. Escribió

> Robert Welch (y su hermano Jimmy) recibieron un enorme pago de la Casa Rockefeller hace dos años, por organizar la Sociedad John Birch y sentarse en la tapa comunista durante los últimos siete años. La recompensa total fue de 10.800.000 dólares, menos el valor del negocio de confitería de la familia, que según se dice ronda los 100.000 o 200.000 dólares.
>
> El 1 de octubre de 1963, la National Biscuit Company de Rockefeller anunció la "compra" de la James O. Welch Candy Company de Cambridge, Massachusetts. *En Moody's Manual of Industrials* y *Standard-and-Poor's Business Index,* NBC enumeró el supuesto precio de compra como "200.000 acciones ordinarias de National Biscuit". Según el *Wall Street Journal* del 1 de octubre de 1963, las acciones ordinarias de la NBC se vendían a 54 dólares en la Bolsa de Nueva York. Hoy se venden a 58 dólares. Por lo tanto, los hermanos Welch recibieron 10.800.000 dólares "sin más".
>
> Según los amantes de los dulces, toda la empresa familiar, con sus fábricas y cinco oficinas de venta, valía poco más de 200.000 dólares. Welch dirá a cualquier imbécil que quiera creerle que National Biscuit no es un negocio de los Rockefeller.
>
> Una vez más, *el manual de Moody's* le pone la zancadilla. Enumera a Roy E. Tomlinson y Don. G. Mitchell. [Ambos son miembros del

> Consejo de Relaciones Exteriores. Además, ambos son "directores profesionales" de Rockefeller. Tomlinson es también director de Prudential Life y de American Sugar Refining.
>
> Fue el azúcar estadounidense el que participó directamente en la financiación y el abordaje de la Cuba de la Rusia comunista en 1959. Hicieron el trato con Castro que acabó con la libertad en la isla de Cuba e hizo posible las bases de misiles de La Habana diseñadas para arrasar ciudades de la costa este estadounidense.
>
> También parece que la Rock Mob financió y promovió la organización John Birch Society. De qué otra forma podría haber obtenido millones de dólares de publicidad periodística a través de los falsos "ataques" a Welch que aparecieron con dramática brusquedad.

Y, para que conste, en los últimos años el célebre historiador populista Eustace Mullins, autor de *La conspiración de la Reserva Federal, El orden mundial* y otros clásicos, ha declarado públicamente -más de una vez- que sus investigaciones le llevaron a la conclusión de que la Sociedad Birch era efectivamente una creación del imperio Rockefeller, basándose precisamente en los mismos datos que llevaron a Bealle a su valoración. Bealle no fue ni mucho menos el único en hacer estas afirmaciones.

Cuando se trataba del monopolio bancario privado de la Reserva Federal, JBS adoptaba posturas muy particulares. En el número de septiembre de 1964 de *American Opinion,* uno de los economistas favoritos de Birch, Hans Sennholz, escribió un artículo sobre el Sistema de la Reserva Federal. El artículo decía de la Reserva Federal lo siguiente

> El control reside absoluta e indivisiblemente en manos del Presidente de los Estados Unidos.... Ellos [las personas que dirigen el Sistema de la Reserva Federal] son agentes del gobierno, no representantes corporativos con los derechos de propiedad y los poderes que normalmente se confieren a los accionistas corporativos. El Sistema de la Reserva Federal no es, y nunca lo ha sido, una "institución bancaria privada" que llena los bolsillos de los banqueros, ni es el malvado producto de una conspiración internacional de banqueros extranjeros...

El difunto Norbert Murray, patriota declarado de Montana, periodista de carrera de los principales medios de comunicación y antiguo publicista neoyorquino de grandes intereses empresariales, describió sucintamente el artículo como un "tejido de mentiras" que "protegía el fraude del sistema".

La publicación de semejante artículo estaba destinada a confundir a los buenos miembros del JBS que intentaban desenmarañar los mitos de los hechos sobre la naturaleza de la Reserva Federal privada, dominada por los banqueros, y los poderosos bancos internacionales que desempeñan un papel fundamental en la manipulación de la política exterior estadounidense.

En cualquier caso, trabajar para *The Spotlight* me ha enseñado mucho más sobre JBS de lo que jamás hubiera imaginado.

Fue en ese momento -a finales de los años setenta y principios de los ochenta- cuando la JBS comenzó a promover activamente los intereses del Estado de Israel y a presentar a los portavoces de su poderoso grupo de presión en Washington, eliminando cualquier ambigüedad sobre la posición de los controladores de la Birch Society en la cuestión de la política estadounidense hacia Oriente Próximo.

George, informó ampliamente sobre las misteriosas maniobras de John Rees, un británico con un pasado bastante turbio, que se había colado en los círculos internos de JBS, estableciéndose como el verdadero "poder detrás del trono" durante los últimos días de Robert Welch. *Spotlight* destacó el inquietante papel de Rees en la dirección de su propia operación de inteligencia y espionaje, que en muchos aspectos se parecía a la de la Liga Antidifamación, el todopoderoso apéndice estadounidense de la agencia de inteligencia israelí, el Mossad.

Por mi parte, como estudioso del asesinato de JFK, descubrí que, al igual que Robert Welch en sus mejores tiempos, la Sociedad John Birch sigue apoyando la desacreditada afirmación de la Comisión Warren de que "un loco solitario" asesinó al presidente Kennedy.

Morris Bealle informó temprano (19 de junio de 1965) en su boletín, *Capsule News*, que Robert Welch había dicho que el libro de Bealle, *The Guns of the Regressive Right -que* señalaba con el dedo a la CIA- estaba "totalmente equivocado" y había dicho a sus partidarios que no era la CIA sino Lyndon Johnson quien estaba detrás del asesinato de JFK.

Según Bealle, "escudriñamos todos sus boletines de 1964 [...] [que] estaban llenos de ataques a Earl Warren y curiosas expresiones de sincero acuerdo con él sobre el mito de que 'un comunista [es decir, el señuelo Oswald] mató a Kennedy'".

De hecho, como señalé en *Juicio Final*, mi propio libro sobre el asesinato de JFK, Welch desempeñó un papel importante en desviar la atención de los conservadores de un posible papel de la CIA en el asesinato de JFK al KGB soviético. *Era la misma línea propagandística que la de James J. Angelton, testaferro de la CIA y oficial de enlace pro-israelí con el Mossad israelí.*

Así, mientras los Birchers creen que Lee Harvey Oswald era un comunista solitario bajo la dirección de la KGB soviética -teoría propuesta por Angleton, leal al Mossad-, se cuidan de evitar señalar con el dedo de la culpabilidad a la CIA y, desde luego, nunca se atreven a mencionar que -como documenta mi propio libro- el Mossad también desempeñó un papel clave en la conspiración del asesinato.

El 21 de noviembre de 1988, la revista *New American* de la Birch Society elogió el informe de la Comisión Warren, afirmando que "las pruebas demuestran más allá de toda duda razonable" que Lee Harvey Oswald -un loco comunista aislado- mató a JFK.

Sea como fuere, la aceptación por parte del JBS de la afirmación patentemente dudosa de que un loco comunista solitario mató a JFK sigue vigente. En 1995, envié un ejemplar de la segunda edición de mi libro a un gran número de personas, invitándolas a debatir la tesis del libro conmigo, en la radio, en cualquier foro público o por escrito. Les di la oportunidad de refutar el libro como quisieran. Una de las personas a las que envié un ejemplar del libro ( ) fue Bill Jasper, editor del *New American* de la Birch Society. A día de hoy -más de diez años después, y tras haberse vendido casi 50.000 ejemplares de *Juicio* Final a lectores entusiastas de todo el mundo- aún no he tenido noticias del Sr. Jasper.

Mis experiencias con la JBS -en relación con el asunto del asesinato de JFK- fueron ciertamente instructivas. Pero (años antes) ya me había dado cuenta de que la Sociedad Birch era algo dudosa, basándome en mis investigaciones y en las de otros, así como en un estudio de las publicaciones de Birch. No cabe duda de que hay muchos estadounidenses buenos que apoyan a la JBS, pero mi "afiliación de un minuto" fue suficiente para mí.

Para concluir este ensayo sobre el papel de los Birchers en "cambiar" la filosofía de muchos buenos americanos, parece apropiado recordar lo que Richard Gid Powers, en su libro *Not Without Honor: A History of American Anti-Communism*, dijo sobre Robert Welch y la John Birch Society:

> La John Birch Society era, en realidad, más un club de estudio dedicado a leer y discutir la producción literaria de Welch que una amenaza para el país... La notoriedad de Welch era en gran parte falsa, inventada por enemigos de la izquierda y entre la élite respetable.
>
> Sabían por experiencia que un personaje extraño como Welch, con sus extraños giros de frase, podía ser utilizado para desacreditar a la derecha anticomunista y a todo el movimiento anticomunista. En 1961, los demócratas liberales... necesitaban a alguien como Robert Welch.

Si Robert Welch hubiera decidido deliberadamente reducir al absurdo todo lo que los anticomunistas válidos habían dicho alguna vez sobre el comunismo, convertirse él mismo en una demostración de todas las ridículas ilusiones que habían desacreditado al anticomunismo en el pasado, hacer que todos los anticomunistas parecieran tontos peligrosos, no podría haberlo hecho mejor.

Así, mientras por un lado el llamado "conservador responsable" William F. Buckley Jr. denunciaba a la Birch Society, los "principales" medios de comunicación estadounidenses daban publicidad masiva a la JBS y unían a muchos estadounidenses a este dudoso movimiento.

Se podría escribir mucho más. Sin embargo, si nos limitamos a lo que hemos examinado, ¿puede realmente haber alguna duda de que Estados Unidos habría estado mucho mejor si Robert Welch se hubiera quedado en el negocio de los dulces y se hubiera mantenido al margen de la política

CAPÍTULO XXIII

Auge y caída de *Human Events:* Los autoproclamados "conservadores responsables" que ayudaron a destruir el conservadurismo tradicional de EE.UU.

Un selecto grupo de antiguos portavoces de los "conservadores responsables" de Estados Unidos -satélites y aliados voluntarios de William F. Buckley, Jr, Gran Poohbah del "Movimiento Conservador Responsable"- empezaron a darse cabezazos contra la pared cuando se dieron cuenta de que algunos de esos "compañeros conservadores" a los que él había permitido entrar en el campo conservador (y ayudado a promover hasta convertirlos en verdaderos conservadores de base) no eran tan conservadores después de todo.

Durante años, el periódico nacionalista *Spotlight*, con sede en Washington, advirtió de que los "neoconservadores" trotskistas estaban tratando de apoderarse del movimiento conservador para aplicar su propia agenda insidiosa (y notablemente sionista). Sin embargo, durante todo ese periodo, una publicación autoproclamada "conservadora responsable" en la esfera de William F. Buckley Jr. -Human *Events*- se dedicó a decir a sus lectores que ignoraran *a Spotlight* y/o apoyaran a esos mismos "neoconservadores" que eran ampliamente presentados como "antiguos liberales que han visto la luz", etc.

Sin embargo, tras ignorar *las* advertencias *de The Spotlight* de que el movimiento conservador estaba siendo tomado desde dentro por un caballo de Troya internacionalista, los "conservadores responsables" se dieron cuenta de repente de que su poder e influencia se les estaban escapando a un ritmo increíble. Los invasores neoconservadores se estaban apoderando del movimiento conservador.

Finalmente, en 1996, los editores de *Human* Events se quejaron públicamente -al igual que *The Spotlight- de que* William Kristol, editor del nuevo *Weekly* Standard, financiado por el multimillonario prosionista Rupert Murdoch, estaba intentando hacerse con el control del movimiento conservador y distorsionar sus puntos de vista. Según *Human Events:* La triste verdad es que el *Weekly* Standard es visto cada vez más por muchos conservadores de larga data aquí en Washington y en todo el país como una especie de caballo de Troya neoconservador. Envuelto en banderas conservadoras, por supuesto, es visto sin embargo como un medio de mover al [GOP] hacia la izquierda, particularmente en el área de los valores familiares.

Es cierto que cada número *del* Standard contiene normalmente varios artículos interesantes escritos desde un punto de vista decididamente conservador. Pero los que tienen más peso, los que siempre parecen presentarse para atraer la atención de los medios liberales de los que Kristol claramente disfruta, son los que van claramente en contra de la corriente dominante conservadora.

A pesar de estas valientes palabras, hay algunas cosas interesantes sobre Kristol y su publicación que *Human Events* no mencionó:

- Kristol, que surgió de la nada para convertirse en lo que los medios de comunicación siguen llamando "un destacado estratega conservador republicano", fue admitido en el secreto grupo Bilderberg en su reunión de 1995 en Burgenstock, Suiza, un hecho del que informó por primera vez el periodista populista Jim Tucker, que a lo largo de los años ha proporcionado informes en profundidad sobre las actividades de Bilderberg, primero en *The Spotlight* y ahora en *American Free Press*. El animado diario de Tucker, *Bilderberg Diary*, es el primer libro en lengua inglesa sobre los asuntos de Bilderberg (*Human Events*, por el contrario, siempre ha evitado cuidadosamente mencionar a Bilderberg o a sus grupos afiliados, como el Consejo de Relaciones Exteriores o la Comisión Trilateral).

- La única pretensión de poder e influencia de Kristol (antes de ser admitido en Bilderberg) es que es hijo de Irving Kristol, un destacado trostkista convertido en "liberal", convertido en autoproclamado "neoconservador" y figura destacada del lobby pro-Israel. Los editores de *Human Events* son reacios a mencionar los vínculos de Kristol con Bilderberg y el lobby israelí, por miedo a ser tachados de "antisemitas" o "teóricos de la conspiración".

- Rupert Murdoch, el multimillonario editor que financió la revista de Kristol, ha sido durante mucho tiempo el testaferro de las fuerzas combinadas de las familias Rothschild, Bronfman y Oppenheimer.

Como *The Spotlight* informó en su momento, la motivación de Murdoch para hacer un gran empuje en los medios de comunicación de EE.UU. era ganar poder político en este país en nombre de sus patrocinadores entre bastidores. Además, a través de su poder mediático, Murdoch se esforzaba por dominar el movimiento "conservador".

En 2006, es justo decir que Murdoch (y sus patrocinadores en la élite sionista internacional) consiguieron ambas cosas, ganando influencia sobre el movimiento "conservador" y utilizándolo para alcanzar el poder.

De hecho, la cobardía *de Human Events* ante la toma del poder por los internacionalistas no es sorprendente, dado que *Human Events* desempeñó un papel importante en la toma del poder final. El historial habla por sí mismo: PUNTO: Fue en gran medida un artículo de *Human* Events criticando las posibilidades del populista Pat Buchanan como candidato en las primarias presidenciales republicanas de 1988 lo que obligó a Buchanan a abandonar su entonces no anunciada candidatura, allanando el camino para que George H.W. Bush se asegurara la nominación presidencial del GOP sin ningún desafío serio por parte de la "derecha" populista.

Irónicamente, los argumentos *utilizados por Human Events* contra Buchanan son los mismos que utilizaron los medios del establishment contra Ronald Reagan, héroe de *Human Events* durante mucho tiempo, cuando Reagan aspiraba a la nominación del GOP en 1968, 1976 e incluso 1980. Los medios del establishment decían entonces que Reagan era "demasiado conservador", demasiado duro y demasiado franco.

Sin embargo, cuando *Human Events* socavó a Buchanan y favoreció a su candidato favorito de 1988, el Secretario de HUD de la administración Reagan, Jack Kemp, *Human Events* utilizó los mismos argumentos contra Buchanan. *Spotlight* advirtió entonces que Kemp era de hecho, en sus palabras, un "caballo de Troya". *Spotlight* señaló que entre los partidarios más influyentes de Kemp estaba Irving Kristol, padre de William Kristol, que finalmente resultó ser un villano a los ojos *de Human Events*.

PUNTO: En su edición del 11 de marzo de 1991, *The Spotlight* informó de que *Human Events* había publicado un artículo en el que atacaba a *The Spotlight* por publicar lo que *Human Events* afirmaba que eran artículos "antiisraelíes" y "proiraquíes" antes y durante la guerra del Golfo Pérsico. En realidad, *The Spotlight* se había limitado a destacar el papel del lobby proisraelí en el inicio de la guerra y la participación secreta de Israel en la propia guerra.

Las acusaciones *de Human Events* se basaban en declaraciones de un supuesto "especialista en desinformación" de la Agencia de Información de Estados Unidos, que *The Spotlight* determinó posteriormente que estaba asociado con la Liga Antidifamación B'nai B'rith, afiliada al Mossad.

Human Events no observó que, mucho antes de la invasión iraquí de Kuwait, *The Spotlight* no sólo atacó al dictador iraquí Sadam Husein por su brutalidad, sino que también denunció al gobierno de Estados Unidos (confabulado con Israel) por ayudar a apuntalar el régimen de Sadam, mientras el eje Estados Unidos-Israel apoyaba discretamente a Sadam en su guerra contra Irán. Que *Human* Events adopte esta postura no es ninguna sorpresa. Después de todo, en su número del 23 de julio de 1977, *Human Events* describió al entonces primer ministro israelí Menachem Begin como "el Ronald Reagan de Israel". (Begin era un antiguo terrorista con un pasado tan reprobable que incluso muchos fanáticos pro-Israel lo rechazaron furiosamente en los años 50 cuando vino a EE.UU. como representante de Israel).

PUNTO: Con la historia prácticamente repitiéndose, el 30 de diciembre de 1991, *The Spotlight* informó de que *Human Events* había determinado que las opiniones nacionalistas de Pat Buchanan podrían ser una razón para "descalificar" a Buchanan para el apoyo conservador en su desafío primario de 1992 al entonces presidente George Bush. Según el número del 21 de diciembre de 1991 de *Human* Events, había tres "problemas" con Buchanan que "conservadores" no identificados consideraban "preocupantes, incluso descalificadores: sus opiniones sobre el aislacionismo, la protección y el Estado de Israel".

Curiosamente, el mismo tipo de crítica mordaz contra Buchanan apareció en números de *Time* y *Newsweek* durante el mismo periodo, por no mencionar un ataque similar en otra revista conservadora, *The American Spectator*. El autor de este ataque particularmente virulento contra Buchanan fue David Frum. Curiosamente, fue Frum quien recientemente escribió otro ataque contra Buchanan, esta vez publicado en *el Weekly Standard* de Kristol.

El artículo de Frum afirmaba, con razón, que Buchanan estaba abandonando el internacionalismo impuesto al GOP durante los cuarenta años anteriores. Para disgusto del Semanario Bilderberg, las opiniones populistas y nacionalistas de Buchanan estaban resultando populares entre los votantes del GOP en aquel momento, pero al final, por supuesto, la candidatura de Buchanan (en 1996 y más tarde como candidato presidencial del Partido Reformista en 2000) quedó en nada.

(Más tarde, Frum pasó a formar parte del personal de la Casa Blanca de George W. Bush, colaborando estrechamente con la red neoconservadora de la familia Kristol en el anuncio de la inminente guerra contra Irak. Finalmente, Frum abandonó la Casa Blanca de Bush después de que su esposa se jactara de que su marido había acuñado la frase del Presidente "Eje del Mal", utilizada para vilipendiar a los supuestos enemigos de Israel que ahora eran el objetivo de Estados Unidos. Frum pasó a ser coautor, con el intrigante neoconservador y antiguo traficante de armas israelí Richard Perle, de un virulento panfleto de odio antimusulmán titulado *El fin del mal*, que llamaba a la guerra total contra el mundo musulmán). *National Review*, publicado por William F. Buckley Jr, un "antiguo" agente de la CIA y amigo íntimo desde hace mucho tiempo de los principales presentadores de *Human Events*, Tom Winter y Alan Ryskind, también atacó a Buchanan durante la campaña de las primarias de 1992, sugiriendo que Buchanan era un "antisemita". Buckley se había jactado públicamente en repetidas ocasiones de que su "trabajo" consistía en expulsar a los populistas y nacionalistas de las filas republicanas. Buchanan, en aquel momento, era el objetivo número uno.

Así, mientras *Human Events* ha desempeñado un papel vital ayudando a las mismas fuerzas que han intentado acabar con el crecimiento del populismo y el nacionalismo en las filas del Partido Republicano, los editores *de Human Events* están ahora censurando a esas mismas fuerzas cuando ven que su propia influencia está menguando.

Fue *The Spotlight* quien, con razón, gritó lobo cuando el lobo estaba a la puerta, pero ahora que el lobo estaba dentro de la puerta y devorando la comida de la mesa del GOP, *Human Events* y sus editores gritaban terror. Al seguir la corriente durante décadas a las fuerzas subversivas y antiamericanas que se hacían pasar por los "nuevos" conservadores estadounidenses, *Human* Events se convirtió en instrumento voluntario del Enemigo Interno, un Judas de la peor calaña.

Esta viñeta de enero de 1953, tomada de una revista soviética, muestra a uno de los médicos acusados en el famoso "Juicio a los médicos" de participar en un complot sionista para matar a Josef Stalin. Mientras es arrestado por una poderosa mano rusa, la máscara y el traje del conspirador (un médico sonriente y benévolo) se desprenden para revelar

a un intrigante hinchado y gruñón vestido con un traje negro (oculto tras unas gafas oscuras). Monedas -dinero para pagar- caen de las garras del conspirador. En el fondo, los elementos sionistas acusados de patrocinar el complot para matar a Stalin destacan sobre un sombrero de copa invertido -que representa a la rica aristocracia judía de Nueva York- con el signo del dólar estadounidense estampado en él. Ninguna imagen representa mejor la ruptura entre Stalin y los sionistas, una lucha que se extendió a la arena estadounidense, allanando el camino para el ascenso de los neoconservadores trotskistas que hoy son la vanguardia del sionismo. Tres meses después de la publicación de la caricatura, Stalin murió, asesinado, según se dice, por otros que querían poner fin a la incipiente campaña de Stalin para desmantelar el poder sionista.

Como apunte...

Introducción a la cuarta parte

El papel de la CIA como mecanismo de destrucción
Trabajar para el enemigo interior

En capítulos anteriores, hemos examinado el insidioso papel de una serie de autoproclamados "anticomunistas" a la hora de distorsionar y deformar el nacionalismo tradicional estadounidense y comprometer a Estados Unidos en una cruzada global que no tenía en cuenta los verdaderos intereses de Estados Unidos. Uno de los principales protagonistas de estas intrigas fue un antiguo oficial de la CIA, William F. Buckley, Jr.

De hecho, como veremos con más detalle en capítulos posteriores, la CIA ha desempeñado un papel especialmente pernicioso como uno de los chivos expiatorios de Judá: el enemigo interior en más de un sentido.

Nada de esto quiere decir que la CIA -o el FBI o cualquier otra agencia de inteligencia estadounidense- esté totalmente controlada o poblada por gente con agendas extraterrestres.

Al contrario

Algunos de los nacionalistas estadounidenses más abiertos y críticos de la agenda globalista y sionista se encuentran en las filas de la CIA y el FBI, y han realizado un trabajo notable al tratar de combatir las intrigas del Enemigo Interno.

Pero la historia demuestra que la CIA, como institución, ha estado en el centro de muchas intrigas peligrosas que han llevado a Estados Unidos al lamentable estado en que se encuentra hoy.

En consecuencia, a continuación exploraremos parte de lo que sabemos sobre el papel de la CIA en el debilitamiento del nacionalismo tradicional estadounidense, infiltrándose, corrompiendo y trabajando para destruir a aquellos individuos e instituciones que se mantuvieron firmes, atreviéndose a decir "no" a las fuerzas extranjeras cuando éstas adquirieron tanto poder e influencia en el sistema estadounidense.

CAPÍTULO XXIV

La manipulación por los servicios de inteligencia de la ciencia del control mental y la explotación del fenómeno sectario: una táctica muy real del enemigo interior

A la luz de las especulaciones de que Timothy McVeigh, el terrorista de Oklahoma City, fue sometido en algún momento a alguna forma de "control mental", merece la pena repasar algunas de las pruebas sólidas de que se llevaron a cabo amplios experimentos de control mental no sólo por parte de la CIA y sus aliados de la agencia de inteligencia israelí Mossad, sino también por parte del KGB soviético y otras agencias.

El tema del control mental perturba a muchas personas, que lo ven como una forma de "ciencia ficción" o "teoría de la conspiración".

Sin embargo, lo cierto es que el control mental -quizá en su forma más simple- no es más que hipnosis a la antigua usanza, y pocos negarían que es posible inducir estados hipnóticos.

Se han dedicado varios libros bien escritos e investigados a la historia de los experimentos y tecnologías de control mental.

Uno de los primeros "expertos" conocidos en la extraña ciencia del control mental fue George Estabrooks, director del departamento de psicología de la Universidad Colgate, que llegó a Washington para trabajar en el Departamento de Guerra durante la Segunda Guerra Mundial. En su libro *Hipnosis*, Estabrooks describe la importancia del control mental para las operaciones de inteligencia. "En primer lugar", escribe:

> No hay riesgo de que el agente se venda. Lo que es más importante es la convicción de inocencia que tiene el propio hombre, y esto es una gran ayuda en muchas situaciones. Nunca actuaría como culpable y, si se le acusara de buscar información, se mostraría sinceramente indignado. Esta convicción de inocencia por parte de un criminal es quizás su mayor protección cuando es interrogado por las autoridades. Por último, sería imposible situarle en tercer grado y rastrear así los eslabones de una cadena.

Estabrooks afirma que las personas sometidas a control mental pueden ser alentadas a participar en actividades de la llamada "quinta columna". "A través de ellos", escribe, "esperamos estar informados de las actividades de sus 'amigos', obteniéndose esta información, por supuesto, en estado de trance".

Tras los trabajos pioneros de Estabrooks, fue durante la década de 1950 cuando la nueva CIA (y sus aliados del Mossad israelí), así como el KGB soviético, comenzaron a investigar en profundidad en este campo.

Quizá el examen más autorizado de las actividades de la CIA sea *The Search for the Manchurian Candidate (La búsqueda del candidato de Manchuria)*, subtitulado "The CIA and Mind Control: The Story of the Agency's Secret Efforts to Control Human Behavior" (La CIA y el control mental: la historia de los esfuerzos secretos de la Agencia para controlar el comportamiento humano). Publicado por primera vez en 1979, este libro era muy raro y sólo se ha vuelto a publicar recientemente. El libro, que ciertamente no es un "tratado extremista", fue publicado por primera vez por una subdivisión del prestigioso *New York Times*. El autor era John Marks, más conocido como coautor, junto con el extravagante ex alto funcionario de la CIA Victor Marchetti, de *The CIA and the Cult of Intelligence (La CIA y el culto a la inteligencia)*, el primer libro censurado antes de su publicación por la CIA.

(El título del libro de Marks era un juego de palabras con el título de una famosa novela de 1958 de Richard Condon, que más tarde se convirtió en una popular película, El *candidato de Manchuria*. En la terrorífica historia de Condon, los comunistas lavan el cerebro a un soldado estadounidense durante la guerra de Corea, lo presentan falsamente como un "héroe de guerra" y lo manipulan para asesinarle a su regreso a Estados Unidos.

(Resulta que la propia madre del héroe es en realidad una agente comunista secreta -a pesar de ser una de las "anticomunistas" más notorias de Estados Unidos- y está utilizando a su hijo como parte de un complot comunista para apoderarse de Estados Unidos con el pretexto de luchar contra el comunismo -verdaderamente El Enemigo Interior-. La víctima del control mental nunca sabe que está siendo manipulada hasta que es demasiado tarde).

El libro de Marks no era una novela. El estudio de Marks se basa en gran medida en unas 16.000 páginas de documentos que Marks obtuvo de la CIA en virtud de la Ley de Libertad de Información.

Varios años antes de la publicación del libro de Marks, los primeros detalles de las aventuras de la CIA en este extraño campo aparecieron en las páginas de los diarios a raíz de una controvertida serie de audiencias del Senado dirigidas por el senador Frank Church (demócrata de Idaho) sobre las actividades de la CIA.

Hasta entonces, los estadounidenses pensaban que sólo los "comunistas" y los "nazis" habían realizado experimentos desagradables para estudiar el proceso de manipulación del comportamiento humano.

De hecho, la CIA se embarcó en el control mental poco después de su creación en 1947. El proyecto de control mental de la CIA se conoció inicialmente como "Bluebird" y posteriormente se amplió a "Artichoke" a partir de 1953.

El nombre en clave general de la operación pasó a ser MK-ULTRA.

El impulso para las operaciones de control mental de la CIA vino de Richard Helms, que llegó a dirigir todo el programa de operaciones clandestinas de la CIA, antes de convertirse en su Director. La idea de Helms fue aprobada por el entonces jefe de la CIA, Allen Dulles, que dio luz verde al proyecto. El jefe de operaciones de los experimentos era el jefe de la Sección de Servicios Técnicos (TSS) de la agencia, el Dr. Sidney Gottlieb, aunque estaba supervisado por James Jesus Angleton, jefe de contraespionaje de la CIA y oficial de enlace exclusivo del Mossad israelí con la CIA.

Según Marks, en junio de 1960, los funcionarios del TSS [de Gottlieb] lanzaron un programa ampliado de experimentos operativos de hipnosis en cooperación con personal de contrainteligencia [CI] de la CIA

> Los funcionarios de contrainteligencia escribieron que el programa de hipnosis podría ser un "avance potencial en la tecnología clandestina". Su acuerdo con la TSS establecía que los hombres de MK-ULTRA desarrollarían la técnica en el laboratorio, mientras que ellos llevarían a cabo "experimentos de campo". El programa de contraespionaje tenía tres objetivos: (1) inducir la hipnosis muy rápidamente en sujetos desprevenidos; (2) crear amnesia duradera; e (3) implantar sugestiones posthipnóticas duraderas y operacionalmente útiles.

Marks señaló que el lugar preferido de la CIA para los experimentos de control mental era Ciudad de México. La capital mexicana fue, durante el periodo de la Guerra Fría, según todos los indicios, el principal nido de intrigas de la inteligencia internacional en el hemisferio occidental. Fue en Ciudad de México donde -como hemos señalado- E. Howard Hunt era el jefe de estación de la CIA y uno de sus lugartenientes no era otro que William F. Buckley, Jr. que resultó ser una figura destacada en los esfuerzos por mover el conservadurismo tradicional estadounidense hacia el internacionalismo. Ciudad de México era también una importante base de operaciones del Mossad israelí.

Según antiguos documentos secretos de la CIA publicados en virtud de la

Ley de Libertad de Información, los agentes de Gottlieb consideraron oportuno estudiar, entre otras cosas, "la radiación, el electroshock, diversos campos de la psicología, la psiquiatría, la sociología y la antropología, la grafología, las sustancias de acoso y los dispositivos y materiales paramilitares".

El 20 de septiembre de 1977, *el New York Times* informó de que "los documentos demuestran que las pruebas se llevaron a cabo en Nueva York y San Francisco entre 1953 y 1966, en "pisos francos" de la CIA, principalmente pisos y habitaciones de motel, alquilados en secreto para la agencia por un funcionario de la antigua Oficina Federal de Estupefacientes, suplantada desde entonces por la Administración para el Control de Drogas".

"Es posible que se utilizaran prostitutas, posiblemente tanto hombres como mujeres, para atraer a los sujetos a los escondites, donde se les ofrecían cócteles mezclados con diversas sustancias químicas mientras los agentes de la CIA observaban, fotografiaban y grababan sus reacciones".

También se sabe que la CIA ha realizado experimentos con drogadictos recluidos en un centro federal. En 1975, la CIA admitió oficialmente que se habían llevado a cabo experimentos en el Centro Federal de Investigación sobre el Abuso de Drogas de Lexington, Kentucky, consistentes en la administración de drogas, incluidos alucinógenos, a presos voluntarios.

Un preso, James H. Childs, declaró ante una Comisión de Investigación del Senado que los presos que participaban en el programa de la CIA eran pagados por ésta en forma de drogas adictivas.

Otro antiguo preso que testificó, Edward M. Flowers, dijo que se había dado LSD a los presos en galletas como parte de experimentos. De 1952 a 1955, dijo, se permitió a los presos llevarse su sueldo para participar en programas, ya fuera en forma de drogas o en forma de reducción de condena.

Una de las figuras clave de la operación de la CIA en Lexington, Kentucky, fue el capellán de la base, el rabino Maurice Davis, que más tarde resultó ser un conocido agente de la Liga Antidifamación, el brazo de inteligencia y propaganda políticamente influyente del servicio secreto israelí con sede en Estados Unidos, el Mossad.

Otros experimentos de manipulación mental con drogas se llevaron a cabo en la prisión de Vacaville, en California. Fue allí, según un testigo, donde Donald DeFreeze, más tarde líder del violento grupo terrorista Ejército Simbionés de Liberación, dijo a otro recluso que él también formaba parte de los experimentos de control mental de la CIA.

DeFreeze y su banda secuestraron entonces a Patty Hearst, del imperio editorial Hearst, y la vincularon a sus actividades delictivas. Más tarde, los abogados de la señorita Hearst dijeron que creían que mostraba signos de drogadicción.

Por todo ello, no es de extrañar que la CIA y el Mossad se interesen desde hace tiempo por el fenómeno de las sectas, que existen desde hace mucho tiempo en prácticamente todas las culturas, de una forma u otra. Los miembros de las sectas suelen ser muy flexibles y están dispuestos a hacer lo que les digan sus amos.

Esta es una de las razones por las que la CIA y el Mossad se han mostrado especialmente decididos a hacerse con el control de los grupos sectarios al más alto nivel y a utilizar estas sectas y a sus miembros para promover sus propios objetivos.

Además, existe la creencia generalizada de que algunas de las sectas más conocidas de la actualidad -como la infame Iglesia de la Unificación de Sun Myung Moon, por nombrar sólo una- son en realidad creaciones de los servicios de inteligencia estatales. En otro caso, se sabe que un grupo de abogados sionistas, con sede principalmente en California, ha tomado el control, al más alto nivel, entre bastidores, de otra conocida organización "religiosa" -llamada "iglesia" por sus miembros, pero a menudo calificada de "secta" por sus críticos- y ha utilizado los vastos recursos financieros (y humanos) de esa secta para sus propios fines.

Así es como funcionan las operaciones de control mental de la CIA y el Mossad (utilizando grupos de culto): Mientras estas agencias de inteligencia controlan eficazmente las sectas, los miembros inferiores de la secta ignoran, por supuesto, que ahora forman parte de una operación de control mental altamente sofisticada dirigida por los servicios de inteligencia.

Mientras que los miembros de la secta están totalmente supeditados a sus superiores, sujetos a su disciplina, los miembros de la secta proceden naturalmente de todos los ámbitos de la vida y algunos alcanzan altos puestos de influencia dentro de las empresas y organizaciones en las que trabajan en su vida cotidiana fuera de la secta. Sin embargo, siempre permanecen leales debido al proceso de "lavado de cerebro" al que han sido sometidos.

A veces, los miembros de una secta no ocultan su pertenencia a la misma. Otras veces, por razones estratégicas, no revelan su pertenencia a la secta, si ello puede entorpecer la "operación negra" en curso.

Tanto si los miembros de la secta trabajan para grupos políticos, institutos de investigación revisionista histórica, bancos, compañías de seguros, agencias gubernamentales o incluso restaurantes de comida rápida, siempre estarán disponibles para ser desplegados cuando sus superiores dentro de la secta (actuando bajo las órdenes de la CIA o el Mossad) tomen la decisión de llevar a cabo una determinada operación de inteligencia.

Por ejemplo: supongamos que un miembro de una secta controlada por el Mossad trabaja para un grupo político disidente e inconformista considerado peligroso para la clase dirigente. Si el Mossad desea socavar esta organización, utilizará su control sobre la secta para manipular a este individuo a fin de que trabaje para destruir la organización desde dentro.

Liberty Lobby, la institución populista que publicó *The Spotlight* hasta que se vio obligada a declararse en quiebra y fue destruida por un juez federal corrupto en 2001, ha tenido sus propias experiencias desagradables con agentes de una secta.

Los miembros admitidos de la secta han mantenido contactos amistosos con Liberty Lobby durante muchos años.

Los miembros de la secta proporcionaron a Liberty Lobby información contundente y objetiva sobre las actividades corruptas del gobierno federal. Sin embargo, entre bastidores, los miembros del culto trabajaban para desbaratar la labor del Liberty Lobby en otros frentes.

Un miembro de la secta ("Sr. M") - que no reveló su pertenencia a la secta - asistía con frecuencia a las reuniones de Liberty Lobby, visitaba la sede de Liberty Lobby y se relacionaba con los empleados de Liberty Lobby, ganándose así su confianza.

(Se trata del mismo *modus operandi* que el infame Roy Edward Bullock, del que ahora se sabe que es un antiguo agente de la Liga Antidifamación, aliada de la CIA y controlada por el Mossad israelí).

Al cabo de un tiempo, sin embargo, quedó claro que el "Sr. M", ostensiblemente amigo de Liberty Lobby, intentaba en realidad socavar de diversas formas la institución populista y su semanario. Sólo más tarde se confirmaron las sospechas de Liberty Lobby y se reveló la afiliación del "Sr. M" a la secta.

Liberty Lobby se enteró de que el "Sr. M" era un antiguo alcohólico que se había unido a la secta y luego se había reformado. En el proceso, el "Sr. M" fue sometido a la disciplina de la secta (y de sus controladores) y se convirtió en uno de los principales agentes de inteligencia nacional de la secta, en este caso desplegado contra Liberty Lobby.

Fue precisamente cuando Liberty Lobby supo que el "Sr. M" era un agente de la secta cuando los demás miembros de la secta (que habían reconocido abiertamente su afiliación) rompieron bruscamente todo contacto con

Liberty Lobby.

Más tarde, la secta desempeñó un papel especial en una vasta conspiración que condujo a la destrucción del Liberty Lobby.

Pero el papel de las sectas en el mundo de las intrigas de los servicios de inteligencia es algo que poca gente entiende o conoce.

En otro caso, se reveló que un equipo especial del Ministerio de Justicia estaba investigando las acusaciones de que una conocida secta conocida como "Los Buscadores" había sido utilizada por la CIA como grupo de fachada en la década de 1980.

El vínculo entre la agencia de inteligencia y esta secta es tanto más preocupante cuanto que los Finders han sido acusados de participar en rituales satánicos, abusos a menores y pornografía. Las autoridades federales también pretendían determinar si la CIA había obstruido las investigaciones locales y nacionales sobre los abusos a menores en el seno de la secta con el fin de proteger sus propias operaciones de inteligencia.

La CIA, que nunca es conocida por admitir sus propias irregularidades, respondió a las acusaciones diciendo: "La mayoría de las veces esperamos recibir nuestra cuota de preguntas inusuales, pero ésta es claramente fuera de lo común. Cualquier sugerencia de que hemos obstruido la justicia en este asunto es un disparate".

Sin embargo, un portavoz de la CIA, David Christian, admitió que la CIA había enviado a algunos de sus agentes a una empresa llamada Future Enterprises, Inc. para recibir formación informática. Sin embargo, según Christian, la agencia nacional de inteligencia no estaba al corriente de los vínculos entre la empresa informática y la secta "Finders".

Christian declaró que la empresa no era "en modo alguno una tapadera de la CIA y nunca ha sido propiedad de nadie ni ha sido gestionada por nadie en nombre de la CIA".

Sin embargo, el presidente de Future Enterprises, Joseph Marinich, admitió que su empresa estaba contratada por la CIA para impartir formación informática. Marinich también admitió que su contable fiscal, R. Gardner Terrell, era miembro de Finders.

Los miembros de la secta Finders afirmaron que el trabajo de Terrell para Future Enterprises no tenía nada que ver con su pertenencia a la secta.

Por último, un informe del 13 de abril de 1987 elaborado por un agente del Servicio de Aduanas que investigaba la secta Finders afirma que la CIA "admitió poseer la organización Finders como tapadera de una operación de formación informática nacional, pero que se había 'estropeado'".

(En otras palabras, la CIA había utilizado a los Finders como tapadera, pero los miembros de la secta se habían involucrado en actividades que escapaban al control de la CIA y, como tales, se habían "vuelto malos"). Claramente, el uso del "control mental" en general, y el control secreto y la manipulación de sectas por parte de la CIA, el Mossad y una miríada de otros malhechores, tiene una historia muy real (y poco gloriosa) que mucha gente está demasiado ansiosa por desacreditar como "ciencia ficción" o "teoría de la conspiración".

La manipulación mental es un hecho.

Se trata de otro mecanismo utilizado por el Enemigo Interno para librar una guerra contra los disidentes políticos en Estados Unidos. La próxima vez que oiga a alguien afirmar que tiene un "implante" colocado en la cabeza por la CIA, no lo descarte de plano. Puede que sea cierto.

Cuántos "pistoleros solitarios", "terroristas solitarios", "pistoleros racistas de extrema derecha" y otros ejemplos similares explotados por el monopolio de los medios de comunicación en Estados Unidos han sido sometidos a alguna forma de control mental es una pregunta que tal vez nunca se responda, pero la cuestión es ésta: el control mental existe.

CAPÍTULO XXV

El líder de la secta coreana Sun Myung Moon: testaferro del imperio Rockefeller y monedero de la red sionista dentro del movimiento "conservador" estadounidense.

Tras años de luchar contra los conservadores estadounidenses y los nacionalistas tradicionales por el control del Partido Republicano, el vasto imperio internacional de la familia del gobernador republicano liberal de Nueva York, Nelson Rockefeller, decidió que si no podía *enterrar* políticamente *a* los conservadores, *los compraría* e influiría en ellos de esa manera. Eso es exactamente lo que hizo el imperio Rockefeller.

El modo en que las fuerzas internacionales de Rockefeller cooptaron el movimiento conservador estadounidense es una de las historias "no contadas" más asombrosas de nuestro tiempo, una historia de la que informó en exclusiva *The Spotlight* durante varios años a partir de mediados de la década de 1980.

De hecho, el imperio Rockefeller no pudo vencer a los conservadores que habían derrotado con éxito las ambiciones presidenciales del gobernador de Nueva York Nelson Rockefeller, por lo que los Rockefeller idearon un extraño plan para hacerse con el control del movimiento conservador.

Para ello, utilizaron el peculiar e improbable vehículo del líder de culto coreano Moon y su red internacional que rodea el mundo entero. La red de Moon fue utilizada como un embudo a través del cual los intereses de Rockefeller compraron literalmente el control del movimiento conservador.

Este escenario parece realmente extraño e improbable, hasta que se conocen y comprenden ciertos detalles esenciales.

El hecho es que Sun Myung Moon era un agente de la Agencia Central de Inteligencia de Corea, la KCIA, creada a su vez bajo la dirección de la CIA estadounidense.

El primer director de la KCIA fue el coronel Kim John Pil, una figura oscura que fue el verdadero poder detrás de la dictadura del longevo dictador coreano Park Chung Hee. Sun Myung Moon era lugarteniente del jefe de la KCIA coreana y se encargó de utilizar la persuasión religiosa y la retórica anticomunista para atraer a diversos grupos bajo el ala de la KCIA.

En 1962, Kim llevó a su protegido Moon a Estados Unidos, donde fueron invitados a una cena oficial ofrecida por los hermanos Rockefeller, Nelson (entonces gobernador de Nueva York) y David (director del Chase Manhattan Bank, buque insignia de los Rockefeller).

Según el politólogo coreano Dr. Lee Han Won, entrevistado por el difunto Andrew St. George para *The Spotlight:* "Fue quizá un encuentro extraño. Moon se veía a sí mismo como un dios, un ser divino destinado a "completar la tarea iniciada por Cristo" y unificar el cristianismo mundial bajo su propia bandera. En privado, Nelson Rockefeller tenía una visión igualmente exaltada de su propio destino: poner a las naciones del mundo bajo el dominio de un gobierno globalista. Los dos hombres congeniaron de inmediato. Un encuentro trascendental

Chase Manhattan se convirtió en el principal banquero del gobierno coreano y en el depositario de las actividades bancarias del movimiento Moon.

Durante este periodo, Moon -con el apoyo de la KCIA y la CIA estadounidense- comenzó a utilizar el crédito y las facilidades proporcionadas por los intereses de Rockefeller para establecer su propio mini-imperio internacional.

El culto multicultural de Moon, poblado por "zombis" virtuales -quizás un millón de personas en todo el mundo que cayeron bajo el hechizo de Moon- trabajaban por salarios de esclavos en tiendas de alimentos saludables, para una flota pesquera de Nueva Inglaterra, una empresa importadora y varias otras empresas lucrativas, incluyendo una empresa de fabricación de armas y una empresa de producción de velas y ornamentos religiosos, que eran autosuficientes y proporcionaban beneficios para el objetivo final de Moon y sus manipuladores: la invasión y toma del control del movimiento anticomunista americano.

Desde los años sesenta hasta principios de los ochenta, Moon siguió siendo una figura políticamente marginal, aunque discretamente, durante casi dos décadas, repartió su generosidad creando una variedad de grupos de fachada interconectados que distribuyeron el dinero de Moon entre las manos de miles de receptores dispuestos: conservadores políticos de todo Estados Unidos y del extranjero.

Además, al menos tres ex presidentes estadounidenses, Harry Truman, Dwight Eisenhower y Richard Nixon, han recibido en algún momento sustanciosos honorarios por comparecer ante comités y organizaciones financiados por la red Moon.

Según un recuento, había más de cien grupos diferentes bajo el control directo de Moon o dentro de su esfera de influencia, con cientos de científicos, periodistas, políticos y antiguos líderes militares efectivamente a disposición de Moon.

Mientras tanto, el imperio financiero de Moon crecía, forjando vínculos con regímenes dictatoriales de América Latina, así como con el gobierno de Israel y su servicio de inteligencia, el Mossad.

De hecho, el antiguo agente israelí Joseph Churba, estadounidense, fue una figura clave en la Órbita Lunar y fue promocionado por la Red Lunar como "un destacado teórico anticomunista" y llegó a ser influyente en las altas esferas de la Sociedad John Birch.

La creación del *periódico Washington Times* por el imperio Moon en 1982, durante los primeros días de gloria de la recién instaurada administración "conservadora" de Ronald Reagan, allanó el camino para que el imperio Moon extendiera sus tentáculos por el movimiento anticomunista a pasos agigantados. El redactor jefe del periódico "Moonie" era el veterano periodista conde Arnaud de Borchgrave, pariente por matrimonio de la familia Rothschild de Europa, aliada de los Rockefeller, lo que sugiere que detrás del imperio Moon actúan otros poderes.

Un antiguo redactor *del Washington Times* proporcionó *a The Spotlight* un excelente ejemplo de cómo el imperio Moon desempeñó un papel fundamental al influir favorablemente en el trabajo de un líder conservador, Richard Viguerie, un veterano recaudador de fondos "de derechas": "Moon salvó a Richard Viguerie de la bancarrota dándole un cheque de 10.000.000 de dólares". Lo que ocurrió fue que una fachada de Moon, con el inocuo título de "U.S. Property Management", compró parte de un edificio de oficinas propiedad de "7777 Leesburg Pike Associates Inc." (una empresa de Viguerie), manteniendo a Viguerie en el negocio y en deuda efectiva con Moon y sus patrocinadores entre bastidores.

Al mismo tiempo, otros líderes y grupos conservadores seguían de cerca estos acontecimientos, conscientes de que ellos también podían dirigirse a Moon para obtener financiación, siempre que promovieran la línea de Moon en los temas que realmente importaban.

Según Paul Weyrich, una respetada figura conservadora de Washington, tales acuerdos "han convertido a grandes franjas del movimiento conservador en filiales de pleno derecho de la secta Moon", que ha visto cómo el dinero de Moon se extendía ampliamente dentro del movimiento conservador, acabando -como sabemos- por corromperlo.

Según Gunnar Bofglid, economista sueco consultor de Naciones Unidas, el diario Moon y sus afiliados "encabezaron el llamado libre comercio, las importaciones ilimitadas y la financiación de la deuda, nociones que deberían haber sido anatema para los conservadores, pero que se convirtieron en la doctrina económica oficial de la era Reagan. El resultado fue que los mercados estadounidenses se vieron inundados de importaciones baratas procedentes de Corea y Japón".

Bofglid explicó por qué los Rockefeller encontraban el imperio Moon, sus medios de comunicación y sus afiliaciones con los conservadores estadounidenses tan importantes para sus propios objetivos:

> Tras la Segunda Guerra Mundial, los Rockefeller habían adquirido en secreto importantes participaciones en Japón y querían verlas crecer. Para lograrlo, querían que Estados Unidos mantuviera y ampliara su política dominante de libre comercio. Los coreanos compartían sin reservas estos objetivos, conscientes de que un acceso sin trabas al vasto mercado estadounidense sería sinónimo de crecimiento y riqueza para sus industrias.

Hasta la llegada de la "era Moon", los líderes conservadores tradicionales se habían opuesto esencialmente a prácticamente todas las medidas internacionalistas promovidas por los Rockefeller y sus aliados del Grupo Bilderberg, el Consejo de Relaciones Exteriores y la Comisión Trilateral, entre otros muchos grupos de presión financiados por los Rockefeller.

Los conservadores tradicionales -nacionalistas, no internacionalistas, al menos hasta la llegada del Imperio Lunar- se han opuesto a la ayuda exterior, a la injerencia militar y económica mundial, a las políticas de libre comercio que exportan empleos e industria estadounidenses y a otras medidas destructoras de la soberanía que forman parte integrante de la agenda globalista.

Así que los Rockefeller optaron por una nueva estrategia: "Si no puedes lamerlos, cómpralos". Y así lo hicieron. Los Rockefeller adoptaron al líder de la secta coreana y agente de la KCIA, Moon, y lo erigieron en "Mr Moneybags" para el movimiento conservador, a menudo falto de dinero.

El hecho de que hayan elegido al líder de un movimiento tan extraño no es tan extraño, ya que la propia rareza de Moon ha servido de distracción. ¿Quién, después de todo, pensaría que una alianza así era posible? Pero era real, a pesar de la percepción pública. En cualquier caso, los conservadores empezaron a buscar dinero en Moon y, en el proceso, empezaron a abandonar sus posiciones tradicionales en muchos temas clave, especialmente el comercio.

Además, como hemos visto, el Imperio Lunar demostró rápidamente ser un valioso aliado para la causa sionista, y su periódico *Washington Times* se convirtió en una hoja de propaganda de lo que ahora se conoce como la agenda "neoconservadora" (es decir, sionista). Las páginas de opinión del periódico, así como su sección de noticias, están llenas de defensores incondicionales de la causa sionista, haciendo que incluso el *Washington Post*, el periódico liberal rival pro-Israel, parezca casi moderado y razonable en su tono. El *Times* no sólo "establece" la agenda "conservadora", sino que también desempeña un papel importante en la configuración de la política del Partido Republicano a través de su influencia sobre los líderes del GOP en el Washington oficial.

Como resultado directo, la agenda "conservadora" se ha distorsionado y en las principales cuestiones mundiales se desvía poco de las posiciones adoptadas por los internacionalistas liberales. El movimiento conservador ha sido así subvertido por otro mecanismo de infiltración, procedente de otra rama del Enemigo Interno.

CAPÍTULO XXVI

Un gran medio de comunicación estadounidense: una herramienta de propaganda para el enemigo interior

Aunque el Enemigo Interno ha encontrado muchas formas de manipular a los medios de comunicación estadounidenses -como lo demuestra el inmenso poder de la Liga Antidifamación, cuyos comunicados de prensa son a menudo publicados textualmente por los principales medios de comunicación- existen pruebas convincentes de que algunos medios de comunicación son poco más que descarados (y voluntariosos) canales de propaganda y desinformación para agencias federales de inteligencia como la CIA y el FBI, a veces ambas a la vez. Un buen ejemplo es Copley Press, un gigante de los medios de comunicación establecido desde hace tiempo en el sur de California.

Cuando, el 25 de octubre de 2000, *el San Diego Union-Tribune* publicó un virulento ataque contra Liberty Lobby, la institución populista con sede en Washington, no mencionó a sus lectores que, ya en 1977, el periódico y su editor, Copley Press, habían quedado al descubierto como poco más que una tapadera de la CIA. Es más, resulta que el Copley Press y el *Union-Tribune* también sirvieron de intermediarios (y servicio de inteligencia) para el FBI.

El hecho de que un frente de la CIA estuviera atacando a Liberty Lobby en ese momento no era una coincidencia: la difamación cuidadosamente orquestada tenía la clara intención de interferir y echar por tierra la apelación de Liberty Lobby contra una decisión judicial injusta resultante de un juicio orquestado contra Liberty Lobby por un conocido agente de la CIA. (En última instancia, este juicio condujo a la desaparición de Liberty Lobby y, en las páginas que siguen, examinaremos esta tragedia en detalle).

Sin embargo, al mismo tiempo que el *Union-Tribune* publicaba el libelo, el Tribunal de Apelación del Estado de California estudiaba el recurso de Liberty Lobby contra la sentencia. Aunque la decisión no se esperaba hasta dentro de seis semanas, sólo cinco días después de la publicación del artículo, el tribunal dictó de repente sentencia y rechazó el recurso de Liberty Lobby.

Irónicamente, el periodista que reveló públicamente por primera vez el vínculo largamente secreto entre Copley *Press/Union-Tribune* y la CIA fue Joe Trento, un "liberal" que no era en absoluto partidario del Liberty Lobby y que, de hecho, en varias ocasiones en el pasado había prestado su talento literario para publicar ataques contra la institución populista.

Sin embargo, en el número de agosto de 1977 de la revista masculina *Penthouse*, Trento fue coautor de un artículo sobre los vínculos de Copley con la CIA, titulado "The Spies Who Came in From the Newsroom". Entre otras cosas, Trento informaba de que Copley Press y el periódico *Union-Tribune* (que antes habían sido dos periódicos distintos, ambos publicados por Copley):

> - Proporcionó referencias, información y colocación de artículos para la CIA y el FBI.
>
> - Intercambio de información con la CIA para obtener "primicias" y publicación de artículos y editoriales de la CIA y el FBI.
>
> - Alojó a agentes de la CIA en la nómina de Copley News Service y proporcionó historias a clientes del servicio de noticias a petición de la CIA y el FBI.

La investigación de Trento también estableció que el Copley News Service (que de hecho fue un fracaso financiero) fue creado por James S. Copley a sugerencia del entonces presidente Dwight Eisenhower para complementar las actividades de la CIA.

Una serie de reuniones y llamadas telefónicas entre Eisenhower y Copley, descritas en los documentos examinados por Trento, revelan que Copley ofreció su nuevo servicio de prensa como "los ojos y los oídos" de "nuestros servicios de inteligencia" y que Eisenhower dijo al editor que sus favores eran apreciados y que serían "correspondidos en la medida de lo posible".

Aunque la CNS pierde dinero todos los años, Gene Gregston, antiguo director del *San Diego Union* (fusionado más tarde con el *Union-Tribune*) admitió a Trento que la CNS "nunca se dirigió para ganar dinero; era una cuestión de ego para Jim Copley, y la CIA lo quería así".

Según Trento, no menos de 23 empleados de Copley News Service trabajaron simultáneamente para la CIA. Aunque 194 periodistas estadounidenses tuvieron vínculos con la CIA durante el mismo periodo, según Trento, CNS fue el único servicio de noticias que cooperó plenamente con la CIA durante unos treinta años. Las conexiones del imperio Copley con la CIA eran tales que, según Trento

> Los periodistas de la CNS actuaban a menudo como si hicieran relaciones públicas con la CIA. Cuando la CIA decidía derrocar a

un gobierno latinoamericano, la CNS empezaba a escribir artículos desfavorables sobre él. Aparecieron editoriales en las páginas del *Tribune* y el *Union de* San Diego, advirtiendo de las desastrosas consecuencias de la presencia de comunistas en América Latina. Luego aparecieron artículos sobre los "luchadores por la libertad" y la "oposición anticomunista" en las fuentes de la CNS. Cuando se produjo el golpe, los editorialistas de Copley se alegraron.

Trento también reveló que "la relación de Copley Press con el FBI es tan intrigante como sus vínculos con la CIA". La investigación de Trento reveló que los periodistas de Copley se convertían a menudo en informantes virtuales del FBI, hasta el punto de que Copley Press "dirigía un sistema de recogida de información para el FBI".

Según Trento, los reporteros de Copley eran enviados a cubrir manifestaciones contra la guerra y otras reuniones públicas de disidentes políticos. Después, cuando los reporteros devolvían sus artículos y fotografías, a menudo el material se entregaba directamente al FBI y ni siquiera se publicaba en los periódicos de Copley.

Trento citó a Thane McIntosh, fotógrafo *del Union-Tribune,* diciendo que entregar las fotografías al FBI era algo que "todos los fotógrafos sospechaban. A algunos les preocupaba, a otros no, pero no podías evitar participar. Tenías el encargo, así que tenías que hacerlo".

Según Trento, se pidió a un fotógrafo que facilitara fotos a la policía de Los Ángeles, pero se negó a cooperar y dimitió. Además, se ordenó a los empleados de Copley que redactaran notas sobre los acontecimientos que habían cubierto, que la dirección de Copley entregó después al FBI.

Trento también reveló que: El FBI también utilizó a Copley para publicar datos "en bruto" y a menudo no verificados sobre personas que no aprobaba. En otras palabras, la prensa de Copley publicaba efectivamente calumnias no probadas sobre individuos que eran objeto de un trato especial por parte de la comunidad de inteligencia. Trento también se enteró de que el FBI publicaba editoriales en Copley Press contra grupos disidentes que no aprobaba.

Cuando una editora de Copley, Vi Murphy, intentó que Copley revelara los nombres de los periodistas de Copley que trabajaban con la CIA, le dijeron que "nunca más podría hacer una declaración pública ni pronunciar otra palabra de tres letras que significara CIA mientras fuera empleada *del Sindicato".*

De hecho, como hemos demostrado, el Enemigo Interno puede ser incluso una combinación de medios de comunicación establecidos, que trabajan para controladores secretos entre bastidores.

CAPÍTULO XXVII

Drew Pearson y Jack Anderson - Mediadores de la Liga Antidifamación: propagandistas del enemigo interior

Aunque la lista de columnistas y supuestos "reporteros" que han prestado su "talento" a los servicios del Enemigo Interno podría, por desgracia, abarcar muchas páginas, la traición de dos columnistas en particular, el difunto Drew Pearson y su protegido, Jack Anderson, merece un examen detenido.

Durante una generación, los principales medios de comunicación dijeron a los estadounidenses que la frase "intrépido periodista de investigación" era sinónimo del nombre del columnista sindicado Jack Anderson. Pero los lectores del periódico del Liberty Lobby, *The Spotlight*, sabían lo contrario. Sabían, como *The Spotlight* señaló en una ocasión: "Jack Anderson es un mentiroso, un mentiroso profesional, desvergonzado y difamador". Al hacer esta acusación, *The Spotlight* añadió que "si desea demostrar que no es un mentiroso", Anderson podría demandar a la institución populista por difamación.

De hecho, cinco años antes, en 1981, Liberty Lobby había interpuesto una demanda por difamación contra Anderson después de que éste publicara artículos difamatorios sobre el lobby en el primer número de su revista (afortunadamente de corta vida), *The Investigator*. Tras perder en los tribunales inferiores, el columnista recurrió hasta el Tribunal Supremo, que en 1986 desestimó el caso de Anderson. Esta sentencia -un triunfo para Liberty Lobby- es un precedente jurídico fundamental que conocen todos los estudiantes de primer curso de Derecho de Estados Unidos.

Anderson había sido bien entrenado para atacar a Liberty Lobby por su difunto mentor, el columnista Drew Pearson, crítico de Liberty Lobby desde hacía mucho tiempo. Sin embargo, a pesar de su embarazosa derrota en el Tribunal Supremo, a Anderson le fue mejor que a Pearson. El mentor de Anderson murió en un hospital de Washington después de que un alguacil de Liberty Lobby entregara documentos a "Smearson" en su cama de hospital al inicio de una demanda por difamación presentada contra Pearson por la institución populista.

Dado que la propia ex suegra de Pearson, la editora *del Washington Times-Herald* Cissy Patterson, describió en una ocasión al mentor de Anderson como "tanto un agente secreto como un portavoz de la Liga Antidifamación", la hostilidad de Pearson hacia Liberty Lobby no resulta sorprendente. Durante años, la ADL trabajó con Pearson para destruir Liberty Lobby debido a la oposición de esa institución populista a la ayuda exterior de EEUU a Israel y a su constante preocupación por que el favoritismo de EEUU hacia Israel creara fisuras innecesarias entre EEUU y los miles de millones de personas de bien de los mundos árabe y musulmán.

Según Oliver Pilat, el admirado biógrafo de Pearson: "A lo largo de los años, la ADL ha ayudado enormemente a Pearson. Le proporcionó información que no podía conseguir en otros lugares, apoyó sus giras de conferencias e incluso ayudó a distribuir su boletín semanal ( )."

Además, como parte de un antiguo acuerdo secreto con Pearson, la ADL pagó los gastos de viaje de su investigador jefe, John Henshaw. A cambio, Pearson publicaba propaganda de la ADL en su columna. Henshaw rompió con Pearson a mediados de la década de 1960 y denunció las fechorías de Pearson, Anderson y la ADL en las publicaciones del Liberty Lobby.

Era inevitable que Anderson utilizara su propia revista para atacar a Liberty Lobby. Está claro que a Anderson le importaba poco la verdad cuando publicó su ataque. Uno de los editores de Anderson admitió no sólo que le había dicho a Anderson que el artículo era "ridículo", sino también que Anderson había dicho que el motivo oculto de la publicación del artículo era complacer a los "distribuidores judíos" para conseguir una mejor distribución de la nueva revista. El propio Anderson se ha jactado públicamente de que gran parte de los argumentos que utilizó para atacar a Liberty Lobby se los proporcionó la ADL.

Joe Spear participó en la preparación del artículo difamatorio. En 1969 (cuando era empleado de Anderson), había denigrado a Liberty Lobby en un artículo independiente publicado en la revista *True*. Enfrentado a Liberty Lobby, *True* llegó a un acuerdo extrajudicial, pagando daños y perjuicios y publicando una entrevista con el presidente de Liberty Lobby, el coronel Curtis B. Dall. Sin embargo, muchas de las mentiras de Anderson sobre Liberty Lobby fueron tomadas de la basura de 12 años de Spear.

Liberty Lobby también descubrió que en 1971, Anderson y otro de sus secuaces conspiraron con un editor del "ex" agente de la CIA William F. Buckley Jr. para elaborar una confusa calumnia contra Liberty Lobby publicada en el *National Review* de Buckley. Diez años después, parte de esta basura se publicó en *el Investigator* de Anderson.

El juez reconoció que había muchas discrepancias en los artículos de Anderson, pero desestimó el caso de todos modos. Sin embargo, el abogado de Liberty Lobby, Mark Lane, recurrió la desestimación y, en 1984, el Tribunal de Apelación de Estados Unidos para el Distrito de Columbia falló a favor de Liberty Lobby.

El tribunal se negó a aceptar la excusa de Anderson de que sus comentarios sobre Liberty Lobby se habían publicado anteriormente. En la opinión del tribunal, el juez Antonin Scalia (pronto elevado al Tribunal Supremo) escribió:

> "Todavía no estamos dispuestos a adoptar para la ley de difamación el principio de que 10.000 repeticiones valen tanto como la verdad. No vemos nada malo en la norma de que la difamación consciente y maliciosa no es recurrible siempre que haya sido precedida por afirmaciones previas de la misma falsedad."

Anderson recurrió entonces al Tribunal Supremo. Como era de esperar, los principales medios de comunicación se apresuraron a presentar escritos de "amigo del tribunal" en su favor, entre ellos la CBS y la NBC, el *New York Times*, el *Washington Post*, *Newsweek*, *Time*, el *Wall Street Journal*, el *Chicago Tribune*, *Los Angeles Times* y el *Miami Herald*.

El 3 de diciembre de 1985, el Tribunal Supremo vio el caso. Mark Lane, abogado de Liberty Lobby ( ), dijo al Tribunal que Liberty Lobby sólo pedía que se le permitiera presentar su caso ante un jurado para defenderse de las mentiras de Anderson.

El 25 de junio de 1986, para sorpresa de los medios de comunicación, el Tribunal Superior falló a favor de Liberty Lobby y ordenó que el caso contra Anderson se juzgara en el Tribunal de Distrito de los Estados Unidos en Washington, D.C. Tras esta derrota, Anderson y sus partidarios intentaron limitar los daños, proclamando falsamente que Anderson había "ganado", aunque no fuera cierto.

A pesar de esta decisión, el caso siguió pendiente durante cuatro años. Entonces, el 2 de mayo de 1990, el Juez Jefe del Tribunal de Distrito intervino y ordenó que Anderson fuera a juicio. Enfrentado a un espectáculo público, con sus tácticas de atropello y fuga bajo escrutinio, Anderson ofreció llegar a un acuerdo extrajudicial, lo que supuso una rotunda victoria para Liberty Lobby. Anderson se disculpó públicamente por las falsas ideas negativas que había difundido sobre Liberty Lobby y anunció que, dado que Liberty Lobby y Anderson apoyan "la franca afirmación de puntos de vista divergentes y una sólida libertad de expresión", él y Liberty Lobby harían una contribución conjunta de 1.000 dólares al Comité de Reporteros por la Libertad de Prensa. Lo que Anderson no dijo al público fue que su parte de la contribución era de

999,99 dólares. La parte de Liberty Lobby era sólo de un penique.

Anderson y su mentor no sólo actuaron como títeres de la ADL. También hicieron el trabajo sucio para el aliado de la ADL, el jefe de contrainteligencia de la CIA James Angleton, el leal israelí que actuó como enlace entre la CIA y el Mossad israelí.

En 1967, sólo dos semanas después de que el público se enterara de que el fiscal de distrito de Nueva Orleans Jim Garrison había abierto una investigación sobre la participación de la CIA en el asesinato de John F. Kennedy, Pearson y Anderson difundieron la desinformación de Angleton de que el ex fiscal general Robert Kennedy había "aprobado un complot de asesinato [contra Castro] que luego se volvió contra su difunto hermano [resultando en el asesinato de JFK]". Según esta fantasiosa versión, Castro había capturado a unos sicarios patrocinados por Estados Unidos que lo tenían como objetivo y luego los "convirtió" en objetivo de JFK. Al señalar con el dedo a Castro, el dúo desvió la atención de la investigación de Garrison que, de haber proseguido, habría descubierto la colaboración entre la CIA y el Mossad en el asesinato de JFK.

El 17 de diciembre de 2005, Jack Anderson murió a la edad de 83 años y sin duda se unió a su mentor "En ese lugar que el Señor les ha preparado", para recordar las pintorescas palabras del difunto reverendo Kenneth Goff, antiguo comunista convertido en anticomunista declarado y crítico del odioso dúo Pearson-Anderson.

Sin embargo, a pesar de su descenso a los infiernos, la antorcha incendiaria de este equipo del mal ha sido recogida por otras prostitutas mediáticas que no tienen reparos en utilizar sus "habilidades" literarias, a veces bastante dudosas, para promover la agenda de L'Ennemi intérieur.

CAPÍTULO XXVIII

Un escalofriante relato de primera mano: Cómo el Enemigo Interno recluta "derechistas" para asesinatos políticos.

En el verano de 1963, Ralph P. Forbes -un ex marine estadounidense muy conocido por sus opiniones políticas de "derechas"- tuvo una experiencia inquietante, que relata en el siguiente relato personal, que ha titulado "El día que la CIA me reclutó para ser francotirador asesino".

Las experiencias personales de Forbes, tal y como se relatan aquí, coinciden con los relatos de otros -tanto de derechas como de izquierdas- que, como Forbes, creen con razón que fueron vistos como potenciales asesinos (o "chivos expiatorios") en los acontecimientos que se desarrollaron en Dallas el 22 de noviembre de 1963, un suceso que sigue interesando a millones de estadounidenses que creen que el asesinato del presidente Kennedy marcó un punto de inflexión en la historia moderna.

Forbes -actual corresponsal de *American Free Press*- ha sido políticamente activo durante toda su vida adulta, más recientemente en Arkansas, su estado de adopción, donde dirigió varias campañas políticas de gran eficacia antes de ser víctima de "votescam" de alto nivel y otros golpes bajos de la más baja calaña.

Sea como fuere, los recuerdos de Forbes sobre su experiencia en las infames operaciones COINTELPRO del FBI contra disidentes políticos estadounidenses, llevadas a cabo en colaboración con la Liga Antidifamación de B'nai B'rith, podrían llenar un volumen entero. A continuación, Forbes relata en primera persona su extraordinaria experiencia de 1963.

> Nunca me dijeron el nombre de la operación en el verano de 1963, pero por lo que he sabido desde entonces, creo que era el equipo ZR/Rifle de la CIA.
>
> Si camina como un pato y habla como un pato, debe ser un pato. Para comprender la situación, permítanme que les ponga un poco en antecedentes. La Bahía de Cochinos y la crisis de los misiles cubanos seguían siendo temas candentes. La Guerra Fría se

intensificaba. Había focos de tensión por toda Sudamérica, Asia, África, Oriente Próximo, Europa, etcétera. Yo era patriota cuando el patriotismo no estaba de moda. Como quería luchar contra el comunismo, rechacé puestos en West Point y en la Academia del Ejército del Aire para alistarme en los Marines.

Cuando mi alistamiento llegó a su fin y me pidieron que volviera a alistarme, puse como condición que me enviaran a una misión de combate a Vietnam. Me dijeron: "Lo siento, Vietnam habrá terminado mucho antes de que podamos tramitar tu solicitud de traslado".

Aunque muchos estadounidenses aún no eran plenamente conscientes de la existencia de Vietnam, nuestros chicos ya regresaban a casa en bolsas para cadáveres. Las noticias de la radio eran de pesadilla y orwellianas.

"Esta semana han muerto dos asesores estadounidenses, con lo que el número total de bajas estadounidenses asciende a once". A la semana siguiente, el texto podría decir: "Esta semana han muerto tres asesores estadounidenses, con lo que el número total de bajas estadounidenses asciende a siete".

Las cifras comunicadas se elegían al azar y no guardaban ninguna relación con la realidad ni con informes anteriores. Mis amigos estaban siendo apuñalados por la espalda y enviados al matadero en otra guerra sin esperanza. Por eso, junto con otros veteranos de ideas afines, he hecho todo lo que estaba en mi mano para luchar contra la traición, dondequiera que se encuentre.

En el verano de 1963, muchos de nosotros fuimos abordados por espías que nos ofrecían "hacer algo" por nuestro país. Los intereses estadounidenses necesitaban "gansos salvajes" o mercenarios que actuaran como sustitutos en lugares exóticos de todo el mundo.

No sólo estaríamos ayudando a salvar América y el mundo, sino que seríamos recompensados con grandes primas en cuentas numeradas de bancos suizos y una vida emocionante y llena de aventuras. Así fue como yo, antiguo marine, francotirador y experto, fui invitado a una reunión de reclutamiento en un hotel de Hollywood.

Las vibraciones estaban mal. El agente, que pensaba que iba a picar el anzuelo, me puso los pelos de punta. Al parecer pensaba que yo estaba mucho más informado de lo que estaba. Sugirió que mi misión consistiría en "eliminar" a Castro "con extremo prejuicio". Estaba muy orgulloso de las "piezas de acero" que llevaba en su maletín.

En poco tiempo, menos de un minuto, montó un rifle de precisión con mira telescópica. Quería que yo lo manipulara. Antes de tocarlo, cogí una toalla para asegurarme de no dejar huellas dactilares latentes. Me dijo que era muy inteligente por mi parte, pero parecía muy decepcionado o disgustado. Me explicó el estriado, el peso y la carga de los cartuchos, la acción, presumió del visor, del peso, de la rapidez de montaje y desmontaje.

Era extremadamente misterioso y vago. A veces sugería que era una operación de la "compañía" (CIA). Otras veces sugería que estaba financiada por el barón del petróleo de Texas H. L. Hunt u otros anticomunistas adinerados. O quizá se tratara de una acción encubierta conjunta patrocinada por altos cargos dentro y fuera del gobierno estadounidense, tal vez por agencias de inteligencia de países "amigos". No podían decirme más hasta que estuvieran seguros de que yo estaba implicado.

La reunión duró menos de una hora. En aquel momento no tenía ni idea de cuál era el orden del día, pero no pasaba la prueba del olfato. Limpié el papel, por si acaso, lo devolví y les dije que ya les avisaría. No volví a ver a aquel reclutador, pero no fue ni mucho menos la última vez que intentó convertirme a mí y a otros patriotas en el chivo expiatorio de aquel infame crimen de Dallas.

Si no hubiera frustrado los intentos de reclutamiento, hoy en día la gente podría haber oído que el "ultraderechista Ralph Forbes" había sido uno de los asesinos de John Kennedy; pero, al igual que Lee Harvey Oswald, yo era simplemente uno de los posibles chivos expiatorios.

FIN DEL RELATO DE PRIMERA MANO DE FORBES.

Ésta es sólo la historia de un hombre, pero si el bien documentado expediente de El enemigo interior sirve de algo, es seguro decir que hay muchas historias como ésta para llenar el archivo.

Lo que aparece en las páginas de este volumen es sólo la punta del iceberg, un mundo profundo, oscuro y oculto de intrigas que escandalizaría al estadounidense medio si conociera la verdad.

CAPÍTULO XXIX

La infiltración de la CIA en el movimiento antibelicista durante la guerra de Vietnam: Bill y Hillary Clinton y John Kerry como chivos expiatorios del Enemigo Interno.

Aunque gran parte de nuestro estudio de El enemigo interior se centra en la infiltración, vigilancia y desarticulación de lo que generalmente se percibe como grupos "de derechas" y "nacionalistas" por parte de diversas agencias e instituciones bajo el control de la élite gobernante, es importante señalar que tres de los políticos demócratas más destacados de la actualidad -Bill y Hillary Clinton y John Kerry, el candidato del Partido Demócrata en las elecciones presidenciales de 2000- parecen haber sido claramente ejemplos de la infiltración de la CIA en el movimiento antibelicista durante el trágico periodo de la participación estadounidense en Vietnam y, más tarde, actores clave en las intrigas de la CIA en su país y en el extranjero. Más tarde, fueron actores clave en las intrigas de la CIA en el país y en el extranjero.

Sin embargo, antes de volver a las poco conocidas intrigas de estos conocidos políticos demócratas, merece la pena echar un breve vistazo a las operaciones de espionaje interno de la CIA, que alcanzaron su punto álgido en los años sesenta y setenta, cuando los Clinton y Kerry llegaron al poder político.

En el número de julio-septiembre de 1995 de *NameBase NewsLine,* Daniel Brandt proporcionó algunos detalles importantes sobre el espionaje doméstico de la CIA:

> Las operaciones internas de la CIA fueron reveladas por primera vez por Seymour Hersh en el *New York Times* el 22 de diciembre de 1974. A las dos semanas, el presidente Ford creó la Comisión Rockefeller para examinar el asunto, y su informe se publicó en junio siguiente. En él se describe el programa de la CIA para interceptar el correo procedente y con destino a la Unión Soviética, la Operación CHAOS (el programa de espionaje interno de la CIA dirigido por Richard Ober), otro programa de espionaje interno dirigido por la Oficina de Seguridad de la CIA denominado Proyecto

Resistencia, y un programa de la Oficina de Seguridad que organizaba seminarios y cursos de formación sobre forzamiento de cerraduras y vigilancia para varios departamentos de policía locales.

(Cabe señalar que el mencionado Ober era adjunto de James Jesus Angelton, jefe de contrainteligencia de la CIA y oficial de enlace de la CIA con la agencia de inteligencia israelí extremadamente proisraelí, el Mossad).

El informe Rockefeller afirma que "durante un periodo de seis años [1967-1972], la Operación [CAOS] recopiló unos 13.000 archivos diferentes, incluidos archivos sobre 7.200 ciudadanos estadounidenses. Los documentos contenidos en estos expedientes y el material relacionado incluían los nombres de más de 300.000 personas y organizaciones, que se introdujeron en un índice informatizado". Esto contrasta con el índice de la CIA de unos 7 millones de nombres de todas las nacionalidades, gestionado por la Dirección de Operaciones, de los que se cree que 115.000 son ciudadanos estadounidenses.

Pero estas cifras pueden ser inferiores a la realidad; el CHAOS estaba estrechamente compartimentado dentro de la CIA y no se sometía a revisiones internas periódicas. Por ejemplo, informes posteriores sobre el número de departamentos de policía estatales, locales y de condado asistidos por la CIA se cifraron en 44, muchos más que el puñado mencionado en el informe Rockefeller.

El Center for National Security Studies, un grupo de vigilancia liberal de finales de los años 70 dirigido por Morton Halperin, ha obtenido 450 documentos que describen el Proyecto Resistencia de la CIA. Estos documentos muestran que el propósito de este programa de la Oficina de Seguridad era mucho más que un esfuerzo para proteger a los reclutadores de la CIA en los campus mediante la recopilación de recortes de prensa, como se describe en el informe Rockefeller.

Por primera vez se autorizó a la oficina de seguridad a ayudar a la división de reclutamiento "en todo lo posible", y se eliminaron las restricciones a los contactos con el FBI a nivel local. También se establecieron contactos con funcionarios de seguridad de los campus, informadores de la comunidad universitaria, inteligencia militar y policía local y estatal. Se prestó especial atención a la prensa clandestina.

Está claro que la CIA estaba llevando a cabo enormes operaciones domésticas activas, mucho más allá de lo que era legal o incluso sospechoso. Y como veremos en las páginas que siguen, las pruebas sugieren firmemente que Bill y Hillary Clinton -así como John F. Kerry- estaban muy implicados en las operaciones de espionaje de la CIA. De hecho, alrededor de la época en que Bill Clinton surgió por primera vez como candidato presidencial, salieron a la luz detalles de las relaciones secretas de Clinton, aunque fueron ignoradas en gran medida por los llamados medios de comunicación "dominantes".

En el verano de 1992, mientras los principales medios de comunicación se centraban en el affaire de Bill Clinton con Gennifer Flowers, el periódico populista *The Spotlight*, con sede en Washington DC, estaba más interesado en la gran historia: los profundos y antiguos vínculos de Clinton con la CIA y su implicación en el contrabando de armas y drogas vinculado al ahora notorio escándalo del Banco de Crédito y Comercio Internacional (BCCI).

En su edición del 2 de marzo de 1992, *The Spotlight* fue el primer medio de comunicación nacional en informar de que, mientras la campaña presidencial de Clinton atravesaba una crisis financiera, el Worthen Bank de Little Rock había concedido una línea de crédito de 2 millones de dólares a la campaña. Worthen era propiedad conjunta del multimillonario de Little Rock Jackson Stephens y del empresario árabe Abdullah Taha Bakhsh, ambos estrechamente vinculados al BCCI.

Stephens actuó como intermediario en la transacción que permitió al BCCI hacerse con el control de dos bancos estadounidenses. Bakhsh no sólo era un estrecho colaborador del fundador del BCCI, Agha Hasan Abedi, sino también socio de un joven empresario tejano, George W. Bush, en Harken Energy, la empresa que hizo millonario al hijo del Vicepresidente (y más tarde Presidente) George Bush.

El 31 de agosto de 1992, *The Spotlight* fue el primer medio de comunicación nacional en revelar los vínculos de Clinton con las operaciones de contrabando de armas y drogas Irán-Contra de la CIA a través del minúsculo aeropuerto de Mena, Arkansas, financiadas mediante el blanqueo masivo de dinero a través de instituciones financieras controladas por los compinches de Clinton. Aunque Irán-contra se recuerda como un escándalo "republicano" (en el que estaba implicado George Bush), el gobernador demócrata de Arkansas estuvo muy implicado.

Además, las pruebas sugieren que la esposa de Clinton, Hillary Rodham, una influyente abogada de Little Rock, también estuvo implicada en los escándalos de la CIA de la era republicana -conocidos como "Iraq-gate"-, que implicaban el armamento de Irak financiado por el BCCI y la sucursal de Atlanta de la Banca Nazionale de Lavoro (BNL) italiana.

Ya el 25 de marzo, el 3 de junio y el 19 de agosto de 1991, *The Spotlight* informó de que los escándalos de los dos bancos estaban relacionados, pero esto no se reconoció en ningún otro sitio hasta el 16 de noviembre de 1992, cuando *The Washington Post* reconoció finalmente lo que había dicho *The Spotlight*: "Ahora está claro que los dos [escándalos] están relacionados. Lo que no está claro es el motivo de la conspiración que los vinculó".

El Spotlight fue la única voz que reveló que "el motivo de la conspiración entre ellos" era que los dos bancos estaban implicados en tratos petrolíferos secretos, privados y no gubernamentales entre George Bush y sus asociados, en asociación con Saddam Hussein, el líder de Irak, y que desempeñaron un papel en el armamento secreto de Irak por parte de la CIA.

Estos acuerdos de la CIA para armar a Irak involucraron a Hillary Clinton. Su bufete de abogados Rose negoció el acuerdo con la sucursal de Atlanta de BNL para disfrazar fondos agrícolas estadounidenses con el fin de ayudar a armar secretamente a Irak. Los fondos del BNL se canalizaron a través del BCCI.

En cualquier caso, *The Spotlight* (16 de agosto de 1993) fue la primera publicación en exponer pruebas de que Bill Clinton había sido agente de la CIA desde sus días en el movimiento antibelicista de Oxford.

Los conservadores acusaron entonces a Clinton de "traidor" por un viaje que hizo a Moscú en aquella época. Sin embargo, la CIA tenía agentes en el movimiento antibelicista y *The Spotlight* citó a un antiguo analista soviético de alto rango de la CIA, Victor Marchetti, que comentó:

> En el momento en que Clinton debía ir a Moscú, la CIA estaba reclutando activamente a estudiantes estadounidenses y de otros países para que fueran a Moscú [y] Helsinki y participaran en actividades pacíficas para contrarrestar las acciones soviéticas.
>
> Sin revelar ningún secreto, no me sorprendería descubrir que Clinton trabajaba de algún modo para la CIA.

El 27 de septiembre de 1993, *The Spotlight* proporcionó nueva información que sugería que, durante su viaje a Moscú, Clinton estuvo implicado en una operación mucho más importante que espiar a sus compañeros de universidad: la apropiación de documentos del ex líder soviético Nikita Kruschev para la CIA.

De hecho, se sabe que Strobe Talbott, amigo de Clinton en Oxford -más tarde nombrado por Clinton para un puesto en el Departamento de Estado-, desempeñó un papel en la adquisición de los documentos de Jruschov por parte de la CIA. Cord Meyer, jefe de la estación londinense de la CIA, era el encargado de los dos jóvenes, aunque Meyer lo niega.

Más tarde, Clinton asistió a Yale, un importante centro de reclutamiento de la CIA, donde conoció a Hillary Rodham. La joven pronto pasó a formar parte del equipo del comité parlamentario sobre el Watergate, una polémica en la que la CIA desempeñó un papel importante. Algunos han sugerido que Hillary pudo haber estado supervisando el comité en nombre de la CIA, especialmente dadas sus actividades posteriores con el bufete Rose.

En 1996, el escritor Roger Morris publicó su libro *Partners in Power (Socios en el poder)* y, basándose en información proporcionada por fuentes bien informadas, llegó a la conclusión de que Clinton, como sugería *The Spotlight*, había estado afiliado en secreto a la CIA desde su época universitaria.

El número de octubre-diciembre de 1996 de *NameBase Newsline*, que proporciona información adicional que demuestra que Clinton es un antiguo agente de la CIA, atribuye a *The Spotlight* el mérito de ser la primera publicación que estableció el vínculo entre Clinton y la CIA.

Después de que Clinton fuera elegido presidente, la muerte de su amigo de toda la vida y asesor de la Casa Blanca, Vince Foster, se relacionó con la implicación de Clinton con la CIA y los escándalos del "Iraq-gate" en los que estaba implicado George Bush. *Spotlight* reveló el 6 de diciembre de 1993 que las fuentes del investigador Sherman Skolnick habían descubierto que Foster había desempeñado un papel a la hora de convencer al Presidente Clinton ( ) de que detuviera un complot de la CIA el 17 de julio de 1993 para asesinar al líder iraquí Saddam Hussein. El complot fue revelado públicamente más tarde en la edición del 1 de noviembre de 1993 del *Chicago Tribune*. Según Skolnick

> ¿Por qué abortó la Casa Blanca este complot? Bueno, Saddam tiene un medio hermano en Ginebra que dijo que si Saddam era asesinado por la CIA, haría públicos documentos bancarios que demostrarían que Saddam tenía tratos comerciales privados con George Bush.
>
> Parece haber un solapamiento entre los tratos de Sadam con Bush y los tratos de los Clinton. Los Clinton, Bush y Sadam -por decirlo en pocas palabras- son socios comerciales.

Entonces, el 3 de julio de 1994, *The Spotlight* informó de otra historia que había aparecido en el *Sunday Telegraph* de Londres el 21 de mayo de 1994, pero de la que nunca se había informado en los medios de comunicación estadounidenses "convencionales": los investigadores descubrieron que en los cinco años anteriores a su muerte, Vince Foster había realizado viajes internacionales secretos, incluidos al menos dos viajes virtuales de una noche a Ginebra.

Los viajes de Foster se compraron con una tarifa preferente reservada a altos funcionarios o agentes contractuales que trabajan para el gobierno federal. Utilizaba estas tarifas cuando era ostensiblemente sólo un abogado en la práctica privada. Probablemente patrocinado por Bill (y/o Hillary) Clinton, Foster trabajaba claramente para la CIA.

En julio de 1993, doce días después de cancelar un viaje inminente a Ginebra, Foster fue hallado muerto. Evidentemente, no se trató de un "suicidio", ya que Foster no fue asesinado por los Clinton -como sugieren sus detractores-, sino por los enemigos de Sadam, furiosos por la acertada intervención de Foster en el complot para matar al líder iraquí.

A fin de cuentas, el mundo de Bill y Hillary Clinton es claramente mucho más amplio y enmarañado e implica mucho más de lo que nos han hecho creer. Pero sólo *The Spotlight* se ha atrevido a contarlo.

¿Qué hay del senador John Kerry (demócrata de Massachusetts) que, a diferencia de Clinton, empezó como un "héroe" de la guerra de Vietnam y luego, al parecer, dio un giro de 180 grados y se convirtió en un crítico muy destacado de la guerra desde su posición de veterano condecorado? La verdad es que el servicio del senador John Kerry en Vietnam y sus posteriores actividades contra la guerra son probablemente mucho más complejos de lo que parecen a primera vista. El "escándalo Swiftboat" de John Kerry causó furor entre los activistas del Partido Republicano, en Internet, y fue el tema de un libro que planteó dudas sobre si Kerry era realmente un "héroe" y merecía las medallas (y elogios) que recibió por su servicio en Vietnam.

Mientras que un puñado de veteranos que habían servido con Kerry -al menos durante un breve periodo de tiempo- recorrieron el país durante la campaña de 2000 a favor de Kerry, un número considerable de otros antiguos oficiales y marineros del Swift Boat hicieron campaña contra Kerry y cuestionaron sus afirmaciones sobre su historial de guerra.

La cuestión era: ¿a qué grupo de veteranos debían creer los votantes? Si un grupo mentía, ¿por qué lo hacía? ¿Era Kerry un héroe o un fraude? ¿Y qué decir de las actividades antibelicistas de Kerry tras regresar de Vietnam

Llegados a este punto, es necesario establecer un paralelismo entre los contratiempos de Kerry y el "escándalo" similar que rodeó a Bill Clinton durante la campaña presidencial de 1992, cuando se reveló que Clinton había trabajado activamente para evitar el servicio militar obligatorio.

En 2004, la campaña de Bush tuvo poco que decir sobre las posibles distorsiones de Kerry de la verdad histórica sobre lo que hizo -o no hizo- en Vietnam, lo que puede explicarse por el hecho de que el historial del Presidente era bastante irregular, en sí mismo, y que Bush no quería recordárselo a los votantes. Eso no impidió que los activistas políticos "independientes" protestaran por las actividades de Kerry durante la guerra.

Hay que recordar, sin embargo, que en 1992, el padre de Bush y su campaña de reelección tuvieron poco que decir sobre los esfuerzos de Bill Clinton por evitar el servicio militar obligatorio. De hecho, en 1992 -y en los años posteriores- algunos han sugerido que la razón misma por la que el ex director de la CIA George Bush (que entonces se presentaba a la reelección contra su oponente demócrata Bill Clinton) no atacó activamente a Clinton y le llamó "evasor del servicio militar obligatorio" fue precisamente porque el ex director de la CIA sabía que Clinton -como estudiante- trabajaba casi con toda seguridad como activo de la CIA, infiltrándose en grupos antibelicistas en Gran Bretaña y otros lugares.

Así, mientras muchos veteranos y republicanos de base tachaban a Clinton de "evasor del servicio militar" y sugerían que, de alguna manera, era "desleal a su país", la verdad es que Clinton había encontrado claramente una forma de evitar el servicio militar, sin dejar por ello de tener "enchufe" con la élite del poder del país: actuar como estudiante detective para la CIA.

Aunque, como hemos indicado, *The Spotlight* fue la primera publicación en destacar los primeros servicios de Clinton para la CIA (que, por supuesto, ni Clinton ni la CIA reconocieron nunca), una amplia gama de autores -entre ellos el ex miembro del Consejo de Seguridad Nacional Roger Morris, el corresponsal británico Ambrose Evans-Pritchard y el periodista Daniel Brandt, el corresponsal británico Ambrose Evans-Pritchard y el periodista Daniel Brandt, entre otros- han completado desde entonces algunas de las piezas que faltaban del rompecabezas y han confirmado esencialmente que Clinton -en el momento en que se libró del reclutamiento- trabajaba efectivamente por cuenta del gobierno de EE.UU. como informante de la CIA.

Lo que nos lleva a John Kerry. Muchos criticaron a Kerry por sus actividades contra la guerra tras su regreso de Vietnam, sugiriendo que estaba implicado en elementos "radicales" contra la guerra. Sin embargo, lo que los críticos menos perspicaces de Kerry no han advertido es que una lectura atenta de los relatos de los días antibelicistas de Kerry, presentados en relatos hábilmente redactados en diarios de élite *como el New York Times* y el *Washington Post*, lleva a la conclusión muy clara (al menos para el lector perspicaz) de que Kerry era de hecho una de las fuerzas más "moderadas" del movimiento antibelicista y que, en algunos aspectos, actuaba casi como si quisiera frenar el movimiento.

Esto es lo que los dos principales periódicos que se centraron en las manifestaciones contra la guerra de Kerry -el *New York Times* y, sobre todo, el *Washington Post*, cercano a la *CIA-* quisieron transmitir en sus largos y muy parecidos artículos sobre el tema.

En resumen, se puede empezar a sospechar que el breve servicio y las "hazañas" de Kerry en Vietnam formaban parte de una "leyenda" clásica de la comunidad de inteligencia creada para Kerry, recién graduado de Yale -un antiguo puesto de reclutamiento de la CIA- y miembro (como George W. Bush) de Skull & Bones, la exclusiva sociedad secreta de Yale (otro campo de entrenamiento de élite).

Dados los antecedentes de Clinton en la CIA (y sus conexiones con Yale), ¿es realmente exagerado sugerir que Kerry también fue un agente de la CIA todo el tiempo

No es una exageración: los registros demuestran que muchos militares destacados (y no tan destacados) -por ejemplo, el famoso general de las Fuerzas Aéreas Ed Lansdale- fueron también agentes secretos de la CIA durante su servicio militar.

¿Es posible que la breve estancia de Kerry en Vietnam sirviera para establecer su buena fe como "héroe de guerra" y luego le llevara de vuelta para convertirse en un "crítico" de la guerra

Como se señala en las primeras páginas de este volumen, sabemos que al menos uno de los principales críticos de la guerra de Vietnam, Allard Lowenstein (más tarde miembro del Congreso), fue pagado en secreto por la CIA cuando protestaba contra la guerra y que una de las principales organizaciones contra la guerra, la Asociación Nacional de Estudiantes, también fue financiada por la CIA.

Probablemente no sea una coincidencia que, cuando Kerry anunció que iba a lanzarse a un frenesí antibelicista, dijera -quizás insinuándolo ampliamente para que los "enterados" captaran lo esencial de lo que estaba diciendo- que quería seguir los pasos de Allard Lowenstein. De nuevo, probablemente no sea una coincidencia que el hijo de Lowenstein se haya convertido en uno de los principales asesores de Kerry en política exterior.

¿Cómo dice el refrán? "Las aves del mismo plumaje se juntan".

Quizá el servicio de Kerry en Vietnam no fuera tan heroico como sugieren sus detractores, pero por otra parte, también es totalmente posible -quizá probable- que su viaje a Vietnam formara parte de una empresa planeada de antemano y organizada por ciertos mentores de Yale (¿o deberíamos decir de la CIA

Los chivos expiatorios de Judah adoptan diversas formas políticas, como demuestran claramente los casos de los Clinton, Kerry y su mentor, Lowenstein.

En el siguiente capítulo, examinamos cómo la fallida candidatura de John Kerry a la presidencia en 2004 parece haber sido orquestada entre bastidores como una apuesta, si no condenada al fracaso, ciertamente diseñada para apoyar la agenda general de la élite sionista - para asegurar que el Enemigo Interno permanezca firmemente en control del aparato de la política exterior estadounidense, cualquiera que sea el resultado de las elecciones.

CAPÍTULO XXX

La solución era obvia: cómo los Judas sionistas llevaron al Partido Republicano a la derrota en 1940 e hicieron perder a los demócratas en 2004.

Aunque los paralelismos no son del todo exactos, la campaña de las elecciones presidenciales estadounidenses de 2004 fue notablemente similar -en algunos aspectos especialmente importantes- a la batalla de 1940 entre el demócrata en ejercicio, Franklin D. Roosevelt, que se encontraba en su tercer mandato, y su oponente republicano, Wendell L. Willkie.

Al igual que en 1940, las élites plutocráticas en el poder estaban decididas en 2004 a controlar (y controlaron) "los dos caballos de la carrera", principalmente porque sabían que el ganador de las elecciones podría dirigir el curso futuro de la participación de Estados Unidos en la escena mundial, que siempre es vital para la banca internacional y los elementos industriales que se benefician de la manipulación de la política exterior e interior de Estados Unidos.

Durante las elecciones de 1940, Franklin D. Roosevelt siguió diciendo a los estadounidenses alto y claro que sus hijos no participarían en ninguna guerra exterior. Mientras tanto, por supuesto, entre bastidores, tanto en lo que respecta a la política estadounidense hacia Europa como hacia Extremo Oriente, Roosevelt estaba haciendo todo lo posible para implicar a Estados Unidos en una guerra que más del 90% del pueblo estadounidense creía innecesaria y que no debía librarse.

Pero a pesar de que las encuestas indicaban una oposición masiva de los estadounidenses a la participación de Estados Unidos en la guerra de Europa, el GOP -al rechazar al senador nacionalista Robert Taft (Ohio)- optó por no cuestionar la política belicista internacional de FDR, que era obvia, a pesar de la retórica pública oficial de Roosevelt. En su lugar, el GOP nominó a Willkie, un abogado de Wall Street que no sólo era un converso reciente al Partido Republicano, sino que también era, como FDR, un ferviente internacionalista y un ávido partidario de la teoría de que Estados Unidos debía intervenir, en nombre del Imperio Británico, en la guerra de Europa.

De hecho, esto es esencialmente lo que ocurrió durante la campaña electoral de 2004 en Estados Unidos. Aunque un presidente republicano, George W. Bush, aspiraba a la reelección a la Casa Blanca (y, por supuesto, ya había una guerra en marcha), su presunto sucesor demócrata decía esencialmente "yo también" sobre la debacle en curso en Irak.

El senador demócrata John Kerry no sólo votó a favor de la guerra, sino que ahora pide que se desplieguen más tropas estadounidenses en Irak, su versión de una "mejor gestión de la guerra". De hecho, Kerry ha llevado al extremo el tema de la "oposición leal".

Y dado (como ya hemos visto) el probable papel de Kerry como agente secreto de la CIA ( ) durante muchos años, es muy posible que Kerry fuera en última instancia poco más que un "chivo expiatorio" dispuesto a sacrificarse en nombre de la agenda globalista, incluso si eso significaba perder las elecciones.

Esta situación recuerda a la campaña de las primarias presidenciales republicanas de 1940, cuando los votantes del GOP eligieron un candidato para oponerse a FDR. En 1940, el candidato preferido de los votantes del GOP era Bob Taft, de Ohio, un ferviente crítico de la política exterior de FDR.

Taft, en 1940, desempeñó esencialmente el mismo papel en las primarias republicanas que el inconformista gobernador de Vermont, Howard Dean, en las primarias presidenciales demócratas 64 años más tarde: aunque Dean -como Taft antes que él- había tomado la delantera en la campaña por su abierta oposición a que Estados Unidos se involucrara en una guerra exterior sin sentido, la élite mediática estadounidense empezó a meterse con Dean -como habían hecho con Taft- y a minar su campaña.

Así que no es casualidad -aunque los medios de comunicación nunca se centraron en sus declaraciones- que durante la campaña de las primarias el propio Dean señalara en repetidas ocasiones que un número cada vez más reducido de intereses financieros de élite se estaba haciendo con el control de los medios de comunicación de masas en Estados Unidos. Así se saboteó la campaña de Dean y, como señalaron algunos periódicos, en particular *Forward*, uno de los principales periódicos judíos, *las tornas cambiaron en contra de Dean y a favor de Kerry cuando muchos líderes de la pequeña pero influyente comunidad judía de Iowa se unieron en torno a Kerry y salvaron su tambaleante campaña en ese crítico estado.*

Aunque la esposa de Dean es judía, la oposición de Dean a la guerra de Irak -que contaba con el apoyo de importantes líderes y grupos de líderes de la comunidad judía estadounidense- desencadenó la oposición más significativa (y la hostilidad de los medios de comunicación) a su candidatura. Así que, con Dean fuera de juego, un demócrata de la "oposición leal" -que de hecho había votado a favor de la guerra de Bush en Irak- estaba en condiciones de ganar la nominación.

El destino del favorito del GOP, Taft, fue similar. Pero ahora sabemos que la famosa "carrera de caballos negros" de Wendell Willkie en la Convención Nacional Republicana de Filadelfia en 1940 no tuvo nada que ver.

Por el contrario, como Thomas E. Mahl ha demostrado cuidadosamente en su libro *Desperate Deception: British Covert Operations in the United States, 1939-1941*, la campaña de Willkie en la convención del GOP fue esencialmente comprada y pagada por ricos intereses estadounidenses que favorecían la política exterior de FDR y querían asegurarse de que el GOP nominara a un candidato que no se opusiera seriamente a los puntos de vista de FDR. Por lo tanto, era esencial destruir la candidatura de Taft.

Además, la investigación meticulosamente documentada de Mahl deja meridianamente claro que el Servicio Secreto Británico -y quienes trabajaban con el Servicio Secreto Británico- estaban trabajando tanto para sabotear a Taft como para promover a Willkie, y tuvieron éxito en ambas cosas.

Así que Taft -al igual que Dean, que vino después- fue sacrificado dentro de su propio partido (a pesar de que su postura antibelicista era considerablemente más popular) y sustituido por un candidato (Willkie - reemplazado en 2004 por John Kerry) que esencialmente se mantuvo al lado del Presidente saliente en la cuestión de la intervención estadounidense en el extranjero.

Significativamente, casi un año después de las elecciones de 1940, mientras el debate sobre la intervención de Estados Unidos en Europa seguía candente, el famoso aviador estadounidense Charles Lindbergh, en un discurso muy criticado ante el comité antibelicista America First, declaró públicamente que tres grupos estaban empujando a Estados Unidos hacia la guerra: "los británicos, los judíos y la administración Roosevelt".

De hecho, sustituyendo el nombre de "Roosevelt" por el de "Bush", podría ser esencialmente una descripción de los mismos grupos que impulsaron la guerra de Irak. Así que, como se suele decir, cuanto más cambian las cosas, más permanecen igual. O, más sencillamente, la historia se repite. El enemigo interior no desaparecerá sin luchar.

En este contexto, vale la pena señalar, como corolario, cómo, en el período previo a la invasión estadounidense de Irak y el posterior debate sobre esa debacle durante las elecciones presidenciales de 2004, el movimiento sionista trabajó horas extras para evitar que el movimiento contra la guerra se aventurara a señalar que Israel y su lobby estadounidense fueron los principales instigadores de la guerra propuesta.

En la primavera de 2003, a medida que crecía la oposición popular a la guerra de Iraq en Estados Unidos y en todo el mundo, a medida que aumentaba la conciencia sobre el apoyo de Israel a la guerra, y a medida que una poderosa camarilla de "neoconservadores" proisraelíes de la administración de George W. Bush desempeñaba un papel destacado en la promoción de la guerra, un puñado de "liberales" proisraelíes (que afirmaban oponerse a la guerra) se dispuso en realidad a socavar a los críticos de Israel dentro del movimiento contra la guerra. administración Bush para promover la guerra, un puñado de "liberales" proisraelíes (que decían oponerse a la guerra) se dedicaron en realidad a socavar a los críticos de Israel dentro del movimiento contra la guerra.

El hecho de que mucha gente empiece a acusar a Israel de estar detrás de la guerra de Irak preocupa cada vez más a los partidarios de Israel. El 16 de febrero de 2003, *el Washington Post* dio su opinión sobre lo que constituían motivos válidos para oponerse a la guerra. Según *el Post*, "los argumentos de los oponentes son a veces", en sus palabras, "incoherentes o carentes de fundamento", incluyendo "sugerencias de que la campaña estadounidense está motivada por una agenda no revelada para defender a Israel o apoderarse del petróleo iraquí". La única razón válida para oponerse a la guerra -en este momento- según el *Post*, es que cualquier acción unilateral de Estados Unidos sin la aprobación previa de la ONU sería un error.

Junto a los comentarios del *Post,* los esfuerzos por sabotear el movimiento contra la guerra desde dentro salieron a la palestra después de que el rabino liberal Michael Lerner afirmara que se le había prohibido hablar en una concentración contra la guerra en San Francisco porque el principal organizador de la concentración, International ANSWER (Act Now to Stop War and End Racism) era totalmente antisionista mientras que él (Lerner) estaba a favor de la creación de un Estado palestino junto a Israel. ANSWER lo negó, afirmando que no se había permitido hablar a Lerner porque ya había atacado a ANSWER y que los distintos organizadores de la manifestación ya habían acordado que no aceptarían oradores que hubieran criticado a alguno de los dos grupos. De hecho, Lerner había atacado a ANSWER alegando que, al organizar concentraciones contra la guerra en todo el país, ANSWER había incluido a demasiados oradores que acusaban a la guerra de Estados Unidos contra Iraq de estar estimulada principalmente por el deseo de Israel de ver destruido Iraq.

En cualquier caso, a raíz del exabrupto de Lerner, un grupo de unos 150 "intelectuales progresistas" autoproclamados (la mayoría de los cuales eran judíos que apoyan a Israel y se declaran contrarios a la guerra) hicieron ruido y enviaron una carta abierta condenando la negativa de ANSWER a permitir que Lerner hablara, llegando incluso a decir que ANSWER no estaba capacitada para "liderar movilizaciones masivas contra la guerra en Iraq".

Dado el inmenso éxito de ANSWER -cualquiera que sea su orientación política- en la organización de manifestaciones masivas contra la guerra, los críticos han cuestionado la motivación de las fuerzas proisraelíes al intentar socavar el liderazgo del movimiento contra la guerra en este momento crítico.

Mientras tanto, mientras los elementos sionistas conspiraban para dividir el movimiento contra la guerra, un prominente especulador financiero sionista de larga data, George Soros, surgió como un "crítico" abierto del presidente George W. Bush y de la guerra en Irak. Presentándose como la "bolsa de dinero" de muchos grupos progresistas y unidades de activistas contra la guerra, Soros ha tomado efectivamente el control de la oposición, embotando muchas posibles fuentes de oposición a la influencia sionista en Estados Unidos. Al financiar tal variedad de organizaciones, Soros -judío- se ha erigido en virtual "dictador" del movimiento progresista estadounidense para los años venideros.

Lo que todo esto significa, sencillamente, es que una vez más el pueblo estadounidense ha sido manipulado y mal dirigido. Las elecciones presidenciales de 2004 fueron la "farsa" definitiva, y la verdad sobre la guerra de Irak -uno de los principales temas de debate durante esa corrupta campaña presidencial- nunca se reveló del todo al pueblo estadounidense. Otra victoria para The Juda Goats - The Enemy Within.

El nacionalista estadounidense Whitelaw Reid (arriba a la derecha) ataca a los "librecambistas británicos" y a los "fariseos" en esta caricatura de 1884. El primer ministro británico Benjamin Disraeli (arriba a la izquierda) -instrumento de la dinastía bancaria Rothschild- abandonó su oposición inicial al libre comercio y bajo Disraeli (fallecido en 1881) el imperialismo británico alcanzó su apogeo, surgiendo el imperio "británico" como bastión de los Rothschild. El presidente estadounidense Woodrow Wilson (recuadro), discípulo de Disraeli *y del* libre comercio británico, trató de desmantelar el nacionalismo tradicional estadounidense, por lo que (al igual que Disraeli) es muy admirado por los modernos neoconservadores sionistas que promueven el Nuevo Orden Mundial. Como parte de la agenda imperial de los Rothschild, los colonizadores británicos (como los que aparecen en la foto de arriba, posando triunfantes con un trofeo) establecieron un historial que llevó a muchos en el "tercer mundo" a simpatizar con Adolf Hitler (a la derecha, con un amigo).

Aunque Hitler esperaba forjar una alianza con Gran Bretaña contra la Rusia soviética, la oposición judía frustró sus planes, lo que resulta irónico dado que *algunos* elementos sionistas en realidad trataron de ganarse el favor de Hitler porque sus políticas internas tuvieron el efecto de estimular la inmigración judía a Palestina.

¿Eran corderos o cabras de Judá

Introducción a la quinta parte
Dos grandes nombres, dos malos discos:
Dejemos que las pepitas caigan donde puedan

Los dos capítulos que siguen son verdaderos estudios de casos de personalidades que, aunque adoradas por los conservadores estadounidenses, actuaban de hecho como agentes del Enemigo Interno.

Muchos consideran a estas dos personalidades "titanes" del movimiento "conservador" estadounidense. Pero un examen más detenido de sus antecedentes revela, por desgracia, una historia muy diferente.

Se trata del senador por Carolina del Norte Jesse Helms y del ex Presidente de la Cámara de Representantes Newt Gingrich.

En el caso del senador Helms, parece que fue cooptado, obligado a renunciar a su pasado apego al nacionalismo tradicional estadounidense.

En el caso de Newt Gingrich, parece que Gingrich nunca fue lo que parecía.

En ambos casos, sin embargo, las carreras de los dos "gigantes" republicanos del Congreso son tristemente paralelas.

CAPÍTULO XXXI

La triste historia de Jesse Helms: cómo un patriota americano se convirtió en una cabra de Judá para el Enemigo Interior

¿Era el "crítico" más conocido de las Naciones Unidas realmente un crítico de la organización mundial? El caso del ex senador por Carolina del Norte Jesse Helms, durante mucho tiempo el favorito de muchos conservadores estadounidenses, es quizá el giro más sorprendente de los acontecimientos en un político estadounidense. Es una historia reveladora que ha evolucionado a lo largo de los años y ha causado gran angustia entre muchos admiradores de Helms. El asombroso "ajuste" de Helms, no sólo en relación con las Naciones Unidas, sino también en relación con su posición sobre la política estadounidense en Oriente Próximo, muestra cómo incluso un nacionalista estadounidense aparentemente "de línea dura" puede girar en la dirección opuesta, claramente influido por El enemigo interior.

Mientras que a lo largo de la carrera de Helms los medios de comunicación han hecho públicos los insultos intercambiados entre Helms y grupos "sociales" como feministas, abortistas, homosexuales, opositores a la oración en las escuelas y otras minorías -con Helms y sus detractores recaudando toneladas de dinero para luchar entre sí-, la inesperada alianza de Helms con la élite plutocrática sigue siendo en gran medida desconocida.

Al principio de su carrera en el Senado, Helms fue un feroz crítico de la ayuda exterior, la mayor parte de la cual se destinaba, entonces como ahora, a Israel. Por ello, Helms fue considerado "sospechoso" por el poderoso lobby proisraelí de Washington.

Entonces, el 27 de marzo de 1979, Helms se levantó en el Senado para declarar que los acuerdos de paz recién firmados entre Israel y Egipto no protegían los intereses estadounidenses.

Helms fue el único miembro del Congreso que se atrevió a decir (públicamente) que el principal escollo en el camino hacia la paz en Oriente Medio era la negativa de Israel a renunciar al control de la Cisjordania ocupada, que Israel arrebató a Jordania en la guerra de 1967.

Helms fue sin duda la voz cantante en el Congreso a favor de una política exterior de "Estados Unidos primero" . En 1982, Helms llegó a pedir la ruptura de relaciones diplomáticas con Israel tras su sangrienta invasión del Líbano.

Pero dos años más tarde, en 1984, cuando se presentaba a un tercer mandato y el lobby israelí vertía dinero en las arcas de su oponente demócrata, Helms dio un sorprendente giro de 180 grados: escandalizó "a la izquierda y a la derecha" al pedir el traslado de la embajada estadounidense en Israel de Tel Aviv a Jerusalén. También declaró que Estados Unidos debía seguir apoyando la ocupación israelí de Cisjordania.

Está claro que Helms ha sido cooptado por el lobby israelí. Grandes nombres de la élite proisraelí han recaudado dinero para su campaña, al parecer bajo la dirección del multimillonario sionista de los medios de comunicación S. I. Newhouse, cuya familia ha sido durante mucho tiempo un importante mecenas del lobby israelí y de grupos como , la Liga Antidifamación (ADL) de B'nai B'rith.

Especialmente inquietante fue el hecho de que Helms hubiera aceptado fondos para su campaña de un empresario neoyorquino, Bob Jacobs, que había admitido públicamente que apoyaba a un violento grupo terrorista de tipo miliciano -la Liga de Defensa Judía (JDL)- al que se ha asociado con numerosos asesinatos, atentados con bomba y otros delitos.

En un artículo publicado en *The Village Voice* el 6 de mayo de 1986, el periodista judío estadounidense Robert I. Friedman describió a Jacobs como uno de los "partidarios más fanáticos" del rabino Meir Kahane, fundador del LDJ, asesinado desde entonces, y reveló lo siguiente:

> Al parecer, Jacobs dio a Kahane 20.000 dólares para su campaña a la Knesset en 1984 y recaudó dinero en nombre de terroristas judíos condenados en Israel. Jacobs también recaudó dinero para su íntimo amigo, el senador de Carolina del Norte Jesse Helms, que hizo su primer viaje a Tierra Santa con Jacobs [en el verano de 1985].

Uno de los protegidos de Kahane, Victor Vancier, jefe de la LDJ de Nueva York, dijo al periodista Friedman en una entrevista que Jacobs, amigo íntimo de Helms, "dijo que la LDJ debía golpear a los árabes americanos y a los judíos de izquierdas, especialmente a los periodistas, que apoyan a la OLP. Eso es lo que [el fundador de la LDJ, Kahane] le dijo que era la prioridad de la LDJ".

Fue precisamente gracias al apoyo crítico de personas como Jacobs y el multimillonario magnate sionista de los medios de comunicación Newhouse -que al parecer intervino en favor of Helms e instó a otros partidarios de Israel a financiar a Helms o dejar de financiar a su oponente demócrata- que Helms fue reelegido en 1984.

Una vez que el lobby israelí consiguió derrotar al senador Charles Percy (RIll.), que era -a diferencia de Helms- un firme crítico de Israel, Helms sucedió a Percy como presidente republicano del Comité de Relaciones Exteriores del Senado y rápidamente demostró su lealtad a sus nuevos aliados.

En 1985, Helms apoyó públicamente la ocupación militar continuada de tierras árabes por parte de Israel, haciendo la notable afirmación de que la ocupación israelí no era "una cuestión central en el conflicto árabe-israelí".

Helms también desempeñó un papel inusual en una serie de circunstancias que condujeron a la adquisición del gigante mediático CBS por un consorcio de "nuevos ricos", manipuladores financieros proisraelíes de línea dura.

Spotlight fue el único periódico estadounidense que contó la historia completa del supuesto intento de Helms de comprar la CBS y convertirla en una cadena de televisión conservadora. Helms había hecho un llamamiento a los conservadores para que se unieran para comprar el control de la CBS, alegando que ello permitiría escapar del sesgo liberal de la cadena. Sonaba bien, pero la verdad era que una adquisición exitosa por parte de Helms habría requerido un fondo de guerra de unos 5.000 millones de dólares.

Sin embargo, a raíz de la campaña de Helms, el valor de las acciones de la CBS se disparó más de un 30%. El multimillonario sionista Ivan Boesky, un especulador bursátil que compró una participación sustancial en la CBS, obtuvo enormes beneficios. De hecho, Boesky formaba parte de un consorcio de multimillonarios proisraelíes liderado por Lawrence Tisch, que finalmente se hizo con el control de la cadena.

Según las fuentes de *Spotlight* en Wall Street, la campaña de Helms había "distraído" eficazmente a la dirección de la CBS y allanado el camino para que el consorcio Tisch se hiciera con el control de la cadena. Y hoy, por supuesto, la CBS sigue siendo tan liberal como siempre.

En 1996, Helms volvió a asombrar a muchos de sus partidarios de siempre al escribir un artículo para el número de septiembre/octubre de 1996 de *Foreign Affairs*, la revista del Council on Foreign Relations, el grupo de presión internacionalista, en el que hablaba de "reformar" las Naciones Unidas, aceptando de hecho el papel de la ONU en los asuntos de Estados Unidos -otro giro de los acontecimientos-.

La evolución política de Helms -que algunos podrían calificar de "revolución"- continuó. En 2000, dos años antes de su jubilación, Helms pronunció un encendido discurso ante el Consejo de Seguridad de la ONU en el que criticó a ésta. Los periódicos "conservadores" vitorearon a Helms.

Pero, una vez más, había algo más en la historia que los periódicos conservadores prefirieron no mencionar. De hecho, el discurso de Helms formaba parte de un plan cuidadosamente orquestado por el personal de la ONU del presidente Bill Clinton.

Al embajador Richard Holbrooke se le encomendó la tarea de desviar las críticas a la ONU durante el año electoral. Y como Holbrooke era miembro no sólo del grupo de poder internacionalista conocido como Bilderberg, sino también del Consejo de Relaciones Exteriores (CFR) y de la Comisión Trilateral, su plan estaba claramente dirigido y aprobado al más alto nivel.

El 3 de febrero de 2000, en el *Washington Post*, el columnista Jim Hoagland, colega del Sr. Holbrooke en los Bilderbergers, reveló el trasfondo del asunto.

Los fans de Helms que leyeron la columna sintieron asco.

Comentó que "[el comentarista populista y candidato presidencial] Pat Buchanan y su cinismo alarmista" suscitaban poco interés.

El Sr. Hoagland afirmó que el discurso del Sr. Helms en la ONU era "un importante barómetro del cambio" y reveló que había sido el Sr. Holbrooke quien había invitado al Sr. Helms a hablar.

Burlándose del hecho de que "el senador republicano ultraconservador ladró previsiblemente sobre las deficiencias de la ONU", Hoagland soltó la verdadera bomba: que Helms había "propuesto discretamente un diálogo continuo para tratar de mejorar las relaciones entre EEUU y la ONU". Hoagland añadió que la "comparecencia de alto nivel" de Helms había sido "organizada por Holbrooke para subrayar la necesidad del bipartidismo en la política estadounidense de la ONU y proteger la relación de los disparos del año electoral".

Todo el ejercicio fue una farsa diseñada para asegurar a los conservadores que todavía había "críticos de la ONU" dentro del GOP; que no había necesidad de recurrir a Pat Buchanan, que estaba llevando a cabo una campaña presidencial en la que declaraba que quería "sacar a Estados Unidos de la ONU y a la ONU de Estados Unidos".

Quizá la empresa más sorprendente de Helms, que insinúa el abandono de la soberanía estadounidense y la aparente fusión de los gobiernos de EEUU y México, tuvo lugar en 2001.

Del 17 al 19 de abril de 2001, Helms llevó a toda la Comisión de Relaciones Exteriores del Senado (que presidía) de viaje a México. La visita fue calificada de "cálida" y "sin precedentes" por los medios de comunicación de élite, y Helms "reevaluó" su actitud crítica hacia el régimen notoriamente corrupto e infestado de dinero del narcotráfico.

Aunque importantes periódicos como *el Washington Post* y el *New York Times* cubrieron el viaje de Helms en los días previos, la cobertura se detuvo de forma extraña durante el propio viaje. Ni el *Post* ni el *Times* (que se autodenomina "newspaper of record") cubrieron sobre el terreno la estancia de Helms en México ni lo que allí ocurrió. Fue como si los medios hubieran impuesto un apagón sobre lo que Helms y los legisladores estadounidenses habían dicho y hecho en compañía de sus colegas al sur de la frontera.

Lo que realmente ocurrió fue lo siguiente: Helms dio el paso sin precedentes de convocar una reunión conjunta en México entre la Comisión de Asuntos Exteriores del Senado y su homóloga en el Senado mexicano.

El Washington Times informó el 4 de abril de que el propio Helms se había jactado de la inminente sesión, diciendo: "Será, que yo sepa, la primera vez en la historia que una comisión del Congreso de Estados Unidos celebra una reunión conjunta en suelo extranjero con una comisión del congreso o parlamento de otro país".

El senador liberal Christopher Dodd (Demócrata por Connecticut), miembro del elitista Grupo Bilderberg y que trabajó con Helms en la Comisión de Asuntos Exteriores, acogió con satisfacción la iniciativa de Helms: "Es una forma emocionante de empezar el siglo XXI, de intentar tender la mano y estrechar lazos con estas democracias emergentes más fuertes.

Aunque el observador medio, quizá ingenuo, podría considerar la acción de Helms como un mero acto simbólico de amistad, entre bastidores ocurría mucho más. Una mirada más atenta a los hechos (y a la historia) que rodean la aventura mexicana de Helms pinta un cuadro más preocupante. La prensa de élite informó de que Marc Theiessen, portavoz del Comité de Relaciones Exteriores del Senado, había dicho que la visita de Helms a México estaba inspirada en el anterior viaje de Helms a las Naciones Unidas.

Sin embargo, el inesperado papel de Helms como eficaz animador de la globalización empezó a ser aclamado por los medios de comunicación de élite. Un portavoz del Consejo de Relaciones Exteriores (CFR) reconoció públicamente, en un comentario publicado en el número del 22 de abril de 2001 del *New York Times*, que Helms se había convertido en un actor clave del proceso.

Walter Russell Mead, descrito como "senior fellow" del CFR, escribió un notable artículo explicando a los lectores *del Times* "Por qué el mundo es un lugar mejor para Jesse Helms".

Describiendo a Jesse Helms como "el hombre que los internacionalistas estadounidenses adoran odiar" y señalando irónicamente que "odiar a Jesse Helms sigue siendo un deporte de salón en Georgetown, Cambridge y Manhattan", el hombre del CFR hizo el revelador comentario de que "una visión más larga de la historia estadounidense mostraría que Jesse Helms es una parte necesaria del proceso: si no existiera, Estados Unidos tendría que inventarlo".

Mead citó al profesor Douglas Brinkley, del Eisenhower Center de la Universidad de Nueva Orleans, quien afirmó que si Helms "respeta su línea dura" (es decir, a sus partidarios populistas de todo el país), "está dispuesto a explorar posibilidades centristas. Eso es lo que le hace tan importante para el proceso de política exterior".

No es casualidad que la nueva admiradora de Helms, Brinkley, estuviera en el Eisenhower Center, que lleva el nombre del presidente del GOP que cortó el Partido Republicano de sus anclas nacionalistas tradicionales después de servir como "candidato de bloqueo" de la élite mundial para evitar que el senador Robert Taft (R-Ohio) ganara la nominación presidencial del GOP en 1952.

Aunque el analista del CFR reconocía que Helms "habla en nombre de las decenas de millones de estadounidenses que no confían en el establishment de la política exterior", continuaba diciendo que Helms "también abre la puerta a un auténtico consenso nacional en torno a importantes objetivos de política exterior". Al utilizar el término "consenso", el analista del CFR quería decir que la nueva postura de Helms contribuía a difuminar las diferencias entre una política exterior nacionalista y otra internacionalista, acercándose la postura nacionalista al internacionalismo.

Así que nacionalistas conocidos como Helms se convirtieron en las herramientas de los internacionalistas para acabar con la oposición populista a la globalización. En otras palabras, los patriotas debían pensar: "Si Jesse está de acuerdo, debe ser bueno para Estados Unidos". Mead, miembro del CFR, describió el papel de Helms en este proceso:

> Este papel de intermediario entre una opinión pública escéptica y una élite internacionalista insistente es uno de los más importantes de la política exterior estadounidense. Este fue el papel desempeñado por el senador [Arthur] Vandenberg [republicano de Michigan] en la década de 1940.

Mead no mencionó que Vandenberg, antaño uno de los principales críticos nacionalistas del intervencionismo globalista de Franklin Roosevelt, fue en realidad víctima de un complot de tres agentes de los servicios secretos británicos que jugaron con el hecho de que Vandenberg era un mujeriego al estilo de Bill Clinton para hacerle cambiar de opinión, lo que llevó al senador de Michigan a apoyar plenamente el internacionalismo.

Por qué Helms se inspiró en Vandenberg es quizá uno de los grandes misterios de nuestro tiempo. El drástico cambio de Helms, que pasó de ser el principal crítico del imperialismo israelí en el Senado a ser el principal aguador del lobby israelí en el Senado, es una hipótesis que también sigue abierta a la especulación.

La dura verdad es que, independientemente de la calidad de la retórica de Helms sobre cualquier número de cuestiones, a mayor escala el otrora fiable senador de Tarheel se había convertido en un valioso activo en la búsqueda de un nuevo orden mundial.

Los cambios políticos de Helms reflejaban en muchos aspectos la propia desaparición del republicanismo tradicional, y al final de su carrera podría decirse que el antiguo titán del nacionalismo estadounidense no sólo se había visto influido por el Enemigo Interno, sino que se había convertido en uno de sus enemigos.

CAPÍTULO XXXII

La cabra de Judah desde el principio: Newt Gingrich: La voz del conservadurismo corrupto - El republicano favorito del enemigo interior

Una exclusiva publicada en la portada del número del 28 de enero de 1985 de *The Spotlight* revelaba -para consternación de muchos autoproclamados "conservadores"- que Newt Gingrich, congresista por Georgia, entonces un "backbencher" poco conocido en la Cámara de Representantes, era el cerebro de una camarilla de republicanos internacionalistas que trabajaban para desechar la histórica posición nacionalista del GOP en la elaboración de la política exterior.

Por desgracia, este honesto esfuerzo por desenmascarar la inclinación internacionalista de Gingrich fue recibido con una mezcla de indignación y desprecio por muchos conservadores que se dejaron engañar por los principales medios de comunicación y siguieron la particular marca de "liderazgo" del congresista de Georgia.

Spotlight reveló que Gingrich, junto con otros republicanos de la Cámara de Representantes (los congresistas Vin Weber [Minn.], Connie Mack [Fla.] y Robert Walker [Pa.]) había asistido a una reunión secreta con el editor *del Washington Post*, Donald Graham, y la directora de la página editorial *del Post*, Meg Greenfield.

Gingrich y sus compañeros legisladores del GOP se habían apodado a sí mismos la Sociedad Conservadora de Oportunidades (COS), mientras que sus críticos los llamaban la Sociedad Conservadora de Oportunistas.

En esta reunión, informa *The Spotlight*, Gingrich y sus colegas acordaron efectivamente trabajar en la remodelación de la llamada ala "conservadora" del partido republicano y utilizar su influencia para desplazar al GOP hacia el campo internacionalista.

A cambio, el *Post* accedió a dar a Gingrich y a sus colegas una gran cantidad de publicidad favorable en las páginas de su influyente diario en la capital de la nación. Hasta entonces, Gingrich y sus colegas habían sido relegados por los medios de comunicación al rango de "backbenchers", a veces incluso retratados como "extremistas" y "alborotadores".

Gingrich y sus colegas declararon al *Post* que apoyarían las sanciones económicas contra el régimen anticomunista y proamericano de Sudáfrica. Se trata, por supuesto, de un giro de 180 grados respecto a la postura tradicional de los "conservadores", que apoyan a Sudáfrica y se oponen a las sanciones.

No tardaron en pedir sanciones, lo que llevó al columnista Pat Buchanan a declarar que Gingrich y compañía eran "renegados" culpables de "apuñalar a Sudáfrica por la espalda". Al adoptar esta nueva postura, Gingrich y su camarilla del COS han unido sus fuerzas con los internacionalistas liberales del Congreso, que llevan décadas librando una guerra contra Sudáfrica.

Poco después, el *Washington Post* publicó un perfil elogioso de Gingrich. Esta publicación allanó el camino para muchos más artículos de este tipo, diseñados para promocionar a Gingrich y situarle en una buena posición para su elección final como House Minority Whip (segundo puesto en la jerarquía del GOP).

Entonces, para indignación de los republicanos nacionalistas, el colega de Gingrich en el COS, Vin Weber, escribió un artículo de opinión en el *Post* (nunca permitido como foro para los conservadores del GOP), pidiendo al GOP que se convirtiera en "el nuevo partido internacionalista de América".

Al final, la exclusiva mundial de *The* Spotlight sobre la reunión secreta entre Gingrich y el *Post* fue confirmada por el propio *Post*, pero sólo después de que Gingrich hubiera alcanzado una posición de influencia. En resumen, la "teoría de la conspiración" de *The Spotlight* -como algunos la han llamado- resultó no ser una "teoría de la conspiración", sino un hecho.

Como señaló The Spotlight, el propio Gingrich es un internacionalista comprometido, y así lo reconoce el movimiento autoproclamado "new age". Una revista internacionalista, *New Options,* llegó a elogiar a Gingrich como legislador "globalmente responsable".

De acuerdo con su orientación, en 1983 Gingrich se unió al congresista Albert Gore Jr. (demócrata de Tennessee), futuro vicepresidente, para presentar un proyecto de ley para "asesorar al presidente sobre 'tendencias críticas y futuros alternativos'" - un esfuerzo anunciado por un conocido periódico de "un mundo", *Leading Edge.*

Nada de esto debería sorprender a los veteranos observadores de Gingrich. En 1968, cuando Ronald Reagan, entonces gobernador de California, y Richard Nixon se disputaban el apoyo de los "conservadores" en sus respectivas candidaturas a la nominación presidencial del GOP, Gingrich optó por alistarse como coordinador regional del sudeste para uno de sus oponentes, el gobernador de Nueva York Nelson Rockefeller. Más tarde, antes de su elección al Congreso, Gingrich dio clases en la Universidad

Emory de Atlanta (Georgia), financiada por Rockefeller, un puesto avanzado del imperio Rockefeller.

La realidad de lo que Gingrich realmente representa se refleja en su papel fundamental en la aprobación del TLCAN en el Congreso. Gingrich se encargó casi en solitario de que se aprobara el Tratado de Libre Comercio de América del Norte (TLCAN), que acabó con el empleo y destruyó la soberanía. Reunió los votos republicanos necesarios para aprobar el TLCAN, dando la victoria a su colega del Consejo de Relaciones Exteriores financiado por Rockefeller, el Presidente Bill Clinton.

El 3 de septiembre de 1995, *el Washington Post* aseguraba a sus lectores que Gingrich lo estaba haciendo bien, a pesar de las numerosas críticas públicas que algunos liberales habían vertido sobre él. *El Post* se apresuró a salir en defensa del nuevo Presidente de la Cámara de Representantes, señalando en un titular que "Para la ultraderecha, Gingrich es sólo una herramienta en la conspiración del gobierno mundial". *El Post* afirmaba que "cualquiera que eche un vistazo *a The Spotlight*, el semanario del ultraderechista Freedom Lobby, sabe que... Gingrich está lejos de ser el líder de su movimiento; a sus ojos, está trabajando activamente para subvertirlo". (El *Post* tuvo cuidado de no mencionar, sin embargo, que fue *The Spotlight* el primero en sacar a la luz el acuerdo secreto entre Gingrich y el *Post*). Según el comentario sarcástico y poco objetivo del *Post*, "los paranoicos están convencidos de que el georgiano está confabulado con el presidente Clinton, los Rockefeller, los masones, el Consejo de Relaciones Exteriores y todo el establishment oriental para derogar la Constitución y forjar un nuevo orden mundial bajo el pulgar de los banqueros centrales judíos y las Naciones Unidas".

El Post concluía: "Es importante que los creadores de opinión nacional comprendan el abismo que separa a la mayoría de los republicanos de la Cámara de Representantes de la derecha demente. Gingrich y su revolución republicana pueden ser polémicos y provocadores, pero no son la fuente del extremismo violento."

En cuanto a Vin Weber, amigo íntimo de Gingrich y compañero republicano en la Cámara de Representantes, se vio obligado a abandonar una prometedora carrera en la Cámara de Representantes tras ser pillado in fraganti en el escándalo de los cheques de la Cámara.

Aunque ha dedicado mucho tiempo y energía a promover las demandas del lobby proisraelí, incluidos los esfuerzos por desbaratar los intentos de obligar al Congreso a investigar el ataque naval y aéreo no provocado de Israel contra el *U.S.S. Liberty* el 7 de junio de 1967, que navegaba pacíficamente por el Mediterráneo y mató a 34 estadounidenses e hirió a otros 171, las fechorías financieras de Weber le han alcanzado.

Huelga decir que Weber recibió importantes fondos de campaña de elementos proisraelíes a cambio de sus esfuerzos. Sin embargo, después de que Weber abandonara el Congreso, sus amigos de la élite sionista le garantizaron su futura seguridad financiera. Weber fue nombrado miembro del prestigioso grupo globalista Consejo de Relaciones Exteriores y, posteriormente, fue nombrado por el presidente George W. Bush para dirigir la Fundación Nacional para la Democracia, una institución que promueve la "democracia global", que forma parte de la agenda neoconservadora.

El propio Gingrich renunció a su escaño en el Congreso en medio del revuelo causado por la aventura del presidente Bill Clinton con la becaria de la Casa Blanca Monica Lewinsky. Como más tarde se reveló que Gingrich había mantenido una relación extramatrimonial a espaldas de su segunda esposa, Marianne, muchos especularon con que la aventura de Gingrich (y la posibilidad de que se convirtiera en un asunto político en la encarnizada lucha por intentar echar a Clinton de la presidencia) fue la razón por la que abandonó el cargo, quizá convencido por sus compañeros republicanos de que era la mejor solución para el partido. Después se casó con su amante, que era cantante en el coro de una iglesia durante su aventura con el líder del GOP.

Además, cabe señalar que mientras el Sr. Gingrich estaba ocupado en el Capitolio defendiendo los intereses israelíes, su entonces esposa Marianne estaba en nómina de un grupo conocido como Israel Export Development Company (IEDCO), que defendía los intereses financieros de Israel en lucrativos acuerdos comerciales con Estados Unidos. De hecho, parece que el lucrativo acuerdo de la Sra. Gingrich con IEDCO finalizó en agosto de 1994, después de que ella y su marido viajaran a Israel a expensas del American Israel Public Affairs Committee, un grupo de presión extranjero pro-Israel.

Aunque percibe un salario mensual de 2.500 dólares, más "comisiones", la Sra. Gingrich se negó a revelar el importe de estas "comisiones". Y aunque la Sra. Gingrich ha respondido a las críticas sobre su ventajosa posición afirmando que "si recibiera comisiones políticas, no sería por la cantidad de dinero que gano", lo cierto es que la cifra anual de 30.000 dólares es precisamente el tipo de cifra que a menudo vemos vinculada a comisiones políticas. Lo interesante es que el presidente de IEDCO, Larry Silverstein, admitió al *Wall Street Journal* que Gingrich fue uno de los varios congresistas a los que presionó para que apoyaran la propuesta de su empresa.

Aunque los vínculos de su esposa con Israel son claramente un flagrante conflicto de intereses para Newt Gingrich, los amigos del congresista en las altas esferas no ven ningún problema en ello, ya que se trata de "nuestro aliado Israel". Imagínense el clamor si la Sra. Gingrich hubiera trabajado para intereses árabes

Hoy, Gingrich sigue haciendo ruido en nombre de Israel y se dice que se está preparando para una futura carrera presidencial, a pesar de sus escándalos pasados. Incluso se presenta -y los medios de comunicación le ayudan a hacerlo- como defensor de la "reforma", a pesar de su historial de corrupción.

Al final, Gingrich no es sólo un portavoz del Enemigo Interno. Es un enemigo en sí mismo.

Es un ejemplo clásico de cómo los principales medios de comunicación han creado y promovido a un político desvergonzado y ávido de poder cuya lealtad claramente no está con los intereses del pueblo estadounidense -a pesar de su retórica- sino con las fuerzas plutocráticas de la élite sionista y globalista. Los estadounidenses harían bien en rechazar a Gingrich ahora y en el futuro.

Esta caricatura de 1849, titulada "The Sword Crushing Lender" (El prestamista que aplasta espadas), es un golpe a la especulación bélica de la dinastía Rothschild (y, para ser justos con los Rothschild, de otras casas bancarias judías), que prestaba el dinero (a menudo a ambos bandos) que proporcionaba a las cabezas coronadas de Europa los fondos para librar guerras aparentemente interminables contra reinos rivales (a menudo gobernados por miembros de su propia familia). En el fondo, una figura parecida a una rata (presumiblemente un agente de Rothschild) susurra al oído de un rey sonriente que lleva una corona, presumiblemente para "aconsejarle" sobre la necesidad de librar una futura guerra. Beneficiándose del derramamiento de sangre, los Rothschild acumularon la mayor fortuna del mundo, que a su vez alimentó otras grandes fortunas familiares sionistas. Estas élites plutocráticas aliadas -que siempre se benefician de la guerra- utilizan todos los medios a su alcance para destruir a quienes se les oponen y para promover a quienes les obedecen.

Una historia más reciente...

Introducción a la Parte VI

ACONTECIMIENTOS EXPLOSIVOS...

En las páginas anteriores, hemos explorado una vasta historia de intrigas sin gloria que abarca muchos lugares. Hemos cubierto mucho terreno, por decirlo suavemente.

En los capítulos siguientes, sin embargo, entraremos en más detalles, describiendo las actividades de las Cabras de Judá y del Enemigo Interno que han estado íntimamente ligadas a algunos de los acontecimientos más devastadores -verdaderos holocaustos, según cualquier definición- que han tenido lugar en suelo estadounidense.

Desde el primer atentado contra el World Trade Center, pasando por la extraña tragedia de Waco, hasta el horrible atentado de Oklahoma City, veremos con precisión lo extenso (y aún oculto) que ha sido el papel de las cabras de Judá, incluso en algunos de los sucesos más sonados de nuestro tiempo.

CAPÍTULO XXXIII

El vínculo entre el FBI, la ADL y el Mossad durante el primer atentado contra el World Trade Center: La historia poco conocida (y aterradora)

Probablemente no sea una coincidencia que un antiguo funcionario del FBI que ayudó a ocultar los vínculos del Mossad con el primer atentado contra el World Trade Center en 1993 -así como el conocimiento previo del FBI de la planificación del crimen- fuera nombrado entonces, durante un breve periodo, jefe de la infame división de "investigación de hechos" (espionaje) de la Liga Antidifamación (ADL) de B'nai B'rith.

Neil Herman, un veterano con 27 años de experiencia en el FBI, ha sucedido a Gail Gans, que fue nombrada para el puesto tras la muerte de Irwin Suall, jefe de espionaje de la ADL durante muchos años. Antiguo jefe del Grupo de Trabajo Conjunto sobre Terrorismo del FBI, Herman no sólo desempeñó un papel clave en la "investigación" del World Trade Center, sino que también supervisó la igualmente sospechosa investigación del FBI sobre el accidente del vuelo 800 de TWA frente a Long Island el 16 de julio de 1997.

El hecho de que un alto funcionario del FBI ocupe un puesto clave en la ADL es una señal ominosa de que la antigua relación secreta entre el FBI y la ADL, forjada en los años previos a la Segunda Guerra Mundial, se está "publicando" ahora con vigor.

Como espía jefe de la ADL, Herman pudo proporcionar a la ADL contactos mucho más amplios que nunca dentro del FBI y de la comunidad de inteligencia, pero, curiosamente, no permaneció mucho tiempo en el puesto.

Poco después de anunciarse su nombramiento en la prensa neoyorquina, Herman pareció desaparecer de la pantalla del radar y aún hoy hay muy poca información sobre él en Internet. Mark Pitcavage le sucedió como jefe de operaciones de espionaje.

Por supuesto, es posible especular sobre por qué abandonó el campo de la ADL tan rápidamente -si es que lo hizo-, pero el hecho es que Herman, situado como estaba en la investigación del primer atentado contra el

World Trade Center, estuvo claramente implicado en el encubrimiento de la poco conocida y raramente comentada conexión israelí con el primer intento de derrumbe de las torres gemelas que finalmente cayeron el 11 de septiembre de 2001.

He aquí los hechos sobre el vínculo del Mossad con la tragedia, revelados por primera vez por el periodista de investigación Robert I. Friedman en un artículo publicado el 3 de agosto de 1993 en *The Village Voice*, un semanario neoyorquino independiente y de izquierdas que en ocasiones se ha atrevido a criticar a Israel.

Friedman informó de que Ahmad Ajaj, un palestino de 27 años de Cisjordania que se encuentra bajo custodia federal por planear el atentado contra el World Trade Center, podría haber sido un topo del Mossad, según las propias fuentes de inteligencia israelíes de Friedman.

Ajaj fue detenido en el aeropuerto Kennedy el 1 de septiembre de 1992, tras conocerse que había llegado en un vuelo internacional paquistaní procedente de Peshawar portando un pasaporte sueco falso y manuales para fabricar bombas. Fue puesto bajo custodia y posteriormente se declaró culpable de entrar ilegalmente en el país. El compañero de viaje de Ajaj era Ramzi Ahmed Yousef, un iraquí que, según fuentes policiales, fue un "actor clave" en el atentado contra el World Trade Center.

Aunque el FBI identificó a Ajaj como terrorista de alto rango de la Intifada con vínculos con Hamás, la organización fundamentalista islámica palestina *Kol Ha'ir*, un respetado semanario en hebreo publicado en Jerusalén, declaró que Ajaj nunca había participado en actividades de la Intifada ni con Hamás, ni siquiera con la Organización para la Liberación de Palestina.

En cambio, según *Kol Ha'ir*, Ajaj era en realidad un delincuente de poca monta detenido en 1988 por falsificar dólares estadounidenses desde una base en Jerusalén Este. Ajaj fue declarado culpable de los cargos de falsificación y condenado a dos años y medio de prisión.

Según Friedman, que escribe en *The Village Voice*: "Fue mientras estaba en prisión cuando el Mossad, la CIA israelí, aparentemente lo reclutó, dicen fuentes de la inteligencia israelí. Cuando fue liberado tras cumplir una condena de sólo un año, al parecer había sufrido una transformación radical". Según Friedman, Ajaj se había convertido repentinamente en un musulmán devoto y un nacionalista de línea dura. Entonces Ajaj fue detenido por contrabando de armas en Cisjordania, supuestamente para El Fatah, una facción de la OLP.

Pero Friedman sostiene que en realidad fue una farsa. Las fuentes de Friedman en los servicios secretos israelíes afirman que la detención y posterior deportación de Ajaj fueron "un montaje del Mossad para establecer sus credenciales como activista de la Intifada".

Se dice que el Mossad "encargó" a Ajaj que se infiltrara en grupos radicales palestinos que operan fuera de Israel y que informara a Tel Aviv. Los servicios de inteligencia israelíes afirman que no es infrecuente que el Mossad reclute en las filas de delincuentes comunes".

Tras su "expulsión" de Israel, Ajaj apareció en Pakistán, donde se encontró en compañía de los rebeldes antisoviéticos mujihideen en Afganistán.

De hecho, según el *Covert Action Information Bulletin* (septiembre de 1987), las líneas de financiación y suministro de los muyahidines no sólo constituían "la segunda mayor operación encubierta" de la historia de la CIA, sino que además, según el ex agente del Mossad Victor Ostrovsky (que escribe en *The Other Side of Deception*), estaban bajo la supervisión directa del Mossad.

Según Ostrovsky: "Era una red compleja, porque gran parte de las armas de los muyahidines eran de fabricación estadounidense y eran suministradas a los Hermanos Musulmanes directamente por Israel, utilizando como portadores a los nómadas beduinos que deambulaban por las zonas desmilitarizadas del Sinaí".

Tras las aventuras de Ajaj con los muyahidines, apareció en Nueva York y afirmó ser amigo de los miembros de una pequeña camarilla denominada "radical" que rodeaba al jeque Abdel-Rahman, acusado de ser el autor intelectual del atentado contra el World Trade Center.

El 26 de febrero de 1993, el mismo día del atentado contra el World Trade Center, Ajaj se encontraba "a salvo" en una prisión federal donde cumplía una condena de seis meses por entrar en el país con un pasaporte falso. Posteriormente fue acusado de conspiración en el atentado del WTC.

Según Robert Friedman, "si Ajaj fue reclutado por el Mossad [subrayado de Freidman], no se sabe si siguió trabajando para la agencia de espionaje israelí tras su expulsión. Una posibilidad, por supuesto, es que al abandonar Israel y conocer a musulmanes radicales próximos al jeque egipcio ciego, cambiara de lealtades".

Sin embargo, Friedman también mencionó otra posibilidad aterradora: "Otra hipótesis es que tuviera conocimiento previo del atentado contra el World Trade Center, que compartiera con el Mossad, y que éste, por alguna razón, le ocultara el secreto. Si éste es el caso, la inteligencia estadounidense cree que el Mossad puede haber decidido mantener la información en secreto para no comprometer a su agente encubierto".

Friedman abrió nuevos caminos con estas revelaciones, que fueron ignoradas por la prensa dominante.

Lo que Friedman no mencionó -y que sólo se reveló más tarde- fue que la copia del infame "Manual de Entrenamiento Terrorista de Al Qaeda" que fue ampliamente publicitado tras el segundo ataque al World Trade Center el 11 de septiembre de 2001 había sido encontrado... en posesión de Ahmad Ajaj, el informante encubierto del Mossad en el primer ataque al WTC. Este punto dice mucho, mucho más de lo que podemos profundizar en estas páginas.

Pero la historia del primer atentado contra el WTC no acaba ahí: también resulta que el propio FBI tenía su propio informante encubierto en la "trama árabe de la bomba" y no hizo nada -y quiero decir nada- para evitar que se produjera la tragedia.

Los hechos indican que el FBI tenía un informante dentro de la llamada "célula terrorista árabe" que podría haber representado al Mossad israelí en el atentado del World Trade Center. Aunque los estadounidenses han sabido que un jeque árabe ciego, Omar Abdel-Rahman, fue el cerebro del atentado, lo que no saben es que uno de los guardias de seguridad del jeque, Emad A. Salem, era un informante del FBI que le había informado con antelación de los detalles del atentado planeado.

El FBI rompió oficialmente el contacto con Salem siete meses antes del atentado. Sin embargo, tras la tragedia, el FBI reanudó las relaciones con Salem. Pero en ese momento, Salem, sin que el FBI lo supiera, empezó a grabar sus intercambios con su oficial del caso.

Las conversaciones grabadas de Salem confirmaron que, de hecho, el FBI tenía un amplio conocimiento previo del complot del atentado contra el World Trade Center. Las grabaciones indican que Salem había dicho al FBI que sabotearía el complot sustituyendo los componentes explosivos de la bomba por un polvo inerte, tras lo cual el FBI podría intervenir y capturar a los implicados en el complot.

En su libro *The Medusa File (El expediente Medusa)*, el investigador Craig Roberts, un veterano agente de policía con 26 años de experiencia y veterano de la Marina estadounidense en Vietnam, describe los parámetros de este escandaloso escándalo que ha sido efectivamente enterrado por los principales medios de comunicación. Según Roberts

> Parece que el FBI tenía algo más que un "informante" en la célula terrorista de Rahman. De hecho, era un agente de inteligencia egipcio llamado Emad Salem, que informaba directamente a su agente de control del FBI, el agente especial John Anticev. Resulta que Salem había sido contratado para infiltrarse en el grupo de Rahman mucho antes del atentado, y que informaba regularmente

de las actividades de los radicales, incluidos sus planes de llevar a cabo atentados en la zona de Nueva York.

Lo que el FBI no sabía era que Salem estaba grabando sus conversaciones con sus agentes de control. Las grabaciones cuentan una historia muy diferente de las versiones oficiales de la "investigación". *Según el New York Times*, que logró obtener transcripciones secretas de algunas de esas conversaciones, el FBI sabía de antemano cuándo se iba a colocar la bomba, quién iba a hacerlo, los nombres de todos los miembros de la célula terrorista y dónde se había alquilado el camión. Peor aún, una grabación va aún más lejos. Parece que el FBI no sólo estaba al corriente de la planificación, ¡sino que ayudó a los terroristas a conseguir y construir la bomba

El plan original del FBI consistía en que el informante proporcionara una sustancia no explosiva etiquetada como "nitrato de amonio" y luego la utilizara para fabricar una "bomba" que no explotara. Todo lo que el FBI tenía que demostrar al tribunal eran los elementos de conspiración e intención. Sería una clásica operación encubierta y el FBI aparecería en los medios como un héroe, , lo que le permitiría pulir su manchada imagen desde la debacle de Ruby Ridge en Idaho.

En lugar de detener a los conspiradores cuando recibió información privilegiada sobre la preparación del atentado, el FBI mantuvo a su fuente en el lugar y siguió vigilando los progresos de los terroristas en la planificación y preparación de su objetivo. Según las transcripciones, se modificó el plan y se encargó al informador que proporcionara a los terroristas material explosivo real. Tal vez el razonamiento detrás de esto fue simplemente que demostrar la "intención" podría no ser suficiente para establecer un caso de terrorismo en un tribunal de justicia, y que si se encontraban explosivos reales, el caso se establecería por sí mismo. Cualquiera que fuera la razón, el plan pasó a la segunda fase: la fabricación de la bomba.

Según los informes y las transcripciones, Salem recibió instrucciones no sólo de proporcionar los materiales, sino también de instruir y ayudar en la fabricación de la propia bomba..... En [una] transcripción, [Salem] admitió [ante los agentes del FBI] que había utilizado fondos públicos para conseguir los materiales y construir la bomba para el grupo de Rahman, como se le había ordenado.

Estos interesantes detalles de la primera tragedia del World Trade Center ofrecen una imagen muy diferente de lo que ocurrió, en comparación con lo que nos han contado el FBI y sus aliados de la ADL. Es otro perfil ignominioso de cómo el Enemigo Interno operaba en suelo americano, y uno que obviamente plantea la pregunta:

"Si los israelíes fueron responsables del primer atentado contra el World Trade Center en 1993 -utilizando árabes como "bandera falsa"-, ¿volvieron en 2001 para terminar el trabajo

No apuestes en contra.

CAPÍTULO XXXIV

El vínculo entre el FBI y la ADL que causó el holocausto de Waco

El 16 de abril de 1993, sólo tres días antes del holocausto de la Iglesia de los Davidianos en Waco, Texas, un destacado partidario de la Liga Antidifamación (ADL) de B'nai B'rith reveló públicamente el papel de la ADL en la incitación de la acción del FBI/BATF en Waco, presumiblemente sin saber, por supuesto, que la tragedia inducida por la ADL estaba aún por llegar.

En un artículo firmado en la edición del 16 de abril de 1993 de *Heritage*, Herb Brin, editor del influyente semanario judío con sede en el sur de California, elogiaba la red de inteligencia de la ADL y afirmaba categóricamente: "La ADL no tiene red de inteligencia:

> Las autoridades estadounidenses y tejanas disponen de documentos precisos (de la ADL, por supuesto) sobre la secta davidiana de Waco y su funcionamiento en el pasado.

En otras palabras, fue la ADL la que "aconsejó" al FBI y a la BATF sobre cómo reaccionar ante los davidianos y qué medidas tomar para sacar a los miembros de la iglesia del recinto.

Y a la luz de la relación entre el FBI, la BATF y la ADL, está claro que fue la "documentación" de la ADL -para usar las palabras de Brin- lo que condujo al Holocausto.

La asombrosa revelación de Brin (aparentemente destinada a elogiar las actividades de la ADL) sacó a la luz la verdad sobre la propaganda y la desinformación dirigidas contra la desventurada y asediada secta religiosa de los davidianos. Por supuesto, los davidianos fueron masacrados tres días después.

A pesar de todo lo que se ha escrito sobre Waco, la única publicación que reveló el papel de la ADL (aparte del periódico *Heritage* de Brin) fue *The Spotlight*, en un reportaje especial publicado el 17 de mayo de 1993, poco después del holocausto de Waco.

Aunque el FBI y la BATF desempeñaron un papel destacado en el fallido asalto a la iglesia de la Rama Davidiana en Waco, Texas, con la pérdida de varios agentes de la BATF, lo cierto es que la ADL actuó entre bastidores.

Incluso documentos publicados posteriormente en la llamada prensa "dominante" proporcionan más pruebas de la existencia de agencias "externas", como la ADL, que estaban presionando al gobierno para que cometiera el holocausto de Waco.

Me vienen a la mente dos ejemplos notables, que merecen constar en acta,

En primer lugar, el 1 de mayo de 1995, el *Washington Times* publicó un artículo de Dan Freedman, de los periódicos Hearst, que revelaba

> Peter Smerick, el principal analista criminal del FBI y perfilador de David Koresh, ha roto su silencio para acusar a los funcionarios del FBI de presionarle para que cambiara sus consejos sobre cómo resolver la situación sin derramamiento de sangre.... [En cuatro memorandos escritos desde Waco a altos funcionarios del FBI entre el 3 y el 8 de marzo de 1993, Smerick había aconsejado un enfoque prudente y sin confrontación con Koresh. Pero, según Smerick, recibió presiones desde arriba cuando redactó un quinto memorándum el 9 de marzo. Como resultado, este memorándum contenía sutiles cambios de tono y énfasis que equivalían a una aprobación de un enfoque más agresivo contra los davidianos.

Aunque en un principio Smerick se mostró reacio a señalar con el dedo acusador a sus antiguos superiores del FBI, cambió de opinión, según el informe, "tras convencerse de que el proceso de análisis criminal del FBI, tradicionalmente independiente, se había visto comprometido en Waco".

Como demuestran las pruebas, fue la ADL, utilizando su influencia en los niveles más altos del FBI, la que provocó la publicación del análisis erróneo y sesgado que condujo a la tragedia de Waco.

Sin embargo, no fue hasta el 2 de julio de 1995 cuando un artículo enterrado en la sección de opinión del *Washington Post* reveló -al menos indirectamente en parte- los detalles de la implicación de grupos externos, uno en particular con estrechos y antiguos vínculos con la ADL.

El autor del artículo en cuestión era J. Gordon Melton, director del Instituto para el Estudio de la Religión Americana de Santa Bárbara, California, y autor de la autorizada *Enciclopedia de las Religiones Americanas*. Su coautor era Lawrence Criner, periodista.

Bajo el titular "Lo que las audiencias podrían decirnos" había un subtítulo provocador que planteaba la pregunta: "¿Escucharon las autoridades federales a los "expertos" equivocados?". - una pregunta que Melton y Criner creen que las muy discutidas audiencias del Congreso sobre Waco en su momento deberían abordar si se quiere completar la investigación. (De hecho, este aspecto fue prácticamente ignorado en los muy someros exámenes del asunto Waco que se llevaron a cabo).

Señalaron que algunos miembros del Congreso querían desviar la atención de la verdad sobre Waco hacia el coco de la "milicia", mientras que otros, principalmente republicanos, esperaban utilizar las audiencias para avergonzar a la administración demócrata de Clinton.

Melton y Crinter afirman: "Sería decepcionante que el propósito de se perdiera en la confusión de la política estadounidense, especialmente a medida que aflora nueva información sobre lo que ocurrió entre bastidores antes de que se incendiara el complejo de los davidianos". He aquí la gran pregunta, según los autores: "¿Cuál fue exactamente la justificación del asedio y quién ayudó a ponerla en marcha

Los autores examinan en detalle el conflicto existente en el FBI sobre el enfoque preciso que debía adoptarse con respecto a los davidianos, señalando en particular los problemas con los que se encontró Peter Smerick del FBI (mencionados anteriormente) y el hecho de que las autoridades no intentaran comprender la teología religiosa de Koresh y el impacto que tendría en el enfrentamiento, cuestión que los autores consideran un factor importante que ha sido explícitamente ignorado. Los autores continúan sugiriendo que

> Otro aspecto que las audiencias deberán explorar son los vínculos entre los organismos encargados de hacer cumplir la ley y los "expertos" externos con intereses creados. En este caso, el FBI había sido preparado en su momento por el movimiento anti sectas, cuyos ideales encarnan la Cult Awareness Network (CAN) y la American Family Foundation.
>
> Durante años, estas organizaciones presentaron sus puntos de vista sobre el control mental y la manipulación a cualquiera que quisiera escucharles, incluido el FBI. La acusación de que las sectas se preparaban para el suicidio masivo formaba parte integrante de este punto de vista. Durante Waco, el FBI se basó en gran medida en un "libro blanco" escrito bajo condición de anonimato que resumía este punto de vista. El agente Jamar, durante las primeras audiencias del Congreso sobre Waco, hizo hincapié en su "utilidad" en las semanas previas al incendio.
>
> Otra persona que desempeñó un papel en el drama de los davidianos es Rick Ross, que aparece en el informe oficial del gobierno sobre Waco como "experto en sectas" y se describe a sí mismo como "desprogramador". Ross declaró al FBI que "con mucho gusto ayudaría a las fuerzas del orden a destruir una secta".

Nancy Ammerman, profesora de sociología de la Universidad de Emory, en su adenda al informe del gobierno, afirma que Ross estaba "estrechamente implicado con la BATF y el FBI", proporcionando a la ATF "el nombre de un antiguo miembro que creía que tendría información estratégica importante". Ross declaró recientemente que "sirvió de enlace entre la BATF y David Block", un davidiano que se volvió contra el grupo cuando fue "desprogramado" por Ross en 1992. Según el informe del Tesoro, la información proporcionada por Block fue decisiva en la decisión de la BATF de asaltar el complejo davidiano ( ) en lugar de emitir una orden judicial según el procedimiento habitual. Nadie parece haber cuestionado que Block fuera un testigo objetivo o fiable.

Dean Kelley, asesor de libertad religiosa del Consejo Nacional de Iglesias, escribió que "era un error insistir en que el NAC no había contribuido a la animadversión contra Koresh y sus seguidores, cuando Ross y otros opositores a la secta estaban haciendo todo lo posible por exponer sus argumentos sobre el tema a las autoridades federales, los medios de comunicación y cualquiera que quisiera escuchar".

A la luz de la dirección tomada por el FBI, ¿por qué las autoridades federales han tendido a depositar más confianza en los "expertos en sectas" que en las autoridades acreditadas en estudios religiosos? Estas preguntas no han sido investigadas en profundidad. Las audiencias del Congreso, si quieren ser útiles y reveladoras, deben tratar de responderlas.

El reconocimiento por parte de los autores del papel de la Cult Awareness Network (CAN) y de la American Family Foundation (AFF) es dinamita política que debería haber sacado a la luz el papel menos conocido de la ADL en Waco.

Aunque los autores no mencionaron a la ADL por su nombre -pero no cabe duda de que conocían su existencia-, lo cierto es que la CAN y la AFF mantenían desde hacía tiempo estrechos vínculos con la ADL e incluso compartían oficinas con ella.

En 1974, un antiguo funcionario de la ADL, el rabino Maurice Davis, fundó Citizens Engaged in Reuniting Families (CERF), un frente de desprogramación que más tarde se fusionó con la American Family Foundation y la Cult Awareness Network.

La ADL creó entonces un centro anticultos a tiempo completo en la sede de la B'nai B'rith en Washington, D.C. El Centro de Cultos de la B'nai B'rith compartía oficinas con la Red de Concienciación sobre Cultos. El Centro de Cultos de la B'nai B'rith compartía oficinas con la Red de

Concienciación sobre Cultos.

La ADL estableció así vínculos formales y permanentes con la FAF/CAN, que se mantienen en la actualidad.

Y lo que resulta aún más intrigante sobre el rabino Davis -como hemos señalado anteriormente en estas páginas- son sus antiguos vínculos con los infames experimentos de control mental MK-ULTRA de la CIA, que comenzaron en la década de 1950 e incluían el uso de LSD y otras drogas que alteraban la mente.

Está claro que los asesinatos de hombres, mujeres y niños inocentes en Waco son directamente atribuibles a las fuerzas del orden federales que llevaron a cabo el ataque. *Pero las pruebas demuestran que la mano sucia de la ADL estaba trabajando entre bastidores.*

CAPÍTULO XXXV

Desfile de cabras de Judá: Andreas Strassmeir, Kirk Lyons y una sórdida serie de otros enemigos internos vinculados al atentado de Oklahoma City.

Si hay algo absolutamente cierto sobre el atentado de Oklahoma City del 19 de abril de 1995, es lo siguiente: informadores encubiertos -las cabras de Judah- rodeaban al presunto autor del atentado, Timothy McVeigh, y estaban claramente al corriente de sus actividades más clandestinas.

El enemigo interior -representado por grupos como la Liga Antidifamación (ADL) y el Centro Legal contra la Pobreza en el Sur (SPLC)-, así como agencias de inteligencia como la CIA, el FBI y la BATF, participaron estrechamente en la vigilancia (y dirección) de las actividades del puñado de individuos implicados (pero no necesariamente acusados) en el atentado de Oklahoma.

Y, por supuesto, dado el papel de la ADL en este asunto, también es correcto decir que el principal brazo exterior de la ADL, el Mossad israelí, estaba ciertamente al tanto de los acontecimientos que condujeron a la tragedia (y probablemente los dirigió).

Aunque sigue apareciendo abundante información sobre el encubrimiento del atentado por parte del Departamento de Justicia y el FBI, es especialmente triste que incluso aquellos que se han mostrado lo suficientemente abiertos como para discutir públicamente aspectos del encubrimiento hayan temido aventurarse tanto como para sugerir la probabilidad de una implicación del Mossad israelí. No obstante, existen pruebas fehacientes del papel de los informadores encubiertos en las circunstancias que rodearon la tragedia.

El 12 de mayo de 1997, el famoso columnista Sam Francis (ya fallecido) planteó preguntas sobre un tal Andreas Strassmeir, al que describió como "quizá la mayor anomalía en todo el asunto" del atentado.

Hasta entonces, sólo *The Spotlight* y un puñado de publicaciones independientes habían puesto en duda que Strassmeir pudiera tener alguna relación con los trágicos sucesos.

Sin embargo, el 20 de octubre de 1997, *el Washington Post* sacudió el mundo complaciente de los que critican las "teorías de la conspiración" al publicar una columna del comentarista Robert Novak en la que sugería que informantes encubiertos del gobierno -en particular Strassmeir- podrían haber estado operando en el círculo de Timothy McVeigh antes del atentado de Oklahoma City.

El Sr. Novak se centró en lo que calificó de "cuestiones serias y preocupantes" planteadas en un libro de Ambrose Evans-Pritchard, corresponsal durante muchos años en Washington del *Daily Telegraph* de Londres. El libro, titulado *The Secret Life of Bill Clinton: The Unreported Stories*, comienza con 108 páginas de datos sobre el atentado de Oklahoma descubiertos por Evans-Pritchard. Novak informaba a sus lectores de que el escritor inglés "no era un loco de las teorías de la conspiración", sino que era "conocido en Washington por su precisión, su trabajo y su valentía". Evans-Pritchard había "ofrecido pistas para descubrir un patrón de mentiras y engaños después de Oklahoma City que, de verificarse, se acercaría a Vietnam y Watergate en cuanto a socavar la confianza de los ciudadanos estadounidenses en su gobierno".

En particular, Novak describió las investigaciones de Evans-Pritchard sobre las extrañas actividades de Strassmeir, un antiguo oficial de inteligencia del ejército alemán que se encontraba ilegalmente en Estados Unidos. Evans-Pritchard dijo estar "seguro" de que Strassmeir estaba "bajo protección federal". El investigador británico también examinó las actividades de otro individuo, Dennis Mahon, estrechamente relacionado con Strassmeir antes del atentado.

Según Evans-Pritchard, Mahon estaba convencido de que Strassmeir era en realidad un informante federal encubierto que informaba al FBI o a la Oficina de Alcohol, Tabaco y Armas de Fuego (BATF) -o a ambos- sobre las actividades de los llamados extremistas de derechas.

El informe de Novak (basado en Evans-Pritchard) se hace eco de lo que informó *The Spotlight* (a continuación) el 16 de junio de 1997

> Los estadounidenses que siguieron los reportajes de las principales cadenas y agencias de noticias sobre el juicio de McVeigh no fueron informados -o lo fueron muy poco- del testimonio ofrecido por Carol Howe, una antigua informante a sueldo de la BATF, cuya información podría haber arrojado luz no sólo sobre el juicio de McVeigh, sino también sobre otros casos, como el asesinato de una joven:
>
> - Conocimiento previo por parte de las autoridades federales de un complot para volar el edificio federal de Oklahoma City; pero también

- La posibilidad de que un agente federal encubierto fomente activamente tal actividad...

El 28 de mayo de 1997, el *Denver Post* también informó a sus lectores de las acusaciones de Howe, afirmando que su testimonio podría haber sido "uno de los mayores comodines en el juicio de Timothy McVeigh".

La Sra. Howe acusó al inmigrante alemán Andreas Strassmeir de hablar de bombardear edificios federales.

El Denver Post también informó de que "aunque el FBI y los fiscales federales han negado repetidamente que Strassmeir o Mahon fueran sospechosos del atentado, los documentos entregados a la defensa demuestran que sí lo eran y que Howe fue interrogado largamente por agentes federales dos días después del atentado". *Pos* t también informó de que "el gobierno se negó a hablar de Howe".

Después, en lo que *el Rocky Mountain News describió* el 28 de mayo como una "sesión a puerta cerrada", el juez del juicio de McVeigh, Richard Matsch, dictaminó que el testimonio de Howe era "irrelevante" y no se permitiría.

A pesar de los esfuerzos por bloquear el testimonio de la Srta. Howe, los investigadores que examinaron todas las pruebas se centraron repetidamente, en particular, en el papel del enigmático Strassmeir.

También llama la atención el papel del abogado y amigo íntimo de Strassmeir, Kirk Lyons, que apareció hace unos años en la "derecha", en el sentido de que fue Lyons quien desempeñó un papel clave para sacar a Strassmeir del país y ponerlo fuera del alcance de la defensa de McVeigh (de hecho, se sabe que McVeigh llamó al despacho de Lyons justo antes del atentado).

Esto dio lugar a la especulación de que Lyons estaba actuando de hecho como "controlador" de Strassmeir para el gobierno federal, que naturalmente deseaba mantener cualquier prueba de conocimiento previo de un complot de bomba fuera de las manos del jurado McVeigh, sobre todo porque su propio informante reputado podría haber estado jugando el papel de instigador.

El nuevo libro de Evans-Pritchard también contiene información intrigante sobre la posible identidad del ahora tristemente célebre "John Doe n° 2". El escritor inglés sugiere que John Doe No. 2 es en realidad un hombre de Pennsylvania, Michael Brescia, que fue visto con McVeigh y Strassmeir al menos en una ocasión. En última instancia, sin embargo, es probable que estuvieran implicados muchos otros "desconocidos".

Según Kirk Lyons, Strassmeir llegó a Estados Unidos por su interés en las recreaciones de la Guerra Civil. Esto parece bastante inocente. Sin embargo, a la luz de la implicación de Strassmeir en las "recreaciones de la Guerra Civil", merece la pena señalar que, según John Hurley -director durante mucho tiempo del Confederate Memorial Hall (CMA) de Washington-, la CIA utilizaba a menudo las actividades de recreación de la Guerra Civil como tapadera para sus propias operaciones encubiertas. Hurley sabe un par de cosas sobre estos asuntos, ya que tuvo un encontronazo con la CIA cuando ésta utilizó testaferros para intentar hacerse con el control del CMA y utilizarlo para sus "operaciones encubiertas". En cualquier caso, el escritor británico Evans-Pritchard comentó

> Se supone que Strassmeir no podía ser un agente de la CIA porque operaba en suelo estadounidense. Pero no es necesariamente así. Podría haber informado a la sección de servicios internos de la CIA ( ), que tiene oficinas en todo el país. Según los procedimientos habituales, sus informes se remitirían a través de ellos a la Dirección de Operaciones de la CIA. Otra posibilidad es que fuera un agente del FBI que trabajaba bajo los auspicios de la CIA. Mi propia hipótesis, por si sirve de algo, es que Strassmeir era un activo compartido, prestado al gobierno estadounidense, pero en última instancia responsabilidad de la inteligencia alemana.

Evans-Pritchard también señaló que los fiscales federales presentaron a McVeigh como "un radical antigubernamental empeñado en vengar Waco" pero "restaron importancia" a los vínculos de McVeigh con los círculos en los que operaba Strassmeir. Y, añade, "lo mismo hizo la prensa estadounidense". La pregunta es ¿por qué? ¿Por qué desviar la atención del movimiento supremacista blanco

Pero las cosas son aún más turbias. El 8 de junio de 2001, The *Times* de Londres publicó un revelador artículo sobre Strassmeir, en el que los autores concluían que Strassmeir era probablemente un agente encubierto. *El Times* informaba de lo siguiente: "La jeringuilla que ejecutará a McVeigh también vaciará a Strassmeir de toda significación, confiriéndole el estatus de nota a pie de página". En otras palabras, la jeringuilla eliminará a la única persona capaz de señalar con el dedo a Strassmeir.

El periódico señala que Strassmeir sabe leer hebreo -la lengua oficial de Israel- al parecer gracias a una novia que sirvió en el ejército israelí, "no exactamente la elección típica de un neonazi", añade The *Times*.

Además, el *Times* señala que cuando Strassmeir llegó a Estados Unidos "encontró fácilmente amigos -oficiales retirados del ejército, veteranos de la CIA, aficionados a la historia- y pasó a formar parte de una red" que, según el Times, "es poderosa en Estados Unidos, una red de influencia que se extiende al Pentágono y las agencias federales, las iglesias y los consejos de administración, las plataformas petrolíferas y las obras de construcción".

No es el perfil del típico "extremista neonazi", pero sí el de un agente de inteligencia.

Otras pruebas aportadas por el investigador independiente J. D. Cash sugieren claramente que Strassmeir fue el informador secreto que comunicó a sus superiores federales (que a su vez informaron a las autoridades alemanas) que Gary Lauck, un editor de Nebraska de la llamada literatura de "negación del Holocausto", estaba viajando a Dinamarca.

Durante este viaje, el Sr. Lauck fue detenido y posteriormente deportado a Alemania para ser juzgado, condenado y encarcelado en virtud de las leyes alemanas de "control del pensamiento" por su papel en la distribución de literatura ilegal (impresa en Estados Unidos) en Alemania.

Aunque el primer abogado de Timothy McVeigh, Stephen Jones, y luego sus últimos abogados antes de su ejecución -Rob Nigh, Richard Burr, Nathan Chambers y Christopher Tritico- afirmaron que Strassmeir había desempeñado un papel clave en el atentado de Oklahoma, los medios de comunicación estadounidenses mantuvieron esta información en secreto.

Cuando los abogados de McVeigh apelaron para bloquear su ejecución, citaron documentos del FBI publicados recientemente que sugerían que "había pruebas, ocultadas por el gobierno, de que otra persona podría haber sido el cerebro del atentado".

Los abogados nombraron a Strassmeir y a su amigo, Dennis Mahon, como posibles co-conspiradores, acusando al FBI de participar en un "plan para suprimir pruebas" de su papel, alegando que la información contenida en los documentos del FBI "sugería que uno de los otros participantes en el atentado era un informante de las fuerzas de seguridad federales".

De hecho, con el tiempo, empezaron a surgir pruebas sólidas que identificaban muy claramente a Strassmeir como informador encubierto.

El mencionado investigador independiente, J.D. Cash, y su colega, el ex teniente coronel de los Marines Roger Charles, han descubierto pruebas procedentes de un documento desclasificado del FBI que demuestran que *Andreas Strassmeir era un informante encubierto (que se hacía pasar por "neonazi") que trabajaba por cuenta de Morris Dees y su Southern Poverty Law Center (SPLC), con sede en Birmingham (Alabama), una operación de inteligencia privada.*

El documento, un mensaje de teletipo electrónico de cuatro páginas fechado el 4 de enero de 1996, fue enviado por el entonces director del FBI, Louis Freeh, a las oficinas del FBI implicadas en la investigación del atentado de Oklahoma. La existencia de este documento fue revelada por primera vez por Cash y Charles en el número del 14 de diciembre de 2003 del periódico de Oklahoma *The McCurtain Daily Gazette*.

Aunque muy redactado, el documento confirma lo que *The Spotlight* informó sobre Strassmeir y su amigo íntimo y abogado Kirk Lyons. En el documento desclasificado, el director del FBI se refiere a un informante del SPLC en el complejo "extremista" de Elohim City, en la frontera entre Arkansas y Oklahoma, y confirma que se hizo una llamada telefónica a este informante el 17 de abril de 1995, dos días antes del atentado.

Aunque los nombres de la persona que llamó y del interlocutor fueron ocultados por los censores del FBI, se estableció que alrededor de la misma hora Timothy McVeigh telefoneó a Elohim City para ponerse en contacto con Strassmeir, que al parecer no estaba disponible para atender la llamada.

El memorando del FBI afirma además que una persona de Elohim City tenía "una larga relación con uno de los dos conspiradores acusados [por el atentado]" (McVeigh y Nichols). Numerosos investigadores independientes han establecido que Strassmeir estuvo con McVeigh en varias ocasiones durante un largo periodo de tiempo antes del atentado.

El FBI, Lyons y otros, incluido el SPLC, insistieron en que esto no demostraba que Strassmeir estuviera implicado en el atentado. Sin embargo, ahora está claro a partir de información separada, junto con las revelaciones del memorando Freeh, que el informante del SPLC era efectivamente Strassmeir.

Cash y Charles concluyeron que "las referencias a un informante que trabajaba para el SPLC en Elohim City el día antes del atentado de Oklahoma City plantean serias dudas sobre lo que el SPLC podría saber acerca de las actividades de McVeigh en las últimas horas antes de que se encendiera la mecha de Oklahoma City, pero que el SPLC no ha revelado públicamente".

Ambos investigadores informaron de que cuando se presionó a Dees, del SPLC, para que explicara qué hacía su informador en Elohim City, éste dio la siguiente explicación: "Si te dijera lo que hacíamos allí, tendría que matarte".

El Sr. Dees afirmó que el SPLC sólo puso a McVeigh en su "pantalla de radar" tras su detención. Sin embargo, esto contradice las pruebas de que McVeigh estaba siendo vigilado de cerca por la Liga Antidifamación (ADL), aliada del SPLC, un año antes del atentado. La ADL y la SPLC intercambian regularmente datos de espionaje obtenidos de informantes.

Aunque el FBI declaró que Strassmeir tenía previsto huir a México "en un futuro próximo", Cash y Charles señalan que "ninguna de las oficinas que recibieron este memorando del Director del FBI se encontraba en Texas, donde Strassmeir acababa de llegar y desde donde tenía previsto escapar a través de la frontera mexicana". Además, el FBI no hizo ningún esfuerzo por visitar la oficina de Lyon en Carolina del Norte, donde al parecer Strassmeir se había escondido antes de huir a México.

Según el *Gazette*, "aunque Strassmeir era buscado para ser interrogado en relación con el atentado de Oklahoma en el momento de su fuga y se encontraba ilegalmente en Estados Unidos, estos hechos eran conocidos por el abogado Kirk Lyons [.. que nunca ha sido acusado de acoger a un fugitivo, obstruir la justicia o ser sancionado por el [colegio de abogados] por su papel admitido en ayudar a un cliente a eludir a las autoridades federales".

Todas las pruebas, incluido el memorándum del FBI, sugieren que Strassmeir estaba protegido por el FBI incluso antes del atentado. Inicialmente, la oficina de la BATF en Tulsa, Oklahoma, solicitó una orden de arresto contra Strassmeir después de que una de sus informantes, Carol Howe, informara de que Strassmeir planeaba volar un edificio federal estadounidense. Esto ocurrió en febrero de 1995, dos meses antes del atentado de Oklahoma.

Según el *Gazette*, Bob Ricks, agente especial a cargo de la oficina del FBI de Oklahoma City, pidió al fiscal del distrito de Tulsa, Steve Lawrence, que impidiera la detención de Strassmeir y una redada planeada en Elohim City, donde vivía Strassmeir.

Para preparar el juicio de McVeigh, su abogado, Stephen Jones, solicitó al FBI documentos relativos a la vigilancia de Elohim City. Sin embargo, el FBI afirmó que no tenía información que relacionara a McVeigh con nadie de la ciudad, lo que ahora se ha demostrado claramente que era mentira.

Por ejemplo, aunque Strassmeir pasó siete años en Estados Unidos, incluso después de que caducara su visado, lo que le convertía en extranjero ilegal, nunca fue interrogado por el FBI, a pesar de que se asoció con neonazis que estaban siendo investigados, varios de los cuales estaban relacionados con una serie de atracos a bancos en todo el país.

El FBI nunca necesitó hablar directamente con Strassmeir porque sus informantes actuaban como repetidores y pasaban su información a la agencia. Esta es una estrategia empleada desde hace mucho tiempo por el SPLC y la ADL en el manejo de la información de los informantes y su transmisión al FBI y otras agencias similares de aplicación de la ley.

Como era de esperar, Dees, el SPLC y la ADL se esforzaron en suprimir el papel de Strassmeir en el atentado y se apresuraron a desestimar las acusaciones de Howe, informante de la BATF, sobre Strassmeir.

Los ataques contra Howe utilizan el mismo lenguaje que el empleado por el amigo de Strassmeir, Kirk Lyons, que se unió a Dees y a la ADL desde el principio, así como todos los medios de comunicación de élite que intentan eliminar el vínculo entre Strassmeir y la ADL.

El hecho de que la ADL y Dees se nieguen categóricamente a admitir la implicación de un presunto "neonazi" en el escenario de Oklahoma nos lleva a preguntarnos: "¿Por qué?". La única explicación lógica es que Strassmeir fue un "soplón" todo el tiempo.

De hecho, como sabemos ahora, fue el desaparecido *Spotlight* -*cuyos periodistas pasaron a fundar American Free Press- el que* publicó artículos sobre el atentado de Oklahoma City que Timothy McVeigh dijo en privado que le habían "tocado muy de cerca".

La cobertura de *Spotlight* fue única (y claramente de interés para McVeigh) en el sentido de que se centró en el "panorama general", transmitiendo pruebas de que McVeigh era un pequeño engranaje de una vasta conspiración en la que participaban múltiples agencias de inteligencia e informadores que trabajaban con McVeigh y su círculo íntimo y manipulaban sus acciones.

Hoy, gran parte de lo que *The Spotlight* escribió en un principio ha sido finalmente confirmado por primera vez. Aunque McVeigh afirmó públicamente que era un "terrorista solitario", en privado dijo que *The Spotlight* iba en la dirección correcta, e incluso había frustrado sus esfuerzos por reivindicar un papel singular en la historia.

Dos amigos de McVeigh, condenados a muerte en la prisión federal de Indiana, han escrito un libro en el que cuentan la historia "desde dentro" del atentado, basada en gran parte en lo que McVeigh les contó que ocurrió realmente. *Secretos por los que vale la pena morir*, de David Paul Hammer y Jeffrey William Paul, probablemente , se acerca mucho más a la verdad que cualquier otro libro sobre el tema.

Y, como ya se ha señalado, aunque McVeigh se proclamó públicamente como un "terrorista solitario" -rechazando incluso el papel de su amigo Terry Nichols- McVeigh contó una historia muy diferente a sus amigos en la cárcel. Así que lo que *Secrets* informa es mucho más creíble que lo que se encuentra en los libros de los medios "dominantes".

El libro afirma que McVeigh fue reclutado (cuando aún estaba en el ejército) por un superior para que se sumergiera en la retórica y el estilo de vida de los movimientos "milicianos" y "patriotas" estadounidenses, viajando de feria de armas en feria de armas e informando de sus hallazgos.

En resumen, McVeigh era un "chivato" federal.

Sin embargo, aunque inusual desde un punto de vista psicológico, McVeigh compartía claramente las opiniones de aquellos a los que informaba.

Finalmente, McVeigh recibió la orden de organizar un equipo de "extremistas" para llevar a cabo un atentado terrorista en Estados Unidos con el fin de dar a las autoridades federales la oportunidad de tomar medidas enérgicas contra los disidentes políticos de ese país. McVeigh orquestó un plan de atentado (cuyos detalles comunicó a sus superiores) y en él participó al menos otro informante encubierto, el ahora tristemente famoso Andreas Strassmeir.

El propio McVeigh envió una carta a este autor, Michael Collins Piper, desde su celda en el corredor de la muerte de la prisión federal de Terre Haute, Indiana. El sobre contenía una copia impresa de un artículo sobre un individuo llamado Cary Gagan que afirmaba tener información privilegiada sobre el atentado de Oklahoma. De su puño y letra, McVeigh escribió en la impresión: "Una mentira de más mata a un delincuente", sugiriendo obviamente que Gagan era un mentiroso.

Pero lo que hacía interesante la nota de McVeigh era que yo nunca había escrito nada sobre Gagan. Al contrario, mis escritos para *The Spotlight* se habían centrado casi exclusivamente en la conexión Strassmeir.

Mi reacción inmediata al recibir esta nota de McVeigh fue deducir que McVeigh me estaba comunicando indirectamente (por medios tortuosos e indirectos) *que lo que yo había escrito era correcto*. Y ahora, por supuesto, tengo la satisfacción de saber que yo había tenido razón todo el tiempo, para disgusto de Andreas Strassmeir, Kirk Lyons y todos sus aliados y manipuladores en el oscuro mundo de la acción encubierta.

Sin embargo, a pesar de todo esto, hay mucho más en la horrible "historia detrás de la historia" del atentado de Oklahoma City, que exploraremos con más detalle en las siguientes páginas.

CAPÍTULO XXXVI

Timothy McVeigh y la ADL: una historia jamás contada

Inmediatamente después del trágico atentado de Oklahoma City, el periódico *Spotlight*, con sede en Washington, D.C., descubrió inadvertidamente -y por medios sorprendentes- pruebas sólidas de que el presunto terrorista, Timothy McVeigh, estaba en contacto estrecho y probablemente continuo con un agente de la Liga Antidifamación (ADL) de B'nai B'rith, y que la ADL había estado vigilando regularmente a McVeigh durante algún tiempo.

Probablemente nunca sabremos si este informante era el omnipresente Andreas Strassmeir, cuyo sórdido pasado ya hemos examinado, u otra persona. Pero he aquí los hechos que prueban que McVeigh y sus actividades estaban siendo estrechamente vigilados por la ADL.

El 21 de abril de 1995, en una edición matutina, *The Washington Post* informó -para sorpresa de *The Spotlight*- de que en el otoño de 1993, McVeigh -bajo el nombre de "T. Tuttle"- había publicado un anuncio clasificado que se publicó durante cuatro números semanales de *The Spotlight*, a partir del 9 de agosto de 1993.

Según el *Post*, la fuente de esta información es un comunicado de prensa de la ADL. Ni que decir tiene que *The Spotlight* se sorprendió al conocer esta historia. Así que cuando se le informó de la acusación, el equipo de *The Spotlight* hizo todo lo posible por localizar el anuncio y los documentos internos relacionados.

The Spotlight pronto supo por una fuente amiga con contactos de alto nivel con la inteligencia estadounidense que la razón por la que la ADL sabía que McVeigh se había anunciado en *The Spotlight* era porque la ADL tenía una "fuente interna" en el entorno de McVeigh.

Mientras tanto, esa misma tarde, el equipo de *The Spotlight* se quedó atónito cuando el *Post publicó* su edición del 21 de abril de 1995 a última hora de la mañana y, al reimprimir el artículo bastante extenso sobre McVeigh, *sólo* eliminó la referencia a los datos de la ADL sobre McVeigh.

(Ahora, años después, según los investigadores, la primera versión de este artículo *del Post* parece haber desaparecido convenientemente de los archivos del *Post*, algo muy inusual, dicen).

The Spotlight no tardó en darse cuenta de por qué el *Post* había acudido al rescate de la ADL, ocultando el íntimo conocimiento que ésta tenía de McVeigh cuando volvió a publicar la historia.

Aunque McVeigh se comprometió efectivamente a publicar el mismo anuncio en cuatro números consecutivos de *The Spotlight*, el anuncio no apareció en la primera semana (9 de agosto de 1993) en que estaba previsto. De hecho, no apareció hasta una semana después, en el número del 16 de agosto de 1993. Sin embargo, cuando la ADL se apresuró a notificarlo al *Washington Post*, éste indicó que el anuncio había aparecido por primera vez en el número del 9 de agosto.

En resumen, aunque la ADL sabía (a través de McVeigh o de una fuente cercana a McVeigh) que McVeigh había contratado la publicación de anuncios en *The Spotlight* y lo había documentado en su expediente, la ADL no sabía que un conflicto interno de programación en *The Spotlight* había impedido que el anuncio apareciera cuando estaba previsto inicialmente.

Irónicamente, el editor de *The Spotlight* acabó retirando el anuncio (que era sobre una pistola lanzallamas) porque, según dijo, algo parecía "sospechoso". Como resultado, ¡el anuncio nunca se publicó tantas veces como la ADL había planeado y anotado por primera vez en su archivo de vigilancia de McVeigh

Como resultado, después del atentado, más de un año después, cuando la ADL se apresuró a proporcionar al *Washington* Post "información" sobre el "vínculo" entre McVeigh y *The Spotlight*, citó erróneamente la fecha original del anuncio. Sin embargo, obviamente la ADL descubrió rápidamente (al igual que *The Spotlight*) que los datos de la ADL eran incorrectos y se apresuró a pedir a The Post que reescribiera su artículo original. Evidentemente, el error de la ADL refleja su íntimo conocimiento de los contratos publicitarios de McVeigh.

Dado que se sabe que la ADL comunica sus hallazgos a agencias como el FBI, la BATF, la CIA y el Mossad, el servicio de inteligencia israelí, ¿es descabellado preguntarse si alguna de estas agencias también tenía conocimiento de las actividades e intenciones de McVeigh

Cabe mencionar un último punto en relación con el interés de la ADL en los asuntos de Timothy McVeigh.

Si se tiene en cuenta que hubo informes contradictorios sobre la hora exacta en que Timothy McVeigh llegó a Oklahoma City antes del atentado -algo que el gobierno se apresuró a suprimir-, se da cierta credibilidad a la teoría de que pudo haber un "Tim McVeigh n° 2" (es decir, alguien que se hizo pasar por McVeigh) como parte de una conspiración más amplia de la que McVeigh pudo no haber sido consciente.

He aquí una posible respuesta a la pregunta de quién pudo hacerse pasar por McVeigh: diez días después del atentado, un terrorista israelí "de derechas" de 28 años, Sharon Svi Toval (también conocido como Zvi Sharon), fue detenido en Nueva York por las autoridades estadounidenses. Toval fue escoltado de vuelta a Israel bajo fuertes medidas de seguridad.

La única fotografía de Toval publicada en el *New York Daily News* el 3 de mayo de 1995 muestra a un joven que, sin su barba, bigote y kipá, podría ser confundido por un extraño con Tim McVeigh, el presunto autor del atentado de Oklahoma, o con la persona del famoso retrato robot "John Doe N° 1" que las autoridades publicaron inmediatamente después del atentado y que sirvió para identificar a McVeigh.

A la luz de los informes de 1995 según los cuales los abogados de McVeigh estaban considerando la posibilidad de que "terroristas de derechas" de Israel -o incluso la propia agencia de inteligencia israelí, el Mossad- hubieran desempeñado un papel en el atentado, el espectro de Toval resulta intrigante. Añádase a esto el evidente conocimiento "interno" de las actividades de McVeigh por parte de la ADL, vinculada al Mossad, y el caso se ilumina bajo una luz totalmente nueva.

Merece la pena destacar otro punto: aunque Timothy McVeigh declaró antes de su ejecución que había actuado solo al poner una bomba en el edificio Murrah el 19 de abril de 1995, nunca reveló el nombre de la persona de Oklahoma City que, el 17 de abril, dos días antes del atentado, envió a *The Spotlight* lo que sólo puede describirse como un "aviso" de que el atentado era inminente.

La existencia de esta advertencia da credibilidad a la afirmación de McVeigh de que nadie más que Terry Nichols y sus amigos, Michael y Lori Fortier, conocían el atentado planeado. También plantea dos preguntas pertinentes: 1) ¿Participó la ADL -que claramente estaba vigilando a McVeigh- en la distribución de este "aviso" o sabía quién era el responsable de enviarlo? 2) ¿Por qué el FBI se ha negado a comentar públicamente lo que hizo -si es que hizo algo- para identificar a la persona (o personas) que envió este aviso a *The Spotlight*

Esta es la historia que sólo *The Spotlight* y el periódico neoyorquino de izquierdas *Village Voice* (en su edición del 1 de octubre de 1997) y más tarde *American Free Press* se atrevieron a contar.

El 20 de abril de 1995, un día después del atentado de Oklahoma City, el servicio de correos *de Spotlight* abrió un sobre con el matasellos

"Oklahoma City".

El sobre fue enviado a *Spotlight* el 17 de abril, dos días antes del atentado. La dirección estaba escrita a mano, pero ahora sabemos que la letra claramente no es la de McVeigh.

Dentro del sobre había una postal con una fotografía de la época de la Depresión de una tormenta de polvo sobre Oklahoma. Esta famosa fotografía lleva el ominoso título de "Domingo negro" (que, por cierto, es también el nombre de una película de Hollywood sobre terrorismo). La postal también lleva impreso el pie de foto "Dust Storm Approaching at 60 mi. per hr.April 14, '35". (tormenta de polvo acercándose a 100 km/h).

La postal iba acompañada de una fotocopia de un artículo de *The Spotlight* de hace una docena de años sobre el asesinato por parte del gobierno de Gordon Kahl, crítico con Hacienda y la Reserva Federal. Ni en el sobre ni en el contenido había nombre ni remite.

Cuando el equipo de *The Spotlight* vio esta postal (justo un día después del atentado), supo que pasaba algo y llamó al abogado de *The Spotlight*, Mark Lane, que entregó inmediatamente la tarjeta original y el sobre a la Fiscal General Janet Reno y al FBI.

Aunque esta extraña postal indica claramente que alguien sabía de antemano que el atentado era inminente, el FBI dijo más tarde a Lane que habían "perdido" la postal. Afortunadamente, *The Spotlight* había hecho una copia.

Cuando James Ridgeway, un conocido columnista del *Village Voice*, se enteró de la existencia de la postal de este autor, se puso en contacto con el FBI en abril de 1997, pero lo único que pudo decir el portavoz del FBI fue lo siguiente:

"No hemos dicho nada al respecto. (La gramática incorrecta es la del portavoz del FBI).

Surgen varias preguntas: ¿Por qué el FBI "no dijo nada al respecto"? ¿Quién escribió en el sobre? ¿Es sólo una extraña coincidencia que una postal tan inquietante se enviara desde Oklahoma City sólo dos días antes del atentado

O es posible que el propio McVeigh no supiera que la postal iba a ser enviada *a The Spotlight* y no tuviera nada que ver con ello - que un tercero orquestara el envío como parte de un complot secreto para implicar *a The Spotlight* en el atentado (lo que, por supuesto, parece probable).

Si *The Spotlight* se hubiera limitado a tirar la postal o si su abogado no hubiera entregado el documento al FBI, no cabe duda de lo que habría ocurrido: el FBI habría sido informado de la existencia de la postal por una "fuente" y los agentes del FBI habrían irrumpido en las oficinas *de The Spotlight*, acusando al personal de "obstrucción a la justicia" por destrucción de pruebas, etc.

No cabe duda de que alguien distinto de Timothy McVeigh dirigió este sobre sospechoso y envió los documentos que contenía *a The Spotlight, dos* días antes del atentado. Esta persona conocía la inminencia del atentado y, al adjuntar el artículo de *Spotlight*, estaba vinculando implícitamente la muerte de Gordon Kahl (y la narración de su trágica historia *por parte de The Spotlight*) con el atentado.

El misterio que rodea a esta postal demuestra sin lugar a dudas que hay mucho más en el atentado de Oklahoma City de lo que McVeigh o el FBI están dispuestos a admitir. La razón por la que McVeigh decidió no contar toda la historia está abierta a la especulación. Del mismo modo, el hecho de que el FBI se niegue a hablar de esta postal no hace sino alimentar las dudas que persisten sobre lo que realmente ocurrió en Oklahoma City.

Al final, el FBI y sus aliados de la ADL saben mucho más sobre el atentado de Oklahoma City de lo que quieren admitir, y probablemente por una muy buena razón: la revelación de la verdad demostraría, más allá de toda sombra de duda, que las Cabras de Judá -el Enemigo Interno- fueron los responsables últimos de lo que ocurrió en Oklahoma City aquel trágico día de 1995.

CAPÍTULO XXXVII

Desinformación central: propaganda neoconservadora sionista sobre el atentado de Oklahoma City

En la primavera de 2004, respaldados por los principales elementos prosionistas del monopolio mediático, altos cargos de la red neoconservadora proisraelí empezaron a promocionar un libro en el que se afirmaba que el líder iraquí Sadam Husein estaba detrás del atentado de Oklahoma City y que el reputado líder terrorista islámico Ramzi Yousef - presunto agente del líder de Al Qaeda, Osama bin Laden- era una pieza clave en el asunto.

La teoría de que los dos líderes árabes, Sadam y Bin Laden, estaban implicados en una alianza altamente improbable para volar el edificio Murrah y culpar de ello a chivos expiatorios estadounidenses "totalmente blancos" surgió precisamente cuando los neoconservadores intentaban explicar el fracaso total de la guerra en Irak dirigida por Estados Unidos. El grupo "Sadam bombardeó Oklahoma City" presentó esta teoría como una nueva justificación para una guerra que, como la mayoría de los estadounidenses saben ahora, se basaba en un conjunto de mentiras atroces.

La promoción por parte de los neoconservadores de *El tercer terrorista*, de la ex periodista de la televisión de Oklahoma City Jayna Davis, es un medio a posteriori de justificar las fechorías y la desinformación de los neoconservadores y sus aliados en Israel que contribuyeron al estallido de la guerra.

El ex director de la CIA James Woolsey y Frank Gaffney (antiguo colega del intrigante neoconservador Richard Perle, investigado por el FBI por espiar para Israel) son sólo dos de los neoconservadores que han prestado sus nombres a los esfuerzos de promoción del nuevo libro.

Mientras tanto, *U.S. News & World Report*, publicado por el ideólogo proisraelí de línea dura Mort Zuckerman, ex presidente de la Conferencia de Presidentes de las Principales Organizaciones Judías Estadounidenses, y Fox News (propiedad del multimillonario proisraelí Rupert Murdoch) también se han unido al coro de promoción del libro.

Por su parte, *el Wall Street Journal* no sólo dio mucha importancia a la afirmación de Davis sobre la implicación de Sadam en el asunto de

Oklahoma, sino que incluso la relacionó con la teoría de la conspiración urdida por la escritora neoconservadora Laurie Mylroie, que afirma que Sadam también estuvo detrás del primer atentado contra el World Trade Center en 1993.

Además, *Vanity Fair* -publicado por el titán mediático proisraelí S. I. Newhouse- ofreció un perfil amistoso del subsecretario de Defensa Paul Wolfowitz, señalando que un "viejo amigo" de Wolfowitz (presumiblemente el mencionado Perle) afirma que Wolfowitz cree desde hace tiempo que Sadam estaba detrás de la tragedia de Oklahoma.

Los antecedentes del principal patrocinador de *The Third Terrorist* son particularmente interesantes: WND Books, una empresa propiedad de Joseph Farah, editor del World Net Daily ( ), con sede en Internet. Farah no sólo ha operado durante mucho tiempo en la esfera del multimillonario Richard Scaife, cuyas intrigas con la CIA se remontan a décadas atrás, sino que en 2003 Farah fue galardonado como "Periodista del Año" por la Organización Sionista de América, uno de los más fervientes partidarios de la guerra contra Sadam. Aunque es árabe-americano, Farah es un ferviente partidario de Israel y difícilmente es una fuente imparcial.

Pasemos ahora al libro: Jayna Davis ha demostrado de forma convincente que Timothy McVeigh viajó con al menos un ciudadano iraquí (afincado en Oklahoma City), y probablemente con más, en los minutos, días, semanas y meses previos al desastre. Y -aunque ella nunca lo menciona- fue el ahora desaparecido *Spotlight* el que prestó más atención a la investigación de la Sra. Davis, incluso cuando las principales fuentes de noticias ignoraron estudiadamente su trabajo.

Sin embargo, está claro que las cosas han cambiado. Pero para los que se fijaron bien en el reportaje de *The Spotlight* sobre el trabajo de Davis, nada de esto es sorprendente, porque -como dijo *The Spotlight* desde el principio- las supuestas pruebas de la implicación "iraquí" apuntaban en realidad a otra parte: Es decir, hacia la probabilidad de que elementos que operaban dentro de Estados Unidos (y que manipulaban a McVeigh) estuvieran preparando el terreno para un atentado terrorista del que se pudiera culpar falsamente a Sadam, con el único propósito de avivar una guerra contra el hombre fuerte iraquí, una guerra que finalmente tuvo lugar en la primavera de 2003.

Aunque Davis está indudablemente convencida de que el atentado fue obra de Oriente Próximo -de origen árabe o musulmán-, su libro presenta una serie de graves problemas. En primer lugar, Davis ha ignorado por completo las siguientes pruebas clave:

- El testimonio de Jane Graham, una superviviente del atentado que, uno o dos días antes del atentado, vio a un grupo de misteriosas figuras colocando explosivos en el interior del edificio Murrah; estos hombres no eran árabes, eran estadounidenses blancos y, desde luego, no eran McVeigh ni su presunto co-conspirador, Terry Nichols

- El testimonio de muchos supervivientes del atentado, entre ellos V. Z. Lawton, que insisten en que hubo una gran explosión interna dentro del edificio Murrah después de que el "camión bomba de McVeigh" explotara fuera, en la calle

- Datos sismográficos que indican más de una explosión en el momento de la catástrofe

- Y aunque numerosos informes de prensa de la época -procedentes de una amplia gama de fuentes- indicaban que se habían encontrado otras bombas sin explotar en el interior del edificio Murrah tras la explosión, Davis declaró categóricamente que estas amenazas de bomba "resultaron ser inofensivas".

- Aunque Davis se refirió al heroísmo del miembro del Departamento de Policía de Oklahoma City Terrence Yeakey ( ) -casi gratuitamente- nunca mencionó que el supuesto suicidio de Yeakey es considerado "asesinato" por sus amigos y familiares que creen, basándose en las declaraciones de Yeakey en su momento, que presenció algo antes o después del atentado que le llevó a creer que las autoridades estaban encubriendo la verdad sobre lo que realmente ocurrió.

- En particular, Davis nunca se refirió a las intrigas del ex oficial de inteligencia militar alemán de habla hebrea Andreas Strassmeir, casi con toda seguridad un informante encubierto, que muy probablemente trabajaba para la CIA o el FBI o para una agencia "privada" como el Southern Poverty Law Center o la Liga Antidifamación (ADL) de B'nai B'rith, un activo reconocido de la unidad de servicios clandestinos de Israel, el Mossad.

Aunque Davis no pretendía explorar todos los misterios que rodean el atentado, resulta desconcertante que haya ignorado algunas de las cuestiones más importantes que han surgido tras el atentado. Se ha concentrado en la llamada "conexión iraquí", pero incluso aquí deja más preguntas sin respuesta que las que responde.

Algunos sostienen que el libro del Sr. Davis se limita a examinar una pequeña parte de un panorama mucho más amplio e ignora detalles relevantes que, en su conjunto, apuntan en una dirección completamente distinta .

Davis nunca ha explicado adecuadamente por qué el FBI -bajo Bill Clinton o George W. Bush- estaba tan ansioso por suprimir las pruebas de la implicación de Sadam Husein y/o de militantes "islámicos" o "árabes" que trabajaban con Sadam o dentro de su esfera de influencia en la tragedia de Oklahoma.

Su mejor explicación -aunque bastante floja- fue la excusa de que la administración demócrata de Clinton (en el poder en el momento del atentado) no quería admitir que había ignorado las "advertencias" de un posible atentado emitidas por un operativo asociado con el Partido Republicano en el Capitolio, el "experto en terrorismo" de origen israelí Yosef Bodansky, que resultó ser una de las principales fuentes de Davis. Davis afirmó, de forma muy improbable, que los demócratas de la administración Clinton se habrían inclinado por desestimar las advertencias de Bodansky calificándolas de "propaganda sionista".

De hecho, en un aspecto, puede haber algo de verdad en esta afirmación, pero de una forma completamente distinta a la sugerida por Davis.

No cabe duda de que, como ha demostrado la propia Davis, agentes israelíes aterrizaron en Oklahoma City inmediatamente después del atentado y empezaron a promover la teoría de que, como dijo una de las fuentes israelíes de Davis, "la bomba que destruyó el edificio Murrah fue fabricada por terroristas árabes o por personas entrenadas por terroristas árabes".

Pero lo que Davis nunca exploró (ni mencionó, porque no encajaría en su teoría) fue la posibilidad de que la administración Clinton no tuviera ningún deseo de iniciar una guerra contra Sadam, reconociendo que la afirmación israelí de que Sadam estaba detrás de los atentados formaba parte del antiguo impulso neoconservador de derrocar al líder iraquí.

En un caso, Davis señaló que un empleado del Senado le había dicho que la conocían como "el bebé con la pistola cargada". El miedo era, dijo, "que no supieran a dónde ibas a apuntar después". Aunque está claro que Davis nunca se lo planteó, se podría interpretar de este comentario que la tenaz persecución de Davis quizá estaba yendo demasiado lejos.

En resumen, si la Sra. Davis empezara a indagar demasiado en la "conexión iraquí", podría descubrir algo totalmente opuesto: que la conexión iraquí era otra "bandera falsa" israelí diseñada para desviar la responsabilidad de una operación encubierta llevada a cabo por la inteligencia israelí.

Por ejemplo, aunque Davis pinta un cuadro bastante convincente de la complicidad de un inmigrante iraquí, Hussain Al-Hussaini, con McVeigh en el atentado de Oklahoma, no queda claro en su libro si cree que fue el archienemigo de Sadam, el fundamentalista islámico Osama bin Laden, o el gobernante árabe laico de Irak, Sadam (que reprimió activamente a los fundamentalistas islámicos), el patrocinador último de Al-Hussaini.

En su lugar, Davis ha tejido una historia enmarañada que vincula a Osama y a Sadam en un escenario improbable que nunca señala al culpable, un detalle bastante importante que parece escapar a quienes están tan ansiosos por aceptar su tesis. Un lector perspicaz se dará cuenta de ello inmediatamente, pero, por otra parte, la mayoría de los lectores no son tan perspicaces, lo que aboga a favor de la probabilidad de que muchos - lamentablemente- se tomen en serio el libro de Davis. (En un momento dado afirma que "esto es realmente una conspiración extranjera dirigida y financiada por Osama bin Laden, según mis fuentes de inteligencia", pero esta acusación categórica queda refutada por otras afirmaciones que ha hecho en otro lugar sobre que al-Hussaini "posiblemente" (sus palabras) haya sido "un miembro dedicado de la preciada unidad militar de Sadam Husein, la Guardia Republicana" (y por tanto un agente de Sadam, no de bin Laden).

Es cuando Davis empieza a explorar el supuesto vínculo entre el misterioso Ramzi Yousef y el asunto de Oklahoma cuando su teoría empieza realmente a desentrañarse. Se adentra en un terreno resbaladizo al intentar vincular a un supuesto fundamentalista islámico (aparentemente sometido a la disciplina de la red Al-Qaeda de Bin Laden) con un agente de Sadam Husein, el líder iraquí a quien el propio Bin Laden se había comprometido a destruir.

Es más, uno se pregunta realmente para quién trabajaban *realmente* Yousef y su tío, Khalid Shaikh Mohammed (considerado el jefe de operaciones de Al Qaeda).

Como hemos visto anteriormente en estas páginas, las pruebas publicadas por primera vez por el periodista judío estadounidense Robert I. Friedman en *el Village Voice* de Nueva York indican que Yousef colaboraba estrechamente con un topo israelí dentro de la conspiración que estuvo detrás del atentado de 1993 contra el World Trade Center (WTC), precursor de la tragedia del 11 de septiembre de 2001.

Así pues, cuando Davis afirmó que "el terrorista que organizó la entrega de un camión Ryder cargado con una potente bomba de fertilizante y fuel-oil en el distrito financiero de Estados Unidos probablemente orquestó un atentado similar en Oklahoma City", estaba sugiriendo, sin saberlo, que los servicios de inteligencia israelíes también podrían haber desempeñado un papel en el atentado de Oklahoma, como lo hicieron en el atentado de 1993 contra el WTC.

Pero no esperes que Davis o sus promotores mediáticos digan eso.

Nada de esto quiere decir que Davis promueva deliberadamente información falsa. Sin embargo, es concebible que Davis, impulsada por el deseo de presentar su historia meticulosamente montada, fuera manipulada y no reconociera ni comprendiera las sutilezas del mundo de la intriga.

En resumen, el atentado de Oklahoma es mucho más complejo de lo que la mayoría de los estadounidenses creen, y estos hechos ocultos apuntan sin duda al papel de las cabras de Judá: el enemigo interior.

CAPÍTULO XXXVIII

¿Qué ocurrió realmente en Oklahoma City? Un escenario que tiene sentido

Hay que señalar desde el principio que lo que sigue en este breve capítulo es de naturaleza puramente especulativa. No obstante, se basa en el examen a largo plazo por parte del autor de una amplia variedad de información publicada y recopilada por numerosos investigadores independientes sobre el atentado de Oklahoma City, por no mencionar una serie de hechos y declaraciones presentados por investigadores oficiales.

Hay que añadir que incluso dentro de las filas de quienes investigaron el atentado de OKC, las opiniones difieren considerablemente en cuanto a lo que ocurrió exactamente aquel trágico día.

La mayoría de las teorías se solapan en algunos puntos, pero la verdad es que la mayoría de los que proponen lo que *parecen ser* teorías *opuestas* parecen bastante dispuestos a descartar la base de las otras teorías, discutiendo detalles o ignorando deliberadamente hechos inconvenientes que sugerirían que la conspiración ha ido en direcciones que preferirían ignorar.

Vale la pena señalar aquí que muchos de los investigadores supuestamente "independientes" que optan por ignorar los hechos inconvenientes parecen temerosos de sugerir que, tal vez, podría haber un vínculo israelí con la tragedia de Oklahoma City. Algunos de ellos, por ejemplo, se niegan a reconocer que los actores árabes que han sido vinculados a la conspiración pueden, de hecho, haber estado actuando como "falsas banderas" para el servicio de inteligencia de Israel, el Mossad. (Este aspecto, por supuesto, ya se ha tratado con cierta extensión en un capítulo anterior).

¿Qué hay de las diferentes teorías? Echémosles un vistazo e intentemos identificar, de la forma más sencilla posible, los puntos principales de cada una...

Algunos sostienen que fue una "operación del gobierno estadounidense" diseñada deliberadamente para destruir el edificio Murrah y culpar de ello a las "milicias de derechas" con el fin de aplicar medidas de estado policial destinadas a imponer la ley marcial en Estados Unidos y disolver así nuestra república constitucional.

Muchos defensores de este escenario sugieren que las órdenes "vinieron de arriba", es decir, que el presidente Bill Clinton y sus principales asesores estaban "en el ajo", tal vez actuando como apoderados de sus villanos favoritos, como los "Illuminati", el Consejo de Relaciones Exteriores o algún otro tenebroso bloque de poder internacional. Esta es una versión simplista que ignora algunos de los detalles más mundanos que examinaremos en breve.

Mientras que algunos sostienen que McVeigh era sólo un "chivo expiatorio" -quizás con el cerebro lavado y la mente controlada-, otros sugieren que McVeigh era un agente consciente de conspiradores superiores entre bastidores, parte de un equipo secreto del gobierno que organizaba actos de terrorismo.

Otros sostienen que McVeigh iba "en serio", que conspiraba activamente para volar el edificio federal por su cuenta (junto con un puñado de otros extremistas, conocidos y desconocidos) y que las autoridades gubernamentales permitieron que la conspiración siguiera adelante, siempre con el objetivo de suprimir las milicias y establecer un estado policial como parte de un gran plan para un Nuevo Orden Mundial.

Por otra parte, se ha argumentado que el gobierno estaba al corriente de los planes de McVeigh, pero que una operación encubierta federal (posiblemente dirigida por la BATF) para detener -y desenmascarar- a McVeigh y sus colaboradores salió mal; que la bomba explotó y destruyó el edificio Murrah y que los agentes del gobierno que no lograron impedir la tragedia se vieron obligados por ello a encubrirla.

Esta tesis se basa en la idea de que la BATF estaba en el punto de mira tras la debacle de Waco con la iglesia Branch Davidian y trataba de demostrar lo útiles que eran sus esfuerzos en la lucha contra el "extremismo" del tipo por el que McVeigh fue condenado. Sin embargo, según esta teoría, la BATF cometió un error y el atentado tuvo lugar.

En términos generales, esta tesis sostiene que McVeigh era "de verdad", por así decirlo, pero que la torpeza del gobierno permitió que ocurriera la tragedia y que el encubrimiento del gobierno fue necesario para evitar que la verdad sobre la incompetencia del gobierno llegara al público.

Otra variante de una o más de las versiones anteriores de "lo que ocurrió" es que McVeigh y sus co-conspiradores planearon detonar una bomba frente al edificio Murrah, pero que otros -generalmente considerados "agentes del gobierno"- también colocaron bombas dentro del edificio y se aseguraron de que se produjera una pérdida masiva de vidas y una destrucción significativa. Esta tesis se basa en la suposición razonable de que sólo agentes del gobierno habrían tenido acceso al edificio Murrah (una instalación federal) para hacer posible tal escenario.

Y luego, por supuesto, como hemos visto, están los que dicen que Osama bin Laden o Sadam Husein (o ambos juntos) fueron los responsables últimos de lo ocurrido en Oklahoma City. Esta tesis es obviamente la hipótesis menos probable, pero, como ya hemos señalado, es la que ha recibido más publicidad, aparte de la que se ha dado a la hipótesis oficial del Gobierno de que McVeigh era efectivamente un "loco solitario" (aparte de la participación periférica de su amigo Terry Nichols y del posible conocimiento previo de sus amigos Michael y Lori Fortier).

En última instancia, sin embargo, hay una línea argumental que, en su conjunto, conecta muchos de estos hilos de una manera que parece tener sentido.

Este es el escenario que presentamos hoy. El escenario del atentado de Oklahoma City es el siguiente: Timothy McVeigh era un hombre joven - un veterano del Ejército- aficionado a la filosofía de "derechas" y al movimiento de las milicias. Pudo haber sido reclutado por una unidad secreta de inteligencia para infiltrarse en las milicias e informar sobre sus actividades.

Esta misión de infiltración en la milicia formaba parte de un esfuerzo calculado para colocar a McVeigh en la posición de ser -en la percepción pública- precisamente el tipo de activista de la "milicia de derechas" que él (McVeigh) creía estar vigilando para sus superiores (que tenían una agenda secreta bien escondida de McVeigh).

El propio McVeigh -si es que es pro-milicia, como muchos creen, basándose en lo que se supone que son sus propios escritos y declaraciones- probablemente fue informado de que actuaba en nombre de altos cargos gubernamentales o militares que eran pro-milicia y los veían como posibles aliados en una lucha definitiva contra el temido "Nuevo Orden Mundial".

Por lo tanto, en esta parte del guión, McVeigh puede haber creído que no estaba actuando como "soplón" o informante, sino que estaba intentando ayudar al movimiento de la milicia actuando como enlace entre el movimiento y sus supuestos partidarios dentro del ejército federal o las fuerzas del orden.

También es posible que, como parte de su reclutamiento y entrenamiento, en el marco de una operación clandestina, McVeigh fuera sometido -incluso en esta fase temprana- a una forma de programación o control mental de la que tal vez no fuera consciente.

El antiguo socio de McVeigh en una prisión federal, David Paul Hammer, ha sugerido que McVeigh fue reclutado en una unidad secreta y que McVeigh simpatizaba realmente con la filosofía de los grupos milicianos que supervisaba.

Sin embargo -y éste es el punto importante- es totalmente posible que la unidad (o entidad) que reclutó a McVeigh *no fuera* una operación oficialmente sancionada por el gobierno estadounidense y fuera, en cambio, una operación "salvaje" bajo el control de un verdadero simpatizante de la milicia dentro de los círculos militares y de inteligencia estadounidenses.

Existe otra posibilidad: esta operación (que tenía suficientes marcas en las orejas como para convencer a McVeigh de que estaba patrocinada por el gobierno estadounidense) podría no haber sido siquiera una operación del gobierno estadounidense. Al contrario, podría haber sido una operación completamente espuria, montada en costas estadounidenses por el Mossad israelí.

Esta operación del Mossad podría haber utilizado agentes locales estadounidenses que trabajaban -a sabiendas o no- por cuenta de los servicios de inteligencia israelíes. En otras palabras, incluso los superiores inmediatos de McVeigh ( ) pueden haber sido engañados por los israelíes y no haber sospechado nunca de él; en otras palabras, auténticos simpatizantes de la milicia en los círculos militares estadounidenses pueden haber sido cooptados por el Mossad y así, a su vez, utilizados para reclutar a McVeigh y a otros.

En resumen, se trata de una trama con múltiples capas, pero que en realidad es bastante sencilla de montar. Esto es típico del uso clásico del Mossad de "falsas banderas" y falsas identidades en pos de sus históricamente insidiosos juegos de intriga.

Con todo esto, Timothy McVeigh empezó a moverse en los círculos de la milicia, entablando contacto con individuos de ideas afines. En poco tiempo, como hemos visto, las actividades de McVeigh estaban siendo claramente vigiladas, al menos en parte, por la Liga Antidifamación (ADL) de B'nai B'rith, una rama muy eficaz del Mossad.

Fue durante este mismo periodo cuando McVeigh encontró entre sus nuevos asociados a un enigmático individuo llamado Andreas Strassmeir, quien, como hemos visto en capítulos anteriores, tenía conexiones militares y de inteligencia bastante notables tanto aquí como en el extranjero, por no mencionar el hecho de que hablaba hebreo, el idioma del Estado de Israel. No es en absoluto, como hemos señalado, el perfil del habitual agitador "neonazi" o "racista blanco".

Está claro que Strassmeir y su amigo íntimo y abogado, Kirk Lyons, así como el socio de Lyons, Dave Holloway, antiguo piloto de la CIA, están mucho más implicados de lo que quieren que la gente crea.

En cualquier caso, como ahora sabemos, el informante encubierto

Strassmeir y los habitantes de Elohim City, el ahora notorio complejo de "Identidad Cristiana", estaban siendo vigilados por al menos una división de la BATF, la oficina que utilizó a la joven Carol Howe como informante. La señorita Howe informó a sus superiores en la BATF sobre los planes de Strassmeir de atacar edificios federales estadounidenses.

En última instancia, sin embargo, el gobierno de EE.UU. hizo todo lo que estuvo en su mano para rechazar las alegaciones de Strassmeir de la Sra. Howe, a pesar de que el expediente indica claramente que ella había presentado sus alegaciones de Strassmeir mucho antes de que tuviera lugar el atentado de Oklahoma City.

Así que parece que una parte del aparato de inteligencia del gobierno estadounidense (la parte que dirigía a la señorita Howe) puede no haber sido consciente de que la otra parte dirigía las actividades de Strassmeir (y McVeigh).

No sería la primera vez que ocurre algo así. Como ya se ha mencionado, al mismo tiempo que una división de la CIA utilizaba y financiaba a informantes en el movimiento contra la guerra de Vietnam, otras divisiones de la CIA e incluso el FBI gastaban millones de dólares en luchar contra el movimiento antiguerra.

Y todo esto no excluye la posibilidad -nos atreveríamos a decir la probabilidad- de que elementos del gobierno nacional implicados en la manipulación de Strassmeir y McVeigh trabajaran también mano a mano (a sabiendas o no) con una red de inteligencia extranjera, concretamente la de Israel. Y ni que decir tiene que Israel era el único gobierno extranjero que tenía el más mínimo interés en desacreditar a los círculos estadounidenses de "derechas" (a menudo antijudíos y antisionistas) en los que operaban Strassmeir, Lyons y McVeigh*.

---

* Hace unos años, este autor, Michael Collins Piper, tuvo la oportunidad de enfrentarse directamente a Kirk Lyons y acusarle de ser un chivo expiatorio de Judas.

Aunque hacía tiempo que albergaba sospechas sobre Lyons, basadas en una serie de cosas que había observado en él a lo largo de los años, mis colegas me habían aconsejado que me guardara mis sospechas, ya que Lyons era ostensiblemente "amigo" de mi empleador, Liberty Lobby, la institución populista que publicaba *The Spotlight*.

Finalmente, sin embargo, a medida que salían a la luz los detalles que rodeaban los vínculos de Lyons con Strassmeir, Lyons emergió como un actor abierto en la destrucción del partido populista que Liberty Lobby había contribuido decisivamente a crear. Lyons reveló su abierta hostilidad hacia Liberty Lobby cuando representó a un funcionario del partido, Donald Wassall, en un caso legal que me obligó a testificar ante un tribunal federal y a ser interrogado bajo juramento por Lyons. Fue entonces cuando me enfrenté a Lyons, para su aparente consternación.

En un momento del juicio, cuando Lyons me hizo una pregunta sobre parte del material de *The Spotlight*, le contesté: "Mi fuente en esto, Sr. Lyons, *es su* FBI". El énfasis estaba en la palabra "su". Mi intención era sugerir públicamente, aunque de forma bastante sutil, a Lyons -como ya le había acusado abiertamente de hacer en *The Spotlight*- que Lyons era un colaborador del FBI sobre la base de su asociación con Strassmeir, que era (como ahora sabemos) un informante encubierto.

Aunque mi comentario pasó ciertamente por alto al jurado y probablemente a la mayoría de los presentes en la sala, incluido el propio juez Lancaster, Lyons retrocedió literalmente un metro o dos, gritando "Protesto". Tenía los ojos desorbitados.

En aquel momento se me ocurrió que había dado en el clavo y que Lyons estaba completamente estupefacto, horrorizado y enfadado por haberme atrevido a acusarle a la cara, lo que probablemente era la primera vez que ocurría.

El abogado contrario intervino, dirigiéndose al juez, diciendo más o menos: "Señoría, no hay nada malo en lo que ha dicho el Sr. Piper. Es el FBI del Sr. Lyons. *Es su* FBI. Es *el* FBI *de todos*. No vemos ninguna razón para que el Sr. Lyons se oponga".

Lyons volvió a tartamudear, furioso, y el juez Lancaster le abofeteó, diciendo: "Señor Lyons, apártese". Lyons obedeció obedientemente. Entonces el juez Lancaster ordenó a Lyons que "bebiera un vaso de agua". Conscientemente, casi tímidamente, Lyons bebió un vaso de agua. El juez le dijo entonces a Lyons que podía continuar.

Habiendo visto la respuesta de Lyons -de cerca y en persona- no me quedó ninguna duda de que Lyons era, en efecto, una cabra de Judas. Aunque se presentaba como un "abogado nacionalista", él y su socio, Dave Holloway, antiguo piloto de la CIA, (y su amigo Andreas Strassmeir) estaban inmersos en el mundo de la intriga y estaban traicionando la confianza de tantos buenos nacionalistas que creían en ellos.

Mientras tanto, por supuesto, tenemos que añadir a esta ya compleja mezcla las pruebas de que también había árabes nacidos en el extranjero -al menos uno, y posiblemente más- involucrados con McVeigh en las semanas previas al atentado. Y, como hemos visto en detalle en un capítulo anterior, esta "conexión árabe" indica la probabilidad de participación del Mossad israelí.

Por supuesto, muchos investigadores independientes del atentado de Oklahoma City serán reacios, por razones obvias, a mencionar la posibilidad (o incluso la probabilidad) de una conexión israelí, a pesar de todas las pruebas que tienen delante. Estas personas temen, con razón, ser acusadas de "antisemitismo", pero la verdad es que al proponer teorías "alternativas" sobre "lo que realmente ocurrió en Oklahoma City", ya se han puesto en la posición de ser "vigilados" por la Liga Antidifamación, el Southern Poverty Law Center, el FBI, la BATF, la CIA y todas las demás entidades que vigilan a las personas que se atreven a cuestionar la narrativa oficial del gobierno estadounidense sobre lo que ocurrió en Oklahoma City.

No es coincidencia que el escenario descrito en este capítulo se haga eco del escenario modelo que este autor, Michael Collins Piper, ya ha presentado en el libro *Juicio* Final, relativo al asesinato de John F. Kennedy, un escenario que también sitúa al Mossad de Israel en el centro de las maquinaciones y circunstancias que rodearon el asesinato de nuestro 35° Presidente.

En esencia, este escenario afirma que elementos de la CIA estadounidense -con la intención de derrocar a Fidel Castro de Cuba- estaban organizando un "falso" intento de asesinato del presidente Kennedy, diseñado para fracasar pero, al mismo tiempo, lo suficientemente sensacionalista como para provocar una protesta pública -para que el presidente Kennedy invadiera Cuba.

Había que disparar contra el presidente Kennedy mientras desfilaba triunfante en Dallas, y luego encontrar pruebas que implicaran a la Cuba de Castro. Algunos han sugerido que el hermano de JFK, el Fiscal General Robert Kennedy, estuvo involucrado en la operación, quizás incluso con el conocimiento del Presidente. Esta hipótesis sugiere que los gestos amistosos del Presidente hacia Castro entre bastidores formaban parte de un plan para engañar al líder comunista cubano y acabar con él, aunque incluso este aspecto de esta hipótesis concreta es objeto de debate académico.

En cualquier caso, el papel desempeñado por Lee Harvey Oswald, finalmente acusado de ser el asesino del Presidente, en este escenario aún no ha sido determinado, pero es más que probable que su papel consistiera simplemente en entregar en la escena del crimen el arma que iba a ser descubierta por la policía de Dallas tras el "fallido intento de asesinato" en . Cada vez está más claro que Oswald no disparó ni un solo tiro aquel trágico día en Dallas.

Pero a medida que se desarrollaba el escenario básico, la intervención exterior transformó el "falso" intento de asesinato en un ataque real. En otras palabras, mientras Oswald llevaba a cabo su misión -bajo las órdenes de sus manipuladores, que casi con toda seguridad eran funcionarios de la CIA o agentes contratados que pensaban que estaban llevando a cabo el "falso" atentado contra JFK-, asesinos de la vida real se trasladaron a la plaza Dealey y llevaron a cabo un asesinato de la vida real.

El asesinato tuvo el efecto de comprometer a funcionarios de la CIA, por lo demás inocentes, en un crimen que nunca tuvieron intención de cometer. Además, es casi seguro que un puñado de funcionarios de los servicios de inteligencia nacionales, en particular de la CIA, eran perfectamente conscientes de que se estaba planeando un asesinato real.

En Juicio Final, sostenemos que el jefe de contrainteligencia de la CIA, James J. Angleton -un devoto leal a Israel- fue el primero de ellos. En cuanto al propio Oswald, fue silenciado antes incluso de que pudiera decir públicamente lo que sabía o creía saber.

Esencialmente, intervinieron elementos ajenos al "falso" asesinato planeado y lo pusieron todo patas arriba, preparando el terreno para un encubrimiento masivo.

Argumentamos aquí que lo que hemos descrito sobre la tragedia de Oklahoma City es el escenario más probable de cómo se desarrolló el atentado, una conspiración que utilizó casi exactamente el mismo modelo que el utilizado para la ejecución pública de John F. Kennedy.

Por lo tanto, parece probable que Timothy McVeigh estuviera al tanto de un plan para detonar una bomba en el exterior del edificio Murrah de Oklahoma City. McVeigh y sus co-conspiradores estaban siendo vigilados y manipulados por lo que describimos como "fuerzas superiores" que tenían toda la intención de permitir que el camión bomba de McVeigh explotara.

Al mismo tiempo, parece que ciertos miembros de los servicios de inteligencia estadounidenses (en particular de la BATF) intentaron frustrar los planes de McVeigh, pero fracasaron, bien por la clásica incompetencia gubernamental o -en un escenario más siniestro- quizá precisamente porque ellos mismos fueron frustrados por sus colegas, cómplices voluntarios o involuntarios de las "fuerzas superiores".

En última instancia, el hecho de que una miríada de agencias gubernamentales estadounidenses -incluidas la BATF, el FBI, la CIA y probablemente otras- hubieran tenido conocimiento de las actividades de McVeigh mucho antes del atentado (así como de las de Strassmeir) puso al gobierno en una situación de encubrimiento absolutamente necesaria que desembocó en la hipótesis definitiva del "terrorista suicida solitario" que se convirtió en la línea oficial del gobierno estadounidense.

Sin embargo, como hemos visto, hay pruebas suficientes que sugieren que las supuestas "conexiones internacionales" del atentado de Oklahoma City no apuntan a Osama bin Laden ni a Sadam Husein, tanto si trabajan juntos como si lo hacen de forma independiente.

En su lugar, señalan con el dedo a Israel.

En última instancia, afirmamos que el atentado de Oklahoma puede atribuirse en última instancia a Israel: La inteligencia israelí utilizó su considerable influencia a muchos niveles dentro de las fuerzas del orden estadounidenses -y a través de operaciones de espionaje nacionales como ADL y el Southern Poverty Law Center- para manipular a Timothy McVeigh (y a sus diversos asociados, entre ellos Andreas Strassmeir y otros) para que pusieran en marcha la cadena de acontecimientos que condujo al desastre de Oklahoma City el 19 de abril de 1995.

Y aunque desde el principio se hicieron repetidos esfuerzos por vincular la tragedia a Osama bin Laden y/o Sadam Husein (todo ello obra de los servicios de inteligencia israelíes y de quienes se encontraban dentro de su esfera de influencia), hubo suficiente resistencia en el seno del gobierno estadounidense como para frenar en seco el plan israelí de desencadenar una respuesta militar estadounidense.

Sin embargo, el 11 de septiembre de 2001, creemos que Israel logró (a una escala mucho mayor) lo que había intentado, y fracasado, en Oklahoma City: orquestar un impactante acontecimiento terrorista en suelo estadounidense, culpar de él a los "árabes" y allanar el camino para la intervención militar estadounidense en Oriente Próximo.

Y terminemos señalando esto: *no hay nada que refute este escenario de probable implicación israelí en el atentado de Oklahoma City.*

El hecho es que la mayoría de los investigadores independientes honestos reconocen ahora que Andreas Strassmeir era un informante encubierto del Southern Poverty Law Center (SPLC) y que las autoridades policiales estadounidenses eran conscientes de ello. Además, no cabe la menor duda de que el SPLC y la Liga Antidifamación de B'nai B'rith llevan mucho tiempo actuando conjuntamente (e independientemente) como agentes del lobby israelí en Estados Unidos. Y nada de esto aborda siquiera el punto obvio de que Strassmeir, a pesar de sus propias conexiones en el extranjero, tenía un historial de implicación con Israel, teniendo incluso una novia israelí.

Ir más lejos sólo serviría para subrayar que, con toda seguridad, Israel desempeñó un papel en el atentado de Oklahoma City. La verdad es que los chivos expiatorios de Judá -el enemigo interior- han sido utilizados eficazmente por elementos sionistas muchas veces en la historia de Estados Unidos, y Oklahoma City, así como el asesinato de JFK y el 11-S, son sólo algunos de los ejemplos más notables.

CAPÍTULO XXXIX

Justicia talmúdica... Las fechorías criminales de Michael Chertoff: jefe táctico de la campaña sionista para crucificar a Jim Traficant y David Duke

El ex funcionario del Departamento de Justicia (y ferviente partidario de Israel) que fabricó falsas acusaciones de "corrupción" contra dos destacados críticos del lobby israelí ocupa ahora uno de los puestos más poderosos de Estados Unidos: el de jefe de Seguridad Nacional.

La forma en que Michael Chertoff envió al entonces congresista Jim Traficant (D-Ohio) y al ex representante estatal David Duke (R-La.) a la prisión federal es instructiva. Dice mucho acerca de "quién gobierna" en los Estados Unidos hoy en día y es un perfecto caso de estudio de cómo el sistema "judicial" se utiliza para castigar a aquellos que cuestionan el poder sionista en América.

Cuando el presidente George W. Bush nombró a Chertoff Secretario de Seguridad Nacional, el nombramiento fue ampliamente aclamado por los medios de comunicación pro-israelíes. Chertoff se convirtió en la figura central que determinaba y dictaba "quién es un patriota y quién no lo es" a miles de agentes del orden de todo el país. Los republicanos dijeron que Chertoff era un "maravilloso conservador judío", que Chertoff -presentado por los medios de comunicación como "el hijo de un rabino"- era un ayudante del fiscal de EE.UU. que había "atrapado a la mafia" y luego "servido con distinción" como jefe de la división criminal del Departamento de Justicia bajo el mandato del entonces fiscal general John Ashcroft.

Se trata de detalles incompletos, pero los aspectos no revelados de la trayectoria de Chertoff hacia el poder plantean verdaderos interrogantes sobre la idoneidad de ocupar un cargo tan delicado. De lo que no se ha informado -excepto por Christopher Bollyn en *American Free Press*- es de que la madre de Chertoff, ciudadana de Israel, había trabajado para la inteligencia israelí. Y, por supuesto, durante muchos años el propio Chertoff formó parte de la red neoconservadora pro-israelí de "ex trotskistas" que es el principal motor de la red de influencia sionista en el Washington oficial de hoy.

Chertoff es un protegido del equipo de padre e hijo de propagandistas sionistas, Irving y William Kristol. Ya el 29 de enero de 1996, *The Weekly Standard* -la revista "neoconservadora" financiada por Rupert Murdoch y editada por William Kristol- presentaba a Chertoff como una figura ascendente en Washington, una clara señal de que Chertoff contaba con el respaldo de la dinastía Rothschild que está detrás del imperio mediático de Murdoch.

El Sr. Chertoff es miembro fundador de un grupo jurídico conocido como la Sociedad Federalista, que ha sido financiada por fundaciones dentro de la esfera de influencia del Sr. Kristol, a saber, la Fundación Lynde y Harry Bradley y la Fundación John M. Olin. Estas fundaciones son conocidas por sus vínculos con elementos extremistas de Israel y con fabricantes de armas que se benefician de la "relación especial" de Estados Unidos con Israel.

Esto es tanto más importante cuanto que, como jefe de la división penal del Ministerio de Justicia, el Sr. Chertoff puso en libertad a docenas de israelíes que habían sido detenidos por el FBI tras los atentados del 11 de septiembre como sospechosos de tener conocimiento o estar implicados en la tragedia.

Aunque John Ashcroft -un cristiano fanático partidario de Israel- dirige el departamento, Chertoff es el verdadero poder entre bastidores.

Y sobre la base de su carrera en el Departamento de Justicia, es apropiado apodar a Chertoff "el Beria de Bush", recordando a Lavrenti Beria, el notorio verdugo en jefe del líder soviético Josef Stalin, aunque la analogía puede molestar a los amigos "ex trotskistas" de Chertoff. Sea como fuere, el expediente demuestra que Chertoff era un verdugo político al servicio de la causa sionista.

Su primera gran víctima fue el congresista Jim Traficant (D-Ohio), un inconformista populista. Chertoff estaba terminando un trabajo que el Departamento de Justicia no había completado unos veinte años antes.

En 1983, cuando Chertoff se incorporaba al Departamento de Justicia (como fiscal adjunto) y Traficant era un popular sheriff del condado de Ohio, Traficant llevó a cabo con éxito su propia defensa contra las dudosas acusaciones penales del Departamento de Justicia de que había aceptado sobornos de la "mafia". Al absolver a Traficant, el jurado envió de vuelta a Washington a los avergonzados abogados del Departamento de Justicia. Poco después, los votantes de Ohio también enviaron a Traficant a Washington: en 1984, el sheriff (un héroe popular local) fue elegido congresista, y pronto se estableció como el único crítico serio de los poderes fácticos en la última década del siglo XX.

Cuando Chertoff tuvo la oportunidad de "atrapar" a Traficant, lo hizo. Mientras que docenas de miembros del Congreso pueden haber sido condenados por delitos graves de tráfico de influencias, a menudo muy abierto pero *nunca* perseguido, Chertoff pasó varios años construyendo cargos dudosos (y bastante disparatados) contra Traficant.

De hecho, estos son algunos de los verdaderos "crímenes" de Traficant a los ojos de la élite que trabajó horas extras para enviar a Traficant a prisión:

- Criticar al Servicio de Impuestos Internos y reclamar una mayor protección de los derechos de los contribuyentes ante las críticas del IRS

- Adoptar una postura intransigente contra el TLCAN, la Organización Mundial del Comercio y el llamado "libre" comercio, y abogar por medidas proteccionistas para proteger el empleo estadounidense y defender la industria nacional

- Lucha contra la corrupción en el FBI y el Departamento de Justicia

- Atacar a los depredadores de Wall Street y plantear interrogantes sobre el enriquecimiento de intereses financieros de alto nivel a través de las prácticas crediticias del Banco Mundial y el Fondo Monetario

- Pedir la retirada de las tropas estadounidenses en todo el mundo y cuestionar la injerencia de Estados Unidos en los asuntos de otras naciones

- Acusar a los políticos estadounidenses de traición por pasar tecnologías nucleares y de defensa estadounidenses de alto secreto a la China Roja

- Exigir que se envíen tropas estadounidenses para vigilar la frontera con México e impedir que las continuas hordas de extranjeros ilegales -y terroristas en potencia- entren en Estados Unidos; y -por último, pero no por ello menos importante- exigir que se envíen tropas estadounidenses para vigilar la frontera con México:

- Cuestionar el apoyo unilateral de Estados Unidos a Israel en detrimento de la seguridad y los intereses estadounidenses. De hecho, Traficant fue el único miembro del Congreso que, tras los atentados del 11 de septiembre, señaló que el apoyo de Estados Unidos a Israel estaba en el origen de la tragedia.

Sin embargo, al final, fue el audaz desafío público de Traficant al lobby israelí lo que fue -en opinión del propio Traficant- la razón por la que el Departamento de Justicia, dominado por los sionistas, estaba tan decidido a excluir a Traficant del Congreso y enviarlo a prisión.

De hecho, en 1983, en el momento del primer ataque del Departamento de Justicia contra Traficant -y a lo largo de los años de gobierno del GOP bajo Ronald Reagan y George H.W. Bush-, la Justicia (así como otras agencias federales) estaba penetrada en puestos clave por miembros de una camarilla que actuaba como lobby "interno" de los intereses sionistas. La existencia de este grupo, conocido como "Nesher" (águila en hebreo), fue revelada por el difunto Andrew St. George. Aunque Nesher reconoció que las opiniones sionistas de sus miembros influían en sus decisiones políticas, el artículo causó controversia y una figura de Nesher amenazó con demandar por difamación. Sin embargo, St. George reveló hábilmente las pruebas que tenía para apoyar su historia, y Nesher dio marcha atrás. Pero Nesher -a menudo llamado "el lobby talmúdico" por sus detractores- sigue siendo *fuerte, incluso hoy en día...*

No es casualidad que *The Spotlight* fuera clausurado en 2001 por el corrupto juez federal S. Martin Teel, que había sido abogado del Departamento de Justicia bajo el pulgar de un operativo clave de Nesher, el Fiscal General Adjunto Arnold Burns, entonces envuelto en un horrible escándalo relacionado con el robo por parte de funcionarios del Departamento de Justicia de software de vigilancia de alta tecnología propiedad de INSLAW. De hecho, INSLAW descubrió que los datos robados habían sido entregados a los servicios de inteligencia israelíes, para los que Burns era conocido por haber hecho muchos "favores" a lo largo de los años.

Cuando INSLAW presentó una demanda contra los ladrones, Teel fue el abogado del Departamento de Justicia que se opuso a la demanda y fue recompensado con su plaza de juez después de que el juez encargado del caso (que había fallado en contra del Departamento de Justicia) fuera obligado a dimitir por Arnold Burns, un agente de Nesher.

Un detalle sobre Nesher e INSLAW cierra el círculo de la acusación de Jim Traficant: resulta que la unidad del Departamento de Justicia que robó el software de INSLAW era la Oficina de Investigaciones Especiales (OSI), la unidad de caza de nazis del Departamento de Justicia, que colabora con el Mossad. Traficant puso al descubierto el engaño de la OSI cuando salió en defensa del ucraniano nacionalizado estadounidense John Demjanjuk, un trabajador del automóvil jubilado de Cleveland, Ohio, que había sido falsamente acusado por grupos judíos y por la OSI de ser "Iván el Terrible", un supuesto "guardia nazi de un campo de exterminio". Durante todo el periodo en que los sionistas de la OSI persiguieron a Demjanjuk, Traficant fue el único miembro del Congreso que salió en su defensa, provocando la ira de los grupos judíos y de la red Nesher.

Despojado de su nacionalidad y enviado a Israel, donde fue acusado y condenado por crímenes de guerra, Demjanjuk escapó a la horca cuando, en 1993, el Tribunal Supremo israelí anuló su condena, admitiendo que Traficant y otros habían demostrado que Demjanjuk había sido identificado erróneamente como "Ivan". Traficant viajó entonces a Israel para traer a Demjanjuk a casa. A pesar de ello, la banda de Chertoff y la OSI lanzaron nuevos cargos contra Demjanjuk, alegando que si no era "Ivan", seguía siendo un criminal de guerra nazi y debía ser deportado.

En cualquier caso, Traficant era claramente un objetivo sionista, y el principal nesherita del Departamento de Justicia, Chertoff, empezó a ir tras él. Utilizando cerca de 100 abogados y agentes del FBI, Chertoff gastó unos 10 millones de dólares a lo largo de varios años arrastrando a los amigos y asociados de Traficant -incluso a personas que sólo tenían una conexión terciaria con Traficant- ante un gran jurado de larga duración con la esperanza de conseguir algún tipo de acusación contra Traficant.

El plan de Chertoff consistía en acusar a varios socios de Traficant en Ohio y ofrecerles "tratos" a cambio de que aportaran "pruebas" de la corrupción de Traficant, o amenazarles con acusarles si no testificaban contra Traficant. Gracias a esta táctica, Chertoff construyó, para consumo público, una imagen de vasta corrupción en torno a Traficant. Los medios de comunicación controlados por los sionistas ayudaron activamente a Chertoff a promulgar esta imagen. Los medios de comunicación difundieron constantemente historias sobre la "mafia" y el "crimen organizado" en la ciudad natal de Traficant, como si quisieran sugerir que Traficant -un italoamericano- formaba parte de ellos. A menudo, estas historias no tenían nada que ver con Traficant. Y a pesar del drama de la "mafia" en los medios de comunicación, *ninguno de los cargos presentados por el Sr. Chertoff contra el Sr. Traficant tenía nada que ver con el crimen organizado.*

Chertoff y los medios de comunicación hablaron de un "chanchullo" por parte de Traficant, utilizando este término legal específico para evocar el escenario de "gángster" en la mente del público. Este supuesto chanchullo formaba parte de un supuesto "patrón de corrupción" por parte de Traficant. Este "chanchullo" incluía fechorías tan nefastas como pedir a un empleado del Congreso que ayudara en las tareas de la granja de Traficant en Ohio y ayudar a reparar la destartalada casa flotante en la que Traficant vivía en el puerto de Washington porque no podía permitirse un piso elegante debido a un embargo de su salario por parte del IRS.

Aunque los cargos contra Traficant parecen siniestros -como "conspiración para violar las leyes de soborno, búsqueda y aceptación de gratificaciones ilegales, obstrucción a la justicia, conspiración para defraudar al gobierno, evasión fiscal y chantaje"- un análisis más detallado muestra que ni las acciones de Traficant ni sus intenciones eran ilegales, ni siquiera remotamente siniestras.

Traficant fue acusado de delitos tan atroces como permitir que un elector (que era amigo personal) vertiera hormigón en su granja. Chertoff dijo que se trataba de un "soborno" porque Traficant había escrito una carta pidiendo que se adjudicara un contrato federal a la constructora de su amigo (que empleaba a mucha gente en el distrito de Traficant). No se trataba de un delito. Era un servicio a los electores a la antigua usanza (y honorable).

Cuando Traficant estaba siendo juzgado, la juez, Lesley Wells, mostró repetidamente su hostilidad hacia el inconformista populista. En un momento dado, negó a Traficant el derecho a llamar a un testigo experto, un investigador especializado en delitos financieros, que podía desmentir la mentira de que Traficant había obligado a un colaborador, Allen Sinclair, a pagarle un soborno periódico de 2.500 dólares con cargo al sueldo de Sinclair.

El investigador descubrió que cada vez que Sinclair retiraba 2.500 dólares de su cuenta personal, se ingresaba la misma cantidad en la cuenta fiduciaria del abogado de Sinclair. Los fiscales alegaron que el dinero se había pagado en efectivo a Traficant. Sin embargo, el juez no permitió que el investigador testificara. Este testimonio (de haber sido escuchado por el jurado) sin duda habría asestado un golpe mortal a la conspiración para crucificar a Traficant.

Anteriormente, durante la selección del jurado, el juez no había permitido a Traficant interrogar a los posibles miembros del jurado sobre sus asociaciones políticas, una cuestión pertinente dado que el AIPAC y otros grupos judíos habían señalado públicamente a Traficant como "enemigo". Traficant esperaba determinar si los posibles jurados estaban asociados a esas organizaciones hostiles.

Al final, resultó que una miembro judía del jurado causó tal revuelo durante las deliberaciones del jurado que acosó sin descanso a los demás miembros del jurado -que estaban deseosos de absolver a Traficant- hasta que finalmente votaron a favor de condenarlo, sólo para silenciar a esa mujer infernal y poner fin al caso. Es más, desde entonces han aparecido pruebas sólidas de que Chertoff y su secuaz eran claramente culpables de perjurio, al obligar a los testigos a mentir para condenar a Traficant. (Traficant fue condenado y, a diferencia de otros personajes públicos condenados por delitos y a los que se permite permanecer en libertad hasta que se agoten sus recursos, la juez viciosa ordenó que Traficant fuera inmediatamente puesto bajo custodia cuando dictó su sentencia de nueve años. En el momento de redactar este informe, Traficant lleva entre rejas desde el 30 de julio de 2002.

Desde entonces, Traficant sólo ha concedido una entrevista a un periodista, ese autor, Michael Collins Piper, representante de la *American Free Press* (AFP), que habló por teléfono con Traficant el 2 de agosto de 2002, mientras estaba sentado en su celda de detención en una cárcel de Ohio, antes de su traslado a una prisión federal. "Su periódico es el único con el que he aceptado hablar", dijo Traficant, quien señaló que la AFP era el único medio de comunicación en Estados Unidos que había expuesto la naturaleza de la conspiración para destruirle.

A pesar de su encarcelamiento, Traficant se presentó a las elecciones de 2002 (como independiente) y obtuvo el 15% de los votos en una carrera a tres bandas. Sigue gozando de gran estima en su tierra natal y en todo el país, pero permanece encarcelado en una prisión federal, víctima del dominio sionista. Aunque se ha dicho que Traficant podría obtener la libertad anticipada si admitiera sus "crímenes" y pidiera perdón por ellos, Traficant ha declarado que no admitirá crímenes que no cometió para obtener una reducción de su condena.

Al igual que en el caso Traficant, los medios de comunicación "dominantes" hicieron su agosto con la noticia de que otro crítico del lobby israelí -el ex representante del Estado de Luisiana David Duke- había sido "embolsado" por el Departamento de Justicia de Michael Chertoff. Los titulares exclamaban: "David Duke se declara culpable de defender al lobby israelí": "David Duke se declara culpable de estafar a sus seguidores". En las ondas de radio retumbaban términos como "evasión de impuestos", "fraude postal" y "blanqueo de dinero", que recordaban los engaños y mentiras de los medios de comunicación en el asunto Traficant.

A pesar del revuelo mediático, nunca se señaló que Duke -al igual que Traficant- fuera víctima de una vendetta sionista. Un examen detenido del caso Duke muestra que no hay duda de que el procesamiento de Duke fue injustificado. Al igual que Traficant, Duke se enfrentó a un escenario de pesadilla de la Dimensión Desconocida urdido por fiscales apoyados por los sionistas que querían silenciar -y encarcelar- a una figura pública franca que gozaba de audiencia nacional y servía de advertencia a otros disidentes: "Te puede pasar a ti".

Y a pesar de lo que algunos de los partidarios de Duke pudieran creer, la oposición de Duke a la discriminación positiva no era un problema para los sionistas, como demuestra el hecho de que las dos principales fuerzas sionistas -la ADL y el Congreso Judío Estadounidense- se oponen ambas a la discriminación positiva. La única razón del deseo de crucificar a Duke era que Duke -al igual que Traficant- desafiaba el poder del lobby israelí en Estados Unidos.

Aunque la campaña del Departamento de Justicia contra Duke comenzó durante la era Clinton, la investigación se alargó porque, al fin y al cabo, Duke no había cometido ningún delito y no se podían encontrar pruebas.

Una de las razones de esta investigación inicial parecen haber sido los rumores que circulaban sobre Duke por parte de un antiguo partidario de Duke que albergaba desde hacía tiempo un rencor personal bastante extraño (quizá incluso patológico) contra Duke. Celoso de la buena apariencia y el atractivo popular de Duke, por no mencionar su sueño de convertir a los partidarios financieros de Duke en los suyos, el agitador decía a todo el que quisiera escucharle que "Duke es un corrupto". Era inevitable que estos rumores llegaran a oídos de las autoridades federales.

Sin embargo, dado que este difusor de rumores era cercano al ahora infame falso "abogado nacionalista" Kirk Lyons -claramente algún tipo de agente del gobierno- puede ser que estos rumores formen parte de una operación al estilo de COINTELPRO, diseñada para proporcionar un pretexto para una investigación criminal sobre las finanzas personales y las actividades políticas de Duke.

Cuando Chertoff, el pilar proisraelí de la administración Bush, se hizo cargo del Departamento de Justicia en 2001, la campaña para atrapar a Duke se aceleró. Tras la tragedia del 11 de septiembre, cuando Duke expuso públicamente las pruebas de la implicación de Israel en los atentados y describió cómo Chertoff permitió que israelíes bajo custodia del FBI (sospechosos de haber participado en los atentados del 11 de septiembre) regresaran a su país, Chertoff intensificó la campaña para "atrapar a Duke".

Así que nunca hubo duda de que Duke sería acusado de algo, por trivial o nimio que fuera. Duke conocía bien el viejo adagio: "Un fiscal estadounidense puede acusar a un sándwich de jamón si quiere".

En el caso Traficant, Chertoff hizo todo lo posible para "atrapar" a Traficant utilizando testimonios falsos. En el caso Duke, la técnica fue más sutil: Chertoff tomó el hecho de que Duke apostara y lo convirtió en un caso federal. *No era ningún secreto que Duke jugaba, una* popular diversión legal. Años antes, durante las campañas de alto perfil de Duke para gobernador y senador de EE.UU., la prensa había informado de que Duke apostaba.

Sin embargo, a los Nesheritas de la Justicia bajo Chertoff se les ocurrió construir un escenario *criminal* en torno al juego de Duke diciendo que, al jugar, Duke estaba "defraudando" a la gente que le había enviado contribuciones para apoyar sus esfuerzos políticos. El FBI se incautó de los registros financieros de Duke y luego se puso en contacto con los contribuyentes de Duke para informarles -tan tristemente- de que era su sombrío deber revelar que se había "descubierto" que "Duke está jugando con el dinero que le enviáis".

Probablemente había colaboradores de Duke a los que no les gustaba que Duke (ni nadie) tocara. Pero Duke nunca intentó fingir que trabajaba de 9 a 5 en una cadena de montaje. Los colaboradores de Duke sabían que para seguir escribiendo, hablando y viajando en nombre de su obra, Duke necesitaba su apoyo financiero, y se lo daban con gusto.

Según la misma teoría, si Duke hubiera sido bebedor (que no lo es), los fiscales corruptos podrían haber ido a los partidarios de Duke y decirles: "Duke va a beber con el dinero que le enviáis".

Al final, Chertof y la banda de Nesher en el Departamento de Justicia construyeron un caso criminal completamente fraudulento contra Duke, un caso que se deriva del hecho de que la vida personal y los ingresos de Duke están inextricablemente vinculados a su participación en los asuntos públicos - una avocación a tiempo completo para Duke.

Este tipo de enjuiciamiento se podría llevar a cabo prácticamente contra cualquier disidente de los Estados Unidos que obtenga parte de sus ingresos de la actividad política, incluso contra el llamado "nacionalista" que fue el primero en lanzar rumores sobre la supuesta "corrupción" de Duke.

Así que esa es la "sustancia" de la mentira de Chertoff de que Duke "estafó" a la gente.

Para que las acusaciones resultaran aún más inquietantes para los partidarios de Duke y para la opinión pública, Chertoff preparó una acusación que incluía una amplia gama de cargos múltiples (y repetitivos) derivados del mismo conjunto de acusaciones (falsas, inventadas). De haber sido declarado culpable de todos los cargos, Duke podría haber sido condenado a 30 años de prisión.

Dado que Duke sería procesado ante lo que casi con toda seguridad sería un jurado predominantemente negro -al que los medios de comunicación recordarían periódicamente que había sido miembro del Ku Klux Klan-, los abogados de Duke le aconsejaron que aceptara un acuerdo con la fiscalía. Así pues, Duke se declaró culpable de dos cargos concretos -evasión fiscal y fraude postal- en lugar de ir a juicio y arriesgarse a ser condenado por todos los cargos.

Como resultado de esta negociación, Duke pasó trece meses en prisión, pero finalmente regresó a casa ante una entusiasta reunión de sus seguidores, que sabían perfectamente que Duke había sido víctima de un malvado, feo y deshonesto matón sionista llamado Michael Chertoff.

La escandalosa demostración del crudo poder del intrigante sionista Chertoff, que corrompió y abusó del sistema judicial estadounidense para crucificar a dos destacados críticos de Israel, es realmente instructiva y muestra claramente hasta qué punto Estados Unidos ha perdido el rumbo.

Jim Traficant y David Duke no son las únicas víctimas de las fechorías sionistas en Estados Unidos y, por desgracia, es poco probable que sean las últimas. Teniendo en cuenta que el hombre responsable de sus problemas ha sido nombrado jefe de "Seguridad Nacional", el futuro de los disidentes políticos estadounidenses es realmente aterrador...

Y así sucesivamente...

Introducción a la Parte VII

Lo que nos espera...

Tras haber repasado las maquinaciones e intrigas de las Cabras de Judá - El Enemigo Interior en la segunda mitad del siglo XX, parece apropiado concluir nuestro estudio con una mirada a lo que ha sucedido en los primeros días del siglo XXI.

Las cabras de Judá están trabajando -como siempre- haciendo todo lo que está en su mano (y en la de sus manipuladores y controladores entre bastidores) para subvertir el nacionalismo tradicional estadounidense.

En los capítulos que siguen, examinaremos más de cerca a algunos de los modernos Judah Goats y veremos precisamente lo que parecen tener reservado para los estadounidenses que se atreven a cuestionar la autoridad de quienes han determinado que son los más adecuados para gobernar América y el mundo.

Estos enemigos internos tienen una agenda internacional: una "guerra perpetua por la paz perpetua", una guerra no sólo contra los terroristas globales, sino también contra los "terroristas domésticos". Y estos "terroristas domésticos" son los que se oponen al Nuevo Orden Mundial, que no es otra cosa que el viejo sueño sionista de conquista mundial.

Y no se equivoquen, Rusia, China e incluso Venezuela -bajo el caudillo populista Hugo Chávez-, así como el mundo árabe y musulmán, y todas las demás naciones que se oponen a la agenda sionista, también están en el punto de mira sionista. Otras guerras están en preparación.

La cuestión es si los estadounidenses estarán de acuerdo en librar estas guerras. Y lo que es más importante, ¿se unirán los estadounidenses -de una vez por todas- para parar los pies a los belicistas internacionales

No cabe duda de que los estadounidenses deben librar una nueva guerra, pero esta vez se trata de una guerra contra las "cabras de Juda", el enemigo interior...

CAPÍTULO XL

El fenómeno Fox News: Cómo los plutócratas sionistas crearon un "medio de comunicación alternativo".

A la escoria de los medios de comunicación liberales establecidos En las primeras páginas de este volumen, nos encontramos con un puñado de notorios chivos expiatorios cuyos nombres y rostros son familiares para millones de estadounidenses: Rush Limbaugh, Sean Hannity, Laura Ingraham, Anne Coulter y - por último pero no menos importante - Bill O'Reilly.

Todos son probados (y muy bien pagados) aguadores de la causa sionista, y aparentemente entusiastas. Neo-conservadores de primer (y peor) orden, este equipo (a falta de una palabra mejor para describirlos) debe gran parte de su fama y fortuna a la constante promoción que ellos y sus opiniones, o más bien las opiniones de sus amos y manipuladores, reciben a través de Fox News.

Aunque Fox es el verdadero patrocinador de los desvaríos televisivos de Hannity y O'Reilly, las otras cabras de Judá también son destacadas regularmente por Fox que, a todos los efectos, se ha convertido en la principal voz popular de los medios de comunicación dominantes para la línea de propaganda sionista "neoconservadora".

Por eso merece la pena fijarse en Fox News y en cómo se ha convertido en una cabra de Judas por derecho propio.

No hay duda de que Fox se ha establecido, quizá incluso más que las tres cadenas "liberales" (ABC, CBS y NBC), como una de las fuerzas más peligrosas y divisorias del mundo actual.

Fox, por supuesto, es la cadena de radiodifusión propiedad de la lejana News Corporation, el imperio mediático del australiano Rupert Murdoch. Echemos un rápido vistazo a lo que conforma este formidable imperio mediático:

- La revista *Weekly* Standard, dirigida para Murdoch por el "neoconservador" William Kristol, hijo del padrino neoconservador "ex trotskista" Irving Kristol. (Esta revista es una de las publicaciones más ruidosas -no de las más silenciosas- de Estados Unidos en la actualidad, la biblia virtual de la política exterior de la administración Bush de "Dubya", y la única publicación que realmente puede atribuirse el mérito de haber sentado las bases propagandísticas para la debacle de Estados Unidos en Irak)

- 175 periódicos diferentes, entre ellos *News of the World, The Sun, The Sunday Times* y *The Times,* publicados en Gran Bretaña, y, quizá más particularmente, *The New York Post,* este último una de las principales voces de la causa sionista en Estados Unidos

- Estudios cinematográficos Twentieth Century Fox

- Estaciones de televisión Fox en los principales mercados metropolitanos, incluidos Washington, D.C., Chicago, Filadelfia, Boston, Minneapolis, Detroit, Atlanta, Baltimore, Orlando, Cleveland, Phoenix, Denver, St. Louis, Milwaukee, Kansas City, Salt Lake City, Birmingham, Memphis, Greensboro (Carolina del Norte), Austin y Ocala (Florida)

- Televisión directa al hogar vía satélite, con cobertura en los cinco continentes, incluido Foxtel

- Fox News (cable) Channel y otros canales de cable, llegando a 300 millones de abonados

- Grandes editoriales como HarperCollins Publishers (que hoy controla editoriales de renombre como William Morrow & Company, Avon Books, Amistad Press y Fourth Estate), así como Regan Books y Zondervan.

Es claramente un gran imperio mediático. Cómo llegó a ejercer tal poder e influencia, hasta el punto de dictar los asuntos estadounidenses, es una historia instructiva, ilustrativa de las maquinaciones de las Cabras de Judá - el Enemigo Interior. Para examinar el fenómeno Fox, debemos remontarnos a mediados o finales de la década de 1960.

Durante este periodo, muchos estadounidenses empezaron a percibir una decidida y deliberada orientación "liberal" en la cobertura informativa de las tres principales cadenas de televisión (ABC, CBS y NBC), siendo la CBS y su presentador de toda la vida, Walter Cronkite, a menudo considerados los más "liberales" de las tres.

Los estadounidenses han detectado una gran cantidad de propaganda liberal en el contenido de los programas de televisión diarios, con la emisión de mensajes políticos descarados en el contenido de telenovelas, comedias de situación y telefilmes.

Es más, el contenido de la programación ha empezado a centrarse en lo que puede describirse mejor como "sórdido", y eso es decir poco.

Los valores tradicionales estadounidenses se convirtieron en el blanco del humor vulgar de retrete y la fe cristiana se defendió constantemente como una forma virtual del mal, responsable de las tragedias del pasado. Los padres fundadores de Estados Unidos fueron retratados como malvados y las figuras de la contracultura fueron presentadas como modelos de conducta para la juventud estadounidense. La lista de quejas muy válidas sobre las tres grandes cadenas, su cobertura informativa y su programación podría continuar hasta el infinito.

A medida que los estadounidenses se fueron dando cuenta de la propaganda "liberal", mucha gente -aunque no la suficiente, por desgracia- empezó a fijarse más en el "quién" -más que en el "qué"- de las tres grandes cadenas. En otras palabras, los estadounidenses empezaron a reconocer que las tres grandes cadenas eran megacorporaciones estrechamente controladas, propiedad de una pequeña camarilla de familias y grupos financieros entrelazados, en su mayoría de origen judío.

Además, la influencia editorial y de gestión judía en las divisiones de noticias de las tres principales cadenas se hizo cada vez más evidente. En resumen, la gente empezó a reconocer que las cadenas "liberales" eran en realidad las voces mediáticas de una élite judía cuyos valores -e intereses- no representaban en absoluto los de la inmensa mayoría del pueblo estadounidense.

Como resultado, empezó a surgir un claro descontento no sólo con las tres grandes cadenas, sino también con un discurso cada vez más extendido en las regiones centrales sobre el "dominio judío de los medios de comunicación". Por supuesto, mucha gente no discutía abiertamente el aspecto judío del problema con las cadenas, pero este fenómeno se mantuvo constante (aunque sólo se expresara discretamente).

En ocasiones, algunos de los nombres más importantes de la vida estadounidense -desde el ex vicepresidente Spiro Agnew hasta el general George Brown, jefe del Estado Mayor Conjunto, y gigantes de Hollywood como Robert Mitchum, Marlon Brando y el famoso escritor Truman Capote- se han atrevido a decir públicamente que existe una desmesurada influencia judía en (o en el control de) los principales medios de comunicación estadounidenses.

En última instancia, esta desilusión con la industria de la radiodifusión y sus maquinaciones preparó el terreno, en muchos sentidos, para el ascenso de Ronald Reagan y su elección a la presidencia en 1980. Los estadounidenses buscaban un cambio, y aunque Reagan prometió un "nuevo conservadurismo", resultó ser algo totalmente distinto. Pero los estadounidenses estaban hambrientos de una alternativa a los medios de comunicación "liberales" y Rupert Murdoch acudió al "rescate", o eso parecía.

Los estadounidenses hartos de los medios de comunicación "liberales" tenían ahora un autoproclamado salvador, un pintoresco magnate de los medios de comunicación nacido en el extranjero que parecía compartir su descontento y que parecía querer ofrecer una verdadera "alternativa". Pero esta "alternativa" no es lo que la mayoría de los estadounidenses buscaban realmente, y muchos no parecen entender que han sido engañados, de hecho, engañados a gran escala.

Aunque ya estaba bien establecido en Australia como potencia mediática en expansión, Murdoch recibió discretamente el patrocinio internacional y el respaldo financiero de algunas de las familias judías más ricas y poderosas del mundo: los Rothschild de Europa, los Bronfman de Canadá y los Oppenheim de Sudáfrica. Con su apoyo, empezó a expandir su imperio en Gran Bretaña y en todo el mundo.

En un breve espacio de tiempo, Rupert Murdoch se ha convertido en la mercancía más codiciada de los medios de comunicación mundiales y se encamina rápidamente a conseguir una riqueza más allá de sus sueños más descabellados y un inmenso poder político gracias al crecimiento de su imperio News Corporation y a la lucrativa industria de la publicidad. No es de extrañar que al propio Murdoch se le considere, junto con los Rothschild, los Bronfman y los Oppenheim, parte de un grupo acertadamente descrito como "la banda de los cuatro multimillonarios".

En la actualidad, los medios de comunicación de Murdoch, en particular Fox News, se centran en los temas candentes -como el aborto, los derechos de los homosexuales, la oración en las escuelas- que inflaman las animosidades entre las organizaciones de la llamada "derecha cristiana" y los grupos e instituciones a los que se oponen.

Mientras tanto, irónicamente, otros medios de comunicación de Murdoch, como Fox Television, son responsables de promover algunas de las peores basuras jamás emitidas en las pantallas de televisión estadounidenses. Sin embargo, por alguna razón, aquellos de la derecha cristiana que se deleitan con el sesgo "conservador" de Fox News parecen no entender que el conglomerado mediático de Rupert Murdoch se embolsa miles de millones de dólares en publicidad vendiendo porquería.

Mientras tanto, por supuesto, los medios de comunicación de Murdoch están ocupados promoviendo los intereses del movimiento sionista. Y eso, por encima de todo, es el punto más importante a reconocer.

Aunque Murdoch y sus medios de comunicación juegan a proporcionar una "alternativa", en realidad están proporcionando una "oposición controlada", manteniendo a raya a las filas "conservadoras" y a la "corriente dominante" estadounidense, pregonando la causa sionista como una causa "estadounidense", una causa que está plenamente en consonancia no sólo con "hacer que Estados Unidos vuelva a ser grande" (en la retórica de Ronald Reagan) sino, en realidad, con hacer de Estados Unidos un imperio, y un imperio dirigido por la élite sionista.

En otras palabras, Fox News promueve orgullosa y ruidosamente el tema de que Estados Unidos es la voz de la razón y la democracia en el mundo y que es, sencillamente, tarea de Estados Unidos gobernar el mundo.

Y esto - como documentamos en nuestro libro anterior, *La Nueva Jerusalén* - *es* precisamente *la* agenda sionista de hoy: el capital y los recursos de Estados Unidos, su ejército, sus hombres y mujeres, su arsenal masivo, deben ser utilizados para el establecimiento de un imperio global para avanzar en la agenda de los plutócratas sionistas adinerados y su red internacional de intereses corporativos aliados y almas gemelas ideológicas.

Aunque hay muchos buenos estadounidenses que creen en la propaganda de Fox News (es decir, sionista) de que Estados Unidos debe utilizar su poder "para el bien", incluso a costa de sacrificar miles de vidas estadounidenses y de otros países, hay muchos más estadounidenses (y otros en todo el mundo) que no comparten esta filosofía.

Sin embargo, Fox News - y otros elementos de la red de propaganda sionista - han comenzado a promover el tema de que cualquiera que se oponga a esta agenda global es de alguna manera "antiamericano" y ciertamente "antisemita" (e incluso "anticristiano").

Leyes como la Patriot Act y otros mecanismos de control se están poniendo en marcha para suprimir cualquier disidencia de la agenda sionista. Fox News está a la vanguardia de la promoción de estos proyectos orwellianos.

No necesitamos decir más sobre el tema, excepto advertir a los patriotas estadounidenses sinceros que Fox News no es su amigo. Los estadounidenses sinceros deben desconfiar de Fox News y de sus cabezas parlantes.

Los estadounidenses deben abandonar la idea de que "Fox dice muchas cosas buenas" y renunciar al razonamiento de que las voces de la cuadra Fox (¿o deberíamos decir "la cloaca"?) como Bill O'Reilly, Sean Hannity y otros "suelen tener razón". Fox y sus seguidores son un peligro para Estados Unidos y el mundo.

Fox News es sin duda uno de los más peligrosos de los "Judah Goats - The Enemy Within".

CAPÍTULO XLI

La agenda pasada, presente y futura del enemigo interior: Declarar que los patriotas estadounidenses son el "verdadero" enemigo interior

El 29 de mayo de 2005, *el Washington Post* reveló que la administración Bush estaba reorientando su famosa "guerra contra el terror" hacia una nueva "estrategia contra el extremismo violento". Justo una semana después, el 5 de junio, el *Post* publicó un comentario de alto nivel del ex agente del FBI Mike German -especializado en infiltrarse en grupos disidentes de "derechas" en Estados Unidos- en el que proponía que las autoridades federales iniciaran una guerra total contra los supuestos grupos "extremistas" nacionales.

El ex agente del FBI sostiene que lo que él denomina grupos "extremistas" estadounidenses son un caldo de cultivo para la violencia y, por tanto, deben ser tratados esencialmente como un sindicato criminal. "Detrás del terrorista solitario, una mentalidad de manada", era el titular del comentario del Sr. German. El Sr. German dejó claro que los grupos de "terroristas domésticos" que, en su opinión, requieren un tratamiento especial son muy diversos. El ex agente encubierto del FBI no se anduvo con rodeos al afirmar que los que él percibe como terroristas potenciales de Estados Unidos no son sólo los que pueden "parecer" terroristas. German escribió:

> No siempre se llaman a sí mismos el KKK o la milicia; a veces utilizan nombres inocuos que enmascaran su verdadera naturaleza. Pueden llevar símbolos nazis en la manga, pero no necesariamente. Pueden ser unos cuantos viejos gruñones que se reúnen para tomar café en una cafetería local, unos cuantos jóvenes punkies en busca de problemas o incluso un hombre sentado en su sótano chateando en sitios web neonazis. Pero todos forman parte de una comunidad extremista clandestina.

Sin embargo, dijo el Sr. German, "de vez en cuando un seguidor de estos movimientos hace una incursión violenta en nuestro mundo, con consecuencias mortales". Citó a varios individuos que habían cometido delitos violentos y que, en la jerga de los medios de comunicación, habían sido "vinculados" a diversos grupos denominados "extremistas". Aunque sin duda hay muchas organizaciones que podrían considerarse "extremistas", el Sr. German no traza una línea divisoria entre lo que constituye "extremismo" y las expresiones presuntamente respetables de la libertad de expresión. Aquí es donde las cosas se ponen interesantes y aún más preocupantes. German afirmó que

> El hecho de que estos individuos, habiendo estado expuestos a una ideología extremista, hayan cometido todos actos violentos podría llevar a una persona razonable a sospechar de la existencia de una conspiración más amplia. Imaginemos a un líder muy inteligente de un movimiento extremista, que entiende la Primera Enmienda y las leyes de conspiración criminal, diciendo a sus seguidores que no dependan de instrucciones específicas.
>
> Puede pedirles que se desvinculen del grupo antes de cometer un acto violento, que actúen individualmente o en pequeños grupos para que otros miembros del movimiento puedan eludir su responsabilidad penal. Este método crea una situación beneficiosa para el líder extremista: los objetivos violentos del grupo se consiguen sin las consecuencias legales.

En otras palabras, German sugiere que siempre que un individuo "vinculado" a un grupo "extremista" comete un delito, no es ilógico sospechar que el grupo o sus líderes son los instigadores; de hecho, la libre expresión constitucionalmente protegida de un individuo o grupo que pueda haber influido de algún modo en otra parte para cometer un acto violento debe, por tanto, ser tratada. En resumen: es hora de empezar a tomar medidas enérgicas contra quienes no son declarados culpables de un delito, sino simplemente de "extremismo", sea cual sea su definición. Se trata de una conspiración de extremistas, según German, y añadió que "hacer la vista gorda ante esta conspiración es negar la realidad. Se trata de unir los puntos".

Afirmando que "la ideología neonazi es también una de las principales causas del aumento de la violencia escolar" -lo que no es del todo exacto y no tiene en cuenta el creciente uso de fármacos psiquiátricos en el tratamiento de los escolares, que a menudo conduce a la depresión y la violencia-, German citó sólo dos casos, los dos únicos (de muchos) que están siquiera vagamente relacionados con la ideología "neonazi".

El primer ejemplo citado por German fue el trágico tiroteo en una escuela de Minnesota, donde un joven indio americano, claro admirador de Adolf Hitler, mató a varias personas antes de suicidarse.

German también hace mucho hincapié en la afirmación de que el tiroteo del instituto Columbine se inspiró en la devoción a Hitler. Sin embargo, German omite señalar que uno de los asesinos de Columbine, Dylan

Klebold, era descendiente de una prominente familia de la comunidad judía de Columbus, Ohio, y que el otro, Eric Harris, también era de ascendencia judía, al menos en parte. Al parecer, los dos asesinos judíos de Columbine no estaban interesados en Hitler y el nazismo como admiradores del líder alemán y su ideología, sino que eran ferozmente antinazis, sentían rencor por el "Holocausto" y veían su ataque a sus compañeros de clase no judíos (incluidos afroamericanos) como un medio de "vengarse" de los no judíos.

Todo esto, por supuesto, ha sido cuidadosamente silenciado por los medios de comunicación, ¡que prefieren sugerir que los dos psicóticos asesinos judíos eran extremistas antijudíos y admiradores de Hitler

Además, cabe señalar que un destacado psiquiatra, el Dr. Robert John, cree firmemente, basándose en su propio estudio, en un tema del que otro educador, el Dr. Philip Glidden, se ha hecho eco en su propio libro, *Trading on Guilt: Holocaust Education in the Public Schools*, a saber, que los "estudios sobre el Holocausto" en las escuelas públicas contribuyen a la violencia en los jóvenes al insensibilizarlos a la violencia mediante la exhibición constante de imágenes de violencia. Esto por sí solo debería ser motivo suficiente para prohibir la enseñanza de los estudios sobre el Holocausto en las escuelas públicas.

En cualquier caso, German afirmó sin rodeos que "al proporcionar tanto el motivo como el método para la violencia", esos líderes [de grupos "extremistas"] que supuestamente "han ideado un método para enmascarar su influencia" son, por tanto, "parte de la conspiración" para cometer actos violentos. Añadió que "su uso cínico de los derechos de la Primera Enmienda, que no concederían a otros, no niega su papel".

German concluyó: "Los extremistas lobos solitarios son un problema para la policía porque son difíciles de predecir. Es como buscar una aguja en cada pajar. Quizá tendríamos más suerte si prestáramos más atención a las fábricas de agujas".

Lo que hace que el mensaje del Sr. German sea tan escalofriante es que recuerda inquietantemente a las antiguas afirmaciones de la Liga Antidifamación (ADL) de B'nai B'rith -que se autoproclama "perro guardián" que vigila a los grupos "extremistas"- de que los comentarios a los que la ADL se opone constituyen "obscenidad" y que esta "obscenidad" puede conducir a la violencia.

Por ejemplo, en 1988, en la Universidad Hofstra de Nueva York, la ADL organizó un simposio jurídico de tres días titulado "Difamación colectiva y libertad de expresión: la relación entre el lenguaje y la violencia".

El foro concluyó con un enérgico llamamiento a la legislación para prohibir lo que se ha calificado de "literatura del odio" por parte de los llamados "extremistas".

Las opiniones expresadas por los oradores a favor de prohibir la literatura de odio giran en torno a dos ideas:

- Que las palabras, escritas o habladas, constituyen en sí mismas violencia. (Por ejemplo, llamar a alguien "mezquino" sin amenazarle con ninguna acción física es suficiente para constituir un acto de violencia).

- Las palabras, ya sean escritas o pronunciadas, tienen un cierto poder que crea una realidad para el objetivo o la víctima de esas palabras (por ejemplo, llamar a alguien "sucio vagabundo" lo convertirá en tal). (En su discurso de apertura, el profesor de Derecho de Hofstra Monroe Freedman dijo que intentar defender la libertad de expresión al tiempo que se intenta proteger a las minorías de quienes las "vilipendian" es una "paradoja de la democracia constitucional". Según Freedman

> El vilipendio de un grupo puede crear un clima social que sea receptivo al odio y la opresión y los fomente. Si se puede presentar a un grupo minoritario como menos que humano, merecedor de castigo o como una amenaza para la comunidad en general, la opresión de esa minoría es una consecuencia probable.
>
> También sabemos que el propio lenguaje puede herir, que hay palabras que infligen heridas por el mero hecho de ser pronunciadas... Cuando el mensaje es violento, el propio lenguaje puede ser violento.

El diputado demócrata John Conyers habló del "dolor psíquico" que inflige el lenguaje. Otro orador, Elie Wiesel, que se describe a sí mismo como "superviviente del Holocausto", afirmó que los que se dedican a difamar a grupos deben ser "combatidos" y "tratados con severidad".

En la conferencia se presentó la propuesta ganadora de un concurso entre estudiantes de Derecho de todo el país para redactar una ley modelo que pudiera utilizarse para procesar a quienes se dedican a lo que se conoce como "difamación colectiva". El primer premio fue para un modelo de ley que define la difamación colectiva de la siguiente manera:

> Todo discurso oral, escrito o simbólico publicado de forma malintencionada que menosprecie, degrade o ponga en tela de juicio la lealtad, las capacidades o la integridad de los miembros de un grupo sobre la base de una característica supuestamente común a los miembros de dicho grupo, o que por su mera enunciación inflija daño a los miembros de un grupo, o que fomente la animadversión hacia un grupo.

Un "grupo" se define como "un conjunto de personas identificadas por una raza, religión, origen nacional, etnia o género comunes, o por motivos de heterosexualidad u homosexualidad".

La ley propuesta crearía una agencia para vigilar los actos de difamación de grupos, evaluar el impacto de cualquier discurso que difame a un grupo y contrarrestar los efectos negativos reales y potenciales de dicho discurso. Esta agencia también examinaría todas las películas antes de su emisión y, si se consideran ofensivas, prohibiría su visionado al público.

El 2 de noviembre de 1995, el congresista Charles Schumer (demócrata de Nueva York), ahora un poderoso senador estadounidense, se unió al ya mencionado congresista Conyers para promover una legislación en la línea de la propuesta en la conferencia de la ADL. La medida de Schumer, H.R. 2580, se denominó engañosamente "Ley de Garantía de la Forma Republicana de Gobierno".

Schumer, portavoz de la ADL en el Congreso desde hace mucho tiempo, ha propuesto prohibir el debate de lo que denomina "teorías conspirativas infundadas sobre el gobierno" que, según él, ponen en peligro el orden público. Ya conocido como el principal enemigo en el Congreso de la Segunda Enmienda y de los derechos de los propietarios de armas, el nuevo objetivo de Schumer, la Primera Enmienda, habría sido eliminada si el proyecto de ley hubiera sido aprobado. *Spotlight*, con sede en Washington, llegó a la conclusión de que la propuesta de Schumer era tal vez la legislación más peligrosa sobre el estado policial jamás presentada en un Congreso de los EE.UU. en ese momento y rápidamente puso en marcha un esfuerzo para derrotar el proyecto de ley. Aunque la ADL presionó mucho a favor de la medida, la presión pública estimulada *por The Spotlight* hizo que la ADL rechazara la propuesta, lo que enfureció tanto a Schumer que envió un correo masivo a sus partidarios, exclamando airadamente que *The Spotlight* lo había "señalado" para destruirlo.

Esta primera conspiración contra la libertad de expresión patrocinada por la ADL fue, por supuesto, superada por la ahora infame Ley Patriota, que la administración Bush -con el apoyo de la ADL- está intentando ampliar en el momento de escribir estas líneas.

Y esto precisamente en un momento en que la administración Bush declara su nueva guerra contra el "extremismo violento" y un antiguo agente del FBI afirma la necesidad de combatir lo que considera una "conspiración" entre disidentes políticos para azuzar la violencia.

No se sorprenda de que los medios de comunicación se interesen cada vez más por la "violencia extremista en Estados Unidos" y pidan a las fuerzas del orden estadounidenses que estén más atentas a quienes se consideran "fuera de la corriente dominante" y, por tanto, potencialmente violentos.

A la luz de todo esto, no es casualidad, por ejemplo, que la ADL mantenga lo que denomina una "red de recursos para el cumplimiento de la ley" y que, a través de esta red la ADL citara la conferencia del 20 al 22 de mayo de 2005 en Nueva Orleans organizada por el ex representante del Estado de Luisiana David Duke como el tipo de actividad "extremista" que debería vigilarse, a pesar de que Duke renuncia firmemente a la violencia y a la retórica airada y, de hecho, siempre lo ha hecho.

Pero para Mike German, antiguo miembro del FBI, Duke y otros dirigentes no hacen más que enviar mensajes malintencionados destinados a aislarse y, al mismo tiempo, fomentar la violencia.

Evidentemente, como antiguo agente del FBI responsable de infiltrarse en grupos "extremistas" en , Mike German debe haber trabajado estrechamente con la ADL durante sus muchos años sobre el terreno, y por eso se hace eco de esta propaganda extraterrestre.

Ahora que la administración Bush se ha embarcado en una lucha contra el "extremismo violento", mientras que la ADL y otros grupos de presión pro-Israel afirman que los críticos estadounidenses de Israel están dando ayuda moral y apoyo a los extremistas islámicos al hacer declaraciones críticas con Israel, parece que el comentario de German en *el Washington Post* no era más que un proverbial globo sonda.

Se ha preparado el escenario para futuros intentos de destruir a los disidentes políticos estadounidenses que se atrevan a criticar el extremismo belicista y proisraelí de los "sumos sacerdotes de la guerra" que dominaron las políticas de la administración Bush y que tienen toda la intención de dominar las políticas de las futuras administraciones, tanto republicanas como demócratas.

CAPÍTULO XLII

La moderna "policía del pensamiento" se ha conjurado para censurar las críticas a Israel y al sionismo en los campus universitarios: Dos "conservadores" al servicio de la causa sionista

En la primavera de 2003, el tercer miembro republicano del Senado de Estados Unidos, el conservador Rick Santorum (Pensilvania), anunció su intención de presentar la llamada legislación de "diversidad ideológica", que cortaría la financiación federal a miles de colegios y universidades estadounidenses si se descubría que estas instituciones permitían a profesores, estudiantes y organizaciones estudiantiles criticar abiertamente a Israel.

Santorum, uno de los más firmes partidarios de Israel en el Congreso y candidato presidencial declarado, consideraba las críticas a Israel como un acto de "antisemitismo". En este contexto, Santorum quería reescribir la fórmula de financiación federal en virtud del Título IX de la Ley de Educación Superior para incluir la "diversidad ideológica", así como la igualdad de género en la educación como requisito previo para la financiación federal. A Santorum se le unió otro incondicional conservador del GOP e ideólogo pro-Israel, el senador Sam Brownback (Kan.), que tenía su propio plan para pedir que se creara una comisión federal -que los críticos llaman "tribunal"- bajo el Título IX para "investigar" los incidentes antisemitas en los campus estadounidenses.

Aunque es posible que el estudiante o profesor universitario estadounidense medio no haya oído hablar del proyecto Santorum-Brownback, Wayne Firestone, director del Centro de Asuntos Israelíes de la Fundación Hillel, declaró entonces: "Allá donde voy, es el tema principal. Genera mucho interés". De hecho, fue la organización de Firestone, Hillel, que cuenta con unidades en los campus estadounidenses, la primera en revelar el plan de Santorum. Aparecieron más detalles en un circunspecto reportaje publicado el 15 de abril de 2003 en el *New York Sun*, un periódico de escasa tirada. El *Sun*, un diario "neoconservador" decididamente proisraelí publicado en Manhattan, está financiado por una serie de multimillonarios proisraelíes, entre ellos Michael Steinhardt y Conrad Black (que también publicaron el *Jerusalem Post*).

Además, los redactores jefe del *Sun* son Seth Lipsky e Ira Stoll, que anteriormente ocuparon altos cargos editoriales en el *Forward*, el periódico judío más influyente de Estados Unidos. Por lo tanto, si el *New York Sun* informó favorablemente sobre el plan de Santorum, es poco probable que el *Sun* mintiera sobre Santorum, ya que compartía su entusiasmo por Israel.

En cualquier caso, en su versión de los hechos, Hillel explicó a sus partidarios que Santorum, junto con varios otros miembros del Senado, había invitado a representantes de una serie de poderosas organizaciones judías a asistir a una reunión privada en el Capitolio para discutir la preocupación de los senadores por las crecientes críticas a Israel en los campus universitarios estadounidenses.

Los senadores en cuestión -todos republicanos- eran Santorum, Robert Bennett (Utah), Sam Brownback (Kansas) y Norm Coleman (Minnesota), recién elegidos en . Además, el líder de la mayoría republicana en el Senado, Bill Frist (Tennessee), y sus colegas del Partido Republicano, los senadores Lindsey Graham (Carolina del Sur) y G. Lindsey Graham (Carolina del Sur) y George Voinovich (Ohio), enviaron representantes.

Las organizaciones judías presentes en la reunión privada fueron la Liga Antidifamación (ADL) de B'nai B'rith, la Organización Sionista de América, el Comité Judío Americano e Hillel, representada por el mencionado Firestone y su colega Jay Rubin. Louis Goldstein, Subsecretario de Educación de la Oficina de Derechos Civiles, representó a la administración Bush.

Durante la sesión privada, cuya transcripción no está a disposición de los contribuyentes que pagaron la factura de la empresa, un representante de la ADL afirmó que la "auditoría anual" de la ADL sobre la actividad antisemita en Estados Unidos había detectado un aumento del 24% del antisemitismo en los campus universitarios estadounidenses en 2002. Este aumento del 24% -según admite la propia ADL- sólo dio lugar a 21 acciones. Sin embargo, la definición de "antisemitismo" de la ADL es tan amplia que incluye hasta la crítica más leve a Israel que no se enmarque dentro de los parámetros que la ADL considera aceptables.

Mientras tanto, la noticia de la iniciativa Santorum-Brownback se ha extendido entre los líderes de la comunidad educativa, tras la denuncia del plan por parte de este autor, Michael Collins Piper.

El artículo se publicó primero en el periódico *American Free Press* (AFP), con sede en Washington, y luego Joe Fields, un nacionalista estadounidense afincado en California, lo difundió ampliamente por Internet, hasta tal punto que el informe sobre el sistema acabó llegando a los correos electrónicos de educadores independientes de todo Estados Unidos y del mundo.

Como resultado de la creciente preocupación por la revelación de la AFP, el lobby pro-israelí empezó a intentar negar que Santorum hubiera propuesto alguna vez introducir la legislación que había dicho que quería introducir: la línea de propaganda "oficial" que se difundió fue que la historia de la AFP no era cierta y que Santorum nunca había considerado tal legislación. Pero la historia no acaba ahí.

Aunque AFP publicó primero la noticia a nivel nacional, posteriormente la recogieron diversos medios de comunicación de Estados Unidos y del extranjero, incluidas publicaciones del mundo árabe. Según la edición del 9 de mayo de 2003 del periódico *Jewish Week*, con sede en Nueva York, el Departamento de Estado se puso en contacto con las oficinas del Senado para informarles de que los periódicos de la Autoridad Palestina estaban publicando la noticia sobre la legislación relativa a la "diversidad ideológica" y para preguntarles si era cierta.

En su informe sobre la polémica que estalló tras la revelación de AFP, el artículo *de Jewish Week*, titulado "Desinformación sobre la diversidad", afirmaba que un "rumor sobre una legislación pendiente que prohibía las críticas a Israel en los campus [estaba] recorriendo los medios de comunicación árabes y de izquierdas". El artículo nunca menciona que AFP (que dista mucho de ser una publicación "de izquierdas") fuera la primera en dar contenido a esta historia, limitándose a afirmar que "la historia la iniciaron varios destacados teóricos de la conspiración y revisionistas del Holocausto".

Sin embargo, esta afirmación es cuando menos engañosa. De hecho, como aclaraba el informe original de AFP, éste se basaba en un artículo aparecido en *el New York Sun, un* periódico proisraelí. Así que lo cierto es que el artículo se publicó en una publicación claramente proisraelí. Sin embargo, AFP recogió la historia, reconociendo su importancia, y le dio la atención que merecía, para gran consternación de quienes iniciaron todo el asunto en primer lugar, incluidos Santorum y sus colegas del Capitolio.

A pesar de ello, *Jewish Week* afirmó que la historia "se ha convertido en un artículo de fe en el mundo árabe y en algunos círculos de la izquierda estadounidense" y continuó diciendo que "para los líderes pro-Israel y los miembros prominentes del Senado, en el mejor de los casos se trata de una peligrosa leyenda urbana, y en el peor, de desinformación deliberada".

(Algunos recordarán que el Departamento de Justicia del entonces Fiscal General John Ashcroft también mintió cuando afirmó que los hechos - hechos públicos por primera vez por AFP- en torno a la detención por parte del FBI de espías israelíes que operaban en suelo estadounidense antes del 11-S también eran una "leyenda urbana". Claramente, el término "leyenda urbana", al igual que el término "teoría de la conspiración", es ahora el "doble lenguaje" sionista aplicado a cualquier información sólida que vaya en contra de la línea de propaganda oficial).

De todos modos, para que conste, el artículo original pro-Israel Sun afirmaba categóricamente (hablando de la reunión del Capitolio en la que nació el proyecto de "diversidad ideológica"):

> Al final de la reunión de ayer, Santorum hablaba de presentar una ley que podría recortar la financiación federal a las universidades en las que abundan el antisemitismo y los sentimientos antiisraelíes o, más en general, en las que falta "diversidad ideológica".

El problema con el artículo de AFP -al menos según *Jewish Week*- es que "no se ha introducido ninguna legislación de este tipo, ni siquiera se ha considerado". Lo que, por supuesto, contradice lo que el *Sun* dijo en primer lugar (y que AFP luego comunicó a sus lectores).

A continuación, Jewish Week pretendió describir la reunión en el Capitolio en la que se redactó -o no- la legislación, según a quién se crea. Según una fuente anónima del Senado citada por *Jewish Week*, la reunión incluyó "numerosas presentaciones de diferentes grupos", sin mencionar que los "diferentes" grupos eran, como señaló AFP, todas organizaciones pro-Israel de línea dura. La fuente anónima afirmó que no se estaba tramitando ninguna nueva ley y que Santorum "estaba estudiando el asunto y recabando información". El periódico afirmaba también que "varios líderes judíos que asistieron a la reunión confirmaron esta afirmación".

Jewish Week informó de que "varios participantes sugirieron crear un grupo de trabajo en el Capitolio para examinar el aumento del antisemitismo. Otros sugirieron crear un grupo para examinar la diversidad ideológica en los campus". El periódico nunca mencionó -como sí hicieron el *Sun* y luego AFP- que el colega republicano de Santorum, el senador Sam Brownback de Kansas, había impulsado la formación de una comisión federal especial para "investigar" el llamado antisemitismo en los campus. Si la historia era falsa, si era una "leyenda urbana" o algún tipo de "desinformación", ¿por qué una publicación pro-Israel como *el New York Sun* publicó la historia en primer lugar? Y si el *Sun* se equivocó, ¿por qué no ha publicado todavía una corrección?

Así que la historia era cierta y Santorum estaba considerando esa legislación. Sin embargo, gracias a AFP, que sacó a la luz la historia y la puso en contexto, revelando la naturaleza totalitaria del proyecto, Santorum y sus aliados del lobby pro-Israel se echaron atrás.

Luego tuvieron la osadía de intentar negar que hubieran urdido el proyecto en primer lugar.

Sin embargo, a pesar de los esfuerzos realizados para silenciar el asunto, la verdad no ha desaparecido. El 29 de abril de 2003, Hillel, que, como hemos visto, es una red nacional de "policía académica" proisraelí, se quejó en su sitio web de que periódicos -en particular AFP- y sitios web como Rense.com (que obtuvo una copia del artículo de AFP) y el Palestine Media Center, con sede en Palestina, entre otros, estaban tratando de "tergiversar" las intenciones de quienes asistieron a la reunión del Capitolio sobre la legislación relativa a la "diversidad ideológica".

El grupo pro-Israel también se enfadó al enterarse de que la Progressive Faculty Network -una alianza de profesores de colegios y universidades independientes- había difundido ampliamente un correo electrónico anunciando el plan. Hillel afirma que AFP y otros medios de comunicación que recogieron la noticia están "promoviendo una versión extraña de la reunión" que tuvo lugar entre varios senadores estadounidenses -encabezados por Santorum y Brownback- y varios grupos de presión pro-Israel, entre ellos Hillel.

En lugar de abordar directamente los detalles del artículo de AFP, Hillel arremetió contra AFP y acusó al periódico de ser "antisemita", que, por supuesto, es precisamente la calumnia lanzada contra cualquiera que se atreva a criticar a Israel, en cualquier campus, en cualquier lugar.

Sin embargo, la cuestión de fondo es que la reunión del Capitolio tuvo lugar y que los conservadores del GOP habían planeado introducir una legislación para negar la financiación federal a las universidades estadounidenses que de alguna manera permitieran discursos considerados "antisemitas".

Hillel afirma ahora que "la reunión de líderes republicanos se organizó para debatir el antisemitismo en el campus, no para luchar contra los grupos antiisraelíes". Hillel dijo que la intención no era suprimir la libertad de expresión, sino abordar la cuestión del odio contra los estudiantes judíos.

Sin embargo, como puede atestiguar cualquiera que haya participado en manifestaciones universitarias contra la guerra de Irak y/o el maltrato de los palestinos por parte de Israel, los participantes han sido tachados regularmente de "antisemitas", un término excesivamente utilizado.

Los intentos de Hillel de refutar el artículo de la AFP se quedaron, por tanto, en nada. Al final, todo lo que Hillel pudo hacer fue alegar que ciertos grupos estaban explotando el "noble objetivo" de combatir el "odio contra los estudiantes judíos" para "alimentar sus teorías conspirativas internacionales".

Al final, en el momento de escribir estas líneas (mayo de 2006), el Congreso está estudiando nuevas versiones de esta legislación sobre "diversidad ideológica" (propuesta originalmente por Santorum y

Brownback). Una versión ha sido aprobada por la Cámara de Representantes. El Senado está estudiando otra versión.

Al final, es muy posible que se limen las diferencias entre las dos medidas y que el Congreso apruebe la versión final de la legislación. Dado que la influencia sionista sobre el Congreso es suprema, es muy poco probable que la legislación se desvíe significativamente de la propuesta corrupta presentada originalmente por Santorum y Brownback y sus conspiradores.

La conclusión es la siguiente: el Enemigo Interno es capaz de mentir y distorsionar la verdad de todas las formas posibles. Las circunstancias que rodean a la llamada "leyenda urbana" de la legislación sobre "diversidad ideológica" ofrecen un valioso estudio de caso sobre cómo opera habitualmente el Enemigo Interno.

Y gracias a la presencia en las altas esferas de auxiliares dóciles y dispuestos como los senadores Rick Santorum y Sam Brownback, entre muchos otros, el Enemigo Interno está bien situado para imponer medidas de control del pensamiento al estilo del Estado policial, diseñadas para restringir, suprimir y castigar a quienes se atreven a hablar. Santorum y Brownback son presentados a menudo en los medios de comunicación como "jóvenes conservadores en ciernes" y como "candidatos presidenciales", pero no son más que cabras de Judá que actúan en nombre del Enemigo Interno.

CAPÍTULO XLIII

El control y la manipulación sionistas de las fuerzas de seguridad locales en Estados Unidos: Utilización del poder policial para masacrar a los patriotas estadounidenses

En los últimos 25 años, la infiltración y manipulación de las fuerzas del orden locales ha sido un elemento clave de los esfuerzos sionistas por aumentar su poder a escala local.

Aunque la influencia sionista a nivel del FBI y de la CIA existe desde hace mucho tiempo, el papel de los sionistas a nivel de las fuerzas del orden locales no es tan conocido, a pesar de que fue la intriga (es decir, la corrupción) patrocinada por los sionistas dentro del Departamento de Policía de San Francisco la que desencadenó el escándalo de espionaje de la ADL descrito anteriormente en estas páginas.

Y aunque este escándalo de espionaje llamó la atención sobre el papel de la ADL en el abuso de los poderes policiales al influir en las fuerzas del orden locales, lo cierto es que desde entonces grupos como la ADL y el Southern Poverty Law Center (SPLC) de Morris Dees se han mostrado aún más agresivos a la hora de prestar "servicios" a las fuerzas del orden locales en nombre de la lucha contra enemigos como el "terrorismo doméstico" y los "delitos de odio", poniendo en marcha un gran número de programas bien financiados para "formar" -es decir, inculcar- a las fuerzas del orden locales el ethos propagandístico de la ADL.

Sería tedioso entrar aquí en los detalles de estas empresas, todas ellas perfectamente accesibles en los sitios web de la ADL y el SPLC, pero baste decir que estas operaciones de presión sionistas (disfrazadas de organizaciones de "derechos civiles") han llegado a ejercer una gran influencia sobre las fuerzas del orden locales. Hoy en día, cualquiera que se considere "peligroso" para la causa sionista es objeto de violencia y abusos por parte de las fuerzas del orden locales que actúan en nombre de los sionistas.

Un primer ejemplo lo proporciona la historia de la redada completamente ilegal llevada a cabo el 22 de marzo de 1995 por un equipo SWAT en las oficinas de la Costa Oeste del Liberty Lobby, situadas en la casa de

Escondido, California, del fundador de esta institución nacionalista, Willis A. Carto. El grupo incluía agentes no sólo del FBI, sino también del IRS, BATF y (entre otros) de la Drug Enforcement Administration.

A las 7 de la mañana del 22 de marzo de 1995, unos 25 miembros de un grupo de intervención armada irrumpieron en el domicilio de Carto. Aunque Carto no estaba presente en ese momento, sí lo estaban su esposa Elisabeth y dos jóvenes familiares que estaban de visita. La Sra. Carto, alertada del peligro por los ladridos de Charlie, el perro de la familia, recibió a los merodeadores en la puerta principal. Se dirigían a la casa tras romper la verja de acceso a la propiedad.

Mientras un helicóptero sobrevolaba la zona y al menos un francotirador se situaba cerca con su rifle apuntando a la Sra. Carto, agentes armados (algunos con armas de asalto y pasamontañas) agarraron violentamente a la Sra. Carto, la esposaron y luego rociaron a Charlie en la cara con un producto químico inmovilizador, dejando al desventurado cachorro aullando de dolor e incapaz de proteger a su ama.

Entonces entraron por la fuerza en la casa. Alertada por el ruido, la joven y guapa sobrina de la Sra. Carto salió a la puerta en camisón, donde fue abordada por los matones, que le apuntaron a la cara con sus pistolas, gritándole "Manos arriba" y preguntándole "¿Tienes una pistola?

Mientras tanto, el primo de la niña fue despertado de su sueño, sacado de la cama esposado y aislado del resto de la familia. Permaneció esposado durante veinte minutos antes de ser liberado.

El joven, recién licenciado en Derecho, había venido a California a descansar tres semanas antes de empezar su nuevo trabajo.

Aunque luego los merodeadores les quitaron las esposas, la Sra. Carto y los dos jóvenes permanecieron incomunicados mientras "la ley" registraba la casa de arriba abajo durante cinco horas.

En un momento dado, la Sra. Carto escuchó a los agentes considerar la posibilidad de traer excavadoras para desenterrar la propiedad, con el fin de descubrir "bienes robados" que creían que "podrían estar enterrados".

Los merodeadores se llevaron catorce cajas de documentos, la colección personal de armas del Sr. Carto y el ordenador de la Sra. Carto. A pesar de los enérgicos esfuerzos del equipo SWAT, no se encontraron "pruebas" de "bienes robados", el falso pretexto de la redada.

Fue después de la redada cuando los abogados de los Cartos descubrieron pruebas de que *un antiguo miembro de la Liga Antidifamación (ADL) de B'nai B'rith había desempeñado un papel clave en la orquestación de la redada.*

Resultó que un ayudante del sheriff del condado de San Diego, Tim Carroll, fue el principal instigador del ataque a la casa de los Carto, situada en el condado de San Diego, fuera de la jurisdicción del departamento de policía de Costa Mesa (condado de Orange), que dirigió oficialmente la redada.

Carroll no sólo era el enlace de la Oficina del Sheriff de San Diego con la ADL, sino también un colaborador declarado desde hacía mucho tiempo del agente de la ADL Roy Bullock, con sede en San Francisco. De hecho, cuando la policía de San Francisco inició su investigación sobre las operaciones de espionaje de la ADL en 1992, se basó en gran medida en las confesiones de Carroll para solicitar una orden de registro de las oficinas de la ADL en San Francisco y Los Ángeles.

Al solicitar la orden de registro, el investigador del SFPD Ron Roth detalló su entrevista con Carroll. La transcripción de esta entrevista formaba parte de los documentos oficiales relativos al caso de espionaje de la ADL, hechos públicos por la SFPD en el momento en que la investigación estaba en marcha. En resumen, la confesión de Carroll -bajo interrogatorio de la SFPD- fue un elemento clave en las primeras fases de la investigación sobre las operaciones ilegales de espionaje de la ADL.

Carroll respondió a las preguntas de la *SFPD no porque quisiera, sino porque tenía que hacerlo*. Como hombre de ADL en la Oficina del Sheriff del Condado de San Diego, Carroll formaba parte del aparato de espionaje de ADL relacionado con el cumplimiento de la ley tanto como su compañero Bullock y el contacto de Bullock en la SFPD, Tom Gerard, lo eran en San Francisco.

Los siguientes extractos del interrogatorio de Carroll por la policía ilustran la estrecha relación entre Carroll (el actor central en el ataque orquestado por la ADL contra Liberty Lobby) y la ADL y su "investigador número uno", Roy Bullock:

- Cuando el investigador Roth preguntó al empleado de la ADL de San Diego cuánto tiempo hacía que conocía a Bullock, Carroll respondió: "Probablemente cinco o seis años. Trabajo mucho con la ADL de San Diego y así es como le conocí [a Bullock] y, eh, le conocí en varias conferencias", incluidas dos, señaló, en las que Bullock fue "ponente invitado".

- Carroll también admitió haber visitado Israel en mayo de 1991 como parte de un "viaje de aplicación de la ley patrocinado por la ADL" en el que participaron unos once miembros de las fuerzas del orden estadounidenses, entre ellos Gerard, de la policía de San Francisco.

(El llamado "viaje de cumplimiento de la ley" de Carroll fue en realidad unas vacaciones con todos los gastos pagados en el Mediterráneo, cortesía de la ADL, una "gratificación" muy lucrativa. Muchos agentes de policía en otras circunstancias han perdido su trabajo y/o han ido a la cárcel por aceptar regalos y favores mucho menos valiosos de presuntos delincuentes).

- Carroll admitió que Mira Lansky Boland, de la oficina de la ADL en Washington, acompañó a los informadores de la ADL en este viaje y que, según él, "coordinó todo con los miembros de la ADL en Jerusalén". Desde entonces, Carroll ha dicho que ha "hablado con ella de vez en cuando...". Puede que ella quiera saber cosas, puede que yo quiera saberlas".

- Carroll también admitió que Bullock le había dicho que él (Bullock) había recibido información secreta de los archivos de la SFPD.

(Esto sugiere que el propio Carroll podría haber sido penalmente responsable por no denunciar un delito, a saber, la recepción por Bullock de archivos robados del SFPD).

- En cuanto a su relación con Bullock, Carroll también admitió que "hemos hecho algunos proyectos conjuntos", aunque sin especificar en qué consistían esos "proyectos conjuntos".

El hecho de que un antiguo colaborador de la ADL (Carroll), que desempeñó un papel clave en el ataque contra Liberty Lobby, fuera un testigo material en el caso de la ADL es significativo. Como vimos anteriormente, la revelación por parte de Liberty Lobby de la afiliación de Bullock a la ADL en el número del 30 de junio de 1986 de *The Spotlight* puso en marcha el proceso que condujo a la investigación de las actividades delictivas de la ADL.

La ADL se encontró así atrapada en una crisis que debería haber conducido al encarcelamiento de sus principales dirigentes -y de sus colaboradores policiales, entre ellos Tim Carroll-.

Sin embargo, este no es el final de la particular implicación de Carroll en el mundo de intrigas en el que están involucrados la ADL y el Mossad. De hecho, poco después de la incursión del equipo SWAT en Liberty Lobby, Carroll se "retiró" repentinamente, sólo para volver misteriosamente al servicio unas semanas más tarde como "investigador especial" del asesinato de Ian Stuart Spiro, un hombre del condado de San Diego cuya extraña muerte (junto con la de su familia) el 7 de noviembre de 1992 aún no se ha resuelto oficialmente.

Si Carroll realmente quería resolver el caso Spiro, podría haber consultado el libro del ex agente del Mossad Victor Ostrovsky *The Other Side of Deception (El otro lado del engaño)*. Según Ostrovsky, Spiro había trabajado con el Mossad durante años. El Mossad había dado a Spiro varios millones de dólares para pagar a un tercero. Pero Spiro se quedó con el dinero. Cuando un equipo del Mossad fue a su casa para recuperar el dinero, el Mossad asesinó a su familia y Spiro fue obligado a entregar el dinero, y luego envenenado para que pareciera que se había suicidado después de matar a su familia.

Al final, y para sorpresa de nadie, Tim Carroll, un agente de la ADL, concluyó que el caso Spiro fue un simple "asesinato-suicidio". Sin implicación del Mossad. Ninguna intriga de la CIA. Sólo un crimen ordinario. El hecho de que Carroll volviera al servicio como "investigador" de la muerte de Spiro sugiere que su verdadero trabajo era blanquear el asesinato de la familia Spiro por el Mossad.

El sheriff del condado de San Diego que nombró a Carroll para este nuevo cargo fue William Kolender, un sionista acérrimo. En marzo de 1995 -más o menos en la época de la redada del Liberty Lobby- la oficina de la ADL de San Diego donó un sistema informático a la oficina de Kolender para ayudarles a él y a Carroll a llevar la cuenta de los "delitos de odio" cometidos en su jurisdicción.

Al final, a pesar del "gran espectáculo" en casa de los Carto y en la oficina del Liberty Lobby, nunca se presentaron cargos contra el Sr. o la Sra. Carto. De hecho, el condado de San Diego llegó a un acuerdo extrajudicial con los Carto después de que la pareja presentara una demanda de derechos civiles contra el condado en respuesta al flagrante ataque organizado por el agente Carroll de la ADL y sus colegas de las fuerzas del orden.

Al final, la influencia sionista (sobre una agencia local de aplicación de la ley) desempeñó un papel clave en un plan descaradamente ilegal y peligroso para acosar e intimidar a un patriota estadounidense y a su familia. Bajo el pretexto de acusaciones falsas, las fuerzas del orden dominadas por los sionistas llevaron a cabo una redada SWAT que podría haber terminado trágicamente.

La triste verdad es que en los próximos años es probable que cada vez más estadounidenses pasen por lo mismo que Willis y Elisabeth Carto.

Sólo cuando los estadounidenses finalmente se levanten, se rebelen, digan "basta" y reclamen sus libertades, este tipo de tiranía totalitaria llegará a su fin. Recemos para que la segunda revolución estadounidense llegue pronto.

CAPÍTULO XLIV

"Si parece un pato y habla como un pato..." Jared Taylor y el nuevo "nacionalismo favorable a los sionistas"

Como la Internacional Sionista -que utiliza el ejército estadounidense como mecanismo imperial- se enfrenta a una creciente oposición del pueblo estadounidense, reacio a comprometer a más jóvenes en guerras extranjeras en nombre de Israel, es esencial para la causa sionista despertar más ira entre los estadounidenses hacia el mundo musulmán. En este proceso, el movimiento sionista ha redoblado sus esfuerzos para seguir infiltrándose y manipulando el movimiento nacionalista estadounidense.

En los últimos años, por ejemplo, un líder de lo que se ha descrito como el "movimiento nacionalista blanco" (es decir, el elemento del movimiento nacionalista que se centra en la cuestión de la raza) ha sido objeto de un creciente escrutinio por su inusual postura ante la influencia sionista en Estados Unidos. Se trata de Jared Taylor, una figura educada en Yale que dirige su propia organización American Renaissance. Taylor se ha erigido en uno de los principales críticos del mundo musulmán y de los inmigrantes musulmanes en Estados Unidos, con un gran parecido a los neoconservadores trotskistas.

Taylor es conocido sobre todo por su libro *Paved With Good Intentions (Pavimentado con buenas intenciones)*, que sostiene que los negros son inferiores a los blancos. Sorprendentemente, este libro fue publicado por una empresa neoyorquina "mainstream" responsable de la serie de extraños libros de Harrison Livingstone -bestsellers *del New York* Times- que insisten en que la CIA no participó en el asesinato de JFK.

Así pues, aunque la obra de Taylor pueda ser "controvertida" por su orientación racial, *el libro fue promocionado por una editorial "mainstream"*.

Pero lo que es aún más intrigante es que el libro de Taylor también fue mencionado favorablemente en el número de febrero de 1993 de *Commentary*, la revista del Comité Judío Americano, editada durante muchos años por el trotskista "neoconservador" Norman Podhoretz, vinculado a la CIA. Pero el hecho de que Taylor recibiera un impulso amistoso de estos trotskistas sionistas no es realmente extraordinario si consideramos la carrera de Taylor en su contexto.

Aunque la Liga Antidifamación ha criticado a Taylor por algunas de sus opiniones, y Taylor, a cambio, ha enviado algunas suaves pullas a la ADL por reprenderle en la cuestión racial, todo el historial que examinaremos aquí sugiere que Taylor apoya de hecho al movimiento sionista. Y esto es precisamente lo que hace que el nuevo "nacionalismo favorable al sionismo" de Taylor sea tan valioso para el lobby sionista.

Conocido como uno de los "intelectuales" del movimiento "racialista" estadounidense, Taylor se ha insinuado en una posición de liderazgo en el Consejo de Ciudadanos Conservadores (CofCC) y, desde esa posición, se ha convertido en un crítico de quienes se oponen al sionismo. En cierto modo, esto recuerda a los viejos tiempos de COINTELPRO, cuando -como informó el Dr. Edward Fields- el FBI decía a sus infiltrados del Ku Klux Klan que eran libres de hacer comentarios contra los negros en sus discursos y publicaciones públicas, pero que debían evitar a toda costa criticar a los judíos o a Israel.

Muchos han observado que Taylor parece disfrutar rodeándose de una serie de "intelectuales" judíos que han sido maliciosamente (si no insensiblemente) apodados "los judíos de Jared". Taylor mantiene lazos especialmente estrechos con el rabino Meyer Schiller, un sionista afincado en Nueva York que se ha jactado públicamente de que su amistad con Taylor ha contribuido a disminuir el antisionismo en las filas de los seguidores de Taylor (un punto ciertamente interesante). (El mismo rabino Schiller, líder de una comunidad judía conocida como New Square, también apoyó a Hillary Rodham Clinton en su campaña para el Senado de EE.UU. en Nueva York en 1992, difícilmente algo que se esperaría de un aliado de Jared Taylor, de todas las personas.

La verdad es que Taylor está desempeñando un valioso papel en nombre de los intereses sionistas azuzando la oposición a la inmigración árabe y musulmana a Estados Unidos, echando leña al fuego cada vez mayor en Estados Unidos contra árabes y musulmanes. Y todo esto ocurre en un momento en el que -como demuestran los hechos- Taylor se ha esforzado por eliminar las actitudes antisionistas de los círculos nacionalistas en los que opera. De hecho, el 3 de marzo de 2006, el influyente periódico judío *Forward* informó de que Taylor había dicho, en palabras *de Forward*, que quería "desnazificar [el] movimiento nacionalista blanco".

Forward escribió que Taylor dijo que "en última instancia, para que todas las cosas que me preocupan sucedan, los judíos tienen que formar parte del movimiento", porque, señaló, los judíos son ampliamente vistos como "la conciencia de nuestra sociedad". Pero aunque Taylor se ha mostrado muy amistoso con personas como el rabino Schiller, ha adoptado una postura muy diferente a la de quienes han atacado a Israel.

Por ejemplo, cuando el destacado disidente de Luisiana David Duke y el Dr. Edward Fields -ambos conocidos por su oposición al sionismo- hablaron en un foro al que asistieron simpatizantes del CofCC en la zona de Washington, D.C., Taylor boicoteó la reunión (muy ruidosamente) y pidió a los demás que no asistieran.

Del mismo modo, antes de eso, el 12 de diciembre de 1998, Taylor boicoteó otra reunión de la rama de la Región de la Capital Nacional de la CofCC precisamente porque el orador principal era su servidor, Michael Collins Piper, que estaba discutiendo el estudio sobre el asesinato de JFK, *Juicio Final*, que se centra en el papel del Mossad de Israel en el asesinato del presidente Kennedy. Taylor pidió a sus seguidores que no asistieran a la reunión.

Señalando la conducta de Taylor, los críticos señalaron que la mujer que se convirtió en esposa de Taylor, Evelyn Rich, trabajó activamente para sabotear la campaña de David Duke al Senado de EE.UU. en 1990. La señorita Rich difundió a los medios de comunicación nacionales una cinta de audio que había grabado en secreto de una conversación privada que Duke mantuvo con un simpatizante. Esta cinta (sacada totalmente de contexto) se utilizó para "demostrar" que David Duke era un "nazi".

De hecho, los hechos demuestran que Taylor parece tener algún tipo de *acuerdo cordial* entre bastidores con la ADL.

Según un revisionista estadounidense, cuyo nombre es bien conocido por los revisionistas de todo el mundo, la futura esposa de Taylor, la Srta. Rich, recibió una llamada telefónica en la casa que compartía con Taylor de nada menos que Irwin Suall, durante mucho tiempo, ya fallecido, jefe de la "división de investigación de hechos" de la ADL.

Según la fuente (que estaba de visita en casa de Taylor en ese momento), Taylor contestó al teléfono, se lo pasó a la señorita Rich y le dijo: "Soy Irwin Suall", tras lo cual la señorita Rich habló con el jefe de espionaje de la ADL.

[Nota: Debido a una orden judicial de silencio contra el editor de este libro, no se puede mencionar el nombre de la persona que presenció la llamada de Taylor a la ADL. Sin embargo, el nombre de esta persona fue publicado hace unos años en el desaparecido periódico *Spotlight*].

Hay aquí una gran ironía. Aunque la ADL afirma oponerse al "racismo", el hecho es que las opiniones de Taylor sobre la discriminación positiva y las cuotas raciales son muy similares a las de la ADL y el Comité Judío Americano, cuya revista, como hemos visto, hizo una crítica favorable del libro de Taylor. Así que quizá el vínculo entre la ADL y Taylor no sea tan sorprendente.

El inimitable Dr. Robert L. Brock, nacionalista negro de toda la vida que ha criticado abiertamente al lobby israelí, resumió la postura de Taylor: "El Sr. Taylor habla de cómo los negros cometen delitos y de que no somos tan inteligentes como los blancos, pero el Sr. Taylor nunca menciona el poder sionista en Estados Unidos: 'El Sr. Taylor habla de cómo los negros cometen delitos y de que no somos tan inteligentes como los blancos, pero el Sr. Taylor nunca menciona el poder sionista en Estados Unidos."

En mayo de 2006, en su revista *American Renaissance*, Taylor arremetió contra sus detractores que, en su opinión, defienden la teoría de lo que él llama "una conspiración judía", sin abordar en ningún momento el papel del poder sionista en Estados Unidos. Con ese tono, desestima implícitamente las críticas a las intrigas sionistas y deja claro que no está dispuesto a reorientarse a pesar de las crecientes críticas a su posición sobre este tema.

Teniendo en cuenta todo esto, y en particular la oposición de Taylor a cualquier debate sobre el sionismo y su papel en los asuntos estadounidenses, probablemente valga la pena señalar que Taylor -un graduado de Yale, un antiguo campo de reclutamiento para la CIA- pasó por Ghana a principios de la década de 1970, cuando el país de África Occidental era un foco importante para la CIA y sus aliados del Mossad en Israel.

El historiador israelí Benjamin Beit-Hallahmi escribe que "si Birmania fue el gran éxito [geopolítico] de Israel en Asia, Ghana fue su equivalente en África". Beit-Hallahmi escribe que el puesto israelí en Ghana "resultó ser un trampolín para el resto del África negra", pero que las cosas se han torcido, para consternación de Israel. Beit Hallahmi señala que el Mossad ha estado muy activo en Ghana durante años:

> El primer embajador israelí en África fue Ehud Avriel, destinado a Ghana en 1957, de quien se cree que era un agente del Mossad. Avriel se dedicó a reclutar personas para "misiones especiales" en toda África. La cooperación con Ghana adoptó muchas formas, marcadas por el entusiasmo mutuo...
>
> Cientos de alumnos ghaneses han visitado Israel y cientos de expertos israelíes han venido a Ghana. También se ha establecido una cooperación militar y de inteligencia: la fuerza aérea ghanesa ha recibido aviones militares reacondicionados y formación, y el Mossad ha impartido formación en inteligencia.
>
> Israel fue descrito como "el amigo más cercano de Ghana en los

> primeros años". Sin embargo, [el líder ghanés] Kwame Nkrumah siempre mostró ciertas reservas hacia Israel... Aunque Israel había establecido estrechos lazos con... los líderes ghaneses incluso antes de la independencia formal en 1956, la relación especial... terminó en 1967. Las relaciones oficiales finalizaron el 28 de octubre de 1973.

Resulta significativo que la aventura ghanesa de Taylor tuviera lugar durante el período crítico en que se estaban disolviendo los lazos de Israel con Ghana. Beit-Hallahmi (en 1987) añadió:

> Al parecer, elementos de los servicios secretos ghaneses mantenían contactos con el Mossad a pesar de que ambos países no mantenían relaciones diplomáticas, pero las relaciones con Ghana se han deteriorado desde el golpe de Estado dirigido por el teniente Jerry Rawlings. El gobierno ghanés acusó a Israel de estar implicado en un intento de golpe planeado [con la CIA y Liberia]. Las relaciones con Estados Unidos se han deteriorado desde entonces, con acusaciones mutuas de espionaje... .

Aunque sólo podemos especular sobre lo que hacía Taylor, el joven de Yale, en Ghana, en medio de la intensa intriga de la CIA y el Mossad en ese pequeño país, lo esencial es que las acciones de Taylor en Estados Unidos hoy -más de 30 años después- sugieren que Taylor (por la razón que sea) se ha convertido en un activo (de la forma más inusual) para promover un aspecto de la causa sionista dentro del movimiento nacionalista estadounidense.

Así concluye nuestro estudio de las Cabras de Judá...

CONCLUSIÓN

La israelización de América

La cabra de Judá número uno: George W. Bush - un pilar para el teórico sionista Natan Sharansky: Planear una guerra mundial en nombre de la "democracia" Rusia, China, Venezuela, "islamofascistas" ¿Quién será el próximo objetivo de los sumos sacerdotes de la guerra

El presidente George W. Bush es quizás, en virtud de su alto cargo, el Judas más insidioso y peligroso de Estados Unidos. Su papel a la hora de llevar a Estados Unidos a la guerra de Irak -por no mencionar su destacado papel a la hora de ocultar la verdad sobre las fuerzas que estaban detrás del ataque del 11 de septiembre contra Estados Unidos- le ha convertido en un auténtico Enemigo en Jefe, por así decirlo. Ahora insta a Estados Unidos a librar una nueva guerra contra Irán.

Sin embargo, la verdad es que el llamamiento mesiánico de Bush a una "revolución democrática" mundial (expuesto en su segundo discurso de investidura y que suena muy parecido a la retórica del movimiento bolchevique trotskista mundial) no fue realmente obra suya. Sus palabras fueron escritas por otras personas mucho más inteligentes que el joven Bush. Y los orígenes de la nueva filosofía de Bush son realmente reveladores. Quizás lo más aterrador de todo es que la retórica del presidente estadounidense -impulsada por sus "asesores" entre bastidores- apunta a más y más acciones militares en todo el mundo en los próximos años.

Aunque un documental, *El cerebro de Bush*, sugería que Karl Rove, supuestamente el principal táctico político del Presidente, es el cerebro que le dice al Presidente lo que tiene que pensar, ahora está claro, basándose en pruebas sólidas, que el ministro israelí de origen soviético Anatoly "Natan" Sharansky es quien puede presumir de ese título.

Aunque llamó la atención del mundo en los años setenta como disidente soviético, no hay que suponer que Sharansky fuera nunca un conservador del libre mercado o un anticomunista al estilo occidental. Al contrario, Sharansky era un viejo comunista tradicional que, como muchos otros en la Unión Soviética, simplemente chocaba con el régimen en el poder.

Pero gracias a la adoración de los medios de comunicación internacionales,

Sharansky sacó provecho de su encarcelamiento por los soviéticos -que le acusaron de ser un espía de la CIA- y se convirtió en un "activista de los derechos humanos" de alto perfil.

Más tarde, tras salir de la cárcel, Sharansky emigró a Israel y rápidamente se estableció como uno de los líderes extremistas más virulentos del país, llegando a acusar al Primer Ministro israelí Ariel Sharon -apodado "el César israelí"- de ser "demasiado blando" con los cristianos y musulmanes palestinos.

El papel de Sharansky en la formación del pensamiento de Bush no es una "teoría de la conspiración". Por el contrario, revelaciones de la propia Casa Blanca -publicadas, aunque discretamente, en los principales medios de comunicación- han demostrado que Sharansky no sólo consultó personalmente al Presidente a la hora de redactar el ahora controvertido Discurso Inaugural, sino que al menos dos de los principales publicistas estadounidenses de Sharansky estuvieron entre los responsables de redactar la innovadora proclamación de Bush.

El propio Bush declaró al *Washington* Times en una entrevista publicada el 12 de enero de 2005, incluso antes de su toma de posesión: "Si quiere hacerse una idea de mi forma de pensar en política exterior, lea el libro de Natan Sharansky, *The Case for Democracy*. Es un libro excelente.

Enterrado en el último párrafo de un larguísimo artículo publicado el 22 de enero de 2005, *el New York Times* informaba de que "el presidente recibió el libro [de Sharansky] y pidió al Sr. Sharansky que se reuniera con él en el Despacho Oval...". Bush también entregó el libro a varios ayudantes, pidiéndoles que también lo leyeran. Sharansky visitó la Casa Blanca el pasado noviembre". *El Times* no dice quién le dio el libro al Presidente en primer lugar, pero averiguar quién instó realmente al Presidente a leer el libro podría ser muy revelador.

Confirmando la revelación *del Times, el Washington Post* también reveló el 22 de enero de 2005 (aunque, de nuevo, en los párrafos finales de un extenso análisis) que un funcionario de la administración había dicho que la preparación del discurso de Bush comenzó inmediatamente después de las elecciones de noviembre, que el propio Bush había invitado a Sharansky a la Casa Blanca para consultarle y que, en palabras del Post, "Sharansky también ayudó a dar forma al discurso con su libro".

Fue el *Post* el que reveló que dos conocidos "neoconservadores" pro-Israel -William Kristol, editor de la revista *Weekly Standard* del multimillonario Rupert Murdoch, y el psiquiatra reconvertido en periodista Charles Krauthammer, ferviente defensor de una dura guerra militar y económica de Estados Unidos contra el mundo árabe y musulmán- estaban también entre los invitados a ayudar a redactar el discurso del Presidente.

Kristol -en particular- y Krauthammer son ampliamente reconocidos, incluso en los principales medios de comunicación estadounidenses, como parte de lo que hemos denominado "los sumos sacerdotes de la guerra", que desempeñaron un papel decisivo en la orquestación de la guerra de Estados Unidos contra Irak, y que ocupaban un lugar destacado en la "lista de deseos" de Israel para la administración Bush.

No es casualidad que el empleado de la Casa Blanca que, según el *Post*, ayudó a organizar las conferencias de planificación para orientar el pensamiento de Bush sea un tal Peter Wehner, director de la Oficina de Iniciativas Estratégicas de la Casa Blanca. Wehner es un protegido de Kristol, ya que fue su adjunto cuando Kristol era jefe de personal del ex secretario de Educación de la administración Reagan, William Bennett, a su vez protegido del influyente padre de Kristol, el famoso comunista "ex trotskista" convertido en neoconservador Irving Kristol.

Así pues, dada la considerable contribución de Kristol a la formación de la mentalidad de Bush, no es de extrañar que, como afirma el *Post*, "las grandes ambiciones de Bush hayan entusiasmado a sus partidarios neoconservadores, que consideran noble y necesario su llamamiento a situar a Estados Unidos al frente de la batalla para extender la democracia".

Por su parte, William Kristol reaccionó en un editorial del *Weekly* Standard el 24 de enero de 2005 afirmando que "es una buena noticia que el Presidente se muestre tan entusiasmado con el trabajo de Sharansky. Sugiere que, a pesar de todas las críticas y dificultades, el Presidente sigue decidido a continuar dirigiendo la nación siguiendo las líneas básicas de la política exterior que estableció durante su primer mandato".

El 22 de enero de 2005, BBC News señaló que Sharansky "de hecho, lleva tiempo moviéndose en los círculos conservadores estadounidenses".

Ya en julio de 2002 -justo antes de que Bush pronunciara un discurso muy polémico en el que pedía la "democratización" del mundo árabe- el viceministro de Defensa, el conservador Paul Wolfowitz, asistió a una conferencia de Sharansky en la que el dirigente israelí hizo la misma petición.

Poco después, cuando Bush pronunció su propio discurso, haciéndose eco de Sharansky, la línea dura israelí "aportó un importante elemento de afirmación de última hora", según el neoconservador estadounidense Richard Perle, quien -entre periodos en el gobierno, durante los cuales fue sospechoso de espiar para Israel- suministró armas a un fabricante israelí de armamento.

Aunque la noticia de la profunda influencia de Sharansky no fue muy conocida entre las bases estadounidenses, sí causó revuelo en Israel, donde *el Jerusalem Post* tituló un artículo declarando que "La Casa Blanca se inspira en el libro de Sharansky sobre la democracia". De hecho, el periódico israelí llegó a decir que Bush "está promocionando [el libro de Sharansky] gratuitamente", señalando que el Presidente había elogiado el libro de Sharansky en una entrevista en la CNN.

Pero Bush no es el único que confía en Sharansky. El 20 de enero de 2005, el periódico independiente escocés *The Scotsman* señalaba que "la influencia de Sharansky en la forma en que Washington ve el mundo hoy quedó clara esta semana cuando Condoleeza Rice lo citó en su audiencia de confirmación en el Senado", confirmando que el israelí de línea dura es realmente el cerebro de la política de Bush.

El hecho de que Sharansky fuera puesto a cargo de los "asuntos de la diáspora" en el gabinete israelí es realmente significativo. El término "diáspora" se refiere a todos los judíos que viven fuera de las fronteras de Israel y la "declaración de objetivos" del gabinete de Sharansky afirma que "se centra en Israel, el sionismo, Jerusalén y la interdependencia de los judíos de todo el mundo".

En esencia, esto se traduce en un único objetivo general: asegurar la existencia y el futuro del pueblo judío dondequiera que se encuentre". En resumen, Sharansky es nada menos que el poderoso portavoz del movimiento sionista mundial. Y hoy, sus puntos de vista conforman sin duda la visión del mundo de George Bush.

Por todo ello, no es de extrañar que el 22 de enero, el medio de comunicación surcoreano en lengua inglesa *Chosun Ilbo* llegara a describir la filosofía de Sharansky, expuesta en su libro *The Case for Democracy - ahora* elogiado por Bush- como "un modelo para la política exterior estadounidense".

La línea propagandística del extremista israelí Natan Sharansky, en la que se basó el discurso inaugural del Presidente, fue casi una inversión completa de la retórica de Bush durante la campaña presidencial de 2000. Esta contradicción es algo que, en teoría, debería haber dado que pensar a muchos republicanos que votaron a Bush la primera vez que se presentó a las elecciones presidenciales.

Proclamando con entusiasmo en un análisis de portada el 21 de enero de 2005 que el discurso de Bush sentaba "las bases de una misión global por la libertad", *el Washington Times -una* de las principales voces "neoconservadoras" que abogan por una política exterior globalista de línea dura en sintonía con las exigencias de seguridad de Israel- afirmó sin rodeos que...:

> En su discurso de investidura, el Presidente Bush lanzó a Estados

Unidos a una nueva misión global expansionista y mucho más agresiva, destinada a liberar a los países oprimidos de los dictadores - un cambio radical respecto a su campaña de 2000, que advertía contra el riesgo de convertirse en el policía del mundo... una doctrina internacionalista ambiciosa, quizá sin precedentes, que podría desplegar el poder militar estadounidense mucho más allá de los compromisos actuales de Estados Unidos...

Por su parte, el diario "liberal" *del Times*, el *Washington Post*, declaró el 21 de enero de 2005 que el discurso de Bush era "más wilsoniano que conservador", es decir, que recordaba el internacionalismo mesiánico del ex presidente estadounidense Woodrow Wilson, que difícilmente es un héroe para los nacionalistas estadounidenses o los conservadores tradicionales.

El Post reconoció que la declaración de Bush "promete un internacionalismo agresivo que, si se persigue seriamente, transformaría las relaciones con muchas naciones de todo el mundo", afirmando que si Bush habla en serio, la política estadounidense "está al borde de un cambio histórico".

James Steinberg, ex viceconsejero de Seguridad Nacional en la administración Clinton, consideró que la aparición de Bush como la voz del globalismo era bastante intrigante, en el sentido de que suponía una decidida traición a lo que había sido la tradicional oposición republicana a la injerencia internacional.

El 21 de enero de 2005, Steinberg declaró al *New York* Times que era "bastante sorprendente que una de las nociones a las que tanto se han resistido los republicanos sea la idea de una profunda interdependencia en el mundo, y ahora [Bush ha] adoptado esencialmente la noción de que la tiranía en cualquier lugar amenaza la libertad en cualquier lugar".

En la misma línea, el sionista estadounidense Robert Kagan, una de las voces mediáticas neoconservadoras más agresivas, se hizo eco de la *American Free Press* (AFP) cuando escribió en el *Post, el* 23 de enero de 2005, que "los objetivos de Bush son ahora la antítesis del conservadurismo". Según Kagan, "son revolucionarios".

En su editorial del 31 de enero de 2005, AFP calificaba a Bush de "revolucionario", para consternación de muchos conservadores tradicionales que, inexplicablemente, seguían viendo al Presidente como la voz del patriotismo estadounidense .

Estas personas ignoran claramente que lo que se conoce como "neoconservadurismo" es cualquier cosa menos lo que los estadounidenses han considerado durante mucho tiempo "conservador" en el sentido nacionalista tradicional estadounidense del término.

Sin embargo, el sionista Robert Kagan entiende esta distinción, que es precisamente la razón por la que ha dicho que "Bush puede perder el apoyo de la mayoría de los conservadores a la antigua usanza" una vez que se den cuenta de la naturaleza de su nueva política internacionalista. En resumen, los conservadores han sido "engañados". Por eso AFP recuerda a sus lectores que no olviden lo que dijo Jesús: "Guardaos de los lobos con piel de oveja" o más bien "Guardaos de las cabras de Judá".

Mientras tanto, la influencia de Sharansky en el republicanismo estadounidense - bajo George Bush y en los años venideros - sigue siendo sustancial. De hecho, existe una nueva marca de republicanismo, al menos según Ken Mehlman, a quien el presidente George W. Bush seleccionó personalmente tras las elecciones de 2004 para ocupar la presidencia del Comité Nacional Republicano.

En un discurso pronunciado el 14 de marzo de 2005 en Washington ante el American Israel Public Affairs Committee (AIPAC), el grupo de presión israelí, el Presidente Nacional del Partido Republicano se describió a sí mismo con franqueza y entusiasmo como un "republicano de Sharansky".

Lo sorprendente es que parece ser la primera vez en la historia de Estados Unidos que el presidente de uno de los partidos nacionales utiliza el nombre y la ideología de un líder político de un país extranjero -conocido, además, como "extremista"- para describir su propia ideología.

En el pasado, existían los "republicanos de Taft", que se definían como partidarios de las ambiciones presidenciales del senador nacionalista y tradicionalmente conservador Robert Taft, de Ohio -conocido popularmente como "Mr. Republican"-, líder indiscutible del bloque "América primero" en el Congreso desde 1936 hasta su prematura (y, según algunos, "sospechosa") muerte en 1953.

Más tarde, surgieron los conservadores "republicanos de Goldwater" que, bajo el liderazgo del senador Barry Goldwater (Arizona), prepararon el terreno para el ascenso de los "republicanos de Reagan", que tomaron el poder en 1980 bajo el liderazgo del popular presidente Ronald Reagan, que llevaba dos mandatos.

Al mismo tiempo, en oposición a los republicanos de Taft y Goldwater, los republicanos más liberales e internacionalistas se unieron en torno al gobernador de Nueva York Thomas E. Dewey y al abogado de Wall Street Wendell Willkie, autodenominándose -naturalmente- "republicanos de Dewey" y "republicanos de Willkie".

Más tarde, por supuesto, muchos de estos mismos líderes del partido se transformaron en "republicanos de Rockefeller", siguiendo al gobernador de Nueva York Nelson Rockefeller. E incluso hubo algunas personas, durante un tiempo, que se autodenominaron "republicanos de Eisenhower", haciendo hincapié en sus opiniones supuestamente "convencionales y moderadas" (como quiera que se definan) en el espíritu del 35º Presidente de los Estados Unidos, Dwight D. Eisenhower.

Hoy, sin embargo, el nuevo presidente nacional del GOP no se llama a sí mismo "republicano de Reagan", ni siquiera "republicano de Bush" (como el actual presidente del GOP, que goza de gran popularidad entre los miembros de base de su partido), sino que aclama a un líder extranjero -un notorio extremista- como modelo de lo que es el republicanismo del siglo XXI.

Este es un legado directo de George W. Bush, que tan orgullosamente instaló a Sharansky como uno de los dictadores ideológicos del GOP, traicionando el legado histórico del GOP. La política de Sharansky de promover la "democracia global" no forma parte de la tradición estadounidense, pero se ha convertido en una parte integral de lo que es el Partido Republicano "moderno".

Todos estos elementos, en su conjunto, plantean interrogantes sobre la futura conducción de la política exterior estadounidense. Ya es evidente que los elementos sionistas de línea dura que rodean a George W. Bush tienen en mente futuras guerras y provocaciones.

Aunque la llamada "guerra global contra el terror" está dirigida contra aquellos a los que los neoconservadores proisraelíes se refieren ahora como "islamofascistas" (recordando convenientemente al villano favorito de la judería mundial del siglo XX: el fascismo), está claro que hay mucho más por venir, si la retórica de los "sumos sacerdotes de la guerra" ha de ser examinada y tomada en serio.

Además de Irán y Siria - que han estado durante mucho tiempo en el radar de los halcones de guerra sionistas - otros tres países (Rusia, China y Venezuela) parecen ser ahora objetivos prioritarios de Bush y sus manipuladores neoconservadores. Estos países no parecen entrar en la categoría de "democracia" que Sharansky y Bush están tan decididos a promover a escala mundial, e incluso un examen superficial de la cobertura de los medios de comunicación neoconservadores y la retórica relativa a estas naciones deja claro que la guerra - ya sea "fría" o "caliente" - bien puede estar en el horizonte. Y los estadounidenses pagarán esas guerras y las librarán.

Las cabras de Judá neoconservadoras estadounidenses y sus colaboradores del lobby proisraelí de Washington ya han disparado los primeros cañonazos de una nueva Guerra Fría contra el dirigente ruso Vladímir Putin, cada vez más objeto de duras críticas y preguntas hostiles sobre su "compromiso con la democracia".

Queda por ver si Putin será visto como el "nuevo Hitler" o el "nuevo Stalin", pero los últimos indicios sugieren que la guerra sionista contra el nacionalismo ruso se ha lanzado ahora en suelo estadounidense. La gran pregunta es si los estadounidenses serán engañados y arrastrados a una nueva guerra que no necesita ni debe librarse.

La verdad es que la hostilidad de los neoconservadores hacia Putin proviene precisamente del hecho de que no se le ha percibido atento a las necesidades del Israel sionista.

Por eso Putin y los nacionalistas rusos son ahora el objetivo de la élite sionista internacional.

Aunque la naciente hostilidad neoconservadora hacia Putin fue ampliamente debatida en publicaciones pro-Israel de pequeña tirada y en periódicos de la comunidad judía estadounidense, sólo más tarde publicaciones de gran tirada como *The Weekly Standard* y *The New York Times*, por nombrar sólo las más importantes, empezaron a hacerse eco de estas preocupaciones sobre Putin, más bien como si los grandes diarios estuvieran tomando la delantera a los demás periódicos. Sin embargo, cada vez más, la idea de que "Putin es un posible enemigo" se presenta ahora al estadounidense medio a través de los medios de comunicación.

Otra de las principales preocupaciones sobre Putin es que se ha enfrentado al puñado de plutócratas multimillonarios de Rusia (muchos de los cuales también tienen ciudadanía israelí) que se hicieron con el control de la economía rusa con la connivencia del entonces dirigente ruso Boris Yeltsin tras el colapso de la antigua Unión Soviética.

Una publicación estadounidense proisraelí de línea dura, *The New Republic*, planteó la pregunta el 24 de septiembre de 2004: "¿Se está volviendo Rusia fascista?".

afirmando que tanto si Putin permanece personalmente en el poder como si no, existe un movimiento creciente -de carácter "nacionalista"- que está ejerciendo una gran influencia sobre la población rusa. *The New Republic* se preocupaba por la posibilidad de una "revolución fascista", es decir, un movimiento hostil a los oligarcas israelíes (con vínculos con el crimen internacional) que han saqueado la economía rusa. Del mismo modo, anteriormente, en su libro de 1995, *Russia: A Return to Imperialism*, el académico israelí Uri Ra'anan, con sede en la Universidad de Boston, se preocupaba de que la Rusia postsoviética pudiera suponer una amenaza para Occidente (es decir, para Israel y los intereses sionistas en Occidente).

Estos trabajos se hacen eco de autores como Jonathan Brent y Vladimir Naumov que, en su libro de 2003 *El último crimen de Stalin,* concluyen que "Stalin es una posibilidad perpetua", dejando abierta la proposición teórica de que Putin, u otros aspirantes a dirigentes rusos, podrían surgir en algún momento como herederos del legado antisionista de Stalin.

Esencialmente, ahora que los neoconservadores estadounidenses se oponen a Putin, es como si estuviéramos asistiendo a un rejuvenecimiento de la guerra de los trotskistas contra el nacionalismo ruso, remodelada para adaptarla a las consideraciones geopolíticas del siglo XXI.

Hoy, a diferencia de la primera mitad del siglo XX, antes de la creación del Estado de Israel, no se puede subestimar el papel central de este Estado de Oriente Medio en la visión neoconservadora del mundo, ya que la preocupación por Israel es una consideración clave en la campaña neoconservadora contra Putin.

Y aunque durante años nuestro supuesto "aliado" Israel ha vendido cantidades masivas de armas convencionales y ha suministrado (tanto directa como indirectamente) tecnología de defensa estadounidense (incluidos conocimientos nucleares) a la China Roja, esto ha recibido clara y definitivamente el imprimátur del lobby israelí en Washington.

Hoy, sin embargo, gracias a la retórica de estos mismos neoconservadores, el tambor de la guerra contra China está en el aire. Las mismas fuerzas que han ayudado a China a construir su maquinaria militar durante los últimos 25 años están agitando ahora el fantasma de China como un peligro para Estados Unidos. Desde hace varios años, se considera cada vez más a China como un nuevo "enemigo" potencial, que los partidarios de la guerra contra China creen que puede requerir una acción militar estadounidense.

Sin embargo, quienes se atrevan a mirar más de cerca encontrarán otras fuerzas en juego en esta retórica antichina.

El 23 de abril de 2001, el periódico *New Republic -editado* por el "liberal" Martin Peretz, mentor del ex vicepresidente Al Gore- adoptó una postura inequívoca contra China. Sólo en este número se publicaron nada menos que cuatro grandes artículos bajo el lema "Un enemigo para nuestro tiempo". En la portada, una foto amenazadora de soldados chinos de rostro oscuro armados con ametralladoras avanza a grandes zancadas hacia el lector.

El 30 de abril de 2001, *el Weekly Standard, propiedad* del multimillonario Rupert Murdoch y dirigido por el propagandista neoconservador William Kristol, adoptó una línea dura respecto a China en una serie de artículos cuyo tono y retórica apenas diferían de los de su homólogo "liberal", *The New Republic*.

Lo notable es que ni *The New Republic* ni *The Weekly* Standard mencionaron una sola vez el elemento clave que ha permitido a la enorme (y creciente) maquinaria bélica china alcanzar el nivel que tiene hoy: el poco conocido (pero absolutamente preeminente) papel de Israel en las transferencias masivas de armas a China -incluida tecnología nuclear crítica- durante los últimos 50 años. No fue ninguna sorpresa para nadie que supiera que *The New Republic* y *The Weekly Standard* -*a pesar de* sus diferencias cosméticas entre "liberales" y "conservadores"- han sido ambos medios de comunicación ruidosos y entusiastas transmisores de la propaganda del lobby pro-israelí: Israel no puede hacer nada malo -y eso incluye armar a China.

No nos equivoquemos. A lo largo de su historia, que precede a la de Estados Unidos en decenas de siglos, China (mucho antes de caer en manos comunistas) siempre ha tenido y tendrá su propia agenda geopolítica. Sin embargo, cabe preguntarse si China debe considerarse un "enemigo" de Estados Unidos.

¿Por qué influyentes voces "conservadoras" y "liberales" que representan intereses sionistas se han unido de repente para tocar el tambor de la guerra contra China

No se apresure a concluir que "los liberales por fin lo han conseguido". Al contrario, es hora de que los estadounidenses patriotas despierten.

Ahora se habla de China, en palabras de *The New Republic*, como "el enemigo de nuestro tiempo". En el pasado, fue el Kaiser. Luego Adolf Hitler. Luego la Unión Soviética. Y ahora, junto con el mundo musulmán, China está de repente en el punto de mira de los "sumos sacerdotes de la guerra". Una agenda más amplia está en marcha. Nos espera una "larga lucha con China", dice *The New Republic*, y, como era de esperar, *The Weekly Standard* está de acuerdo.

En los últimos días, se han planteado "preocupaciones" similares sobre China en un amplio abanico de influyentes revistas -en particular en el ámbito neoconservador de Sharansky-Bush- y muchos comentarios en los medios de comunicación retoman repetidamente el tema de que China es un "enemigo" o un "enemigo potencial". La lista de estas posturas antichinas es interminable, pero he aquí un ejemplo notable y destacado:

El 15 de noviembre de 2005, Frank Gaffney Jr. escribió en *el diario* neoconservador *Washington Times* que George W. Bush tenía que hacer comprender a los dirigentes chinos que el poder de Estados Unidos bien podía utilizarse para "ayudar al pueblo chino a liberarse de un régimen que lo oprime y nos amenaza cada vez más".

El mencionado Gaffney es un antiguo miembro de la red neoconservadora proisraelí de Washington, que se remonta a sus días como ayudante (junto al omnipresente cerebro geopolítico sionista Richard Perle) del senador

Henry M. Jackson (D-Wash.), uno de los más fervientes partidarios de Israel en el Capitolio.

La verdad es que el belicismo de Gaffney no es simplemente la diatriba de un agitador poco avispado. Tomando prestado un manido eslogan publicitario: "Cuando Gaffney habla, la gente escucha".

El hecho de que estas voces proisraelíes estén tan decididas a levantar las armas estadounidenses contra China -cuando, desde el principio, ha sido su nación favorita, Israel, la que arma a China- es un fenómeno intrigante. No se trata sólo de descaro. La Guerra Fría contra la URSS -llevada a cabo en una época en la que bancos estadounidenses como Chase Manhattan y otros intereses occidentales realizaban lucrativos negocios con el Kremlin- enriqueció a la élite plutocrática más allá de sus sueños más descabellados.

Y como señalamos en *Los Sumos Sacerdotes de la Guerra,* fueron los partidarios "neoconservadores" de la línea dura de Israel quienes desempeñaron un papel fundamental a la hora de azuzar el sentimiento antisoviético en Estados Unidos, agitando el espectro de lo que en realidad era una "acumulación de armas soviéticas" groseramente sobrestimada, cuando en realidad la URSS estaba al borde del colapso.

Además, las "desesperadas" guerras de Corea y Vietnam formaban parte de un plan más amplio. Por el camino, Saddam Hussein en Irak y los ayatolás en Irán, entre otros, ocuparon un lugar de honor en el panteón de la villanía orquestada por los medios de comunicación.

Al pueblo estadounidense, contrariamente a la creencia popular, le encanta la guerra. Y los plutócratas y su prensa títere siempre están dispuestos a inventar una nueva.

Hoy, los creadores de opinión "conservadores" y "liberales", que actúan como propaganda de la élite plutocrática que controla los principales medios de comunicación, están diciendo al pueblo estadounidense que se prepare para la guerra.

Y si no vamos a enfrentarnos a China, tenemos un nuevo "enemigo" a sólo unas horas en coche hacia el sur, que se presta perfectamente a la anticuada "diplomacia de la cañonera" estadounidense.

Hugo Chávez, el pintoresco hombre fuerte nacionalista venezolano, es ahora oficialmente el objetivo de la red imperialista neoconservadora proisraelí que dirige las políticas de la administración Bush.

Aunque los principales medios de comunicación presentaron el llamamiento del evangelista Pat Robertson para que Estados Unidos asesinara a Chávez como una especie de arrebato temerario -que la administración Bush denunció oficialmente, de forma poco convincente, y por el que Robertson ofreció una "disculpa" poco sincera-, los hechos demuestran que los "neoconservadores" proisraelíes tienen la imagen de Chávez en su diana desde hace tiempo.

El hecho es que desde que Chávez llegó al poder en 1999, los "sumos sacerdotes de la guerra" neoconservadores -y sus aliados en las revistas y órganos de propaganda proisraelíes de Estados Unidos y de todo el mundo- han murmurado constantemente que Chávez y su gobierno eran hostiles a los intereses de Israel y, por tanto, "antisemitas".

Chávez y sus partidarios (con razón) consideraron las declaraciones de Robertson como un eficaz "globo sonda" lanzado por Robertson en colaboración con la administración Bush, una estratagema para llamar la atención sobre Chávez como enemigo de Israel y del imperialismo, probablemente no por casualidad, El llamamiento de Robertson al asesinato de Chávez se produjo el 22 de agosto de 2005, poco después de que el periódico neoconservador *The Weekly Standard* publicara un artículo de opinión dirigido a Chávez en su número del 8 de agosto, afirmando que Chávez era "una amenaza para algo más que su propio pueblo"." El artículo estaba dedicado a la tesis de que Chávez es una amenaza para la minúscula pero rica población judía de Venezuela, unas 22.000 personas en una nación de 22 millones.

La Standard deploró que la televisión estatal venezolana hubiera emitido un reportaje en el que se especulaba con la posibilidad de que el servicio de inteligencia israelí, el Mossad, estuviera relacionado con el asesinato de un funcionario local en Venezuela. Agentes de policía allanaron una escuela judía que, según el gobierno, albergaba armas probablemente implicadas en el crimen.

Este acto de defensa nacional, contra una supuesta amenaza de la agencia de espionaje de una potencia extranjera -Israel- fue presentado por el *Standard* como una especie de acción de la Gestapo al estilo de Adolf Hitler. Afirmando que "la hostilidad hacia los judíos se ha convertido en un sello distintivo del gobierno venezolano", el *Standard* citaba un "Informe sobre Antisemitismo Global" del Departamento de Estado de EEUU que pretendía documentar, en palabras del *Standard*, "hasta qué punto el gobierno venezolano es ahora abiertamente antisemita".

Al periódico proisraelí le preocupa especialmente que uno de los asesores más cercanos de Chávez fuera el difunto Norberto Ceresole, descrito como "un escritor argentino tristemente célebre por sus libros que niegan el Holocausto y sus teorías conspirativas sobre los planes judíos para controlar el planeta" y cuyo libro de salutación a Chávez, en su primer capítulo, planteaba enérgicamente cuestiones sobre la influencia sionista en el mundo.

Chávez se negó a dar marcha atrás ante las críticas sionistas.

En 2000, cuando anunció un viaje a Irak para visitar a Sadam Husein, Chávez se burló de las críticas de los medios neoconservadores declarando: "Imagínense lo que dirán los fariseos cuando me vean con Sadam Husein".

De hecho, las quejas de los partidarios de Israel contra Chávez se remontan a los primeros años de su mandato. En 2000, el Instituto Stephen Roth sobre Antisemitismo y Racismo de la Universidad de Tel Aviv (Israel) publicó un informe sobre el *antisemitismo en el mundo en 1999/2000* en el que apuntaba a Chávez, afirmando:

> Desde las elecciones generales de 1998, Venezuela ha experimentado una espectacular transformación política que ha tenido un impacto negativo en la comunidad judía. La actitud fría de la nueva administración hacia la comunidad e Israel ha fomentado el antisemitismo, sobre todo en la prensa dominante... Algunos observadores [señalan] las estrechas relaciones del Presidente con Libia, Irak e Irán, lo que explicaría también su hostilidad hacia Israel.

El informe israelí también sacó a relucir el fantasma de la amistad de Chávez con el mencionado Ceresole, "el conocido antisemita argentino", subrayando que Chávez es considerado un enemigo de Israel.

Mientras tanto, aunque los estadounidenses que se enteraron de la violenta provocación de Robertson a Chávez fueron informados por los medios de comunicación de que Chávez era un "izquierdista" y un "amigo de Fidel Castro" -acusaciones que seguramente enardecerán a muchos estadounidenses-, el hecho de que la red pro-Israel tuviera una cuenta pendiente con Chávez se mantuvo cuidadosamente en secreto. Las críticas del lobby israelí a Chávez se limitaron a revistas de pequeña tirada pero influyentes (como *The Weekly Standard*), leídas casi exclusivamente por fanáticos partidarios de Israel, como Robertson.

Sin embargo, para manipular a la opinión pública estadounidense, los principales medios de comunicación ayudaron a la administración Bush avivando el miedo a Chávez como una especie de nueva "amenaza comunista", cuando nada más lejos de la realidad.

De hecho, Chávez se inspiró (y su revolución interna) en la tradición de Simón Bolívar, que liberó a las provincias coloniales andinas de la corona imperial española y que (en los textos tradicionales de historia americana) ha sido llamado "el George Washington de Sudamérica".

Aunque Chávez es un crítico del supercapitalismo mundial desenfrenado, al que califica de "demonio", Alma Guillermoprieto señalaba en la edición del 6 de octubre de 2005 de la *New York Review of Books* que "un gran número de empresarios han prosperado bajo su gobierno, y él ha dejado claro que ve un papel importante para el sector privado y, más concretamente, para la inversión extranjera". Así que Chávez está lejos de ser un "comunista", a pesar de la desinformación de los medios de comunicación.

En cuanto al envejecido Fidel Castro, está claramente en el ocaso de su vida y probablemente será sustituido, según la mayoría de los observadores, por un régimen militar ( ). Así pues, el hecho de que Chávez haya sido amigo de Castro -como lo han sido prácticamente todos los dirigentes sudamericanos, por no hablar de los dirigentes mundiales- no es "prueba" de que Chávez sea un "comunista".

Sin embargo, cuando Robertson salió en su 700 Club -un programa imprescindible para muchos republicanos de base- y pidió el asesinato de Chávez, envió un mensaje alto y claro: "No nos gusta Chávez". El "nosotros" en este caso eran los neoconservadores y sus aliados en Israel, que trabajaban en estrecha colaboración con Robertson y otros evangelistas televisivos de la "derecha cristiana" que proporcionaban al lobby israelí una ferviente (y poderosa) base de apoyo.

En última instancia, todo este ruido de sables globalista en nombre de una forma mal definida de "democracia", tal y como la concibió el mentor filosófico de George W. Bush, Natan Sharansky, no está permitiendo a Estados Unidos hacer nuevos amigos en el extranjero. Al contrario, se está ganando cada vez más enemigos.

Mahathir Mohamad, descrito a menudo como el "padre de la Malasia moderna" y respetado durante mucho tiempo como la voz del mundo en desarrollo, no se amilana ante estas belicosas provocaciones. En una entrevista concedida en 2005 al periódico británico *The Guardian*, el Primer Ministro malasio (jubilado en 2003) declaró que la administración Bush era un "régimen canalla" y denunció a su aliado, el Primer Ministro británico Tony Blair, como un "mentiroso probado" por propagar la desinformación y la desinformación de Bush y sus asesores políticos proisraelíes.

Este malayo sin pelos en la lengua, que goza de gran estima en el mundo en desarrollo, causó un gran revuelo en 2003 cuando afirmó en una larga conferencia ante una reunión internacional de líderes musulmanes que "los judíos gobiernan el mundo por poder"; un comentario breve en un largo discurso, pero suficiente para desencadenar un frenesí mediático mundial.

Sin embargo, Mahathir declaró a *The* Guardian que no estaba dispuesto a retirar sus comentarios. Declaró:

> Los políticos [americanos] están muertos de miedo de los judíos,

porque cualquiera que vote en contra de los judíos perderá las elecciones. Los judios de America apoyan a los judios de Israel. Israel y otros judíos controlan la nación más poderosa del mundo. Eso es lo que quiero decir [que los judíos controlan el mundo]. Lo sostengo.

Los mordaces comentarios de Mahathir sobre el comportamiento de Estados Unidos, especialmente en lo que se refiere a su implicación en Oriente Próximo, reflejan no sólo la opinión musulmana, sino también la creciente opinión en Europa y otros lugares. Mahathir declaró a *The Guardian:*

Estados Unidos es la nación más poderosa. Pueden ignorar al mundo entero si quieren hacer algo. Incumplen el derecho internacional. Detienen a personas fuera de su país y las acusan según la ley estadounidense. Los matan...

Esto es terror [y] Estados Unidos es tan culpable de terrorismo como la gente que estrelló sus aviones contra los edificios ... Bush no entiende al resto del mundo. Cree que todo el mundo debería ser neoconservador como él.

Viniendo de uno de los principales líderes musulmanes del mundo -que ha instado a sus compatriotas musulmanes a rechazar el terrorismo y el extremismo-, la valoración del Dr. Mahathir de la guerra contra el terrorismo declarada por Estados Unidos es especialmente pertinente y una advertencia muy real para los responsables políticos estadounidenses comprometidos con los intereses de Israel:

Aunque atrapes a Bin Laden, no puedes estar seguro de que no habrá otro Bin Laden. Es imposible conseguir que los terroristas firmen un tratado de paz. La única forma de derrotar al terror es atajar sus causas profundas. Los terroristas no se inmolan sin motivo, están enfadados, frustrados.

¿Y por qué están enfadados? Fíjense en la situación palestina. Cincuenta años después de la creación del Estado de Israel, las cosas van de mal en peor. Si no resuelven este problema, no habrá fin a la guerra contra el terrorismo. ¿Cuánto tiempo vas a seguir examinando los zapatos de la gente

Mahathir como una "teoría de la conspiración del mundo musulmán", obsérvese que el 11 de mayo de 2005, el *Forward*, periódico de la comunidad judía con sede en Nueva York, informó de que Barry Jacobs, de la oficina en Washington del Comité Judío Estadounidense, dijo que creía *que había altos funcionarios dentro de la comunidad de inteligencia estadounidense que eran hostiles a Israel y que, por tanto, estaban librando una guerra contra los grupos de presión proisraelíes y sus aliados neoconservadores proisraelíes en los círculos internos de la administración Bush.*

Citando la investigación en curso del FBI sobre el posible espionaje por parte de funcionarios del AIPAC, el principal grupo de presión proisraelí, *Forward* informa de que el Sr. Jacobs cree, según el resumen de *Forward*, que "la idea de que los judíos estadounidenses y los neoconservadores del Pentágono conspiraron para empujar a Estados Unidos a la guerra contra Irak, y posiblemente también contra Irán, está muy extendida en la comunidad de inteligencia de Washington".

El hecho es que las políticas de George W. Bush no sólo preocupan a los países árabes y musulmanes, Rusia, China o incluso Venezuela. Muchos buenos estadounidenses (incluidas personas en altos cargos) ven un peligro real en estas políticas. En un esfuerzo por bloquear el imperialismo y las guerras para impulsar el imperialismo, el Dr. Mahathir de Malasia creó la Perdana Global Peace Organization (véase per-dana4peace.org en Internet). El 17 de diciembre de 2005, el Dr. Mahathir y los participantes en un foro especial de la organización anunciaron la iniciativa de Kuala Lumpur para criminalizar la guerra. Como su nombre indica, esta iniciativa y los esfuerzos por promover su mensaje son un serio llamamiento a la acción mundial para criminalizar la conducta bélica. El texto de la iniciativa es el siguiente:

INICIATIVA DE KUALA LUMPUR PARA CRIMINALIZAR LA GUERRA

El Foro Mundial de la Paz de Kuala Lumpur, que reúne a personas interesadas de los cinco continentes

UNIDOS en la convicción de que la paz es la condición esencial para la supervivencia y el bienestar de la raza humana,

DECIDIDOS a promover la paz y a preservar a las generaciones venideras del flagelo de la guerra,

indignado por el frecuente recurso a la guerra para resolver las disputas entre naciones,

PREOCUPADO porque los militaristas se preparan para nuevas guerras,

TROUBLE que el uso de la fuerza armada aumenta la inseguridad para todos,

ATERRADO ante la idea de que la posesión de armas nucleares y el riesgo inminente de una guerra nuclear conduzcan a la aniquilación de la vida en la Tierra.

Para lograr la paz, declaramos ahora que:

- Las guerras implican cada vez más el asesinato de inocentes y son, por tanto, odiosas y criminales.

- El asesinato en tiempos de guerra es tan criminal como el asesinato en sociedades en tiempos de paz.

- Dado que los homicidios en tiempo de paz están sujetos al derecho penal interno, los homicidios en tiempo de guerra también deben estar sujetos al derecho penal internacional. Esto debe ser así con independencia de que tales homicidios en tiempo de guerra estén autorizados o permitidos por el derecho interno.

- Deben penalizarse todas las actividades comerciales, financieras, industriales y científicas que ayuden e instiguen a la guerra.

- Todos los dirigentes nacionales que inicien una agresión deben estar sujetos a la jurisdicción de la Corte Penal Internacional.

- Todas las naciones deben reforzar su determinación de aceptar los propósitos y principios de la Carta de las Naciones Unidas y de establecer métodos para resolver las controversias internacionales por medios pacíficos y renunciar a la guerra.

- No se hará uso de la fuerza armada a menos que lo autorice una resolución adoptada por mayoría de dos tercios de todos los miembros de la Asamblea General de las Naciones Unidas.

- Todos los legisladores y miembros del gobierno deben afirmar su creencia en la paz y comprometerse a trabajar por ella.

- Los partidos políticos de todo el mundo deben hacer de la paz uno de sus principales objetivos.

- En todos los países deben crearse organizaciones no gubernamentales comprometidas con la promoción de la paz.

- Los funcionarios y profesionales, especialmente en los ámbitos médico, jurídico, educativo y científico, deben promover la paz y luchar activamente contra la guerra.

- Los medios de comunicación deben oponerse activamente a la guerra y a la incitación a la guerra y promover conscientemente la resolución pacífica de los conflictos internacionales.

- Los medios de entretenimiento deben dejar de glorificar la guerra y la violencia y, en su lugar, cultivar una ética de la paz.

- Todos los líderes religiosos deben condenar la guerra y promover la paz.

Con este fin, el Foro decide establecer una secretaría permanente en Kuala Lumpur para:

Poner en marcha esta iniciativa.

OPONERSE a las políticas y programas que incitan a la guerra.

Solicitar la cooperación de [organizaciones no gubernamentales] de todo el mundo para alcanzar los objetivos de esta iniciativa.

Los nacionalistas estadounidenses -los *verdaderos* patriotas *de* Estados Unidos- comparten el espíritu de la iniciativa de Kuala Lumpur. Los estadounidenses deben unirse -y unirse a otros en todo el mundo- para oponerse a los belicistas imperiales. Debemos tener mucho cuidado antes de "unirnos a la bandera" y subirnos al carro de la guerra que se está formando ante nuestros ojos.

George Bush dejará su cargo en enero de 2009. La cuestión es qué daño ha hecho esta cabra de Judá a Estados Unidos (y al mundo) y qué nos espera a todos.

Otros chivos expiatorios de Judá -inspirados en el israelí Natan Sharansky- intentarán continuar con estas peligrosas políticas imperiales nacidas de las mentiras y la mala gestión de la era Bush. Depende de todos los buenos estadounidenses -y de sus muchos amigos en todo el mundo- trabajar juntos para poner de rodillas a estos intrigantes.

Una última palabra...

"El nacionalismo es la ola del futuro y no hay forma de detenerlo".

En virtud de lo que se ha reunido en estas páginas, *The Juda Goats - The Enemy Within* es una obra de más de 50 años, basada en una acumulación de más de medio siglo de pruebas sólidas (y a menudo inquietantes) que confirman la detestable historia descrita en esta columna, una historia que no está en absoluto completa.

Es una historia poco gloriosa y a menudo sórdida, pero muy instructiva, por desagradable que sea. Las historias de traición y engaño no sólo nos permiten vislumbrar las maquinaciones de nuestro enemigo -y tengan la seguridad de que eso es precisamente lo que son estas Cabras de Judá-, sino que también nos proporcionan una visión general de nuestra historia en el siglo XX y un telescopio a través del cual podemos observar los peligros que se ciernen en el horizonte ante nosotros.

América ha sido subvertida.

El nacionalismo tradicional estadounidense se ha distorsionado y desnaturalizado.

En múltiples niveles y a través de una amplia gama de engaños, nuestra nación ha sido puesta en un curso que ha distorsionado nuestra forma de gobierno y, en su lugar, una tiranía del Nuevo Orden Mundial está destinada (quizás segura) a desarrollarse. Decimos "tal vez seguro", aunque sólo sea porque todavía puede haber tiempo para que los verdaderos nacionalistas estadounidenses se unan, limpien los establos y expulsen a estos traidores y criminales de nuestras filas.

Es hora de identificar y huir de las cabras de Judá, del enemigo interior, porque en muchos sentidos son nuestros peores enemigos, precisamente porque fingen ser nuestros amigos.

Por eso son tan peligrosos.

No podemos seguir dejándonos engañar, manipular y, en última instancia, perjudicar por estas fuerzas.

Aunque la concepción de este libro empezó a gestarse mucho antes de la publicación de mis obras anteriores, este volumen, *The Juda Goats - The Enemy Within*, parece casi una secuela de mis libros anteriores. De hecho, esos libros anteriores sentaron las bases para que yo produjera este volumen tal y como es hoy.

Sin embargo, con la debida modestia, debo insistir sin vacilar en que estos otros libros, tomados individualmente y en conjunto, ya han proporcionado a los estadounidenses (y al mundo) un marco que nos permite comprender plenamente las fuerzas del mal que nos han llevado a donde estamos hoy, y por tanto combatirlas:

- *El Juicio Final* explica cómo el presidente John F. Kennedy fue asesinado por tener el valor de oponerse al gobierno de Israel y a su poderoso grupo de presión en Estados Unidos, trabajando incansablemente para impedir que Israel ensamblara armas nucleares de destrucción masiva.

Si JFK no hubiera sido destituido, podría haber logrado su objetivo y, como resultado, impedir que Israel se convirtiera en la superpotencia mundial chantajista que es hoy esta diminuta entidad.

Al mismo tiempo, el lobby israelí estadounidense habría sido efectivamente derrotado, con un Presidente decidido a hacer frente a la apuesta del sionismo, ahora prácticamente indiscutible, por el poder absoluto sobre nuestro sistema político.

El hecho de que Israel desempeñara un papel tan importante -si no primordial- en el asesinato de John F. Kennedy no es hoy tan conocido como debería. No cabe duda de que si cada vez más estadounidenses supieran cómo y por qué murió JFK, se produciría una importante reevaluación (al menos por parte del pueblo estadounidense) de su actitud hacia el inquebrantable apoyo de Estados Unidos a la causa sionista internacional. Así que *el juicio final* ha llegado, junto con los hechos que hay que contar.

- *Los Sumos Sacerdotes de la Guerra* fue la primera evaluación exhaustiva (y, debo añadir, la única totalmente franca) de la historia de la llamada red "neoconservadora" y de cómo ha acumulado tanta influencia que ha sido capaz -con el apoyo fanático de un Presidente estadounidense que casi con toda seguridad está mentalmente desequilibrado- de arrastrar a Estados Unidos a una guerra que no era necesaria ni debería haberse librado. No parece haber un final a la vista para esta guerra, y los estadounidenses están (con razón) cada vez más preocupados por la calamidad en Irak, a pesar de sus más decididos esfuerzos por "ser patriotas y apoyar al Presidente".

Muchos estadounidenses se dan cuenta ahora de que la guerra no redunda en interés de Estados Unidos y nunca lo ha hecho, que se basa en horribles mentiras y que, de hecho, hay otra agenda detrás de la guerra: a saber, las exigencias de Israel (y del sionismo en general) al sistema estadounidense.

El creciente reconocimiento de esta realidad, al final, desempeñará un papel importante en la creación de una mentalidad entre el pueblo estadounidense que finalmente será capaz de reflexionar sobre el verdadero significado de la guerra y quién la libró, y por qué. *Los sumos sacerdotes de la guerra* presentan, *por tanto*, los hechos que deben ser revelados.

- *La Nueva Jerusalén: el poder sionista en Estados Unidos* es precisamente lo que su nombre sugiere: un resumen actualizado y sin concesiones de los datos -hechos y cifras sólidos, como nunca se han recopilado entre dos portadas en nuestra era moderna- relativos a la increíble acumulación de riqueza (y el poder político que se deriva de ella) que ha amasado la élite sionista en Estados Unidos. Es precisamente esta riqueza y poder lo que ha permitido que la política estadounidense se dirija -o más bien se desvíe- hacia objetivos que no tienen nada que ver con el "americanismo", sino todo que ver con asegurar a Estados Unidos como la indiscutible fuerza militar, financiera y geopolítica del sionismo internacional ( ).

Mientras el sionismo controle los medios de comunicación estadounidenses (y el poder político que ello conlleva), el pueblo de Estados Unidos puede esperar ver cada vez más chicos y chicas estadounidenses enviados a los cuatro rincones del mundo para luchar en guerras, y para morir o resultar terriblemente heridos luchando en nombre de intereses sionistas que se esconden descarada y engañosamente tras la bandera estadounidense.

Podemos esperar impuestos más altos para pagar estas guerras, y una represión política cada vez mayor en casa, diseñada para silenciar a los disidentes que se atreven a decir "no" a las demandas del sionismo sobre el pueblo estadounidense. La lista de posibles consecuencias de todo esto es realmente aterradora. Sin embargo, a medida que más y más estadounidenses descubran la inmensa influencia del sionismo, se producirá el correspondiente aumento del debate público (y no sólo privado) sobre este peligroso fenómeno. Por tanto, *la Nueva Jerusalén* está aquí para presentar los hechos que hay que contar.

The Juda Goats-The Enemy Within es, por tanto, un añadido a lo que ya he escrito, una variación sobre un tema que sin duda subyace en estos tres volúmenes anteriores.

Estos libros y otros -por no mencionar innumerables cintas de vídeo, páginas web, periódicos independientes como *American Free Press* y revistas históricas *como The Barnes Review- proporcionan*, en palabras de mi amigo, el titán populista Eustace Mullins, "munición para la próxima guerra de liberación de Estados Unidos".

Y será una guerra.

En las páginas de *The Juda Goats - The Enemy* Within, hemos visto, una y otra vez, que nuestro enemigo no dudará en utilizar los métodos más corruptos, más viciosos, más engañosos - e incluso más violentos - para perseguir su agenda. Y su agenda es la destrucción absoluta y total del movimiento nacionalista estadounidense y, si es necesario (y si lo desean), la destrucción de todo estadounidense que se oponga a su insidiosa agenda.

Y no es ninguna exageración.

Recuerde: "ellos" mataron a John F. Kennedy y hasta ahora se han salido con la suya. "Ellos" destruyeron el edificio Murrah en Oklahoma City y se han salido con la suya hasta ahora. "Ellos" organizaron los ataques terroristas del 11 de septiembre y se han salido con la suya hasta ahora. "Ellos" orquestaron la guerra de Irak y se han salido con la suya hasta ahora.

Y eso es sólo la punta del iceberg...

La gran pregunta es cuánto tiempo más vamos a permanecer de brazos cruzados y seguir permitiendo a estos criminales la libertad de ejercer su voluntad a expensas del pueblo estadounidense y de todos los pueblos del mundo.

Hemos identificado al enemigo.

Tenemos todo el conocimiento que necesitamos sobre nuestro enemigo.

Ahora tenemos que transmitir estos conocimientos a los demás.

Naturalmente, para lograrlo tenemos que trabajar fuera del ámbito de los medios de comunicación de élite controlados por los sionistas en Estados Unidos.

Mediante el boca a boca, la radio independiente, Internet, la distribución de libros, periódicos y vídeos y cualquier otro medio disponible para "correr la voz", podemos hacer saber a la gente que está en marcha una nueva revolución estadounidense, que hay muchos otros que sienten lo mismo que ellos y que por fin están alzando la voz.

Se puede hacer. Depende de nosotros.

Si nos unimos, podemos crear un maremoto de estadounidenses indignados y otros bienpensantes de todo el mundo -la ola del futuro- que arrolle a los enemigos del nacionalismo, la libertad y la independencia.

Avancemos decididamente con el objetivo de ganarnos a suficientes buenas personas en suficientes lugares para que podamos conseguir por fin el poder que necesitamos para romperle la espalda, de una vez por todas, a las Cabras de Judá: el Enemigo Interior.

El mecanismo de control y subversión sólo podrá ser derrotado cuando -y sólo cuando- nuestros enemigos sean total y completamente desenmascarados por lo que realmente son.

Ya no podemos contentarnos con ser políticamente correctos o utilizar eufemismos. Tenemos que decir lo que realmente pensamos. No podemos ser como el joven que me dijo, después de leer mi libro *El Juicio Final*:

> Creo que tienes razón en que el Mossad estuvo involucrado en el asesinato de JFK, pero cuando hablo del asesinato de JFK sólo me refiero a la "CIA" porque la mayoría de la gente sabe que la CIA está controlada por los sionistas de todos modos y sabrán que *realmente* quiero decir que el Mossad estuvo detrás de ello.

Eso es lo que alguien me dijo.

Hablaba completamente en serio.

También era un cobarde absoluto y un tonto absoluto.

Si bien es cierto que los sionistas tienen mucho poder dentro de la CIA (y sobre ella), sugerir que los sionistas controlan la CIA y luego suponer que "la mayoría de la gente lo sabe" es una suposición muy grande.

Ya no podemos dar por sentado que el estadounidense medio sabe lo que saben los estadounidenses mejor informados. Porque ellos no saben lo que nosotros sabemos.

Depende de nosotros asegurarnos de que los estadounidenses medios sepan lo que sabemos simplemente diciéndoles la verdad, sin ambigüedades, en términos vagos o "codificados".

Eso es exactamente lo que he intentado hacer en los muchos libros y miles de artículos que he publicado.

No podemos seguir temiendo ofender "al simpático vecino judío cuya hermana vive en Israel".

Si a este simpático judío no le gusta que los estadounidenses de a pie vean con malos ojos la forma en que el lobby israelí dicta la política exterior de Estados Unidos en detrimento de los intereses de este país, es su problema.

NO NOS SILENCIARÁN.

Como ya he dicho antes, deberíamos pensar en nosotros mismos como encarnaciones modernas del ficticio "Howard Beale", el presentador de las noticias de la noche convertido en demagogo en la popular (y reveladora) película de Hollywood *Network*.

Aunque la película (escrita por el franco ideólogo sionista Paddy Chayefsky) tenía a Howard Beale "fuera de sí" por el hecho de que "árabes ricos" compraran la compañía de radiodifusión para la que trabajaba (un escenario que, en la realidad, probablemente no sucedería), la idea de que un hombre honesto se angustiara por los intereses extranjeros que controlan los medios de comunicación es algo que no deberíamos desestimar. Eso es exactamente lo que está ocurriendo hoy en Estados Unidos. Pero estos intereses extranjeros *no* son intereses árabes o musulmanes.

Nuestras principales redes, por no hablar del mundo académico, la edición, la educación, la cultura popular e incluso muchas organizaciones religiosas "cristianas" -por nombrar sólo algunas- han sido infiltradas y subvertidas.

Hoy, la verdad es que los verdaderos patriotas estadounidenses -y todos los demás nacionalistas amantes de la libertad de todo el mundo- están muy enfadados y *no pueden soportarlo más*.

Por eso, al final, ganaremos.

Aunque George W. Bush y sus amigos sionistas afirman que Dios está de su lado, nosotros sabemos que no es así.

Dios está de *nuestro* lado.

El nacionalismo es la ola del futuro. No hay forma de detenerlo.

-MICHAEL COLLINS PIPER

Acerca de las fuentes...

Una bibliografía sin igual

Mis escritos, tanto para *Spotlight* como para *American Free Press*, por no hablar de *The Barnes Review* y otras muchas publicaciones, siempre se han basado en el concepto de que lo mejor es "citar las fuentes". Y eso es lo que siempre he hecho. Mi historial es bastante extenso, y quienes están familiarizados con mis escritos -incluso mis detractores- lo saben. De los miles de artículos que he escrito en los últimos 25 años, no hay uno solo que no contenga información documental sólida que apoye la tesis de mi trabajo. Por supuesto, mis escritos siempre se han guiado por mi punto de vista nacionalista progresista y nunca he negado mi agenda. Sería deshonesto hacer lo contrario, como hacen los editores de los medios de comunicación "dominantes".

En mi experiencia anterior, con varios libros completos publicados, descubrí -a posteriori- que a mis detractores, francamente, les importaba un bledo si citaba o no una fuente con precisión o la citaba correctamente. La intención de mis detractores -y todos proceden de la misma fuente, debo añadir- ha sido siempre difamarme, poner en duda mi credibilidad, llamarme con nombres especialmente vulgares de tipo escatológico y, en general, llamarme mentiroso.

En general, afirman con gran autoridad que "no tengo credibilidad" y que "nadie toma en serio a Michael Collins Piper", pero luego niegan sus propias afirmaciones y hacen todo lo posible por intentar desacreditarme. Gastan mucha energía en denunciarme, en decir que se me debería ignorar, sugiriendo implícitamente que algunas personas me prestan atención.

En cualquier caso, al dar los últimos retoques a *Las cabras de Juda-El enemigo interior*, tomé la decisión deliberada de NO incluir una bibliografía tradicional, precisamente porque, a lo largo de este libro, cuando me he referido a un artículo de periódico, de revista o a un libro completo, he citado muy claramente el nombre de la publicación en cuestión dentro del texto.

Apenas hay un solo hecho relevante en este libro -y no me refiero a "opiniones"- que no pueda encontrarse en fuentes fácilmente accesibles . Y aunque mis opiniones -y las de otros- se encuentran con bastante frecuencia en este libro, esas opiniones (al menos las mías) se basan en hechos muy reales que constituyen la base de esas afirmaciones.

Muchos ingenuos, que no entienden la diferencia entre hechos y opiniones, se apresuran a decir "Ésa es tu opinión" cuando se enfrentan a hechos desagradables, pero en las páginas de este libro, las "opiniones" que expreso están respaldadas por una gran cantidad de investigaciones (en una amplia gama de campos).

La verdad está ahí para quienes se atreven a buscarla...

-PCM

Muchas gracias - si me sigues...

A Willis y Elisabeth Carto, sin los cuales este libro -o cualquier otro que haya publicado- no habría sido posible. Ellos allanaron el camino a otros. También, en memoria de su fiel perro, Charlie, un gentil compañero brutalmente atropellado por un matón que trabajaba para la ADL.

A dos amigos, ya desaparecidos, DeWest Hooker, que fue el primero en señalar la verdad sobre la Guerra Fría, y Fred Blahut, que me enseñó un par de cosas sobre la escritura y la edición, aunque uno no se dé cuenta. (A mi enérgico amigo, el único Matthias Chang, por introducirme en el maravilloso mundo y la gente de Malasia.

Mahathir Mohamad y su esposa, la Dra. Siti Hasmah, cuyo interés por mi trabajo es un gran honor y muy apreciado.

A Ryu Ohta, Grace Oyama, Yoshie Nakajima y Marie por ser unos anfitriones maravillosos durante mi visita al País del Sol Naciente. A las maravillosas gentes de Abu Dhabi, desde los taxistas hasta la realeza, que me hicieron sentir tan bienvenido.

A Mikhail Kuznetsov y Boris Mironov y a todos los nacionalistas que se unieron a mí en Moscú para celebrar un nuevo comienzo de todos los pueblos del mundo trabajando juntos para luchar contra nuestro enemigo tradicional.

A Paul Fromm, cuyo buen humor, pasión y formidable capacidad para expresar la necesidad de luchar por la libertad de expresión son tantas lecciones para los estadounidenses, que harían bien en despertar muy pronto.

A Mordechai Vanunu, por su amabilidad y apoyo a mis esfuerzos. El mundo le debe a este valiente su mayor gratitud.

A MK, que me mantiene cuerdo.

A Mark Glenn, Ted Pike, Stan Hess, Mark Farrell, Hesham Tallawi, Rick Adams, Victor Thorn y Lisa Guliani, John Anderson, Tom Valentine, Barbara Jean Whiteley, Dale Williams, Leuren Moret, Benjamin & Ursula Seiler, Roy Godenau, Bill Grimstad - entre muchos otros que han apoyado mis esfuerzos y han hecho un maravilloso trabajo por su cuenta.

A John Tiffany -como siempre- por su travieso robo de cerebros, que resulta ser un disfraz bastante notable para una crítica de talento.

A Paul Angel por tolerar mis esfuerzos de diseño gráfico, a Chris Petherick por no editar demasiado y a Jim Tucker por publicar el primer artículo que escribí y por su buen sentido del humor.

A Anne Cronin, Steve Lombardo, Julia Foster, Evangeline y los Anderson por hacer el duro trabajo de poner mis libros en circulación.

A John Stadtmiller, de la Republic Broadcasting Network, que me dio la oportunidad de presentar un foro nocturno de debate radiofónico, y a toda la gran gente de la RBN que hace prosperar esta dinámica red.

A Steve, James el Poeta, Van Loman, Curt Maynard, Jerry Myers, Joe y Dee Fields, Tony Blizzard y Paul Topete, que me mantienen al día de las cosas que necesito saber. Y a George Kadar, Scott Winchester y Paul Christian Wolff, que son unos tipos sin pelos en la lengua.

A A. G. Hassinger y Michael Williams - líderes emergentes.

Por Vince y Elaine Ryan: un dúo dinámico.

A Dale y Mary Crowley, soldados cristianos y amigos míos.

A Jim y Sylvia Floyd - lo mejor.

A E y B, que son personas sencillamente maravillosas.

A J y G por su entusiasmo.

A mi amiga la Madre Tierra, que ve el mundo como yo.

A KV, cuya espiritualidad y amistad aprecio profundamente.

Por J y E, que nunca olvidan mi cumpleaños.

A esta chica de Little Chicago -y también a su hijo-, cuyo interés conjunto por mi trabajo ha sido especialmente gratificante.

A W & E, que comprenden las amargas verdades que tantos no reconocen. Su aliento ha sido muy apreciado.

Al Propietario, cuya perspicacia nunca deja de sorprenderme.

Al "comprador de vivienda", que conoce la situación como pocos.

A los difuntos Ken y Lucy Lehman, que me dijeron que nunca me callara, a pesar de la oposición. Guardo el valioso legado de Lucy para las generaciones futuras.

A Sis, que me enseñó a utilizar el catálogo de tarjetas.

A Ginny, cuya *oposición a* mi trabajo me *inspiró*.

A Kirk Lyons que, con su amigo Andreas Strassmeir, ayudó a mucha gente a entender lo que realmente ocurrió en Oklahoma City el 19 de abril de 1995. La actuación de Lyons en la sala del tribunal de Pittsburgh me confirmó que siempre había estado en el buen camino. También agradezco a Don Wassall que cometiera el error de llevarle allí.

A un surtido de intrigantes vinculados al Mossad cuyas maquinaciones proporcionaron el material para este libro y que, sin que ellos lo supieran y para su consternación, permitieron el nacimiento de dos poderosas publicaciones, *American Free Press* y *The Barnes Review*, que desempeñarían un papel fundamental en la derrota de las fuerzas opuestas al nacionalismo estadounidense.

Y por último, pero no por ello menos importante...

A Roy Bullock, el encantador, hábil e inteligente informante encubierto número 1 de la ADL, que me dio mi primera formación de primera mano sobre cómo detectar a las cabras de Judá: el enemigo interior.

-MICHAEL COLLINS PIPER

SECCIÓN DE FOTOGRAFÍAS

Natan Sharansky (arriba), nacido en la Unión Soviética, agente de poder en Israel y principal portavoz del sionismo mundial, es uno de los principales asesores de los influyentes "neoconservadores" trotskistas estadounidenses. Y lo que es más importante, Sharansky es también el mentor intelectual del más poderoso y peligroso chivo judío del mundo, George W. Bush (derecha), quien (según confesión propia) escucha atentamente lo que Sharansky le dice que haga. Vástago de una dinastía corrupta implicada durante más de un siglo en negocios de armas, argucias corporativas e intrigas de inteligencia, Bush es particularmente maleable en manos de sus amos, precisamente porque es un fanático religioso que adora el sionismo y aparentemente cree que está dirigido por Dios.

La tradición del nacionalismo de "Estados Unidos primero" y la oposición a la injerencia estadounidense en el extranjero se mantuvo a mediados del siglo XX gracias a figuras como dos destacados senadores estadounidenses, Robert LaFollette (republicano de Wisconsin) y Burton Wheeler (demócrata de Montana) -arriba a la izquierda y en el centro-, que se aliaron en 1924 como candidatos presidencial y vicepresidencial del Partido Progresista. Antes de la Segunda Guerra Mundial, el famoso aviador Charles A. Lindbergh (arriba a la derecha) se erigió en uno de los principales portavoces nacionalistas, luchando contra los esfuerzos del lobby judío, aliado con fuerzas pro-británicas, para arrastrar a Estados Unidos a la Segunda Guerra Mundial. Uno de los principales teóricos nacionalistas estadounidenses de la época, Lawrence Dennis (abajo a la izquierda), fue acusado de "sedición" por su oposición a la administración belicista de Franklin Roosevelt. Inspirado por antiguos nacionalistas estadounidenses, Willis A. Carto (abajo en el centro) -amigo de Dennis- mantuvo vivo el movimiento nacionalista a pesar de los denodados esfuerzos por destruir a Carto y su obra. Siguiendo el ejemplo de Carto a través de la institución populista Liberty Lobby de Washington, Pat Buchanan (abajo a la derecha), durante mucho tiempo incondicional del Partido Republicano, abandonó el GOP y emergió, al menos durante un tiempo, como una voz nacionalista franca en la arena electoral.

La ruptura entre Josef Stalin (arriba a la izquierda) y su antiguo aliado bolchevique, León Trotsky (arriba en el centro), sentó las bases para el ascenso de un elemento comunista trotskista en Estados Unidos (mayoritariamente judío) que evolucionó hasta convertirse en el moderno movimiento "neoconservador". Hoy, estos neoconservadores trotskistas son la vanguardia del movimiento sionista en Estados Unidos. En la época de la Guerra Fría, la división entre los nacionalistas rusos de línea dura que rodeaban a Stalin y sus enemigos sionistas-trotskistas comenzó a extenderse a la arena política estadounidense, pero la mayoría de los nacionalistas y anticomunistas estadounidenses no comprendieron esta división, precisamente porque estaban siendo manipulados por los sionistas Judas-cabras. Entre los nacionalistas estadounidenses que aprendieron la verdad sobre la división entre estalinistas y sionistas estaba el difunto DeWest Hooker (arriba a la derecha), cuyas propias revelaciones aparecen en *The Juda Goats-The Enemy* Within. Irving Kristol (abajo a la izquierda) y Norman Podhoretz (abajo en el centro) estuvieron entre los primeros trotskistas judíos de Estados Unidos que orquestaron el cambio a lo que se conoce como neoconservadurismo. Junto con el hijo de Kristol, William Kristol (abajo a la derecha), se encuentran entre los propagandistas sionistas más influyentes de la actualidad.

El estadista judío Bernard Baruch (arriba, extrema izquierda), un especulador de la guerra, nunca dejó de buscar el poder. Durante la Guerra Fría, cuando los enemigos trotskistas de José Stalin se convirtieron en actores de poder en Estados Unidos, Baruch y el rey del licor Louis Rosenstiel, vinculado a la mafia judía -arriba (izquierda) con su íntimo amigo, el director del FBI J. Edgar Hoover (derecha)- crearon la Liga Judía Estadounidense contra el Comunismo (AJLAC), para arrastrar a Estados Unidos a una guerra a muerte contra la URSS o China, o ambas. La AJLAC era una asociación trotskista-sionista. Pruebas espeluznantes indican que el senador Joseph McCarthy fue instigado y manipulado por el agente de AJLAC Roy Cohn, que fue instalado como "manipulador" de McCarthy. (Ambos aparecen en la foto de abajo a la izquierda). Estos hechos arrojan nueva luz sobre el período en que sionistas y trotskistas azuzaban la histeria de la Guerra Fría en Estados Unidos, al mismo tiempo que nacionalistas rusos antisionistas ascendían al poder en el sistema de inteligencia militar soviético. Mientras tanto, el jefe del FBI Hoover, amigo íntimo de Cohn (que recibía beneficios financieros de Rosenstiel de AJLAC), controlaba eficazmente el Partido Comunista Americano a través de un informante, Morris Childs (abajo a la derecha), judío antiestalinista y alto funcionario del partido.

Marvin Liebman, comunista judío que se convirtió en uno de los artilleros de la resistencia sionista en Palestina, trabajó asiduamente durante la época de la Guerra Fría para extinguir el nacionalismo tradicional estadounidense en nombre de un "nuevo" conservadurismo. Liebman aparece en la foto (arriba a la izquierda) con su protegido más conocido, William F. Buckley, Jr. Tras crear la revista *National Review*, considerada hoy una "tapadera" de elementos de la CIA, Buckley reclutó a una serie de "antiguos" trotskistas, entre ellos James Burnham (arriba a la derecha), como árbitros de lo que era un pensamiento "responsable" para los conservadores. Esto allanó el camino para la infiltración de los trotskistas y sus aliados sionistas en la causa "conservadora". Otras figuras de la esfera de influencia Liebman-Buckley son Richard Viguerie (abajo a la izquierda), que hizo su fortuna llenando los bolsillos de los patriotas con campañas de correo directo, el aventurero Robert K. Brown (abajo en el centro), fundador de la revista *Soldier of Fortune* y ferviente partidario de la causa sionista, y el omnipresente Lee Edwards (abajo a la derecha), que hoy ensalza las virtudes de un museo para honrar a las "víctimas judías del comunismo", ignorando aparentemente el hecho de que la mayoría de los carniceros del estado policial comunista eran judíos.

El famoso espía británico del KGB, Kim Philby (arriba a la izquierda), traicionó a un espía del propio KGB para el servicio de inteligencia israelí, el Mossad. Esto ocurrió en un momento en el que las desavenencias entre los nacionalistas rusos y los elementos sionistas se intensificaban dentro de Rusia, al comienzo de la Guerra Fría entre EEUU y la URSS. No es casualidad que Philby fuera amigo íntimo del alto funcionario de la CIA estadounidense James Jesus Angleton (arriba en el centro), un aliado incondicional del Mossad dentro de la CIA. Entre otras fantasías, Angleton defendió la teoría de que un asesino comunista había matado al presidente John F. Kennedy, tema que retomó Robert Welch (arriba a la derecha), fundador de la John Birch Society (JBS). Siguiendo el ejemplo de Angleton, la JBS ensalza los méritos de Israel como baluarte contra el expansionismo soviético. La JBS ha recibido una publicidad inusual en los medios de comunicación estadounidenses controlados. Los llamados "neoconservadores", como los sionistas de línea dura Richard Perle, Paul Wolfowitz e I. Lewis Libby (abajo de izquierda a derecha), se hicieron eco de la línea Angleton-Birch, que se convirtió en la base de su promoción dentro del aparato conservador (y republicano) del establishment de seguridad nacional, think tanks, fundaciones y otros grupos de presión para la elaboración de políticas.

Los multimillonarios hermanos Rockefeller, David y Nelson (arriba a la izquierda y en el centro), eran enemigos de los nacionalistas tradicionales en las filas del Partido Republicano y, en alianza con la familia Rothschild, promovieron políticas internacionalistas a través de grupos como Bilderberg y el Consejo de Relaciones Exteriores (una rama menor del Real Instituto de Asuntos Internacionales de Londres, financiado por los Rothschild). En una brillante maniobra táctica para socavar el nacionalismo tradicional, los Rockefeller financiaron las aventuras políticas en Estados Unidos de Sun Myung Moon (arriba a la derecha), el líder del culto coreano.

Moon creó el periódico "conservador" *Washington Times* y una red de tráfico de influencias que lo rodea, repartiendo dinero a líderes conservadores e instándoles a volcarse en el internacionalismo. A pesar de presentarse como conservador, el representante Newt Gingrich (R-Ga.) -abajo a la izquierda- era un "republicano Rockefeller" que llegó al poder gracias a un acuerdo secreto con el periódico liberal *Washington Post*. El senador Jesse Helms (republicano por Carolina del Norte), abajo en el centro, dio un vuelco, se hizo internacionalista y apoyó febrilmente a Israel después de que el barón multimillonario de los medios de comunicación S. I. Newhouse (abajo a la derecha) acudiera al rescate de Helms, interviniendo y reduciendo el flujo de dinero sionista hacia el adversario de Helms en la reelección.

Aunque el australiano Rupert Murdoch (arriba a la izquierda) ha ganado miles de millones como jefe del gigante mediático News Corporation, empresa matriz de Fox News, la red de propaganda pro-sionista descaradamente imperialista, se sabe desde hace tiempo que Murdoch y su imperio mediático fueron esencialmente "creados" por un esfuerzo conjunto de mecenas sionistas multimillonarios aún más ricos, entre ellos el lord londinense Jacob Rothschild (arriba en el centro) y el rey del licor de Montreal Edgar Bronfman (arriba a la derecha). Al igual que Murdoch, ahora ciudadano estadounidense, Bronfman -dirigente durante mucho tiempo del Congreso Judío Mundial- tiene una participación mayoritaria en el imperio mediático Time-Warner y ha utilizado su influencia para promover con entusiasmo las múltiples empresas de propaganda pro-Israel del evangelista televisivo Tim LaHaye (abajo a la derecha). Falsos profetas pro-sionistas como Pat Robertson y Jerry Falwell (abajo a la izquierda y en el centro) reciben una valiosa publicidad en los medios controlados por los sionistas precisamente porque son las cabras de Judá que llevan a los cristianos a apoyar la causa sionista, hasta el punto de ponerse del lado de Israel a expensas de sus correligionarios árabes. (Para más información sobre cómo estas cabras de Judá "cristianas" actúan en nombre del sionismo, véase *The High Priests of War*, de Michael Collins Piper).

Delmar Dennis (arriba a la izquierda) fue informante del FBI en el Ku Klux Klan de Mississippi y más tarde fue elogiado por la Sociedad John Birch por sus esfuerzos en favor del FBI. En otro grupo del Ku Klux Klan, el líder, Bill Wilkinson (arriba en el centro), era un valioso informante del FBI cuyos oficiales le dijeron que era "aceptable" condenar a negros, pero nunca a judíos. Otro informante del FBI en una unidad del KKK, Gary Rowe (arriba a la derecha, oculto tras una máscara mientras testificaba ante el Congreso), instigó la violencia del Klan en varias ocasiones, incluido el asesinato de Viola Liuzzo, activista de los derechos civiles. Bajo el seudónimo de "Jimmy Anderson", James Rosenberg (abajo a la izquierda), empleado de la Liga Antidifamación (ADL), se convirtió en uno de los principales agitadores del KKK y de los "neonazis", organizando concentraciones contra el "odio" de las que se hizo amplia eco la prensa. Sólo más tarde se desenmascaró a este joven judío como agitador de la ADL. Alton Roberts (abajo en el centro), miembro del KKK, y su hermano recibieron 36.500 dólares de A. I. Botnick, jefe de la ADL en Nueva Orleans, para inculpar a otro miembro del KKK en una "trampa" que condujo al asesinato de la profesora de 26 años Kathy Ainsworth (abajo a la derecha). Los estrechos vínculos de Botnick con el ex agente del FBI (y de la CIA) Guy Banister, que utilizó al asesino de JFK Lee Oswald como 'investigador' de la ADL, nunca han sido suficientemente investigados.

El difunto nacionalista Sam Francis (arriba a la izquierda) fue uno de los primeros en sugerir que el inmigrante alemán de habla hebrea Andreas Strassmeir (arriba en el centro) -que se presentaba a sí mismo como "neonazi"- era una especie de informante encubierto en la trama del atentado de Oklahoma City. Cuando *The Spotlight* afirmó con contundencia que Strassmeir no era más que eso, muchos nacionalistas se negaron a creer que "Andy el alemán" fuera un chivo expiatorio, ya que Strassmeir contaba con el cálido apoyo de su íntimo amigo, el llamado "abogado nacionalista" Kirk Lyons (arriba a la derecha). Desde entonces, los investigadores han encontrado pruebas de que Strassmeir era en realidad un informante del Southern Poverty Law Center de Morris Dees (abajo a la izquierda). También se sabe que la Liga Antidifamación, dirigida por Abe Foxman (abajo en el centro), había estado vigilando al amigo de Strassmeir, Tim McVeigh, que confesó haber cometido el atentado, durante más de un año antes del atentado. El aparente "mánager" de Strassmeir, Kirk Lyons, era también amigo íntimo y abogado del enigmático Don Wassall (abajo a la derecha), que acabó con el partido populista. En una ocasión, Michael Collins Piper se enfrentó públicamente a Lyons en un tribunal federal, acusándole de ser un activo del FBI (véase en la página 288 una descripción de la histérica, extraña y bastante reveladora respuesta de Lyons).

Dos OSWALDS - ¿Dos McVEIGHS? Diez días después del atentado de Oklahoma, un terrorista israelí "de derechas", Sharon Toval, de 28 años, fue detenido en Nueva York y deportado a Israel. La única fotografía conocida de Toval (arriba en el centro) muestra a una persona que, sin su barba y bigote, podría ser confundida por un extraño con el presunto terrorista, Tim McVeigh (arriba a la derecha). También se parece a la famosa imagen del "John Doe n° 1" (arriba a la izquierda) que las autoridades difundieron inicialmente tras el atentado y que se utilizó para implicar a McVeigh. De hecho, los abogados de McVeigh consideraron la posibilidad de que "terroristas de derechas" de Israel hubieran desempeñado un papel en el atentado. Esta tarjeta postal (abajo) con una famosa fotografía de la época de la Depresión titulada "Domingo negro" (que era el nombre de una conocida película de Hollywood de 1977 sobre terrorismo) fue enviada por correo -dentro de un sobre con la dirección escrita a mano- a la oficina de Washington del periódico *The Spotlight* en Oklahoma City el 17 de abril de 1995 (véase el matasellos del recuadro), dos días antes del atentado. El pie de foto original decía: "Se acerca una tormenta de polvo... 14 de abril de [19]35". La postal llegó a *Spotlight* al día siguiente del atentado y fue entregada inmediatamente al FBI, que estaba más interesado en tratar de implicar a *Spotlight* en el atentado que en investigar al remitente de la tarjeta, que dejaba claro que conocía el atentado. La letra del sobre no era la de McVeigh ni la de su presunto co-conspirador, Terry Nichols. La existencia de la tarjeta es una prueba irrefutable de un gran complot dirigido por los sionistas de las Cabras de Judá para implicar a las fuerzas antisionistas en esta horrible tragedia.

Durante décadas, Roy Bullock (arriba a la izquierda) fue el principal agente secreto de la Liga Antidifamación (ADL) de B'nai B'rith, el brazo estadounidense de propaganda, lobby e inteligencia de la agencia de servicios clandestinos de Israel, el Mossad. El superior de Bullock era Irwin Suall (arriba en el centro), durante mucho tiempo jefe de la división de investigación de la ADL. Bullock fue expuesto públicamente por primera vez como espía de la ADL en un artículo de Michael Collins Piper publicado en el semanario del Liberty Lobby, *The Spotlight*, pero pasaron años antes de que el trabajo de Bullock para la ADL fuera confirmado por las autoridades que investigaban las actividades delictivas de la ADL. Sanford Griffith (arriba a la derecha), otro antiguo agente de la ADL, también sirvió antes y durante la Segunda Guerra Mundial como espía de alto nivel para el Servicio Secreto Británico. Tres víctimas destacadas del espionaje de la ADL (abajo, de izquierda a derecha): Martin Luther King Jr, a quien la ADL consideraba un "electrón libre", según un antiguo funcionario de la ADL; el amigo de Martin Luther King, el popular cómico, crítico social e investigador de asesinatos Dick Gregory; y el líder nacionalista negro Malcolm X, que se quejó del espionaje de la ADL a su mentor, el fundador de la Nación del Islam Elijah Muhammed (no aparece en la foto). La ADL espió a miles de personas y pasó los datos al FBI.

El rabino Meyer Schiller (arriba a la izquierda) presume de que su estrecha relación con el "nacionalista" Jared Taylor (recuadro) contribuyó a suavizar la oposición al sionismo entre los nacionalistas estadounidenses. Taylor, un hombre de Yale -cuya esposa mantenía una amistosa relación de trabajo con el jefe de espionaje de la ADL, Irwin Suall- solía pasearse por Ghana cuando era de especial interés para la CIA y el Mossad. Hoy, Taylor pretende "desnazificar" el movimiento nacionalista. Michael Chertoff (arriba en el centro), cuya madre trabajó para el servicio secreto israelí, está ahora a cargo de la "seguridad nacional" en Estados Unidos. Anteriormente, mientras ocupaba un alto cargo en el Departamento de Justicia, Chertoff orquestó falsas acusaciones penales contra dos personas que criticaban abiertamente el apoyo de Estados Unidos a Israel: el ex representante del estado de Luisiana David Duke (arriba a la derecha) y el ex representante de Estados Unidos Jim Traficant (demócrata por Ohio) (derecha). Ahora sabemos que el difunto Malachi Martin (abajo a la izquierda) fue espía en el Vaticano (a principios de la década de 1960) para la Liga Antidifamación y el Comité Judío Estadounidense (AJC). Amigo íntimo y colaborador del agente de la CIA William F. Buckley Jr, Martin escribía regularmente para la revista *Commentary* del AJC (que también promovía la obra de Jared Taylor). Este magnífico pastor alemán, Charlie (abajo), fue brutalmente atropellado por la policía que asaltaba la casa del fundador del Liberty Lobby, Willis Carto. Los atacantes de Charlie actuaban ilegalmente bajo la dirección de un policía "corrupto" que era un conocido activo de la ADL. Charlie, ya fallecido, era mejor criatura que cualquier cabra de Judas de dos patas.

Un conjunto de pruebas sugiere que no sólo Bill y Hillary Clinton, sino también el senador John Kerry (demócrata de Massachusetts) (véase más arriba) fueron durante mucho tiempo agentes encubiertos de la CIA. Bill Clinton fue (y Kerry casi con toda seguridad lo fue) informante de la CIA en el movimiento contra la guerra de Vietnam. Al igual que su marido, Hillary estuvo implicada en el contrabando de armas y narcóticos de la CIA desde Mena, Arkansas, un punto caliente en el asunto Irán-Contra iniciado por Israel. Hillary también participó en el armamento secreto de Irak en un momento en que Estados Unidos e Israel se "inclinaban" a favor de Irak durante la guerra Irán-Irak. Allard Lowenstein (abajo a la izquierda) fue un héroe del movimiento antibelicista en la década de 1960, pero resultó ser tanto un informante de la CIA como un activo del Mossad israelí. En las elecciones presidenciales de 1940, agentes británicos y sionistas impusieron a Wendell Willkie (abajo en el centro) en el Partido Republicano, al igual que elementos sionistas favorables a la guerra de Iraq impulsaron a John Kerry a la nominación demócrata en 2004. Esto fue en respuesta a la necesidad de los sionistas de ver a los dos principales partidos presentar candidatos pro-guerra en estas dos elecciones cruciales. Hoy en día, el multimillonario sionista depredador George Soros (abajo a la derecha) financia grupos "progresistas" disidentes para asegurarse de que se mantienen en el camino correcto: comprados y pagados, son la clásica oposición controlada.

Una galería de las cabras de Judá en los medios "conservadores". Estas son sólo algunas de las voces más descaradas del internacionalismo sionista, pero hay muchas más.

Suzanne Fields   David Horowitz   Joseph Farah

Clifford May   Michelle Malkin   Oliver North

Linda Chavez   Arnold Beichman   Mona Charen

El poderoso presidente ruso Vladimir Putin, el franco presidente venezolano Hugo Chávez y el callado pero persistente presidente sirio Bashar al-Assad (arriba, de izquierda a derecha) son los principales objetivos de los trotskistas sionistas neoconservadores que ahora gobiernan Estados Unidos bajo George W. Bush. Estos tres líderes nacionalistas, que representan la oposición al sueño sionista de un "nuevo orden mundial", han sido acusados de "antisemitismo", una acusación que se ha lanzado contra algunos de los mejores y más brillantes eruditos, estadistas, filósofos y líderes religiosos de todas las razas y credos de la historia. Entre otras figuras destacadas de la escena internacional, el Presidente iraní Mahmoud Ahmadinejad y el Presidente bielorruso Alexander Lukashenko (abajo a la izquierda y en el centro) también están en el punto de mira de la élite plutocrática ávida de poder. Mahathir Mohamad (abajo a la derecha), ex Primer Ministro de Malasia durante muchos años, es un importante -y muy respetado- portavoz de la oposición mundial al imperialismo sionista, que ahora está haciendo sentir su poder mediante la explotación abusiva del poderío militar y económico estadounidense. La ola nacionalista del futuro que está barriendo el planeta acabará arrollando al sionismo y a todos sus chivos expiatorios.

UNA CARTA DEL AUTOR...

Querido amigo:

Aunque mis libros anteriores se consideraron "controvertidos" porque cuestionaba el poder del sionismo en Estados Unidos, este último libro, LAS CABRAS JUEDAS, parece ser el que disgustará a algunos patriotas...

A algunos lectores de este libro les ha molestado mi sugerencia de que ciertas personas, generalmente consideradas "patriotas", son en cambio cabras de Judá que conducen a los verdaderos patriotas al matadero. *No me disculpo.*

Digo las cosas como las veo, basándome en las pruebas...

A quienes me acusan de "paranoia" o "conspiración", me apresuro a añadir que fui la primera persona que puso por escrito la acusación de que Roy Bullock era un agente encubierto de la ADL. Tuvieron que pasar casi ocho largos años para que la verdad saliera finalmente a la luz. *Yo estaba en lo cierto.*

Y cuando acusé a Andreas Strassmeir -ayudado por su amigo y representante Kirk Lyons- de ser un informante encubierto, fui atacado histéricamente por mucha gente que se negaba a creer que estos dos fueran otra cosa que los "nacionalistas" que proclamaban ser. *Hoy, la* verdad ha salido a la luz - demasiado tarde para los buenos americanos que fueron engañados por estas cabras de Judá.

¿Cuántas veces hay que darme la razón? No pretendo ser especialmente clarividente en estos asuntos, pero *mi historial es bastante bueno.*

Gracias a todos los que me habéis apoyado en los momentos difíciles. Vuestros buenos deseos y oraciones han sido muy apreciados. Sé que tengo verdaderos amigos

Y para aquellos de ustedes que han hecho donaciones financieras que me han permitido sobrevivir como escritor independiente, también son muy apreciadas.

Mis mejores deseos y que Dios le bendiga

MICHAEL COLLINS PIPER

En un momento de agitación ideológica tsunámica, cuando los propagandistas audaces son implacables en sus frenéticos esfuerzos por reescribir los hechos de la historia, Michael Collins Piper llega para desafiar a estos traficantes de la verdad: el Voltaire americano, un pensador ilustrado y polemista sin miedo a enfrentarse a las duras realidades, haciéndolo de incógnito con elegancia y brío.

En los últimos años, Piper se ha erigido en embajador indiscutible del movimiento nacionalista estadounidense y de su subversión ante personas de todo el mundo: de Moscú a Abu Dhabi, pasando por Kuala Lumpur, Tokio y Toronto. En términos inequívocos, lanzó un llamamiento -un grito de guerra- a todos los estadounidenses para que se unieran, reclamaran su patrimonio y barrieran la corrupción del capital internacional y la fuerza malévola que está llevando a nuestro mundo al borde de la aniquilación nuclear.

El mensaje de Piper es alto y claro: los verdaderos estadounidenses no apoyan el plan sionista de aprovechar el poderío militar de Estados Unidos para conquistar el mundo; la gente de bien que se opone al imperio sionista debe dejar a un lado sus diferencias y cerrar filas, unidos para la batalla final. Apasionado y sin pretensiones, Piper identifica y fustiga a quienes muestran actitudes de odio abierto hacia el nacionalismo y la libertad. Habiendo hecho de la escritura histórica una forma de arte, Piper tiene pocos iguales. Tampoco hay muchos que digan la verdad al poder como Piper lo hace tan bien.

El rabino Abraham Cooper, del Centro Simon Wiesenthal, ha dicho que, porque Piper critica a Israel, es "antiamericano". De hecho, el trabajo de Piper demuestra precisamente lo proamericano que es.

-Ryu Ohta, Presidente de la Sociedad para la Crítica de la Civilización Contemporánea, con sede en Tokio (Japón).

Otros títulos

OMNIA VERITAS

Omnia Veritas Ltd presenta:

**HISTORIA PROSCRITA
I
LOS BANQUEROS Y LAS REVOLUCIONES**

POR

VICTORIA FORNER

Los procesos revolucionarios necesitan agentes, organización y, sobre todo, financiación, dinero.

LAS COSAS NO SON A VECES LO QUE APARENTAN...

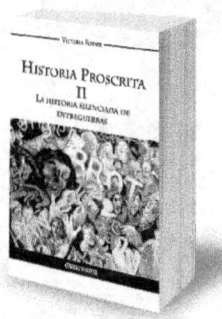

OMNIA VERITAS

Omnia Veritas Ltd presenta:

**HISTORIA PROSCRITA
II
LA HISTORIA SILENCIADA DE ENTREGUERRAS**

POR

VICTORIA FORNER

"El verdadero crimen es acabar una guerra con el fin de hacer inevitable la próxima."

EL TRATADO DE VERSALLES FUE "UN DICTADO DE ODIO Y DE LATROCINIO"

OMNIA VERITAS

Omnia Veritas Ltd presenta:

**HISTORIA PROSCRITA
III
LA II GUERRA MUNDIAL Y LA POSGUERRA**

POR

VICTORIA FORNER

Distintas fuerzas trabajaban para la guerra en los países europeos

MUCHOS AGENTES SERVÍAN INTERESES DE UN PARTIDO BELICISTA TRANSNACIONAL

Omnia Veritas Ltd presenta:

HISTORIA PROSCRITA IV
HOLOCAUSTO JUDÍO, NUEVO DOGMA DE FE PARA LA HUMANIDAD
POR **VICTORIA FORNER**

Nunca en la historia de la humanidad se había producido una circunstancia como la que estudiaremos...

UN HECHO HISTÓRICO SE HA CONVERTIDO EN DOGMA DE FE

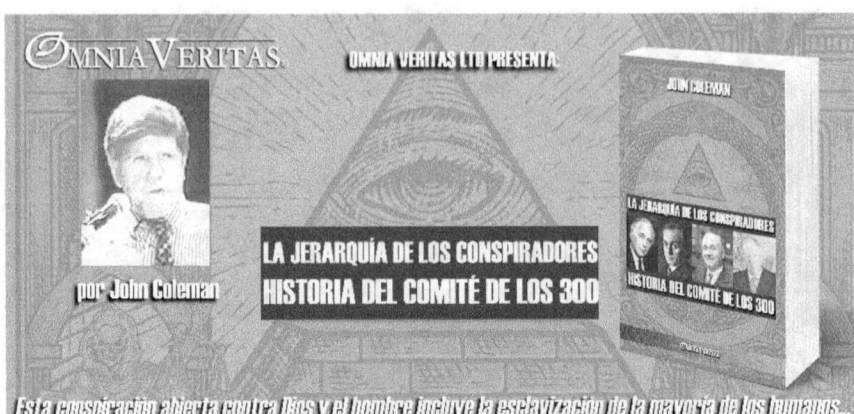

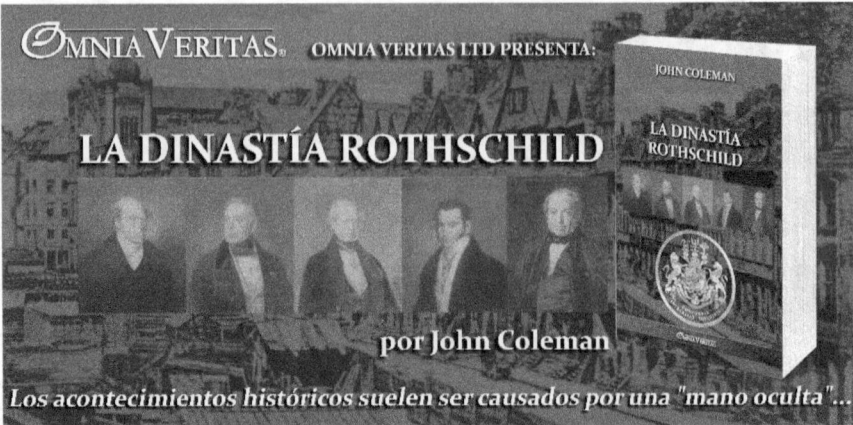

www.ingramcontent.com/pod-product-compliance
Lightning Source LLC
Chambersburg PA
CBHW050327230426
43663CB00010B/1763